CHRIS HUTCHINS

Alexander Korobko

POETIN

POETIN

Chris Hutchins & Alexander Korobko

Vertaald uit het Russisch
door Annelies de hertogh en Els de Roon Hertoge

© 2012, Alexander Korobko

© 2014, Uitgeverij Glagoslav, Nederland

www.glagoslav.com

ISBN: 978-1-782670-56-8
ISBN: 978-1-804840 44-3

Op dit boek rust copyright. Niets uit deze uitgave mag worden verveelvoudigd, opgeslagen in een geautomatiseerd gegevensbestand en/of openbaar gemaakt in enige vorm of op enige wijze, zonder voorafgaande schriftelijke toestemming van de uitgever, noch anderszins worden verspreid in een andere band of omslag dan die waarin het is gepubliceerd, zonder dat een soortgelijke voorwaarde, inclusief deze voorwaarde, aan de volgende afnemer wordt opgelegd.

INHOUD

VOORWOORD – EEN HUTJE OP DE HEI ... 5

1. VLAD DE VEROVERAAR ... 11

2. GEHEIM AGENT EN MINNAAR ... 37

3. DRAMA IN DRESDEN ... 57

4. TANKS EN TOEWIJDING ... 80

5. DE KNEEPJES VAN HET VAK ... 96

6. DE OLIGARCHEN ... 114

7. DE KIP DIE GOUDEN EIEREN LEGT ... 133

8. LEVEN EN LOT ... 148

9. TSAAR IN SPE ... 166

10. PREMIER POETIN ... 219

11. EEN VERRASSING VAN FORMAAT ... 236

12. BLAIR IN HET LAND VAN DE SOVJETS ... 250

13. POETIN SLAAT TERUG ... 262

14. BLOEDBAD IN DE ACHTERTUIN ... 295

15. LOVE ME DO ... 307

16. DE JACHT OP CHODORKOVSKI ... 314

17. VRIENDEN OM OP TE BOUWEN 325

18. HET SCHONE GESLACHT 342

19. IN HET SPOOR VAN POETIN 352

20. EEN SPOOR VAN GELD 368

21. POETINS TROTS 381

22. POETINS NALATENSCHAP 396

NAWOORD 430

VOORWOORD – EEN HUTJE OP DE HEI

De inwoners wisten absoluut niet wat hun te wachten stond toen de bulldozers door hun dorp kwamen denderen en reusachtige stroken bos kapten, zonder echter aan de eeuwenoude dennen- en berkenbomen te raken. Dit was het bos waar ze als kinderen hadden gespeeld, als tieners hun afspraakjes hadden gehad en waar ze hout hadden gesprokkeld om de bitterkoude Russische winters door te komen. Vroeger zou je het nauwelijks hebben opgemerkt, het dorp Kaltsjoega, waar slechts enkele tientallen zielen in pittoreske houten huisjes woonden. Zelfs vandaag valt het haast niet op als je er over de Roebljovo-Oespenskojesnelweg voorbijraast. Maar waar je tegenwoordig niet naast kunt kijken, zijn de hoge muren en beveiligingshekken die zijn opgetrokken rondom de moderne landhuizen, die aan weerskanten van de Liefdeslaan uit de grond zijn geschoten, daar waar ooit de dorpelingen zich neervlijden, door de bomen afgeschermd voor pottenkijkers.

Inmiddels zijn deze open plekken in het bos al jaren een trekpleister voor de Russische elite. Novo-Ogarjovo, tegenwoordig het exclusieve domein van de rijkste mannen en vrouwen van het land: oligarchen, popsterren en politici, was in vroeger tijden een populaire verblijfplaats voor de politieke Sovjetelite, zoals premier Malenkov en vooraanstaande leden van het Centraal Comité van de Communistische Partij. In 2000 werd het de thuisbasis van de nieuwe leider van het land, Vladimir Poetin. Onder een woud van antennes, omgeven door ultramoderne bewakingsposten en beschermd door een klein legertje, staat hier Poetins 'datsja'. Ver verwijderd van de traditionele dorpshuisjes is het voor de Russische leider zowel een kantoor als een plek waar hij kan ontspannen, die niet onderdoet voor een Europees of Amerikaans landhuis.

Poetin hield het landgoed aan toen hij in 2008 aftrad als president om premier te worden. Evenzeer als zijn opvolger Dmitri Medvedev had hij een plek nodig in de buurt van zijn gezinswoning, een villa diep in de bossen, waar hij een aantal van de invloedrijkste wereldleiders kon ontvangen. Eerder al was George W. Bush hier gekomen om met Poetin te discussiëren over de vraag of Saddam Hoessein nu al dan niet nucleaire wapens had. De voormalige Duitse kanselier Gerhard Schröder was hier met zijn vrouw langsgegaan om Poetin en diens vrouw te bedanken voor hun hulp bij de adoptie van de Russische baby Viktoria. Zoals vele anderen werden zij vanaf de toegangspoort tot aan de datsja vervoerd in golfwagentjes.

Poetin heeft het niet op onverwachte gasten, maar voor wie hem werkelijk interesseert, is hij een gedroomde gastheer. De bevoorrechte enkelingen die Poetin thuis hebben meegemaakt, kunnen ervan getuigen dat ze daar een heel andere persoon aantroffen dan de geharde politicus die we op het internationale podium zien. De beroemdste Rus ter wereld stond Bush ooit toe een rondje om zijn landhuis te rijden in zijn geliefde, opgeknapte Volga, al greep hij wel naar het stuur toen de rijstijl van de Amerikaanse president gevaarlijk werd; hij trakteerde de Duitse fotograaf Konrad Müller op thee en toast met boter

VOORWOORD – EEN HUTJE OP DE HEI

en voerde in het bijzijn van een jonge trainingspartner die regelmatig langskwam voor een robbertje vechten appels aan Oberg, zijn favoriet hengst (hij heeft er vijf). Lord Browne, die Poetin opzocht om afscheid te nemen na zijn aftreden als directeur van BP, herinnert zich vooral nog hoe Koni, Poetins zwarte labrador rondjes om zijn enkels liep. Dat de oligarchen deel uitmaken van de elite die Poetin hier omringt, is enigszins ironisch. Dit zijn immers juist de mensen op wie hij neerkijkt, omdat ze tijdens de financiële crisis in de jaren negentig geprofiteerd hebben van Boris Jeltsins benarde positie door de belangrijkste bezittingen van het land op te kopen. Zij bezitten de enorme blinkende paleizen die Poetins gepantserde limousine op weg naar zijn werk passeert.

Nergens is hun welvaart uitgesprokener dan in het luxueuze dorp Barvicha. Ooit was dit de woonplaats van Jeltsin en zijn gezin, tegenwoordig kopen hier opgedirkte echtgenotes en minnaressen hun felbegeerde spullen van Gucci, Prada en Dolce & Gabbana (een privésalon van D&G heeft hier met nertsbont beklede deuren), terwijl hun wederhelften rondstruinen in de Armani-shop of misschien eens langs de in Lamborghini en Bentley gespecialiseerde autodealer gaan. De koppels ontmoeten elkaar weer in restaurant A.V.E.N.U.E, waar een zeevruchtenrisotto als lichte lunch de helft kost van wat de gemiddelde Russische arbeider in een week aan zijn gezin uitgeeft.

Persoonlijk ongeïnteresseerd in wat hij ziet als 'de beau monde', eet Poetin zelden op openbare plaatsen, en met reden: toen hij zijn vrouw eens meenam naar restaurant Pritsjal in de Moskouse wijk Roebljovka, bleek aan het tafeltje naast hem voormalig vicepresident Alexander Roetskoj te zitten, die meteen een praatje met hem probeerde te maken.

POETIN

Dus mijdt Poetin dergelijke plekken wanneer zijn autokonvooi met blauwe zwaailichten en met snelheden tot 160 kilometer per uur oostwaarts zoeft, op weg naar Moskou: 'Mijn huis ligt maar ongeveer dertig kilometer buiten de stad, ik kan in minder dan een halfuur op kantoor zijn,' vertelde hij een ambassadeur die bij hem te gast was. Maar die hoge snelheid is ook een manier om aanvallen door sluipschutters te ontwijken. Een paar jaar geleden werd in Moskou een van explosieven voorziene auto gevonden op slechts een steenworp afstand van de Koetoezovlaan, een grote straat waar Poetin regelmatig doorheen reed. Aleksander Poemane, de bommenwerper in spe, was een actief lid van de georganiseerde misdaadbende Kingisepp, voorgezeten door Igor Izmestiëv, senator voor Basjkirië. Er werden tot nog toe al vijf aanslagen op Poetins leven gepleegd.

De snelheid waarmee Poetins konvooi over de Roebljovo-Oespenskojesnelweg racet, is in principe ongevaarlijk voor het publiek, aangezien zowel de snelweg als alle omringende straten en kruispunten afgesloten worden voor al het andere verkeer, zodat het konvooi onderweg niet gehinderd wordt. Elk voertuig dat het voor elkaar krijgt om de wegversperringen te passeren, loopt het risico geramd te worden door een van de escorterende politieauto's. In 2006 vond een dergelijk incident plaats: een pechvogel die met zijn Volvo nietsvermoedend een parkeerplaats verliet, kwam om het leven.

Onderweg naar de stad, wanneer het autokonvooi linksaf de Koetoezovlaan op draait, kan de premier zich enkele bijzondere momenten uit de vaderlandse geschiedenis voor de geest halen. Zo passeert hij het herdenkingsmonument van Ruslands overwinning op Nazi-Duitsland in 1945 en de Triomfark, gebouwd om de overwinning op Napoleon in 1812 te vieren. Daarna rijdt hij langs de Novy Arbat. Deze opvallende straat met zijn sushibars, drukke markt en lelijke hoge kantoorflats vormt een groot contrast met wat voorafging.

Terwijl het konvooi het Rode Plein nadert – hij gebruikt nog steeds dezelfde kantoorsuite in het oude senaatgebouw van het Kremlin – kan Poetin zijn gedachten rustig over zijn leiderschap laten gaan, dat op de eerste dag van de 21ste eeuw begon. Misschien denkt hij dan wel terug aan hoe hij nog maar een paar jaar geleden, werkloos en bijna niet meer in staat om zijn familie financieel te onderhouden, overwoog zich aan te sluiten bij het legertje ongeregistreerde taxibestuurders van Sint-Petersburg en de straten af te schuimen, op zoek naar klanten, in dezelfde Volga sedan waarin hij later met de Amerikaanse president zou rondtoeren over het majestueuze landgoed dat hij nu zijn thuis noemt.

Novo-Ogarjovo is zeker vergelijkbaar met Sandringham, en net als dat uitgestrekte landgoed van de Britse koninklijke familie herbergt het stallen, moestuinen, een helikopterlandingsbaan en een eigen recentelijk gerestaureerde kerk. Net als koningin Elizabeth mijdt Poetin populaire gadgets die de moderne technologie heeft voortgebracht. Hij gebruikt geen Blackberry, houdt geen persoonlijke blog bij en verzendt geen e-mails. Zelfs telefoongesprekken worden grotendeels door personeel gevoerd. 'Ze doen het zo goed dat ik er jaloers van word,' geeft Poetin toe.

Het is wel toepasselijk om het ongelooflijke verhaal van Vladimir Vladimirovitsj Poetin, een jongen die in de Sovjet-Unie onder aan de sociale ladder opgroeide en vervolgens een van de invloedrijkste mensen op aarde werd, te beginnen met zijn bezoek aan de Britse koningin, een van de meest directe nog levende afstammelingen van de laatste Russische tsaar ...

VLAD DE VEROVERAAR

Toen Vladimir Poetin op een warme junidag in 2003 Londen binnenreed, wist hij dat hij geschiedenis schreef. Sinds koningin Victoria tsaar Aleksander II in 1874 in Windsor Castle verwelkomd had, was er geen Russische leider meer in Groot-Brittannië op staatsbezoek geweest, de grootste eer die dit land aan een buitenlandse macht kan verlenen. Michaïl Gorbatsjov bezocht Londen weliswaar in zijn hoedanigheid van algemeen secretaris van de Communistische Partij, maar Poetin kwam als democratisch verkozen president van de Russische Federatie. Hij was op dat moment vijftig en bekleedde zijn functie nog geen drie jaar.

Poetin en zijn vrouw Ljoedmila werden op Heathrow Airport verwelkomd door de troonopvolger, prins Charles. Hij escorteerde hen naar de 'Horse Guards Parade', waar de officiële aankomst van de tweede president van de Russische Federatie met veel pracht en praal werd gevierd. Van daaruit reden de pas gearriveerde gasten in paardenkoetsen mee met de koningin en prins Philip door de met Britse en Russische vlaggen opgesierde, stralend zonnige Mall naar Buckingham Palace, waar ze in de Belgische suite zouden verblijven.

De neef van de koningin, Aleksanders zoon tsaar Nikolaj II, was geëxecuteerd door de bolsjewieken. Ze had Nikita Chroesjtsjov dan ook koeltjes ontvangen toen hij als eerste Sovjetleider Groot-Brittannië bezocht. Deze ontmoeting verliep echter zeer geslaagd: in een speech tijdens het staatsbanket dat die avond plaatsvond, omschreef Poetin de ontvangst door de koningin als 'een nobel voorbeeld van loyale en onbaatzuchtige dienstbaarheid'.

Poetin werd door politieauto's naar de Guildhall in Londen geëscorteerd, waar hem een eervolle ontvangst door de burgemeester van Londen wachtte. De vorige tsaar arriveerde in Windsor Castle met een entourage van zeventig man, waaronder vier voorproevers (of koks, zoals ze in de officiële lijst diplomatiek werden genoemd). Hoewel Poetins gevolg officieel uit slechts tien mensen bestond, werd hij in feite begeleid door niet minder dan 150 man, waaronder zijn veiligheidsmedewerkers (omdat er zoveel Tsjetsjenen in Londen wonen, werden er voorzorgsmaatregelen getroffen om aanvallen door Tsjetsjeense doodseskaders te voorkomen) en een compleet medisch team (dat in actie zou komen mochten de bodyguards er niet in slagen hun taak goed uit te voeren). Er waren deze keer geen voorproevers, maar omdat er gezien de situatie in Tsjetsjenië gevreesd werd voor de veiligheid van de president, werden de keukens van de Palace en de Guildhall – en hun medewerkers – aan een rigoureuze veiligheidscontrole onderworpen. En terwijl de tsaar 22 gangen, waaronder zeven desserts, had besteld en naar binnen gewerkt, stelde Poetin zich tevreden met een bescheidener menu van gekoelde meloen, kreeft thermidor, jonge eend uit Norfolk en crème brûlée met vruchten, met als afsluiter een digestief van ijswodka. Kosten noch moeite werden gespaard om de sterke man van Rusland welkom te heten: een portret van Nikolaj II met zijn neef koning

George V en een opmerkelijke kleurenfoto van Leo Tolstoj, gekleed in zijn geliefkoosde boerentuniek en lange laarzen, werden speciaal voor deze gelegenheid geleend.

Slechts één detail werd over het hoofd gezien.

Het was Poetin onmiddellijk duidelijk dat de troon waarop hij mocht gaan zitten zo hoog was, dat zijn voeten de grond niet zouden raken. 'Hij voelde zich zichtbaar oncomfortabel,' vertelt Sergej Koloesjov, hoofd van het jaarlijkse Russisch Economisch Forum in Londen. 'Ik zag de onrust in zijn ogen terwijl hij eropaf liep. Maar hij paste zich snel aan en gaf geen krimp toen de ceremonie startte, wat hij ook dacht of voelde. Hij schikte zich vrij makkelijk in de situatie en wist veel mensen in de zaal te charmeren. Eigenlijk zag hij eruit alsof hij zich prima thuis voelde op die troon.'

De Londense organisatoren waren dan wel ver gegaan in hun onderzoek naar de behoeftes van hun gasten (inclusief de voorkeur van Poetin en Ljoedmila voor het matras op hun bed in de Belgische suite), maar niemand had eraan gedacht om voor een voetenbankje te zorgen, en zodoende hadden ze een belangrijk punt gemist: de onzekerheid van de president over zijn kleine postuur.

De genadeloze Britse pers had Poetins lengte (1,65 meter, slechts 5 centimeter langer dan Mahatma Gandhi) al becommentarieerd tijdens de 'Horse Guards'. Met die lengte paste hij nochtans prima bij de Britse koningin: met haar 1,60 meter was ze nog altijd vijf centimeter korter dan hij. Maar nadat het fanfarekorps het Russische volkslied had gespeeld, nodigde majoor Martin David van het Koninklijk Infanterieregiment hem uit om de erewacht te inspecteren. 'Majoor David torende hoog boven hem uit met zijn berenmuts,' schreef een verslaggever voor *The Times*. 'Als een blok Moskouse flats boven een datsja.'

Sinds Poetin uit de schaduw is gestapt om een machtige rol in de Russische politiek te spelen, vormen dergelijke pijnlijke incidenten een onderdeel van zijn leven. Als kleine jongen werd hij vaak gepest met zijn lengte. Door judo leerde hij ermee omgaan. Als volwassene schijnt hij het probleem te hebben opgelost door verhoogde hakken te dragen, net als Tom Cruise, Silvio Berlusconi en Nicolas Sarkozy. De laatstgenoemde draagt verhogende inlegzolen die hem nog eens zeven centimeter groter doen lijken.

Wie is de man nu eigenlijk die in de Belgische suite van Buckingham Palace in het koninklijke bed slaapt? In het openbaar zet Vladimir Poetin een zeer krachtig beeld van zichzelf neer (hij wordt dan ook vaak geparodieerd als judoka met blote bast en stalen blik), waar Bush, Chirac, Blair en hun opvolgers nog niet van zouden durven dromen. Maar zijn schijnbaar spontane kus op de buik van een kleine jongen getuigt van een tederheid die daar lijnrecht tegenover staat. Tegenstellingen typeren hem, maar is er ook maar iets van die beelden waar? 'Hij praat zelden over zichzelf, tenzij het onderdeel uitmaakt van een pr-actie,' zegt een van zijn beste vrienden, 'en hij is veel meer bezig met pr dan de meeste mensen denken. Ooit zei hij dat het enige verschil tussen een rat en een hamster was dat 'de hamster betere pr had."

De eerste indruk die hij op de wereld maakte, toen hij in maart 2000 zijn mentor uit het Kremlin, een kwakkelende Boris Jeltsin, verving als hoofd van de Russische staat, was positief.

Tony Blair had eerder al een 'speciale relatie' ontwikkeld met de huidige president en werd zijn grootste pleitbezorger in de internationale arena. Zijn vrouw Cherie maande hem om voorzichtig te zijn: 'Dit is geen man om ruzie mee te krijgen,' waarschuwde ze haar echtgenoot nadat ze met Poetin een paar dagen in Sint-Petersburg hadden doorgebracht.

Toen de Russische leider en de Amerikaanse president elkaar voor het eerst ontmoetten (in Slovenië in 2001), keek George W. Bush in Poetins blauwgroene ogen en meende hij in diens ziel te kunnen kijken. Maar Poetin riep zowel Bush' als Blairs woede over zich af door zich te kanten tegen de invasie in Irak. Voor zijn vertrek was de gladde Italiaan Silvio Berlusconi Poetins favoriete westerse leider.

Poetins ogen blijven de aandacht trekken. Irene Pietsch, een Duitse bankiersvrouw die in de jaren 90 bevriend was met Ljoedmila Poetina, grapte dat zijn ogen deden denken aan 'twee hongerige roofdieren' en beweerde dat Ljoedmila hem schertsend had omschreven als 'een energieslurpende vampier'. Alastair Campbell merkte op zijn beurt op in zijn dagboek dat 'Vlad' (gedurende zijn jaren als Blairs hoofd communicatie op Downing Street 10 sprak hij alle belangrijke mensen bij hun voornaam aan) behoorlijk modern kon lijken, maar soms plotseling in 'de KGB-man van weleer' kon veranderen. 'Vlad had een dodelijke blik in zijn ogen,' herinnert hij zich, 'indringend blauw waren ze, en in staat om in één tel om te slaan van gevoelig in keihard'. Een invloedrijke Britse zakenman trok zijn eigen conclusie en bekende dat hij, wanneer hij Poetin in de ogen keek, helemaal niets zag.

Zowel Russische liberalen als westerse conservatieven hebben Poetin gedemoniseerd als een antidemocratische KGB-machine. Hijzelf maakt geen geheim van zijn connecties met de veiligheidsdiensten en is openlijk trots op zijn status als bekendste oud-medewerker van de KGB. Westerse magnaten die graag zakendoen met Rusland zijn dol op hem. 'Waar deze man ook voor staat, hij is extreem competent,' betoogt Lord

Browne, voormalig directeur van BP, een van de oliegiganten die bereid waren voor een en ander een oogje dicht te knijpen om zo een graantje mee te pikken van de immense olievoorraad van het land. Brownes opmerking had van Poetins leerkrachten kunnen komen. Ook zij vonden dat hij in staat was om buitengewoon snel kennis in zich op te nemen.

Als je aan tien verschillende mensen die Vladimir Poetin hebben ontmoet, vraagt wat voor man hij is, krijg je waarschijnlijk tien verschillende antwoorden. In werkelijkheid zijn er maar weinig mensen die hem echt kennen. Hij is lief tegenover familie, een gevaar met een scherpe tong voor tegenstanders en voor zijn religieuze vrienden is hij een devoot christen. De Russen (of volgens peilingen toch ongeveer 73 procent van de Russen) zien hem als hun redder, de man die de nationale trots herstelde. Al hebben ook zijn loyaalste onderdanen reserves: 'Mijn empathie is inmiddels vermengd met bitterheid,' zei een man die bij de laatste verkiezingen op Poetin stemde. 'Hij heeft het lot van de gemiddelde Rus onvoldoende verbeterd. Alaska deelt zijn rijkdom met de bevolking: elke inwoner ontvangt er duizend dollar per maand van de opbrengst uit natuurlijke rijkdommen. Russen genieten dergelijke voordelen niet.'

Vladimir Poetin is in de eerste plaats een patriot. Hoewel hij zegt te geloven in democratie, kun je hem geen democraat noemen. Boris Jeltsin nam het in het openbaar voor hem op: 'Als Poetins mentor kan ik jullie vertellen dat de democratie veilig is in zijn handen.' Een dubieuze uitspraak, aangezien Jeltsin zelf gedurende zijn jaren in het Kremlin van democratische redder tot autocratische despoot was getransformeerd. Poetins politieke vijanden beweren dat hij dezelfde weg is opgegaan. Poetin gaat niet met hen in discussie. Volgens hem was er na Gandhi's dood 'niemand over om mee te praten': weer zo'n terloopse opmerking van Poetin die later tot vervelens toe geciteerd zou worden.

Poetin gelooft meer in een 'soevereine' of 'geleide' democratie dan in de westerse variant. Zijn democratie is er een die werkt volgens een rationeel, hiërarchisch systeem dat hij 'de verticale macht' noemt. Met andere woorden: macht die vanaf het presidentiële kantoor in het Kremlin op natuurlijke wijze naar beneden vloeit, naar de verschillende ambtenarenrangen, inclusief de *siloviki* (de veiligheidsmedewerkers, soldaten en spionnen die in het kielzog van de president toetraden tot het bureaucratische staatsapparaat), en pas dan naar het gewone volk.

Poetin is er de man niet naar om te buigen voor internationale politieke conventies. Hij werd premier en vervolgens waarnemend president van Rusland zonder zich ooit verkiesbaar te moeten stellen. Zijn kijk op democratie maakt hem zeker niet populair. 'Verkiezingen zijn prima zolang er op mij gestemd wordt', zou hij ooit gezegd hebben. Poetin zegt te staan voor een staat waar de wet regeert in plaats van de vroegere door de Communistische Partij geleide sovjets; de 'dictatuur van de wet', zo noemt hij het. Hoe vrij een dergelijke democratie is, hangt natuurlijk af van wie er de wetten maakt. Het 'Poetinisme' heeft kunnen bloeien doordat de vroegere oppositie, waaronder de Russische intelligentsia die het protest tegen de communisten leidden, zijn macht heeft verloren. Sommigen denken dat deze groep zo dicht bij Poetin staat, dat zij geen gevaar voor hem vormt.

Volgens oliemagnaat en miljardair Gordon Getty is Poetin 'de gevaarlijkste man ter wereld', en hij heeft als wereldleider inderdaad een angstaanjagende troef in handen. 'Hij zou China van de ene op de andere dag lam kunnen leggen,' aldus een van zijn intimi. 'Als hij de Russische olie- en gastoevoer zou afsluiten, zou er uit heel wat Chinese schoorstenen geen rook meer komen. Hetzelfde geldt voor India. En wat een kou zouden

Italië, Duitsland, Frankrijk en Groot-Brittannië lijden wanneer hij hetzelfde zou doen in West-Europa. De fragiele Amerikaanse economie zou hij op haar grondvesten kunnen laten beven. De Verenigde Staten kunnen immers niet al die andere landen van olie en gas voorzien – ze hebben al onvoldoende voor hun eigen behoeften.

'Dus ja, hij is zeker de gevaarlijkste man van de wereld. Het verschil tussen hem en zijn voorgangers is dat hij geen nucleaire wapens nodig heeft. Hij kan de wereld op de knieën krijgen zonder ook maar één kogel af te vuren'.

Wat zou hem ertoe kunnen brengen om zijn energiewapen in te zetten? 'Hij zou het alleen doen als hij het idee had dat Rusland bedreigd werd door een macht van buitenaf. Hij houdt dan ook nauwlettend de expansie van de NAVO in de gaten, die de grenzen van Rusland steeds dichter nadert. Als de NAVO haar activiteiten tot in Oekraïne had uitgebreid, had hij dat niet geaccepteerd: dat zou zijn persoonlijke Cubacrisis zijn geweest. Dan hadden we wat kunnen meemaken.'

Zijn vermeende bereidheid om 'de wereld op de knieën te brengen' moet niet verward worden met de wens om dat daadwerkelijk te doen, benadrukken Poetins beste vrienden. 'Hij is een realist. Hij weet hoeveel macht hij heeft en voor hem komt Rusland op de eerste, tweede en derde plaats; dat maakt hem potentieel gevaarlijk. Of zoals hij het zelf formuleerde in een open brief aan de Russische bevolking die op 25 februari 2000 in de krant *Izvestia* werd gepubliceerd: 'Wie ons beledigt, doet dat op eigen risico."

'Zijn rolmodel is Catharina de Grote en hij regeert volgens haar principes: zonder compromissen,' vervolgt zijn vriend. Zoals Catherine haar minnaars om de zo veel tijd inruilde, zo heeft Poetin de neiging om zakenmannen te gebruiken en ze vervolgens af te danken. 'Het zit hem allemaal in zijn aspiratie om de warboel die Jeltsin achterliet te ontrafelen en Ruslands grootsheid te herstellen'.

En er viel nogal wat te ontrafelen. Een van Poetins belangrijkste doelwitten waren de oligarchen, de Russische magnaten die exorbitant rijk werden nadat Jeltsin ze waardevol staatsbezit had verkocht tegen zeer lage prijzen via het beruchte 'leningen voor aandelen'-programma. Poetin taxeerde de olie-, gas- en metaalindustrie en realiseerde zich al snel dat de oligarchen er een aanzienlijke winst uit haalden. Dus besloot de president hun het leven zo moeilijk mogelijk te maken. Zijn mantra was (en is): 'We moeten delen! Met wie? Met de staat!'

Roman Abramovitsj, een van de weinige oligarchen die nog bij hem in de gratie zijn, zag af van de 13 miljard dollar die de verkoop van zijn meerderheidsparticipatie in Sibneft aan staatsbedrijf Gazprom hem in september 2003 zou hebben opgeleverd. Althans, hij stak ze niet in zijn eigen zak. Poetin overtuigde Abramovitsj, die vier jachten en de voetbalclub Chelsea bezit, dat 13 miljard dollar een obsceen bedrag is om te incasseren, zeker van een bedrijf waarmee hij en zijn voormalige partner Berezovski al buitensporig rijk waren geworden nadat hij het amper tien jaar eerder had overgenomen. In het besef dat híj dan wel de miljarden bezat, maar Poetin de gevangenissen, bood Abramovitsj geen weerstand aan de presidentiële druk om een groot deel van het Gazpromgeld af te staan.

Een ander belangrijk aspect van Poetins persoonlijkheid is zijn zeer wantrouwende natuur. Poetin vertrouwt niemand. Dat kan aan zijn KGB-opleiding liggen, maar misschien gaat het wel verder terug. Zijn voormalige lerares Vera Dmitrievna Goerevitsj waarschuwde dat hij als kind al 'de mensen die hem verraadden, nooit vergaf'. Hij koestert een groot wantrouwen jegens iedereen, en wellicht terecht; hij weet tenslotte dat er samenzweringen tegen hem gesmeed worden in de diepste krochten van het Kremlin en de Doema (die in 1994 de Opperste Sovjet verving als het Russische parlement). Sommigen van zijn eigen ministers denken er bij tijd en wijle over om hem eruit te gooien. Hij laat zich van dit soort manoeuvres niet alleen door de FSB, de opvolger van de KGB als Russische binnenlandse veiligheidsdienst, op de hoogte brengen. Een dergelijke organisatie kan immers niet alle infiltratie voorkomen en is ook niet altijd in staat om in de hoogste rangen van de regering door te dringen.

Een van mijn verrassendste ontdekkingen is dat een groep zakenmannen en politici van bedenkelijk allooi die zichzelf de 'VVP-mannen' noemen, hem regelmatig berichten toezendt die gebaseerd zijn op eigen onderzoek en ideeën. Of hij die huis-tuin-en-keukenadviezen serieus neemt, is zeer de vraag, maar met zeker een aantal van deze mannen staat hij op goede voet.

Een van de bizarste claims van de VVP-mannen is dat zij Operatie Joekos, waarbij de toenmalige oliebaron Michail Chodorkovski werd opgepakt, hadden gepland en uitgevoerd. 'Je mag je op foute wijze vergaarde winst en je vrijheid behouden op voorwaarde dat je je niet langer bemoeit met politiek,' was Poetins compromisloze eis toen hij president werd. Chodorkovski was een van de weinigen die zich daartegen durfde te verzetten. Toen hij in 2003 voor het eerst werd gearresteerd op verdenking van fraude, was Chodorkovski de rijkste man van Rusland. Volgens Andrej Karaoelov, een tv-presentator die bekend staat om zijn controversiële uitingen, was hij naar verluidt ook verantwoordelijk voor een aantal moorden. Maar in de rechtszaak, waarin hij tot acht jaar werd veroordeeld, werd hij daar niet van beschuldigd. Volgens milieuactivisten hebben de leiders van een aantal bedrijven (waaronder Joekos), die van een deel van de Komsomoljeugd van het ene op het andere moment oliebazen hadden gemaakt, honderdduizenden hectaren toendra verwoest in het verre noorden van Rusland.

Een ander interessant aspect van Poetins persoonlijkheid is zijn manier van omgaan met politici die hij ervan verdenkt tegen hem samen te zweren. In plaats van deze mannen en vrouwen op een zijspoor te zetten, onderschrijft hij het bekende citaat uit *Godfather II*: 'Hou je vrienden dicht bij je, maar je vijanden nog dichterbij'.

Bij nogal wat rampzalige gebeurtenissen werd ten onrechte met de beschuldigende vinger naar Poetin gewezen, onder andere toen het Estse internet crashte. 'Ze gaven het Kremlin de schuld, dus je zou bijna denken dat ze de klok ideologisch terug willen draaien tot het punt waarop kritiek op Poetin een vijandige daad tegenover Rusland wordt,' zegt Ruslanddeskundige Orlando Figes daarover. Een andere goed ingelichte bron bracht het als volgt: 'Het Estse internet is gecrasht nadat de Estse autoriteiten het monument hadden weggehaald dat was opgericht ter ere van de soldaten uit het Rode Leger die in de strijd tegen nazi-Duitsland waren gesneuveld. Hoe dan ook mogen we niet denken dat Poetin dit zelf heeft georkestreerd. Hij is een onderdeel van het systeem dat we bij gebrek aan een betere benaming 'de geheime dienst' noemen'.

Poetins overtuigingskracht valt niet te onderschatten. Tijdens een van zijn vaste ontmoetingen in het Kremlin met de president, vertelde rabbi Berel Lazar, een vooraanstaande figuur binnen de Joodse gemeenschap, hem over een jonge Moskouse vrouw die ernstige brandwonden had opgelopen toen een explosief ontplofte op het moment dat ze een antisemitisch symbool langs de weg probeerde te verwijderen. Ze leefde in vreselijke omstandigheden. Haar buren maakten haar het leven zuur en nog weigerden de autoriteiten haar te helpen, vertelde Lazar. Hij wist niet eens of Poetin überhaupt geluisterd had, tot hij het gebouw wilde verlaten en een bewaker hem terugriep naar Poetins kantoor. Poetin had in de tussentijd al getelefoneerd met burgemeester Loezjkov, hem geattendeerd op de benarde toestand van de vrouw en geregeld dat er maatregelen zouden worden genomen. 'Incompetentie van de staat frustreert hem mateloos,' zou een opgetogen rabbi later vertellen.

De president werd niet alleen gedreven door irritatie over de bureaucratie. De inmiddels 58-jarige Poetin, die heeft aangekondigd voor een derde, niet-opeenvolgende termijn te gaan in de presidentiële verkiezingen van 2012, is zijn bescheiden afkomst nooit vergeten en heeft die ook nooit proberen te verbergen. In zijn autobiografie *Eerste persoon* doet hij zijn uiterste best om duidelijk te maken dat hij in een liefdevolle omgeving is opgegroeid. Vladimir Vladimirovitsj Poetin, door zijn familie Vovka of Volodja genoemd, groeide op bij zijn ouders Maria Ivanovna Poetina en Vladimir Spiridonovitsj Poetin in de typische, nijpende armoede waarin de meeste Russen gedurende de wapenwedloop van de jaren vijftig leefden en waarin velen nog steeds verkeren, ondanks de nieuw verworven welvaart van het land. Hij werd op 7 oktober 1952 geboren in de Sint-Peterburgse Snegirjovkraamkliniek, toen zijn moeder 41 jaar was. Hij is haar enige kind dat in leven bleef.

Poetins buren uit zijn kindertijd in Sint-Petersburg omschrijven hem als 'kwetsbaar' en 'geliefd'. Eén iemand herinnert zich een 'verlegen, maar vrijgevige jongen die zijn snoep altijd met andere kinderen deelde'. Na het verlies van haar eerste twee zonen (de een overleed kort na de geboorte, de ander stierf aan difterie tijdens Hitlers beruchte belegering van hun stad, die aan meer dan een miljoen mensen het leven kostte) was Maria Ivanovna extra zorgzaam voor haar kleine

Volodja. In tegenstelling tot wat de meeste werkende moeders deden, weigerde ze hem naar de kleuterschool te sturen omdat ze voor zijn veiligheid vreesde. In plaats daarvan werkte ze dicht bij huis. Terwijl zij voor brood op de plank zorgde, speelde haar zoon in zijn eentje binnen. Pas toen hij bijna acht was, ging hij naar school. Als kleine jongen zocht hij vaak de eenzaamheid op en dat maakte hem later tot een onafhankelijke en zelfbewuste persoonlijkheid. Tot op de dag van vandaag is hij graag alleen en eet hij het liefst in afzondering. Toen een journalist van *Time* hem vroeg wat hij in zijn vrije tijd deed, was zijn repliek: 'Ik heb geen vrije tijd.' Die wil Poetin ook niet: tegenwoordig leeft hij om te werken.

Indertijd woonde de familie Poetin op Baskovlaan nummer twaalf. Met de tram zat je zo op de Nevski Prospekt, het historische centrum van Ruslands tsarenhoofdstad. Ze leefden in één kamer in een *kommoenalka*, een gedeelde flat. Een eigen badkamer en warm water ontbraken en het toilet en de keuken werden gedeeld. Vladimir Spiridonovitsj werkte als voorman bij het wagonbouwbedrijf Jegorov. 's Avonds vermaakte hij zijn eerste vrouw en zijn jonge zoon met een gehavende accordeon. Hij was een competente speler; de buren schijnen nooit geklaagd te hebben over geluidsoverlast. Maria was waarschijnlijk meestal moe van haar vele parttime baantjes als conciërge, hulpje bij een bakkerij en technisch assistent bij een laboratorium. Tegen de wil van haar man had ze haar zoon in het geheim laten dopen in de Russisch-orthodoxe Transfiguratiekathedraal. Poetin draagt tot op vandaag zijn kleine aluminium doopkruisje aan een halsketting. Zijn vader Vladimir Spiridonovitsj, devoot atheïst, kneep een oogje dicht. Maria zorgde er ondertussen voor dat de doop geheim bleef. Evenals hun buren dankten de Poetins hun schamele bezit aan de antireligieuze autoriteiten. Het kon hun zo weer worden afgenomen.

Vladimir Poetins grootvader, Spiridon Ivanovitsj Poetin, had hard moeten werken voor zijn succes. Hij kreeg zijn opleiding als kok in zijn thuisstad Sint-Petersburg, zoals de stad toen heette (voordat het in 1914 Petrograd werd en nog eens tien jaar later Leningrad). Spiridon had een groot talent voor koken. Nog voor zijn twintigste bereidde hij maaltijden voor de aristocratie in Astoria, een vijfsterrenhotel op het Sint-Isaaksplein in de tsaristische hoofdstad. Hij kookte onder anderen voor de beruchte monnik Grigori Raspoetin en familieleden van tsaar Romanov. Het schijnt dat Astoria Spiridon elke maand honderd roebel in goud uitbetaalde. Spiridon trouwde met het plattelandsmeisje Olga Ivanovna. Tussen 1907 en 1915 kregen ze drie zonen en een dochter: Aleksej, Michail en Vladimir Spiridonovitsj (geboren op 23 februari 1911), en Anna.

Toen tijdens de Bolsjewistische revolutie in 1917 de tijdelijke regering werd afgezet (die kort daarvoor de afgetreden tsaar had vervangen) en de leden uit de leidende klasse gevlucht, gevangengenomen of geëxecuteerd waren, stortte de wereld van de Poetins in. Er waren geen aristocraten meer die kaviaar of *foie gras* bestelden en er was überhaupt weinig voedsel in de hoofdstad (die tegen die tijd Petrograd werd genoemd omdat 'Sint-Petersburg' tijdens de Eerste Wereldoorlog te Germaans klonk). Terwijl de Russische burgeroorlog een puinhoop maakte van het enorme imperium, verhuisde Spiridon zijn gezin naar het huis van familieleden in het dorpje Pominovo in de regio Tver (Poetin herinnert er graag aan dat het huis er nog steeds staat en dat zijn familieleden er hun vakantie doorbrengen).

Volgens de legende zou Vladimir Spiridonovitsj jaren later zijn zoon op schoot hebben genomen in de aftandse kamer op de Baskovlaan en hem Spiridons verhaal hebben verteld. De jongen zou dieper geschokt zijn geweest door de verhalen over de vernedering die zijn grootouders moesten ondergaan dan door die over hun honger. Het is onduidelijk of dit waar is, zoals wel vaker met verhalen over Poetins achtergrond. 'Mijn grootvader had het niet vaak over zijn verleden,' vertelt hijzelf. 'De mensen blikten toen weinig terug, ook mijn ouders spraken weinig over vroeger. Ze vertelden me nooit iets over zichzelf, zeker mijn vader niet. Hij was een zwijgzame man.'

Na de Eerste Wereldoorlog kreeg Spiridon een baan aangeboden in de Gorki-buurt, een buitenwijk van Moskou waar Lenin en zijn familie woonden. Hij werd tewerkgesteld in Lenins landhuis en bleef na diens overlijden in januari 1924 in dienst van zijn weduwe, Nadezjda Kroepskaja. Drie dagen na Lenins dood werd Petrograd ter ere van hem omgedoopt tot Leningrad. Olga wilde er weer gaan wonen, maar Spiridon wist dat het communistische bestuur een aanval van Finland op de stad vreesde. Hij dacht dat talentvolle mensen zoals hij in de nieuwe hoofdstad Moskou meer kans op een goede toekomst hadden en bleek daarin gelijk te hebben. Er was onder de nieuwe communistische elite al snel vraag naar zijn culinaire vaardigheden. Hij kwam in de gunst bij Stalin en werd al spoedig overgeplaatst naar een van diens datsja's.

Misschien was het zijn loyaliteit aan Stalin, misschien waren het ook zijn kookkunsten waaraan hij zijn fantastische baan bij 'Ilitsjovski', het landgasthuis van de Moskouse Communistische Stadspartij te danken had. Als chef-kok kreeg hij een tweekamerflat, een bijna ongehoorde luxe voor iemand met zijn achtergrond. Olga mocht groenten en fruit oogsten en bloemen plukken van een eigen stukje land, een ander zeldzaam privilege. Weinig mensen die veel tijd in de buurt van Stalin doorbrachten brachten het er levend af, maar Spiridon was een van hen. Poetin herinnert zich zijn grootvader vooral van de schoolvakanties waarin hij samen met zijn ouders Ilinskoje bezocht.

Spiridon was een kettingroker, maar hij dronk niet. In 1965 overleed hij op 86-jarige leeftijd, toen hij nog maar zes jaar met pensioen was. Hij werd begraven op het kerkhof in Ilinskoje. Hij bleef tot op zijn oude dag kwiek van geest en genoot van het samen vissen met zijn kleinzoon, ook al lukte het hem niet meer om grote wijsheden op de jongen over te brengen. Olga werd negentig. Poetin zegt de meeste dingen over zijn familie te weten te zijn gekomen door 'flarden en fragmenten' op te vangen van de gesprekken tussen zijn ouders en familieleden die hen op de Baskovlaan bezochten. Dat waren de enige momenten waarop zijn ouders wat opener werden en over zichzelf praatten. En met reden: het verleden was een emotioneel mijnenveld.

Vladimir Spiridonovitsj Poetin ontmoette Maria Ivanovna Sjelomova in Pominovo, waar hij zijn jeugd had doorgebracht. Ze was geboren in het dorp Zaretsje op 17 oktober 1911. Al op jonge leeftijd kregen ze verkering en ze waren nog maar zeventien toen ze in 1928 hun trouwbeloften tekenden (een journalist die op zoek was naar een lijk in Poetins kast vroeg hem eens waarom ze zo jong getrouwd waren. Poetin zuchtte en zei: 'Waarom zou er een reden moeten zijn? Liefde was de belangrijkste reden, maar mijn vader stond ook op het punt om opgeroepen te worden. Misschien zochten ze een manier om zich te binden.').

Vier jaar later begon de collectivisatie en moesten ze naar Leningrad verhuizen. Maria sleet haar uren eerst als straatveger en werkte later in een fabriek, en Vladimir Spiridonovitsj werd opgeroepen voor een nieuwe, onderzeese afdeling van de Sovjetmarine. In het jaar voordat hij zijn dienstplicht had afgerond, kregen de Poetins twee zoons. De eerste, Oleg, overleed binnen een paar maanden na zijn geboorte, maar Maria raakte bijna meteen weer in verwachting. Ze konden hun geluk niet op toen ze een gezonde zoon baarde, die ze Viktor noemden. Op het moment dat Hitler op 22 juni 1941 operatie Barbarossa lanceerde, woonden de Poetins in een appartement in Peterhof, bekend om zijn fabelachtige Zomerpaleis. Leningrad was een van de hoofddoelwitten van de Wehrmacht. Peter de Grote had de stad gebouwd op de moerassige zandbanken van de rivier de Neva; Hitler gaf zijn troepen de opdracht ze met de grond gelijk te maken.

Vladimir Spiridonovitsj sloot zich aan bij een vernietigingsbataljon van de NKVD, (voluit luidde de gewichtige benaming van die instelling 'Volkssecretariaat voor Interne Aangelegenheden'). Dit was een onderdeel van de geheime Sovjetpolitie, een bataljon dat voorbij de Duitse linies aan sabotage deed. Vladimirs team, bestaande uit 28 man, werd naar Kingisepp gezonden, in de buurt van de Estse grens. Daar bliezen de soldaten een munitiedepot op. Terwijl ze zich terugtrokken richting de Russische linies, raakte hun rantsoen op. Ze benaderden enkele Esten, die hun te eten gaven maar vervolgens de Duitsers tipten. Het Russische kamp werd omsingeld. Vladimir Spiridonovitsj maakte deel uit van een kleine groep die zich een weg naar buiten vocht en naar het oosten vluchtte, achtervolgd door Duitse soldaten en hun honden. Naar verluidt sprong hij in een moeras en voerde hij een klassiek trucje uit: hij haalde adem via een hol rietje totdat de zoekeenheid gepasseerd was. Slechts vier van de 28 mannen uit zijn eenheid kwamen weer thuis.

Toen de Duitsers Leningrad begin 1942 helemaal hadden omsingeld, werd Vladimir Spiridonovitsj opnieuw opgeroepen, deze keer als een van de verdedigers van een kleine geïsoleerde verschansing op de linkeroever van de Neva. De Duitsers zijn er nooit in geslaagd die in te nemen, ondanks de eindeloze bombardementen en herhaalde aanvallen. Maria had ervoor gekozen om in Peterhof te blijven, dat met de grond gelijk werd gemaakt door Duitse bombardementen en granaatvuur. Nadat het Zomerpaleis binnengevallen, geplunderd en vernietigd was, kwam haar oudere broer Ivan Sjelomov haar en Viktor halen. Ivan diende als marineofficier bij het vloothoofdkwartier in Smolny, ooit een privémeisjesschool aan de Neva-oever, nu gehuld in camouflagenetten. De acteurs van het Mariinskitheater beschilderden de netten eens in de zoveel tijd, zodat ze bij het seizoen zouden passen. Ivan gaf zijn zus een deel van zijn rantsoen en nam haar en Viktor mee naar een van de schuilkelders in Leningrad. Die waren gebouwd om kinderen te redden, maar juist daar raakte de vijfjarige jongen besmet met difterie. Maria verloor niet alleen haar kind: haar moeder werd gedood door een verdwaalde Duitse kogel en haar oudere broers, onder wie Ivan, zouden later spoorloos verdwijnen aan het front.

In de winter van 1942 werd Vladimir Spiridonovitsj geraakt door een Duitse granaat en ernstig verwond aan beide benen. Als een voormalig buurman hem bij de verbandplaats niet had herkend en hem niet op zijn rug over de bevroren Neva naar een ziekenhuis in Leningrad zou hebben gebracht, zou hij zijn overleden door bloedverlies. Maria zocht hem elke dag op. Ze zag er zo slecht uit dat hij stiekem zijn ziekenhuisrantsoen voor haar bewaarde, maar daardoor verzwakte hij zelf zo sterk dat de verpleegsters doorkregen waar hij mee bezig was en Maria niet langer toelieten op de afdeling. Op een keer viel ze midden op straat flauw van de honger. Ze werd bij de lijken gelegd, en pas toen iemand haar hoorde kreunen, werd haar leven gered.

Toen Vladimir Spiridonovitsj voldoende was aangesterkt om het ziekenhuis te verlaten, werd hij als invalide ontslagen uit het leger. Door zijn verwondingen was hij voor de rest van zijn leven kreupel, en totdat hij weer kon lopen, reed hij op een collectieve boerderij met een paardenkar. In 1944 was hij voldoende hersteld om als gereedschapsmaker bij het wagonbouwbedrijf Jegorov aan de slag te gaan. Daar maakten ze in die tijd kogelhulzen voor Russische vuurwapens. Hij en Maria werden weer verenigd. Deze opmerkelijke vrouw was gedurende de gehele belegering in Leningrad gebleven. Terwijl het Duitse leger werd teruggedreven, pakten de Poetins hun levens weer op in een van de kamers van de fabrieks *kommoenalka* in de Baskovlaan. Acht jaar later, toen ze allebei veertig waren, werd hun derde zoon geboren: de toekomstige president.

Na alles wat Maria in de oorlog had meegemaakt was het niet zo gek dat ze zich nogal beschermend opstelde tegenover de kleine Volodja. Pas op 1 september 1960 schreef ze hem in op School Nr. 193, de school tegenover hun huis. Hij heeft de foto die op zijn eerste schooldag genomen werd, altijd bewaard. Op de afbeelding is te zien dat hij een plantje vasthoudt, een presentje voor de leraar. Naar school gaan was een schokkende ervaring voor Volodja. Hij viel op, niet alleen omdat hij er klein en kwetsbaar uitzag, maar ook omdat hij, onwennig als hij was in de omgang met leeftijdsgenoten, zo laat mogelijk aankwam en zo vroeg mogelijk vertrok. Zijn klasgenoten dachten dat hij hun gezelschap uit de weg ging en vonden hem een snob. Hij werd voortdurend gepest, maar Volodja streed terug op de enige manier die hij kende: 'Hij vocht zo hard hij kon,' aldus een voormalige klasgenoot. 'Hij krabde, beet, trok aan haren en krijste. Het was geen pretje om te zien.'

Poetin herinnert zich dat hij niet graag naar school ging: 'Ik hield ervan om rond te hangen op onze binnenplaats. Er waren twee binnenplaatsen die met elkaar verbonden waren, en daar brachten we het grootste deel van onze tijd door. Moeder keek zo nu en dan uit het raam en riep: 'Ben je op de binnenplaats?' Ik was daar en zij was blij dat ik niet was weggelopen. Ik mocht de binnenplaats niet verlaten zonder toestemming.' Maar één keer was hij ongehoorzaam, met een beangstigende ervaring als gevolg: 'Toen ik vijf of zes was, liep ik voor het eerst tot aan de hoek van de straat. Uiteraard zonder toestemming. Het was mei. Ik keek in het rond, de mensen krioelden om me heen, overal was er rumoer, er heerste een drukte van jewelste en ja, ik was bang.'

De kleine Volodja staarde vanaf zijn bed naar het afbladderende plafond in de kamer en droomde ervan om zijn ouders een beter leven te geven. Hij zag zijn moeder elke dag moeizaam de vijf trappen beklimmen, op weg naar hun kamer op de vijfde en bovenste verdieping van de gele, troosteloze flat. Het waren memorabele tijden voor Rusland. Stalin was niet langer secretaris-generaal van de Communistische Partij. Hij werd vervangen door de complexe, maar volgens velen humane, politiek commissaris Nikita Chroesjtsjov, die de wereld schokte met een aanklacht tegen zijn voorganger in een op weldoordachte wijze gelekte 'geheime' speech tijdens het twintigste partijcongres in februari 1956. Chroesjtsjov deelde de regionale comités in tweeën, in landbouw en industrie, een scheiding die slecht zou uitpakken. Er werd gehoopt dat het sovjetsysteem onder Chroestjsjov hervormd zou kunnen worden tot een democratischer vorm van socialisme, al bleek het gros van de binnenlandse hervormingen die het lot van de Sovjetburger hadden moeten verbeteren, ondoeltreffend.

Volodja was opmerkzaam genoeg om lessen te trekken uit zijn ellendige omgeving. De Poetins deelden een 'keuken' (een gasstel en een gootsteen in de gang) met een bejaarde Joodse kleermaker, zijn vrouw en hun volwassen, alleenstaande dochter Chava. Ruzies waren onvermijdelijk in deze kleine ruimte.

Hoewel Volodja dol was op het oudere stel, maakte hij eens de fout om tijdens een conflict de kant van zijn ouders te kiezen. Die werden woedend. 'Bemoei je met je eigen zaken!', zeiden ze. Volodja was verbijsterd en had tijd nodig om te begrijpen dat zijn ouders zijn goede verstandhouding met het oudere koppel veel belangrijker vonden dan de kleine irritaties in de keuken. 'Na dat incident raakte ik nooit meer betrokken bij het gekibbel,' vertelt hij. 'Zodra ze begonnen te bekvechten, ging ik naar onze kamer of die van het oude stel.'

Maria, een pragmatische vrouw, stimuleerde Volodja om er zelfstandig op uit te trekken, in de hoop dat hij daardoor minder gepest zou worden op school en nieuwe vrienden zou maken. In zijn nieuw verworven vrijheid koos Volodja verkeerd gezelschap uit. Om zijn maatjes te imponeren deed hij dingen die hij nu als 'fout' beschrijft. Hij bracht veel tijd door op de binnenplaats onder aan het trappenhuis. Dit was de 'verzamelstek' van de plaatselijke jeugdbendes. 'Opgroeien op de binnenplaats was als leven in de jungle,' vertelt hij. 'Het had er veel van weg. Echt!' Een geliefd tijdverdrijf bij de bendes was ratten achternazitten. Volodja vond het geweldig om de dieren met stokken op te jagen over de stenen trappen, totdat hij 'de interessante ontdekking deed dat een in het nauw gedreven rat zijn belager aanvalt, op een agressieve manier. Een rat zal zijn tegenstander zelfs aanvallen wanneer die probeert weg te rennen.' Deze tactiek houdt hij zonder twijfel ook vandaag nog in gedachten wanneer hij op de judomat staat. Aan het hoofd van de bende stond een stel rouwdouwers die de Kovsjov-broers werden genoemd. Hoewel Volodja veel jonger was, deed hij zijn best om hen in alles wat ze deden, bij te houden. Zo nam hij een jagersmes mee om zichzelf te kunnen beschermen. Ondanks zijn iele bouw en bleke gelaatskleur kwam de kleine jongen met de blonde lok voor zijn rechteroog in de problemen met de politie en kwam hij bekend te staan als vandaal. 'Ik was echt een boefje,' zegt hij. Toen aan het licht kwam dat hij een mes mee naar school nam, dreigden zijn leerkrachten ermee hem naar een tuchtschool te sturen. Hij was dan ook een van de jongens uit de klas met 45 leerlingen die vanwege hun ruwe gedrag niet tot de communistische jeugdbeweging Pionery (Pioniers) werden toegelaten. 'Maakt niet uit,' was zijn reactie. 'Ik heb altijd de Kovsjovs nog.'

Vladimir Spiridonovitsj droeg zijn zoon op om te gaan boksen. Maar tijdens een van zijn eerste wedstrijden brak Volodja zijn neus, en daarmee kwam er een abrupt en beschamend einde aan zijn carrière in de ring. Zijn leven had in een neerwaartse spiraal kunnen belanden, maar in die periode merkte Volodja's lerares Vera Dmitrievna Goerevitsj, die hem onderwees van de vijfde tot de achtste klas (van zijn elfde tot zijn veertiende), een sterke verandering op in zijn attitude. In april 1964 gaf Volodja aan dat hij Duits wilde leren. Hij koos het als extra vak in naschoolse lessen met Goerevitsj, die vaststelde dat Volodja een fenomenaal geheugen had. Ze vond in hem een energieke, vriendelijke en zelfs liefdevolle leerling met een sterke wil en aanleg voor talen, geschiedenis en literatuur.

In de herfst van 1965 sloot Volodja zich aan bij de sportclub Troed (Arbeid), die deel uitmaakte van de Russische Vrijwillige Sportvereniging en waar je alleen binnen raakte als je goede cijfers had. Het was hier dat hij onder de vleugels werd genomen door Anatoli Semjonovitsj Rachlin, een buurman van de Poetins op de Baskovlaan en expert in sambo, een vorm van zelfverdediging. De sport, een combinatie van worstelen en jiujitsu, beviel de dertienjarige jongen enorm. Rachlin leerde hem dat hij zijn tegenstanders misschien niet kon verslaan met zijn vuisten, maar wel met zijn verstand. Als Rachlins pupil werd hij razend enthousiast over sambo en later over judo. Volodja ontwikkelde hechte vriendschappen bij de club, in het bijzonder met Arkadi Rotenberg en zijn broer Boris. 'Zij waren waarschijnlijk de eerste echte vrienden in zijn leven,' vertelt iemand die zich herinnert hoe ze samen trainden. 'Net als de meeste andere clubleden hadden de broers Rotenberg dezelfde armoedige achtergrond als Poetin.' Later zouden ze, zoals we nog zullen zien, onvoorstelbaar rijk en succesvol worden.

Naar eigen zeggen heeft de vechtsport Poetin mede gevormd tot wie hij is. Behalve een sport, is judo voor hem ook een filosofie: 'De judosport leert je over relaties tussen mensen en brengt je respect voor je tegenstander bij. Ze leert je ook dat een ogenschijnlijk zwakke tegenstander zich niet alleen tegen je kan verweren, maar je zelfs kan overwinnen. Kracht is niet het enige wat het resultaat van een gevecht beïnvloedt: ook denkvermogen en een juiste houding spelen mee. Die aspecten zijn heel belangrijk. Daarnaast moet je ook een sterk karakter hebben en een groot verlangen om te winnen.' Poetin is Rachlin erg dankbaar en ziet hem zo nu en dan wanneer hij zijn geboortestad bezoekt.

Nu de jonge Volodja zichtbaar veranderd was, mocht hij toetreden tot de Pioniers, wat voor elk kind in de Sovjet-Unie een essentiële stap was. Als ze hem niet zouden toelaten, zou hij later ook geweerd worden uit de Komsomol (de Communistische jeugdbond) en zonder Komsomollidmaatschap zouden ook een universitaire opleiding en de daaruit voortvloeiende beroepen hem worden ontzegd. Zijn vader, die zijn leven lang communist was en was opgevoed volgens de strenge partijprincipes, kon zijn geluk niet op toen Volodja werd verkozen tot voorzitter van zijn Pioniersraad. Hij was ook trots op de sportprestaties van zijn zoon. Hij en zijn vrouw deden hun best om zo veel mogelijk wedstrijden van Volodja bij te wonen. Volodja won vele trofeeën in de Leningradse sambokampioenschappen en werd een uitblinker in zowel sambo als judo.

Ondertussen was de familie in staat om een kleine driekamerdatsja te betalen in Tosno, een klein stadje ten zuidoosten van Leningrad. Maria zag met vreugde hoe vader en zoon naar elkaar toegroeiden: ze hakten samen hout, gingen uit vissen, ze deelden kortom al het werk dat tijdens de zomervakantie moest worden gedaan.

Poetin had zijn vaders muzikale talent niet geërfd, maar wilde wel heel graag accordeon leren spelen. Ze zongen samen volksliedjes, al ging dat bij Poetin soms niet helemaal in de maat. Zijn vader luisterde op zijn beurt geduldig naar de gekoesterde collectie Beatlesplaten van zijn puberzoon (Volodja's favoriete nummer was *Yesterday* van Paul McCartney) en kocht voor hem een goedkope gitaar, waarop hij de hele dag zat te tokkelen. Ook dansen lag hem niet echt, maar dat werd indertijd niet gezien als een handicap: wat hem vooral interesseerde in het andere geslacht was de vraag of zij hem wel bewonderden. Hij schijnt veel aanbidsters te hebben gehad.

Poetin (en volgens velen het overgrote deel van Rusland) heeft een hoop aan Anatoli Rachlin te danken. De vechtsportexpert woont nog steeds in de buurt van de Baskovlaan en laat nieuwsgierigen op verzoek het appartement zien waar de Poetins hun kamer met het afgebladderde plafond bewoonden. De huidige bewoners, politiechef Anton Matvejev en zijn vrouw Nina, leiden liever geen bezoekers rond en zijn duidelijk blij dat er geen gedenkplaat aan het gebouw hangt die erop wijst dat hier een van de machtigste mensen ter wereld gewoond heeft. Dankzij Jeltsins koers richting markteconomie – een beleid dat Poetin van hem erfde – is de huurprijs van de bescheiden woning die de Matvejevs delen met hun dochter Zjenja, vele malen hoger geworden.

Er is maar weinig vraag naar de toeristische busritten door de wijk die worden aangeboden door een bedrijf dat Falkon heet en uitgevoerd door een man die alleen bekendstaat als Kirill, al lopen de zaken wat beter in oktober, de maand waarin Poetin jarig is. De rondrit begint bij de kraamkliniek waar hij geboren werd en komt ook langs zijn doopkathedraal en de *banja*, het badhuis waar de Poetins hun wekelijkse stoombad namen. Kirill vertelt trots aan iedereen die het maar wil horen dat Poetin het eerste uit Sint-Petersburg afkomstige staatshoofd is sinds de laatste tsaar, ongeveer een eeuw geleden. Vervolgens toont hij de restaurants, Roesskaja Rybalka en Podvorje, die Poetin met twee andere presidenten, George W. Bush en Jacques Chirac, bezocht.

Poetin zelf heeft er geen behoefte aan om terug te keren naar de kamer waar hij jarenlang heeft gewoond, of om zijn oude buurt op te zoeken. Hij zou dat ook geen prettige ervaring vinden: School Nr. 193 is tegenwoordig een technisch instituut, de sportschool waar Anatoli Rachlin hem trainde, ligt er vervallen bij, en de straten waar hij lang geleden met zijn bende rondzwierf, liggen vol achtergelaten rotzooi van drank- en drugsverslaafde buurtbewoners. Dat hij een van hen had kunnen zijn, zou niet eens bij hem opkomen. Daar was hij te slim en te gedisciplineerd voor. Hij heeft nog altijd een afkeer van slordigheid en gebrek aan discipline.

Het is nu bijna vijftig jaar geleden dat Poetin, in de herfst van 1967, tot de Komsomol werd toegelaten tijdens een ceremonie in het bijzijn van het partijafdelingscomité. Het moet een eeuwigheid geleden lijken voor de president. In 1968 sloeg de zestienjarige Poetin plots, zonder overleg met zijn ouders of leraren, een andere weg in. Hij liet de humanitaire wetenschappen voor wat ze waren en koos ervoor om zijn laatste twee schooljaren door te brengen op Lyceum Nr. 281, dat gespecialiseerd was in scheikunde. Het zou nog een hele tijd duren voordat de Rus met de sterke wil zijn explosieve entree op het wereldtoneel zou maken.

GEHEIM AGENT EN MINNAAR

In de zomer van 1968, toen Tony Blair toneelspeelde bij de 'The Pseuds' tijdens zijn studie aan Fettes College in Edinburgh (waar hij alle rook- en drinkvoorschriften aan zijn laars lapte en het liefst gitaar speelde) en Bill Clinton aan de Oxford Universiteit studeerde (waar hij, zoals later alom bekend werd, 'niet inhaleerde, niet opgeroepen werd voor militaire dienst en geen diploma behaalde'), liep Vladimir Poetin door de Leningradse Litejnylaan naar het KGB-kantoor om er zijn diensten aan te bieden.

Dankzij zijn judoprestaties was hij fysiek in topvorm en blaakte hij van zelfvertrouwen, en zoals velen van zijn generatie zocht hij werk bij de zogenaamde 'agentschappen', de verschillende afdelingen van de staatsveiligheid. Toetreden tot een dergelijke organisatie bracht je in de Sovjet-Unie een flinke stap hoger op de carrièreladder.

Poetin zag zichzelf al als een leider. Als Komsomollid werd hij geacht om het goede voorbeeld te geven voor andere pupillen op Lyceum Nr. 281 en hij nam deze taak erg serieus. Zo overhandigde hij hun gesigneerde foto's van zichzelf met bijschriften als

'Een gezonde geest in een gezond lichaam' en probeerde hij hun goede manieren bij te brengen.

Als student placht hij de lessenaar met beide handen vast te grijpen wanneer hij tijdens zijn wekelijkse spreekbeurt over het nieuws zijn standpunten uiteenzette. Er was genoeg stof tot nadenken voor het jonge Sovjetbrein. Chroesjtsjov werd in 1964 afgezet en de norse oude, Oekraïense Leonid Brezjnev stond aan het Kremlinroer. Hij nam afstand van de liberale hervormingen van 'de heer Ch.', investeerde zwaar in het leger, viel Afghanistan binnen en leidde een periode in die onder de Russen bekend staat als de *'zastojnoje vremja'*: de tijd van stagnatie.

Poetin werd door sommigen misschien gezien als een arrogant mannetje dat te veel reclame maakte voor zichzelf, maar daar trok hij zich weinig van aan. Hij raakte steeds meer bedreven in het vertellen van onwaarschijnlijke verhalen met een pokerface en genoot ervan wanneer hij geloofd werd. En belangrijker, hij droomde er niet langer van om scheikundige te worden. In het flakkerende licht van de Oktoberbioscoop in de Moskouse Novy Arbatstraat, nam zijn leven een compleet nieuwe wending.

Poetin hield van films en zijn jongensdroom was acteur worden (dat vertrouwde hij Hollywoodster Jack Nicholson later tenminste toe). Dit veranderde toen hij *Het schild en het zwaard (Sjtsjit i metsj)* zag, een thriller over een Russische geheim agent die in het hoofdkwartier van de Berlijnse SS infiltreerde en Hitlers geheimen stal. 'Ik ga geheim agent worden: dát zijn de mensen die de oorlog winnen, niet het leger. De soldaten zijn slechts dienaars, de spierkracht, maar niet de hersens,' vertelde hij de dag nadien aan zijn klasgenoot Viktor Borisenko. Hij was diep onder de indruk toen hij hoorde dat de voorloper van de KGB in Lenins tijd bekend stond als 'het zwaard en het schild' van de revolutie.

Zijn plotselinge ommekeer zorgde er allereerst voor dat hij natuur- en scheikunde liet vallen om zich in plaats daarvan te wijden aan de Russische literatuur en geschiedenis. Met Duits ging hij door. 'Hij was een van de weinige studenten met een zeer duidelijk beeld van zijn toekomst,' aldus Tamara Stelmasjova, zijn lerares sociale geschiedenis. 'Hij was gefocust en vastberaden en had een sterk karakter: hij legde bijzonder veel verantwoordelijkheid, ernst en nauwkeurigheid aan de dag.' Toen ze hem thuis opzocht, zag ze een portret van Feliks Dzerzjinski aan de muur hangen, de oprichter van de Tsjeka, de speciale eenheid van de bolsjewieken die de voorloper was van de KGB, tegenwoordig de FSB.

Volodja studeerde hard en bracht de weekenden waarin hij voor zijn eindexamens blokte door in de driekamerdatsja van zijn ouders in Tosno. Vera Brileva woonde in dezelfde straat. Ze ontmoette Volodja in 1968, toen zij veertien en hij zestien was, en werd kind aan huis in Poetins datsja en zijn huis in Leningrad. In een interview met de krant *Sobesednik* portretteerde ze de toekomstige president als een gespierde student die voor niets en niemand bang was en een enorme aantrekkingskracht uitoefende op vrouwen. Toen hij in Tosno aankwam 'wierpen de meiden zich op hem,' aldus Vera. 'Hij had een bepaalde charme. Tot op vandaag herinner ik me zijn handen en zijn korte, sterke vingers.'

Vera herinnert zich een oudejaarsavond in de datsja van de Poetins waarop iemand voorstelde een potje flessendraaien te spelen. Volodja gaf de fles een zet en de flessenhals wees naar Vera. Volodja kuste haar op de mond. 'Het was een korte kus,' zegt ze, 'maar ik kreeg het plotseling heel warm.' Zij en Volodja zagen elkaar vanaf toen regelmatig, al waren ze zelden alleen. Hij nodigde meestal een groep vrienden uit in zijn datsja en negen van de tien keer zong hij dan het lied '*Daar gaat de onverschrokken Trojka*,' en met verve. Het lied is een lofrede op een moedige, jonge koetsier die zingt over het meisje dat hij heeft moeten achterlaten. Volodja's favoriete Russische zangers waren toen Boelat Okoedzjava en Vladimir Vysotski.

Op een dag voegde Ljoeda, een assertieve jongedame, zich bij de groep om hem te horen zingen. Na de maaltijd vroegen de jongens haar de afwas te doen, maar ze weigerde: 'Later zal mijn man die wel voor me doen.' Toen dacht Vera nog dat ze niet jaloers hoefde te zijn op het nieuwe meisje. Volodja probeerde immers alle huishoudelijke karweitjes te ontlopen. 'En bovendien had ze bruine haren, terwijl hij een voorkeur had voor blond.'

Ze kwam er al vrij snel achter dat haar liefje zijn studie verkoos boven de romantiek. Uitnodigingen om met haar naar de bioscoop te gaan sloeg hij af met de verklaring dat hij geen tijd had voor uitstapjes. 'Ondanks zijn charmes stond zijn gezicht altijd droevig,' aldus Vera. 'Soms barstte iedereen in lachen uit en bleef Volodja er stil en emotieloos bij zitten. Maar hij kon zich wel enorm verbazen over onbenulligheden. Dan zei ik tegen hem: 'Dat hoort zo!', en antwoordde hij: 'Echt? Je houdt me voor de gek!''

Vera herinnert zich dat Poetins bureau in de *kommoenalka* in de Baskovstraat naast de bank in de hoek stond. Toen ze een keer bij hem langs ging, maakte hij haar duidelijk dat hij liever alleen wilde zijn. Terwijl hij aan zijn bureau zat te schrijven probeerde ze een gesprek met hem te voeren. 'Volodja, herinner je je nog die keer toen ...' Poetin viel haar in de rede. 'Ik herinner me alleen belangrijke dingen,' bitste hij. Vera's hart was gebroken. Trots als ze was, voelde ze haar gevoelens voor hem weggeben. Ze ging weg en kwam nooit meer terug. 'Wat moet ik met een man die me op deze manier behandelt?', vroeg ze haar vrienden.

Inmiddels is Vera getrouwd en gepensioneerd. 'Tot op de dag van vandaag zeggen mensen mij dat ik hem moet laten weten dat ik er nog steeds ben, maar ik ben een Rus in hart en nieren en dat weet hij. Ik zou nog niet om hulp vragen als ik onder een brug zou wonen en zou sterven van de honger. Waarom zou hij nu aan me denken als hij dat toen niet deed?'.

Poetin raakte geobsedeerd door studeren na een korte wandeling over de Litejnylaan, ten noorden van waar hij woonde, naar het lelijke negenlaagse gebouw dat de inwoners van Leningrad kenden als het *Bolsjoj Dom*, ofwel 'het Grote Huis' en waar het Leningradse hoofdkwartier van de KGB was gevestigd. De wandeling was slechts een oefening, en dat gold ook voor de volgende keer. Pas de derde keer had hij voldoende moed verzameld om tot actie over te gaan. 'Hoe word ik een KGB-agent?', vroeg hij de dienstdoende officier.

Die stelde hem niet teleur. Hoewel hij regelmatig met gekken en jonge fantasten te maken kreeg, wist de officier geduld op te brengen in zijn gesprek met de bleke, zestienjarige jongeman en raadde hij hem aan om een universitair diploma te behalen. Poetin herinnerde zich later ook dat de man zei: 'We nemen geen mensen aan die op eigen initiatief naar ons toe komen.' Hoe dan ook was hij vastbesloten om naar de universiteit te gaan, ook al waren er voor elke schaarse plaats wel veertig gegadigden en twijfelden zijn ouders of hij wel voldeed aan de voorwaarden om binnen te raken. Vladimir overtrof echter ieders verwachting toen hij zich mocht inschrijven bij de rechtenfaculteit van de Leningradse Staatsuniversiteit (LGU) om internationaal recht te studeren.

Hij studeerde hard en bleef intussen aan judo doen. Hij deed mee aan talloze zware wedstrijden, die hij zich herinnert als 'een vorm van marteling'. Volgens Anatoli Rachlin was hij het type judoka dat liever trainde: 'Heel rustig, koelbloedig en slim.' 'Maar,' vervolgt hij, 'op de tatami was hij voor niemand bang: zelfs mannen van honderd kilo zou hij niet uit de weg gaan. Hij kon heel goed grepen afwisselen en het was moeilijk te voorspellen waar hij je zou neergooien. Zijn favoriete technieken waren de been- en schouderworp.'

Tijdens de Leningradse kampioenschappen stond Poetin tegenover wereldkampioen Volodja Kyllönen. Toen hij zijn opponent al binnen enkele minuten over zijn rug heen had gegooid, dacht hij dat hij gewonnen had, maar de scheidsrechter liet de wedstrijd verdergaan. Het publiek zou zo'n makkelijke overwinning op de wereldkampioen niet tolereren. De wedstrijd eindigde toen Kyllönen Poetins elleboog verdraaid had en de scheidsrechter meende dat hij Poetin had horen grommen. Omdat elke vorm van gehuil of gekreun gelijkstond met een nederlaag, werd Kyllönen tot winnaar uitgeroepen. Poetin denkt dat hijzelf eigenlijk had moeten winnen, maar voegt daaraan toe: 'Ik schaam me er niet voor om te verliezen van een wereldkampioen.'

Hij doorliep een trainingskamp aan het Haapajärvimeer in Finland en reisde vervolgens naar wedstrijden op verschillende plekken in de Sovjet-Unie, waaronder naar Moldavië om deel te kunnen nemen aan de Spartakiade, een competitie die openstond voor iedereen uit de Sovjet-Unie. In 1973 brak Volodja Tsjerjomoesjkin, een goede vriend van Poetin die op zijn aandringen aan judo was begonnen, zijn nek. Tijdens een wedstrijd belandde hij frontaal met zijn hoofd op de mat. Poetin was er ondersteboven van. Tsjerjomoesjkin raakte verlamd en stierf tien dagen later in het ziekenhuis. Poetin, die het naar verluidt altijd moeilijk heeft gehad om zijn emoties te uiten, beheerste zich tijdens de begrafenis. Later stortte hij alsnog in en huilde samen met Volodja's moeder en zus aan het graf.

Dankzij de kameraadschap die Poetin in de sport vond, viel zijn teruggetrokken aard minder op. Hij ging er in de vakantie met andere studenten op uit, bijvoorbeeld om te zwemmen bij een vakantieoord aan de Zwarte Zee of om hout te hakken in Noord-Rusland (waar hij met zes weken werken duizend roebel verdiende, een prima salaris). Er waren ook andere voordelen. In plaats van een aantal jaren bij het Russische leger te moeten doorbrengen als dienstplichtige, nam hij deel aan veldoefeningen van het Militair Instituut, waar hij uiteindelijk de rang van luitenant kreeg. Ondanks zijn onzekere en getroebleerde jeugd was hij uitgegroeid tot een veelbelovende jongeman. Hij had geleerd om een evenwicht te vinden in vriendschappen en zich te focussen op zijn toekomstdroom: een nationale held worden. Hij was misschien geen bijzonder getalenteerde student, maar hij was in elk geval een zeer nauwgezette, harde werker.

Hij werd eenentwintig en het baarde hem zorgen dat hij nog steeds niets had gehoord van de mensen op wie hij indruk probeerde te maken: de KGB. Hij voelde zich wat beter nadat Maria een Zaporozjets-966 had gewonnen. Dit Oekraïense autootje met de motor achterin was haar in de schoot geworpen nadat ze in een cafetaria in plaats van wisselgeld een loterijbiljet ter waarde van dertig kopeken had teruggekregen. Ze had de waarde van het voertuig, 3500 roebel, contant kunnen krijgen en daarmee het gezin voor langere tijd aan de armoede kunnen onttrekken, maar in plaats daarvan gaf ze de auto aan haar zoon.

Poetin beschrijft zichzelf als een 'behoorlijk wilde chauffeur'. Hij reed ooit een voetganger aan die voor zijn auto sprong, waarschijnlijk om zelfmoord te plegen. De man moest gewond zijn geraakt, maar was in staat om op te staan en weg te rennen. Het verhaal deed de ronde dat Poetin uit zijn auto was gesprongen om hem achterna te hollen, een bewering waarop Poetin woedend reageerde: 'Wat? Denken jullie dat ik een man aanrijd met mijn auto en vervolgens achter hem aan ga? Ik ben geen beest.'

In zijn vierde jaar aan de universiteit werd hij benaderd door een onbekende. 'We moeten eens praten over je geheime opdracht,' zei hij. 'Wat het precies inhoudt kan ik je nog niet vertellen.' Poetin wist dat dit het moment was waarop hij had gewacht. Hij sprak af in de faculteitshal, maar de man was te laat. Poetin wachtte twintig minuten. Hij dacht iemand een grap met hem uithaalde en wilde net weglopen toen de man buiten adem aankwam. 'Het is allemaal geregeld,' zei hij. 'Volodja, zou je het zien zitten om voor de geheime dienst te werken?' Zonder een moment na te denken, zei Poetin ja. Als hij ook maar één ogenblik eerder vertrokken was, had de recente geschiedenis van Rusland herschreven moeten worden.

Hij kreeg te horen dat hij als rekruut mocht beginnen bij de KGB zodra hij was afgestudeerd, en dat hij goede mogelijkheden tot promotie zou krijgen. Poetin hield zich niet aan de geheimhouding die hem was opgelegd en vertelde zijn vader dat hij bij de KGB ging. Zijn vrienden zei hij dat hij 'een baan had bemachtigd bij de politie'. Maar aangezien zijn ambitie om zich aan te sluiten bij de geheime dienst een publiek geheim was, waren er maar weinig mensen die niet wisten wat die 'baan' eigenlijk inhield.

In 1974 studeerde Poetin af als advocaat. Het jaar daarop ging hij naar School Nr. 401 bij de rivier de Ochta, waar hij contraspionagemethodes kreeg aangeleerd. Zijn vrienden herinneren zich 'het mateloze geluk' dat hij in die tijd uitstraalde. Maar niet iedereen was bereid om zomaar te geloven dat hij bij de politie werkte. Sergej Roldoegin, een van zijn beste vrienden, die solist was bij het Symfonieorkest van het Mariinskitheater, confronteerde hem ermee. 'Ik ben cellist,' zei hij. 'Ik weet dat jij een geheim agent bent, maar ik weet niet wat dat inhoudt. Wie ben je? Wat doe je?' 'Ik ben specialist in menselijke verhoudingen,' antwoordde Poetin koeltjes.

Die beschrijving stond niet al te ver af van de werkelijkheid: een KGB-officier moest voornamelijk zijn eigen persoon loslaten en zich onderdompelen in de ander om informatie los te krijgen. Poetin onderzocht de menselijke zwakte door de mensen uit zijn omgeving te testen. Één iemand bekent dat hij behoorlijk zenuwachtig werd toen Poetin hem voortdurend vragen stelde en hem daarbij diep in de ogen keek. Uit een rapport dat zijn instructeurs na zes maanden schreven, blijkt dat Poetin herhaaldelijk te horen kreeg dat zijn manier van onderzoek doen een stuk subtieler moest worden, wilde hij ooit resultaat boeken.

De waardevolste les over de houding van de KGB tegenover gewone mensen, leerde hij misschien wel tijdens de bespreking van een hypothetische casus voor trainees, die als oefening was bedacht door oudere collega's. De door de wol geverfde agent die zijn klas op school Nr. 401 instrueerde, suggereerde dat er zus en zo moest worden gehandeld, maar Poetin viel hem in de rede. 'Dat kun je niet maken,' zei hij. 'Dat is tegen de wet.' Zijn KGB-collega's keken hem perplex aan. 'Onze instructies,' legde een van hen geduldig uit, 'zíjn de wet'. Het jaar daarop begon Poetin in het Grote Huis aan de Litejnylaan te werken bij de contraspionageafdeling van de KGB.

Ondertussen ging hij door met judo. Kyllönen was aan de drank geraakt en gestopt met sporten. Poetin vond het droevig om hem zo te zien aftakelen, maar nam in 1976 zijn titel over en werd judokampioen van Leningrad.

Kyllönens alcoholverslaving zou hem later fataal worden, maar Poetin heeft ondanks sommige geruchten nooit echt problemen gehad met alcohol. Hij herinnert zich dat hij als student eens dronken werd door 'shish kebab weg te spoelen met port'. Volgens Vera Brileva dronk hij met zijn vrienden witte wijn en champagne. 'Maar hij had een voorkeur voor melk,' voegt ze eraan toe. Anatoli Rachlin betoogt dat hij zo gedreven was om te winnen met judo, dat hij altijd nuchter bleef. 'Wanneer we samen dronken, zorgde hij er altijd voor dat hij minstens drie glazen achterliep op de rest,' vertelt Klaus Zuchold, een Oost-Duitse spion die in de jaren tachtig bijna vijf jaar met hem omging. Iemand schijnt hem zelfs ooit een glas wodka in een bloempot te hebben zien gieten.

In het Grote Huis werd zijn talent opgemerkt door een spionageofficier van de KGB. Hij werd een jaar naar Moskou gestuurd om er getraind te worden in buitenlandse spionage. 'Natuurlijk wilde ik bij de buitenlandse spionage,' zegt hij. 'Dat wilde iedereen. We wisten allemaal wat het betekende om naar het buitenland te kunnen reizen.' Na zijn terugkomst in Leningrad merkten zijn vrienden dat hij niet meer zo overliep van jongensachtig enthousiasme over zijn werk, wat dat werk ook inhield. Hij leek koeler, afstandelijker, bewoog zich in andere kringen en praatte met academici en buitenlandse zakenlieden. Dat waren de mensen die hem konden geven waar hij zo naar smachtte: informatie. Omdat hij vloeiend Duits sprak en redelijk goed was in Engels en Frans, werd hij geselecteerd om buitenlandse bezoekers rond te leiden in de stad, en mocht hij voor de eerste keer naar het buitenland reizen, om buitenlandse spionnen op afstand te houden van een groep toeristen uit de Sovjet-Unie.

In zijn memoires schrijft Poetin dat zijn werk onder andere bestond uit 'omgaan met mensen', maar het blijft onduidelijk hoeveel succes hij had in het rekruteren van toekomstige informanten. Hij geeft toe dat hij de manier waarop de KGB werd ingezet om dissidentenkunst te onderdrukken en kunstenaars lastig te vallen, niet appreciëerde. 'De samenwerking met normale burgers was een belangrijk instrument om de staat goed te laten functioneren,' noemt hij het tegenwoordig ietwat onbeholpen. Met andere woorden, de inwoners van Leningrad werden aangemoedigd om hun ogen open te houden voor vreemd gedrag. Overigens wordt de inwoners van de Verenigde Staten tegenwoordig eveneens gevraagd waakzaam te zijn namens de overheidsautoriteiten, zij het natuurlijk onder totaal andere omstandigheden. Walmart voert een campagne in samenwerking met Binnenlandse Veiligheid met als slogan 'Iets verdachts gezien? Meld het!', en een onlangs gelanceerde iPhone-applicatie met de naam PatriotApp roept de Amerikanen op om gelijkaardige informatie door te spelen aan de FBI en andere overheidsinstanties.

In de zomer van 1979 kwam Ljoeda terug in zijn leven. Het meisje dat geweigerd had de afwas te doen in zijn familiedatsja studeerde intussen geneeskunde. Zijn ouders waren aangenaam verrast toen ze hoorden dat hij Ljoeda weer had ontmoet en regelmatig met haar afsprak, vooral toen hij haar eindelijk mee naar huis nam en aan hen voorstelde.

Ljoeda zorgde op haar eigen manier voor hem. Ze vertelde hem wat hij moest eten en aantrekken en overtuigde hem ervan dat het belangrijk was om er netjes uit te zien. Ze poetste zelfs zijn schoenen, en dat was heel wat voor een meisje dat paste voor de afwas. Poetin kan nog altijd niet zeggen of hij verliefd op haar was. Ze was een beetje bazig, maar hij oordeelde dat dat een goede eigenschap was voor een echtgenote. Het was haar manier om dingen gedaan te krijgen en als een vrouw haar man wil dienen, moest ze nu eenmaal bepaalde zaken gedaan krijgen.

Dus vroeg hij haar ten huwelijk. Ljoeda reageerde op haar typische praktische en daadkrachtige manier: ze accepteerde het aanzoek en begon de bruiloft te plannen. Haar ouders kochten de bruidsjurk en zijn ouders investeerden in een pak voor hem en in de ringen, die uiteraard niet mochten ontbreken. De bruidegom meldde zich in het stadhuis van Leningrad om een trouwvergunning aan te vragen.

Niemand begreep waarom Volodja uiteindelijk niet met Ljoeda is getrouwd. Iedereen dacht dat ze goed bij elkaar pasten en prachtige kinderen zouden krijgen. Zijn moeder was dol op haar en had later het lef om de vrouw met wie hij wél trouwde te vertellen dat ze liever zijn eerste vriendin als schoondochter had gehad. Of het nu koudwatervrees was of bindingsangst, Poetin zegde de bruiloft af. Hij vertelde zijn aanstaande bruid dat hij zich schaamde dat hij 'alles niet beter had doordacht voor het zo ver was gekomen'. 'Het was een van de moeilijkste beslissingen in mijn leven. Het was heel zwaar. Ik kwam over als een complete idioot. Maar ik besloot dat het nog altijd beter was om nu uit elkaar te gaan, dan om allebei levenslang te lijden. Natuurlijk rende ik niet weg. Ik vertelde haar de waarheid en ik had niet het gevoel dat ik meer kon doen.' Zijn vrienden waren gechoqueerd. 'Volodja's probleem was dat hij zijn gevoelens niet kon uiten, en uit wat ik op de televisie zie, kan ik afleiden dat dat nog niet veranderd is. Hij denkt de waarheid, maar verpakt haar in een mythe. Daarom paste hij zo goed bij de KGB', vertelt een van hen.

De volgende jongedame op wie Poetin zijn liefdespijlen richtte, had schouderlang *blond* haar, een conditio sine qua non volgens Vera Brileva, en grote, blauwe ogen. Hij was klein en mager en besteedde weinig aandacht aan de stijl of kwaliteit van zijn kleding. Niet meteen het type man waar Ljoedmila Aleksandrovna Sjkrebneva op straat naar om zou kijken, zoals ze later zou bekennen. Maar het was al te laat. Ze had toegezegd om met hem een blind date te hebben. Hij had immers tickets voor de show van Arkadi Rajkin, een van de grappigste komieken uit die tijd. De show zou plaatsvinden in het glamoureuze Lensovjettheater en iets dergelijks zou ze nooit kunnen meemaken in haar thuisstad Kaliningrad (het voormalige Oost-Pruisische Königsberg).

In deze saaie, gemilitariseerde enclave bij de Baltische Zee werd Ljoedmila op 6 januari 1958 geboren. Nadat ze haar studie aan het technische college in het derde jaar had opgegeven, ging ze met Aeroflot mee als stewardess, om weg te zijn van huis. In tegenstelling tot Irina Malandina, een collega van haar die later met Roman Abramovitsj zou trouwen, met wie Vladimir een tijdlang bevriend was, had de tweeëntwintigjarige Ljoedmila geen familielid met goede connecties die haar een baan bij een internationale vliegmaatschappij zou kunnen bezorgen, waar ze betere huwelijkskandidaten zou kunnen ontmoeten.

Tijdens een driedaagse tussenlanding in Leningrad met een andere stewardess stemde ze in voor een double date. Het afspraakje stond gepland op 7 maart 1980. Ljoedmila, het toenmalige vriendje van haar collega en haar collega zelf ontmoetten elkaar op de Nevski Prospekt aan de kassa. Volodja, een notoire laatkomer, stond al te wachten bij de trappen. Hij was armoedig gekleed (zijn enige goede jas was inmiddels tot op de draad versleten) en volgens Ljoedmila zag hij er weinig aantrekkelijk uit. Een interessant detail: Poetin vertelde jaren later dat ze elkaar toevallig hadden ontmoet in het theater. Hij gaf niet graag toe dat zijn vrouw een door een wederzijdse kennis gearrangeerde date was en dat hij voor hen beiden de kaartjes had gekocht nog voor hij haar ooit gezien had.

Arkadi Rajkins grappen stonden in fel contrast met de stille, introverte man aan haar zijde, maar Volodja had iets waardoor Ljoedmila inging op zijn voorstel om de volgende avond nog eens af te spreken. En de volgende. Het leek of hij bijna overal kaarten voor kon krijgen. Op de tweede avond bezochten ze de Leningrad Music Hall en op de derde opnieuw het Lensovjettheater. Het was een veelbelovende start, hoewel ze zelfs in haar stoutste dromen niet kon vermoeden dat ze op een dag presidentsvrouw zou worden.

Tijdens een van hun eerste afspraakjes vertelde Poetin zijn nieuwe vriendin dat hij bij de opsporingsafdeling van de Leningradse politie werkte. 'Ik zei haar dat ik politieagent was. Veiligheidsagenten en geheim agenten in het bijzonder werden gedekt door de overheid.' Ljoedmila herinnert zich dat ze er geen bezwaar tegen had om met een politieman te daten, en graag contact wilde houden. Poetin vroeg haar telefoonnummer, waarop Ljoedmila hem vertelde dat ze thuis geen telefoon had, maar hem wel zelf kon bellen. Terwijl ze door de Moskouse metrotunnels denderden, schreef ze zijn nummer op. Terug in Kaliningrad vertelde ze haar vrienden dat ze een interessante, maar 'eenvoudige en onopvallende' man had ontmoet. Het was nog te vroeg om van liefde te spreken, maar geïntrigeerd was ze zeker. Vastbesloten om het contact voort te zetten, belde ze hem bijna elke dag vanaf haar werk of vanuit een telefooncel.

Als haar vrienden haar vroegen wat haar nieuwe vriend voor de kost deed, vertelde Ljoedmila hun wat Poetin haar had verteld: 'iets bij de politie'. Pas nadat ze haar baan had opgezegd en naar Leningrad was verhuisd om bij hem te zijn, kwam ze de waarheid te weten. 'Na drie of vier maanden had ik al besloten dat dit de man was die ik nodig had,' zegt ze. Op de vraag waarom ze zo'n belangrijke conclusie had getrokken over iemand die ze tegenover haar vrienden omschreef als 'eenvoudig en onopvallend', antwoordt ze: 'Wellicht was het die innerlijke kracht van hem waar iedereen tegenwoordig voor valt'.

Iedereen in de stad scheen te weten wat zich achter de muren van het Grote Huis in de Litejnylaan afspeelde, en ook Ljoedmila had al snel het ware beroep van haar liefje ontdekt. Maar toen was ze al tot over haar oren verliefd, en aangezien ze zelf nog nooit in aanraking was gekomen met de veiligheidsdiensten, vond ze er niets bijzonders aan.

Met het argument dat 'iedereen van onze leeftijd iets zou moeten doen om zichzelf te ontwikkelen en om zijn horizon te verruimen' haalde Vladimir zijn vriendin over zich in te schrijven aan de Leningradse Staatsuniversiteit. Omdat ze van talen hield, koos ze Frans en Spaans. Tussen neus en lippen voegde hij eraan toe dat ze ook een typecursus zou kunnen nemen, zodat ze hem zou kunnen helpen bij zijn werk, en ze ging akkoord. Daarnaast moedigde hij haar aan om zich net als de echtgenotes van sommige van zijn collega's de sociale etiquette eigen te maken.

Ljoedmila vond het erg vervelend dat Vladimir zo heftig reageerde wanneer hij dacht dat iemand met haar flirtte of wanneer hij vond dat ze zich uitdagend gedroeg. Hij was wel érg jaloers. Ze leefden niet samen en zo hoorde het ook volgens hem. Hij woonde bij zijn ouders in een klein hoekje van hun kamer, en zij in de studentenbuurt. Hun romance begon niet bepaald gepassioneerd, maar Poetin stond dan ook niet bekend als een hartstochtelijk man. Volgens vrienden consumeerden ze hun verhouding pas toen ze op vakantie gingen naar Sotsji aan de Zwarte Zee.

Ljoedmila had intussen beseft dat ze verliefd was. Ze wilde hun relatie maar al te graag officieel maken, maar hoe meer hints ze gaf, hoe minder happig hij leek om te trouwen. Later gaf hij toe dat hij het liefst elke stap zelf plande, zowel in zijn relatie als in zijn carrière. Pas na drieënhalf jaar bracht hij de toekomst van hun relatie ter sprake. Volgens Poetin zeiden zijn vrienden hem dat hij moest trouwen. Maar daar moet bij vermeld worden dat zijn beslissing samenviel met een grote verandering in het Russische leven. Brezjnev overleed in november 1982 en Poetins held Joeri Andropov, hoofd van de KGB, nam zijn plaats in. Andropov pakte de stagnatie en ongebreidelde corruptie van het

Brezjnevtijdperk aan, maar hij onderdrukte ook genadeloos elke vorm van dissidentie. Zijn manier van handelen veroorzaakte een optimistische stemming onder toegewijde jonge KGB-agenten als Poetin.

Hoe doet een man als Poetin een aanzoek? Nogal stuntelig, zo blijkt uit Ljoedmila's herinneringen: 'Op een avond zaten we bij hem thuis en zei hij: 'Liefje, nu weet je alles van me. Al met al ben ik geen gemakkelijk persoon om mee samen te zijn.' Vervolgens beschreef hij zichzelf als een stil type, soms nogal bruusk en af en toe geneigd om kwetsend uit de hoek te komen. Met andere woorden: geen ideale levenspartner. 'Heb je in de afgelopen drieënhalf jaar een beslissing kunnen nemen?', vroeg hij vervolgens. Het klonk alsof we uit elkaar zouden gaan. 'Dat heb ik inderdaad,' antwoordde ik. 'Echt?', vroeg hij onzeker. Op dat moment was ik ervan overtuigd dat hij het uit ging maken. 'In dat geval hou ik van je en stel ik voor dat we op die en die datum trouwen,' zei hij. Het kwam totaal uit het niets. Ik ging in op zijn aanzoek en we spraken af om drie maanden later te trouwen. Het huwelijk was geen makkelijke stap voor mij. En voor hem evenmin,' concludeert Ljoedmila. 'Omdat er mensen zijn die zich in een huwelijk verantwoordelijk opstellen,' voegt ze er nogal cryptisch aan toe.

Volgens andere biografen zou Poetin op zijn 31ste met haar zijn getrouwd, op 28 juli 1983. Ik heb hier echter geen bewijs voor kunnen vinden. In het sovjettijdperk vonden ceremonies vaker in kantoren dan in kerken plaats, waardoor registers soms moeilijk te vinden zijn.

Hoe de bruiloft werd gevierd, is wél bekend. Er waren twee recepties: een voor familie en goede vrienden in een restaurantboot op de rivier de Neva, en de dag daarop een in Hotel Moskou, exclusief voor KGB-collega's, die hun identiteit liever geheim hielden tegenover vreemdelingen. Ze gingen op huwelijksreis naar de plek waar ze de eerste keer intiem waren geweest: Sotsji. Ljoedmila verraste haar vrienden later met de bekentenis dat haar man het 'op en top romantisch had gemaakt'.

Het jonge koppel trok in bij zijn ouders, die intussen gelukkig waren verhuisd naar een appartement met twee slaapkamers op de Statsjek-laan in Avtovo, een wijk met blokken nieuwbouwappartementen in het zuiden van de stad. De keukenramen zaten zo hoog dat ze vanaf de keukentafel alleen 'de muur voor hun ogen' zagen. Vladimir Spiridonovitsj had de flat als invalide oorlogsveteraan gekregen toen hij in 1977 het werk in de fabriek neerlegde en met pensioen ging. De kamer van het pasgetrouwde stel was twintig vierkante meter, iets groter dan de helft van de ruimte waarin hij was opgegroeid. De muurisolatie van het goedkoop gebouwde blok liet hun weinig ruimte voor privacy, maar volgens de toen geldende Sovjetnormen hadden ze het redelijk voor elkaar. Vladimir had de Zaporozjets nog steeds en vond het heerlijk om samen met zijn vrouw door de stad te rijden. Hij had altijd al graag met de auto gereden. 'Wanneer het konvooi naar zijn datsja of het vliegveld sjeest, wil hij het liefst zelf achter het stuur van de limousine kruipen,' zou een van zijn chauffeurs later vertellen. 'Maar hij weet dat hij niet zoals wij getraind is in het mijden van terroristen. Toch frustreert het hem.'

Ljoedmila ontdekte al in het prille begin van hun huwelijk dat haar man naast zijn jaloezie nog een paar andere vervelende trekjes had. Zo beschreef ze hem in een onbewaakt moment als een 'onvervalste seksist' en klaagde ze erover dat hij verwachtte dat zij het huishouden in het geheel voor haar rekening zou nemen (in het buitenland lijkt dit misschien ouderwets en doet het wenkbrauwen fronsen, maar in Rusland is dit nog altijd de algemeen geaccepteerde norm). Tegen een vriend zei hij dat mannen die hun vrouw complimenten geven, haar te veel verwennen. 'Al ons hele leven samen word ik op de proef gesteld. Ik voel dat hij mij de hele tijd in de gaten houdt en checkt of ik de juiste beslissingen neem,' vertelde ze Poetins biograaf Oleg Blotski. En om een concreet voorbeeld te geven van de zaken die later in haar huwelijk zouden opspelen, voegde ze eraan toe: 'Het is extreem moeilijk om voor hem te koken. Als er in een gerecht ook maar één ingrediënt zit dat hem niet bevalt, eet hij er niet van. Hij geeft me nooit een compliment en daardoor kook ik helemaal niet meer.'

Maar dit waren de wittebroodsweken, en ze was al in verwachting van hun eerste kind toen hij in september 1984 naar Moskou werd gestuurd voor een vervolgtraining bij het Andropov-Instituut 'De Rode Banier'. Ljoedmila verhuisde naar een gemeubileerde kamer in het noorden van Leningrad en vervolgde haar studie. Aan het Rode Banier-Instituut kregen alle studenten een schuilnaam die met dezelfde letter begon als hun achternaam. Zo heette kameraad Poetin voortaan kameraad Platov. Het onderricht bestond onder andere uit tests voor fysiek uithoudingsvermogen en helder denken. Er waren nachtelijke parachutesprongen en ze leerden hoe ze achtervolgers moesten afschudden en hoe ze gecodeerde informatie konden uitwisselen via een 'dode brievenbus'[1].

Ljoedmila bezocht hem een keer per maand en zelf kwam hij heel af en toe naar huis. Tijdens een van die bezoeken speelde hij het klaar om zijn arm te breken. 'Een of andere gek viel hem lastig in de metro en hij gaf hem een flinke dreun,' aldus zijn goede vriend Sergej Roldoegin. 'Hij was bang dat zijn instructeurs hem dat kwalijk zouden nemen.'

---

1   een spionagemethode waarbij twee personen voorwerpen of informatie uitwisselen via een geheime locatie, zonder dat ze elkaar hoeven te ontmoeten (noot van de vertaler)

Het eerste kind van de Poetins, dat naar Vladimirs moeder de naam Maria kreeg en met de roepnaam Masja werd aangesproken, werd geboren op 28 april 1985, terwijl haar vader met verlof was. Sergej Roldoegin haalde moeder en kind op uit de kraamkliniek en samen met Poetin en zijn eigen vrouw Irina reed hij vervolgens naar de datsja van zijn schoonvader in Vyborg, waar ze de geboorte van de baby vierden.

In juli 1985 studeerde Poetin af aan het Rode Banier-Instituut. Zijn 'analytische manier van denken' werd erg gewaardeerd, maar hij kreeg een negatieve persoonlijkheidsevaluatie omdat hij teruggetrokken en onmededeelzaam zou zijn en 'gevaar slecht zou aanvoelen'. Vooral dat laatste werd gezien als een serieus probleem. In kritieke situaties moesten agenten immers opgefokt zijn, wilden ze adequaat kunnen reageren, en wie geen angst voelt, krijgt ook geen adrenalinestoot. 'Het heeft lang geduurd voor ik eindelijk geleerd had om gevaar aan te voelen,' aldus Poetin.

Inmiddels was hij begin dertig en getraind om in het buitenland te werken. Hij kon niet wachten om buiten de Sovjet-Unie de landsvijanden te bestrijden en hing aan de lippen van oudere KGB-collega's die terugkwamen uit het buitenland. Dat waren niet de fanatieke stalinisten van weleer, maar een generatie die een heel andere manier van leven had ervaren. 'Een generatie,' zo merkte Poetin, 'met totaal andere opvattingen, waarden en gevoelens.'

Op een bepaald moment voelde hij een van zijn vrienden die tijdens de Sovjetbezetting in Afghanistan had gewerkt, stevig aan de tand. De bezetting in Afghanistan was een veelbesproken zaak in Rusland en Poetin wilde weten of het waar was dat zijn handtekening vereist was bij raketaanvallen op Afghaanse doelen. Hij stond versteld van het antwoord dat hij kreeg: 'Ik beoordeel de resultaten van mijn werk naar het aantal documenten dat ik níét onderteken.'

Het waren roerige tijden. Michail Gorbatsjov was op 11 maart 1985 verkozen tot secretaris-generaal van de Communistische Partij, niet meer dan drie uur na de plotselinge dood van Konstantin Tsjernenko. Hij introduceerde vrijwel onmiddellijk de *perestrojka* (het controversiële hervormingsprogramma) om de gestagneerde Sovjeteconomie een boost te geven. Een paar maanden later volgden de *glasnost*, (vrijheid van meningsuiting) *demokratizatsia* (democratisering) en *oeskorenië* (versnelling van de economische ontwikkeling).

Poetin kreeg de kans om een en ander met eigen ogen te zien toen een KGB-commissie hem naar Oost-Duitsland stuurde. Het was hem bij het Rode Banier-Instituut al snel duidelijk geworden dat hij werd voorbereid op een missie naar Duitsland. Hij werd er niet voor niets gestimuleerd om aan zijn talenkennis te werken. Het was alleen nog de vraag of het de Duitse Democratische Republiek (DDR) zou worden of de Bondsrepubliek Duitsland. Voor laatstgenoemde plek moesten kandidaten eerst twee jaar in het Moskouse hoofdkwartier gewerkt hebben. Poetin besloot dat het beter was om meteen te vertrekken. De inmiddels volleerde KGB-agent accepteerde zijn plaatsing zonder klagen, pakte zijn koffers en gaf Ljoedmila een afscheidskus.

DRAMA IN DRESDEN

Majoor V.V. Poetin vervulde zijn eerste echte KGB-functie als hoofd dossierbehandeling in Dresden, dat als een feniks uit zijn as was herrezen na het bombardement door de RAF in 1944 en dat was uitgegroeid tot de op een na belangrijkste stad van Oost-Duitsland, ondanks dat het qua afstand dichter bij Praag dan bij Berlijn lag. Het was een goede tijd om er te vertoeven. Door de raketontwikkeling liepen de spanningen tussen de Sovjet-Unie en de NAVO op. Duitsland, sinds 1945 verdeeld in het communistische Oosten en het kapitalistische Westen, was het epicentrum van de ideologische strijd.

Poetin reisde er in augustus 1985 alleen heen, om te wennen aan zijn baan en om een woning voor zijn vrouw en de baby te regelen. Volgens Ljoedmila zou hij aanvankelijk naar Oost-Berlijn gaan, de meest prestigieuze post in het Sovjetblok. Maar een KGB-vriend uit Leningrad die in Dresden werkte droeg hem voor bij zijn afdelingschef toen zijn eigen termijn afliep. Volgens Joeri Sjvets, een oud-studiegenoot van Poetin aan het Rode Banier-Instituut, zou Poetins plaatsing in Dresden een straf zijn voor zijn deelname aan een drankfestijn aan het instituut in een periode waarin de autoriteiten het alcoholgebruik aan banden probeerden te leggen. Dat er in die tijd acties tegen dronkenschap werden gehouden is een feit, niet alleen binnen de KGB maar in heel Rusland. Maar of Poetin ooit in beschonken toestand is betrapt is onbekend.

Generaal Oleg Kaloegin, voormalig hoofd van de contraspionageafdeling van de KGB, is geringschattend over zowel Poetin als diens post. 'Elke opdracht in Oost-Europa en dus ook in Oost-Duitsland was een teken van iemands falen of van gebrek aan capaciteit,' zegt hij. 'Zijn bijdrage is nihil; hij is niets binnen de KGB.' Kaloegins opmerking is niet erg geloofwaardig: in 2002 werd hij bij verstek schuldig bevonden aan hoogverraad en verloor hij zijn militaire rang, pensioen en de 22 staatsmedailles die hij had weten te verzamelen voor hij naar de Verenigde Staten vluchtte, waar hij nog steeds verblijft. Aangezien contraspionage niet de afdeling was waar Poetin werkte, reageert deze grootmoedig: 'Hij kan mij zich onmogelijk herinneren, we hadden geen contact en ik heb hem nooit ontmoet. Ik herinner me hem wel omdat hij een grote baas was, en iedereen hem kende. Maar is het werkelijk mogelijk dat hij zich mij ook herinnert? We waren met honderden.'

De toekomstige president van Rusland was inmiddels 32 en enorm opgelucht dat hij in het buitenland werkte in plaats van in het bureaucratische Grote Huis. 'Ik had al tien jaar voor de agentschappen gewerkt,' zegt hij. 'Hoe romantisch denk je dat dat was?' Hij ontdekte al snel dat het leven in Dresden in materieel opzicht een stuk aantrekkelijker was dan in Leningrad. De winkels waren goed bevoorraad en bijna nergens stonden de meterslange rijen die hij in Rusland gewend was. Het eten was zo goed dat hij ervan aankwam. Hij reed rond in een staatsauto met chauffeur, een Russische Lada (in Rusland bekend als Zjigoeli) en moet geamuseerd hebben gekeken naar de lijvige Oost-Duitsers, opgepropt in hun minuscule Trabantjes, de Oost-Duitse autootjes met staartvinnen en een tweecilinder tweetaktmotor die zich als grasmaaiers door de straten voortbewogen. Wat behuizing betreft had hij weinig keuze: KGB-agenten kregen net als de leden van de Oost-Duitse veiligheidsdienst Stasi een woning toegewezen in een appartementenblok in de Radeberger Strasse.

Poetin werkte samen met zeven andere KGB-officiers voor Kolonel Lazar Matveev. Ze opereerden vanuit een grijs flatgebouw aan de Angelikastrasse 4, dat omringd werd door een hoge, stenen muur. Het complex stond tegenover het Dresdener hoofdkantoor van de Stasi en keek uit op de Elbe. De nieuweling was gespecialiseerd in politieke spionage, het vergaren van informatie over politieke figuren en plannen van de vijanden van het Sovjetblok, waarvan de NAVO als de gevaarlijkste werd beschouwd. Een van de eerste dingen die Poetin deed, was informeel contact leggen met de Stasi. Volgens de jonge Stasi-luitenant Klaus Zuchold kwam Poetin op een donderdagmorgen in de herfst van 1985 samen met zijn voorganger naar het sportveld waar Stasi-officiers regelmatig voetbalden. Hij werd eenvoudig geïntroduceerd als 'Volodja'.

Na afloop van het spel besloten de agenten nog eens samen te komen in een informele setting. Zuchold nodigde Poetin uit om hem de landelijke omgeving van de stad te laten zien. 'Poetin verscheen in een grijze Lada en droeg een grote bontmuts,' herinnert Zuchold zich. 'Zijn vrouw was nog steeds in Rusland. Samen met mijn vrouw reden we de stad uit. We waren bijna de hele dag samen en het was de eerste keer dat we vrijuit praatten. Hij tapte een paar moppen over de politie en één over Joden, wat mij en Martina [Zucholds vrouw] enigszins verraste. We praatten over geschiedenis, literatuur en filosofie. Hij had een grote bewondering voor de Duitse cultuur en discipline en hij was er zichtbaar trots op om bij de KGB te horen. Dat was zijn leven. Zo liet hij me een keer zijn polshorloge zien met een inscriptie van een of andere hoge piet uit de KGB. Hij was dol op patriottische verhalen over Ruslands grootse verleden en populaire helden.'

Ljoedmila volgde haar man later in het jaar naar Dresden, nadat ze haar diploma Spaans had behaald aan de Leningradse Staatsuniversiteit. Zonder het te weten was ze gescreend door de KGB en had ze toestemming gekregen om buiten de grenzen van de Sovjet-Unie te reizen. Volgens Poetin was ze blij met hun appartement met twee slaapkamers, ook al moest ze baby Masja vijf trappen op- en af dragen. Om veiligheidsredenen bevonden de appartementen zich in de buurt van een militaire Sovjetbasis. Desalniettemin voelden de Poetins zich niet thuis in hun nieuwe stad. 'We konden ons maar niet settelen en droomden ervan om weer naar huis te gaan,' aldus Ljoedmila. 'In het begin hadden we veel heimwee.'

Praktisch als ze was, loste Ljoedmila het probleem op door contact te leggen met haar Duitse buren. Al snel deelde ze de dagelijkse routine met andere jonge moeders en ze verwonderde zich over hun ordelijkheid. Eens per week zeemden ze hun ramen en 's morgens, voor ze naar hun werk gingen, liepen ze hun achtertuin in, spanden een touw tussen twee metalen palen en hingen hun was met wasknijpers in nette rijen aan de lijn. Een fascinerend ritueel, vond de pas gearriveerde Ljoedmila.

Oost-Duitsland was een politiestaat die geleid werd door 'de twee Erichs'; Erich Honecker, voorzitter van de Staatsraad en dus de facto staatshoofd, en Erich Mielke, minister van Staatsveiligheid. Honecker was verantwoordelijk voor de bouw van de Berlijnse muur die vanaf 1961 de westerse delen van Berlijn omringde. Stasi-hoofd Mielke was verantwoordelijk voor het opzetten van 'de meest geperfectioneerde surveillancestaat ooit.' De Stasi had 97 000 werknemers en gebruikte ook nog eens de diensten van 173 000 informanten. In een land met 17 miljoen mensen betekende dit dat er voor elke 63 personen een Stasi-officier of informant was. Mielke, die omschreven wordt als een kleine man zonder nek, dicht bij elkaar staande ogen en bolle wangen, controleerde de spionage en de contraspionage vanuit het Stasi-hoofdkantoor in de Normannen Strasse in de Oost-Berlijnse buitenwijk Lichtenberg.

Poetin praatte thuis niet over zijn werk. Wat Ljoedmila van de Stasi wist, had ze van haar Duitse buren. 'Binnen de KGB gold altijd het volgende principe: deel geen dingen met je vrouw,' zegt ze. 'Hoe minder de echtgenote weet, hoe beter ze slaapt, was hun uitgangspunt'. Het werd al snel duidelijk dat Poetin haar nieuwe vrienden doorlichtte. Soms kon hij haar plotseling vragen om een van hen te laten vallen omdat die persoon 'niet wenselijk' zou zijn als vriend. Waarschijnlijk concludeerde hij dit naar aanleiding van Stasi-dossiers, die gebaseerd waren op verklikkerij van de *inofizielle Mitarbeiter*, de IM's, de meest gehate Stasi-informanten, die hun eigen vrienden en familie verrieden.

In het weekend maakte hij samen met vrienden uitstapjes naar het Saksische platteland om zich daar te goed te doen aan worst en bier. Poetins gewicht bleef maar toenemen. Op een gegeven moment was hij maar liefst veertien kilo aangekomen en woog hij zo'n 75 kilogram. Hij begon met vissen en werd er al snel goed in. Ook leerde hij het Duitse bier waarderen: zijn favoriete weekenduitje was een bezoek aan Radeberg, de stad waar een van de beste bierbrouwerijen van Oost-Duitsland gevestigd was. Ljoedmila werd opnieuw zwanger. Hun tweede dochter Katerina, die vernoemd werd naar Ljoedmila's moeder

Katerina Tichonovna en met Katja werd aangesproken, werd op 31 augustus 1986 geboren in Dresden.

Terugblikkend beschrijft Poetin Oost-Duitsland als 'streng totalitair en dertig jaar achter op de Sovjet-Unie. De tragedie is dat velen oprecht geloofden in al die communistische idealen.' Hij beoordeelde Oost-Duitsland als inwoner van een land dat grondige sociale en economische veranderingen doormaakte. Ondertussen was de tijd voor de Oost-Duitsers blijven stilstaan: het stalinisme bleef er de dienst uitmaken. Ljoedmila volgde de voortgang van Gorbatsjovs perestrojka via de televisie. Af en toe ving ze van Russen die op bezoek kwamen wat op over de nieuwe stemming in het land. Poetin had via zijn KGB-netwerk toegang tot betere bronnen. 'We begonnen te vermoeden dat het regime niet lang meer aan zou blijven,' zegt hij.

Er bestaan veel mythes over zijn werk in Dresden. In elk geval heeft hij informanten gerekruteerd, informatie van hen verkregen, die geanalyseerd en via het hoofdkwartier van de KGB in Karlshorst in de buurt van Oost-Berlijn doorgestuurd naar het hoofdkwartier in Moskou. Het was weinig aantrekkelijk, routineus spionagewerk. Poetin deed naar eigen zeggen aan 'politieke spionage', wat volgens hem iets heel anders is dan 'technische spionage'. Er wordt beweerd dat hij een wereldwijd netwerk heeft opgezet voor industriële spionage, maar dat is nooit bewezen. Volgens Poetin kreeg de Stasi kopieën van alle papieren uit het KGB-kantoor in Dresden. Het zou dan ook onmogelijk zijn geweest om mee te werken aan operaties die niet bekend waren bij de plaatselijke, Oost-Duitse veiligheidsdienst. Verder 'werd een groot deel van ons werk gedaan door Oost-Duitse burgers. Hun namen stonden op een lijst. Alles was transparant en duidelijk en dat wist de Duitse contraspionage,' aldus Poetin. Dat mag dan wel zo zijn, maar de vraag blijft of deze specifieke dossiers intact zijn gebleven in de grotendeels vernietigde Stasi-archieven.

Volgens de in Praag wonende zakenman Vladimir Oesoltsev, die beweert met hem in Dresden te hebben samengewerkt, kon Poetin ermee door als geheim agent. In zijn boek *Kameraden in de strijd* schrijft hij dat Poetins Duits goed, maar niet foutloos was, dat hij op kantoor popmuziek neuriede en regelmatig door de catalogi van West-Duitse postorderbedrijven bladerde. Klaus Zuchold zegt zelfs dat Poetin een keer opschepte over zijn nieuwe stereo-installatie van het KaDeWe (Kaufhaus des Westens), een luxueus warenhuis in West-Berlijn, maar Poetin zelf beweert bij hoog en bij laag West-Duitsland nooit bezocht te hebben in de jaren dat hij in Dresden werkte.

Vladimir Oesoltsev beweert verder dat Poetin de ouderwetse Sovjetbureaucratie zo haatte, dat hij samen met vijf andere agenten de dood van de meedogenloze Sovjetleider Konstantin Tsjernenko vierde met twee flessen Russische 'champagne' uit de Krim. 'We dronken de flessen leeg, blij en dankbaar dat Tsjernenko was heengegaan,' schrijft Oesoltsev. 'Hij had ons tenminste niet gekweld door langzaam te sterven, zoals zijn voorgangers [Leonid Iljitsj] Brezjnev en [Joeri Vladimirovitsj] Andropov.' Het probleem met dit verhaal is dat Tsjernenko overleed in maart 1985, terwijl Poetin pas in augustus van dat jaar aankwam in Dresden. Daarbij aanbad Poetin KGB-leider Andropov. Oesoltsevs beweringen zullen dus met een flinke korrel zout moeten worden genomen.

Oesoltsev, die in zijn boek Poetins verleden als hardvochtig geheim agent in twijfel trekt, zit dichter bij de waarheid wanneer hij het leven van KGB-officiers in Dresden vergelijkt met een langdurige expeditie op een ruimteschip 'waar pas afgestudeerde geheim agenten oude, doorgewinterde Tsjekisten ontmoetten'. '[Het was] een wereld vol vervelend archiefwerk, belerende partijkringen en menselijke intriges.' Oesoltsev beschrijft kameraad Poetin als 'een pragmaticus' en 'iemand die a denkt maar b zegt'. Poetins intellectuele capaciteiten zouden niet hoger zijn dan gemiddeld en het verbaast Oesoltsev dat Poetin kon opklimmen tot de hoogste positie in zijn land, temeer daar hij 'geen geweldige spreker' was.

Hoewel informeel contact met de KGB strikt verboden was, kwam Stasi-officier Klaus Zuchold een aantal keren bij Poetin op bezoek in zijn flat aan de Radeberger Strasse. 'Ik kwam bij hem thuis, ontmoette zijn vrouw Ljoedmila en Poetin kwam ook bij mij op bezoek,' aldus Zuchold. 'Mijn kinderen kenden hem simpelweg als 'oom Volodja'. Poetin maakte telkens gebruik van de gelegenheid om zijn Duitse vriend vragen te stellen over de manier waarop de Stasi werkte. Hij was vooral geïnteresseerd in Werner Naumann, het lokale hoofd van de afdeling buitenlandse spionage. Volgens Zuchold is Poetin een man van weinig woorden. 'Hij is ondoordringbaar, laat weinig los en laat voornamelijk andere mensen aan het woord,' vertelt hij. 'Hij gaat zeer gedreven en vastberaden op zijn doel af: hij doet of hijzelf heel open is en lokt daarmee andere mensen uit hun tent. Ondertussen houdt hij de touwtjes stevig in handen.'

Poetin blaast niet hoog van de toren over zijn tijd in Oost-Duitsland. Hij was op zoek naar potentiële KGB-informanten, voornamelijk onder buitenlandse studenten aan de Technische Universiteit in Dresden. Soms pikte hij hen met zijn auto op om hen mee te nemen naar omliggend veengebied voor een rustig gesprek. Zijn favoriete boek in die tijd was *Dode zielen*, de in 1842 geschreven klassieker van Nikolaj Gogol over de absurditeit van wat wij als realiteit wensen te beschouwen.

Poetin verruilde zijn KGB-uniform voor blauwe spijkerbroeken, T-shirts met open hals en een leren jas, om als een kameleon te kunnen opgaan in studentenkringen. 's

Avonds kleedde hij zich chic om met buitenlandse bezoekers in Dresden wijn te drinken en te dineren, in de hoop hen te rekruteren. Volgens Klaus Zuchold stuurden de Stasi en de KGB prostituees af op westerse zakenmannen om hen stiekem tijdens de seks in hun hotelkamers te laten filmen en hen vervolgens af te persen. Hij kan zich niet herinneren dat Poetin ooit mee heeft gedaan aan een dergelijke actie.

Volgens zijn voormalige KGB-collega Vladimir Oesoltsev verstopte Poetin zowel zijn ambitie als zijn harde houding achter een imago van beleefdheid en gehoorzaamheid. Dit zou hem later nog goed van pas komen. Hij presenteerde zichzelf als een trouw lid van de communistische partij en leek er niet op gebrand om het Sovjetsysteem te veranderen. Een kritische collega schijnt het dringende advies te hebben gekregen om zijn klachten voor zich te houden en vooral aan zijn familie te denken. Toch zou Poetin Oesoltsev in de intieme sfeer van een saunabezoek verteld hebben dat hij veel respect had voor de burgerrechtenactivist Andrej Sacharov. Toen Oesoltsev over Stalins wandaden begon, weigerde hij echter te erkennen wat iedereen wist: dat Stalin verdachten liet doodschieten door KGB-agenten, ook als hun schuld niet bewezen was.

Poetin was een echte huisvader geworden en nam zijn verantwoordelijkheden serieus. 's Ochtends bracht hij gewoonlijk Masja naar de dagopvang in de buurt van hun huis en Katja naar de crèche, en 's middags bracht hij hen weer mee naar huis, zodat ze samen met hun moeder konden eten. Poetin werd in dollars en marken uitbetaald, en door te bezuinigen op luxe en grotendeels te leven van voedsel uit de staatswinkels, kon hij wat sparen.

In deze tijd begonnen er geruchten rond te gaan dat Poetin een antisemiet zou zijn, net als veel van zijn KGB-kameraden die achter elke actie tegen de Sovjet-Unie de hand van het zionisme zagen. Een Duitse agent zou tijdens een informele bijeenkomst hebben gezegd dat de meisjesnaam van Poetins moeder, Sjelomova, Joods was en dat Poetin dus een Jood was, waarop Poetin het feestje woedend zou hebben verlaten. Het is een weinig aannemelijk verhaal. Om te beginnen had geen van de agenten toegang tot Poetins persoonlijke gegevens. Volgens Vladimir Oesoltsev gedroeg Poetin zich bovendien uitzonderlijk tolerant tegenover Joden.

Net als veel van zijn tijdgenoten bewonderde hij de Oost-Duitse meesterspion Markus Wolf, de zoon van een Joodse schrijver en arts en de inspiratiebron voor 'Karla' in de Koude Oorlogromans van John Le Carré. Als hoofd van de buitenlandse spionageafdeling van de Stasi, de Hauptverwaltung Aufklarung (HVA), runde hij een internationaal netwerk van 4 000 agenten en was hij de schrik van de CIA, MI6 en het West-Duitse agentschap BND. Wolfs specialiteit was de 'honey trap'. Als ik de spionagegeschiedenis inga,' schreef hij in zijn memoires, 'zal dat waarschijnlijk komen doordat ik seks als spionagemiddel heb geperfectioneerd.' Nadat hij ontdekt had dat er een tekort was aan vrijgezelle jongemannen in Berlijn en Bonn, stuurde hij enkele knappe Oost-Europese agenten de grens over om eenzame NAVO- en regeringssecretaresses te verleiden en militaire geheimen aan hen te ontfutselen. Zijn spectaculairste actie was de aanstelling van agent Günter Guillaume in het kantoor van kanselier Willy Brandt. Nadat Guillaume in 1974 ontmaskerd werd als spion, werd Brandt gedwongen om af te treden.

Markus Wolf werd er later door journalisten van beschuldigd Poetin beledigd te hebben. Hij had gesuggereerd dat de bronzen medaille die hij als beloning voor zijn diensten in Oost-Duitsland had gekregen, werd uitgedeeld aan praktisch elke secretaresse die het niet te bont had gemaakt. 'Markus Wolf heeft volkomen gelijk. Hij heeft me helemaal niet beledigd. Integendeel. Hij heeft zojuist bevestigd dat ik het niet te bont heb gemaakt,' was Poetins nurkse reactie.

Intussen erkent Poetin officieel dat er vandaag de dag nog steeds antisemitisme is in Rusland, wat hij 'beschamend' vindt. Vrienden benadrukken dat zijn favoriete lerares Vera Dmitrievna Goerevitsj Joods was. Maar, zegt Klaus Zuchold, dat weerhoudt hem er niet van om zo nu en dan een jodenmop te tappen, zoals ook Tony Blair ondervond tijdens een bezoek aan Moskou. Zo verrassend is dat niet, aangezien Joodse 'Odessietse' moppen in Rusland algemeen geaccepteerd zijn en zelfs een onderdeel van de Russische cultuur vormen.

Het was niet ongewoon dat een KGB-officier promotie kreeg terwijl hij in het buitenland werkte. Poetin viel die eer twee keer te beurt: eerst werd hij gepromoveerd van hoofd dossierbehandeling tot assistent van het departementshoofd en later werd hij hoofdassistent. 'Er was niets hogers,' zegt hij. 'Boven mij stond het bestuur en we hadden maar één baas. Om me toch nog wat extra aan te moedigen, werd ik lid gemaakt van het partijcomité van de KGB-vertegenwoordiging in Oost-Duitsland.' Het hoofdkwartier in Moskou liet zijn goedkeuring ook blijken door hem te bevorderen tot de rang van luitenant-kolonel.

Een onderwerp dat nogal wat discussie oproept wanneer het over Poetins periode in Dresden gaat, is zijn vermeende vriendschap met Matthias Warnig, een opkomend lid van de Stasi. Warnig had onder zijn tijdgenoten de benijdenswaardige reputatie van topronselaar van westerse spionnen: mannen en vrouwen die in staat waren raketgeheimen en vliegtuigtechnologie te stelen. Hij ontmoette Poetin in de jaren 80 in Dresden en volgens onderzoeksjournalisten van

Wall Street Journal was hij bereid zijn kennis met hem te delen. Volgens het tijdschrift 'onderstreept dit voorval de schimmige wisselwerking tussen zakenmannen en voormalige geheim agenten in het huidige Rusland'.

Warnig werd later aangesteld als hoofd van de Russische afdeling van de Duitse Dresdner Bank en leidt tegenwoordig het Gazpromproject 'Nord Stream', dat onder de Baltische Zee een nieuwe gaspijpleiding laat aanleggen van Rusland naar Duitsland. De twee mannen zijn nog altijd goede vrienden, maar Warnig blijft ontkennen dat hij Poetin gekend heeft in Dresden. Vertegenwoordigers van de Dresdner Bank geven toe dat de twee tegenwoordig bevriend zijn, maar ontkennen dat ze in het verleden contact met elkaar hebben gehad. 'De heer Warnig heeft mij duidelijk verteld dat hij Poetin voor het eerst ontmoette in 1991, toen ik hem naar Sint-Petersburg stuurde,' aldus Bernard Walter, de man die begin jaren 90 de Oost-Europese activiteiten van de bank leidde. Volgens de Dresdner Bank levert nader onderzoek naar Warnigs verleden geen enkele aanwijzing op dat hij banden had met de Stasi. Maar uit Warnigs 128 pagina's dikke vrijgegeven Stasi-dossier blijkt dat zijn codenaam 'Arthur' was en dat hij in 1974 in dienst was gegaan bij de Stasi, als lid van de brigade die vernoemd was naar de man van wie Poetin vroeger een portret aan de muur had hangen: Feliks Dzerzjinski, oprichter van de bolsjewistische geheime dienst Tsjeka.

Warnigs dossier brengt ook aan het licht dat hij snel opklom op de carrièreladder van de Oost-Duitse geheime dienst en zelfs een aantal medailles had gekregen. In verordening nr. K 5447/84 werd 'Leutnant Warnig, Matthias' beloond met een Strijdorde voor Verdienste voor Volk en Vaderland. In verordening nr. K 109/88 werden 'Oberleutnant Warnig, Matthias' nog een aantal medailles toegekend, onder andere voor Verdienste in de Nationale Volksarmee, de grensbewakingsdienst van de DDR en als Held van de Arbeid. Op 7 oktober 1989 beloonde Erich Mielke, het gevreesde hoofd van de Stasi, Hauptmann (kapitein) Matthias Warnig met maar liefst negen gouden medailles.

'Arthur' verzorgde verslagen over de energie-industrie in West-Duitsland, bedrijfsmanagement, biotechnisch onderzoek, computertechnologie en vele andere onderwerpen die voornamelijk met industriële spionage te maken hadden. Er werd beweerd dat zijn contacten met KGB-luitenant-kolonel Poetin in Dresden goed waren voor zijn carrière. Volgens Duitse persverslagen rekruteerden ze samen West-Duitse burgers voor de KGB, wat Warnig ontkent.

Als er nog verder bewijs nodig is om aan te tonen dat de twee tijdens hun schimmige spionagetijd contact met elkaar hadden, wordt dit wel geleverd door Irene Pietsch, een vriendin van Ljoedmila. Volgens Pietsch vertelde Ljoedmila haar een paar jaar later dat ze met Oost-Duitsers heel wat makkelijker overweg kon dan met West-Duitsers en dat dit in het bijzonder gold voor Matthias Warnig, de vriend van haar man. 'Ze zei dat we allemaal waren opgegroeid onder hetzelfde systeem en dat Volodja en Warnig voor hetzelfde bedrijf werkten,' herinnert Pietsch zich. 'Ik vroeg haar wat ze daarmee bedoelde. Ze zei dat Matthias bij de Stasi zat en Volodja bij de KGB. Haar eerlijkheid verraste me.'

Zelfs wanneer je afging op het vervormde beeld dat de Oost-Duitse media schiepen, was het duidelijk dat het Sovjetimperium op instorten stond. Tijdens zijn eerste officiële bezoek aan West-Duitsland in mei 1989 liet Gorbatsjov bondskanselier Helmut Kohl weten dat Moskou niet langer bereid was geweld uit te oefenen om de democratisering van zijn satellietstaten te voorkomen. De tanks die in 1956 Boedapest binnenreden om de Hongaarse Revolutie neer te slaan en tijdens de Praagse Lente in 1968 het 'socialisme met een menselijk gezicht' smoorden, konden deze keer niet worden ingezet. Desalniettemin geloofden de meeste Oost-Duitsers niet dat de DDR in elkaar zou storten.

Gorbatsjov slaagde er niet in de twee Erichs ervan te overtuigen dat het hoog tijd was voor verandering. Tijdens zijn bezoek aan Oost-Duitsland in oktober ter ere van de veertigste verjaardag van de staat, sloeg hij de laatste nagel aan hun doodskist door op te merken dat 'het leven hen die te laat komen straft'. Voorheen was er veel zakelijk verkeer tussen de communistische bondgenoten, maar vanaf dat moment stopte het contact tussen Moskou en Oost-Berlijn. Op een jubileumdiner voor de veiligheidsdiensten hield Erich Mielke een eindeloze rede tegen de staatsvijanden. 'Executeer ze, zo nodig zonder rechtzaak,' sommeerde hij de Stasi-agenten. Ook Erich Honecker bleef compromisloos. 'Wat er in de Sovjet-Unie gebeurt, zal ik hier nooit toestaan,' zei hij tegen Markus Wolf. Wolf schreef in zijn dagboek: 'Geen vijand had kunnen bereiken wat wij voor elkaar kregen op het vlak van incompetentie, onwetendheid, zelfverheerlijking en de manier waarop wij onze eigen fundamenten uit de gevoelens en gedachten van gewone mensen hebben geslagen.'

Ondertussen weigerde Wolfs vriend Hans Modrow, de grijze secretaris met de zachte stem van de Dresdener Communistische Partij (SED), om een einde te maken aan de demonstraties tegen de regering, die een vast onderdeel van het nachtleven in de stad begonnen te vormen. Wolf en Modrow zouden een groep hervormers binnen de SED hebben geleid, al heeft Wolf enorme spijt dat hij niet meer heeft gedaan om het Oost-Duitse systeem van binnenuit te veranderen. Poetin en zijn KGB-collega's hadden het zien aankomen. 'Wij waren de jonge generatie binnen de staatsveiligheidsdienst,' vertelt Vladimir Oesoltsev aan het tijdschrift *Der Spiegel*. 'Het was voor ons glashelder dat de Sovjetmacht onvermijdelijk de afgrond in marcheerde.' Gevoelige documenten werden naar Moskou verscheept of verbrand. Lijsten van contactpersonen en dossiers over Sovjetagenten gingen in rook op. 'We verbrandden zoveel dat de oven kapotging,' aldus Poetin.

Het ondenkbare vond plaats op 9 november 1989 om 18.53 uur, nadat een lid van de nieuwe Oost-Duitse regering op een persconferentie de vraag voorgeschoteld kreeg wanneer de beloofde, nieuwe Oost-Duitse reiswet van kracht zou gaan. 'Voor zover ik kan overzien per direct, nu dus,' antwoordde hij. Duizenden Oost-Berlijners stroomden richting de grens en eisten toegang tot het Westen. Om half elf 's avonds werd de grens geopend aan de Bornholmer Strasse, het historische moment dat te boek staat als de val van de Berlijnse Muur.

Op 6 december werd het KGB-terrein bestormd door een schreeuwende menigte, die daarvoor het Stasi-hoofdkantoor aan de overkant al had geplunderd. Poetin haastte zich naar zijn kantoor en kreeg een handpistool. Om de mensenmassa enigszins in bedwang te houden, zei hij dat het KGB-gebouw een militaire installatie van de Sovjet-Unie was. 'Waarom staan er dan auto's met een Duits nummerbord op de parkeerplaats? Wat doen jullie hier überhaupt?', schreeuwde iemand. Poetin antwoordde dat er een overeenkomst was die Russen toestond Duitse nummerplaten te gebruiken. 'En wie ben jij?', schreeuwde een andere man. 'Je spreekt te goed Duits.' Poetin vertelde hem dat hij tolk was en ging toen weer naar binnen. Hij belde naar de commandant van het lokale Sovjetgarnizoen, maar kreeg te horen: 'We kunnen niets doen zonder bevelen uit Moskou. En Moskou zwijgt.'

En Moskou bleef zwijgen.

In de jaren die volgden, werd Poetins reactie beroemd: 'Ik had het gevoel dat het land niet langer bestond, dat het was verdwenen.' Volgens een verslag van die noodlottige nacht in Oost-Berlijn, zou de menigte erin zijn geslaagd het gebouw binnen te dringen, maar eenmaal binnen stonden ze oog in oog met de toekomstige president van Rusland, die boven aan de trap met zijn handpistool zwaaide en zich kalm en met een koud lachje tot het publiek wendde: 'Kom gerust naar boven, maar voor je bij mij bent, zijn er zes van jullie dood.' Het verslag klinkt onwaarschijnlijk: er waren op dat moment meerdere KGB-agenten in het gebouw en het verhaal over Poetins solitaire optreden lijkt dan ook een pr-stunt om van hem de KGB-versie van James Bond te maken. Poetin zelf zegt enkel dat de Russen 'gedwongen werden te tonen dat [ze] bereid waren om [hun] gebouw te beschermen en dat die vastberadenheid indruk maakte, in elk geval tijdelijk.'

Een mogelijk bloedbad werd pas echt afgewend toen een kleine groep Sovjetparachutisten verscheen en de massa uiteendreef. De gebeurtenissen van die avond ontmoedigden Poetin naar eigen zeggen zwaar, want 'ze gingen gewoon weg'. Op dat moment voelde hij geen toewijding jegens het Sovjetsysteem, dat hij al als verloren beschouwde, maar jegens de KGB, als beschermer van het Russische aanzien, vertelt Vladimir Oesoltsev aan *Der Spiegel*: 'Hij had altijd al een poëtische inborst en was er op een vreemde manier trots op om tot de Tsjekisten te behoren, het korps dat het vaderland beschermde.'

De dag daarop zette Poetin zijn werk voort, in stilte lijdend om wat hij zag als de gewonde trots van het vaderland. Het enige wat hij zegt te betreuren was dat de Sovjet-Unie haar positie in Europa had verloren zonder zelfs maar een poging te doen om het communistische systeem in Oost-Duitsland door iets anders te vervangen: 'Ze lieten alles vallen en vertrokken,' zegt hij. Ljoedmila, die erg gehecht was aan haar Oost-Duitse omgeving (Duits was inmiddels de moedertaal van haar jongste dochter) leefde mee met de geheim agenten van beide landen die hun doel en in feite de zin van hun bestaan verloren waren. Een van haar buren, zegt ze, heeft zelfs een week lang gehuild: 'Ze huilde om haar verloren idealen, om het ineenstorten van alles waar ze haar leven lang in had geloofd.'

Wat zijn vrouw niet wist, was dat Poetin nog volop in dienst was. Klaus Zuchold was daarentegen werkloos, net als alle andere Stasi-officiers. Poetin stuurde een kopie van Zucholds dossier naar Moskou en kreeg toestemming om hem aan te stellen bij de KGB. Op 16 januari 1990 bezocht hij hem thuis in zijn flat en gaf hij zijn twaalfjarige dochter Cindy een boek met Russische sprookjes cadeau. Eenmaal alleen met Zuchold dicteerde hij hem een verklaring van loyaliteit aan de KGB. Zuchold schreef op wat hem gezegd werd en ondertekende. Daarna proostten de twee mannen met Sekt, een Duitse wijn.

Poetin gaf zijn nieuwe agent de codenaam 'Klaus Zaunick', wees hem op zijn eed van geheimhouding en waarschuwde hem dat het ernstige gevolgen zou hebben als hij zich zou verspreken. In het Duitse blad *Focus* wordt beweerd dat Poetin daarop de namen van enkele van zijn topagenten in Oost-Duitsland onthulde, maar dat kan haast niet waar zijn, want wat zijn lasteraars hem ook mogen verwijten, Poetin is uitermate loyaal. Het is waarschijnlijker dat Zuchold te horen kreeg dat hij zich koest moest houden totdat het wat rustiger was geworden, om vervolgens informatie te vergaren voor Moskou over politici, wetenschappers en zakenleiders.

Een paar dagen later werd Poetin opgeroepen om terug te keren naar zijn thuisland en kwam zijn samenwerking met Zuchold tot een abrupt einde. KGB-agenten gingen groepsgewijs op huis aan, terwijl het eens zo machtige Sovjetimperium voor de ogen van de wereld ineenkromp. Toen Oost-Duitsland na de hereniging op 3 oktober 1990 werd opgeheven, waren de Poetins al terug in Leningrad. Ze trokken opnieuw in bij Poetins ouders, die inmiddels een nieuwe driekamerflat toegewezen hadden gekregen aan de Sredneochtinski-laan in de buurt van de rivier de Ochta. Behalve een mooie, kersverse dochter hadden de Poetins weinig om mee te pronken na hun vierenhalfjarige verblijf in het buitenland. Als afscheidscadeau hadden ze van hun buren een twintig jaar oude wasmachine gekregen, die Ljoedmila de komende vijf jaar nog zou gebruiken. Ze stond ervan versteld hoe weinig er was veranderd in Leningrad, met name in de winkels. Er waren nog altijd lange rijen, distributiebonnen en lege planken. 'In het begin toen we terug waren, vond ik boodschappen doen zelfs eng,' zegt ze. 'Ik schoot de dichtstbijzijnde winkel in, kocht het allernoodzakelijkste en ging naar huis. Het was vreselijk.'

Poetin kreeg een baan aangeboden bij het hoofdkantoor van de Buitenlandse Veiligheidsdienst (SVR) in Moskou. Hij wees het aanbod af, voornamelijk omdat hem samen met de baan geen woning werd aangeboden en zijn ouders inmiddels over de tachtig waren. In al die jaren dat hij weg was geweest, hadden ze elkaar niet gezien en hij wilde ze liever niet opnieuw verlaten. Daarbij geloofde hij niet langer dat de Sovjet-Unie de heftige onrust die het land teisterde zou overleven. Hij was getuige geweest van de ineenstorting van een land en wilde dit thuis niet opnieuw meemaken. Hoewel hij over het algemeen zijn gevoelens heel goed kon verbergen, liet hij zijn vriend Sergej Roldoegin weten dat hij zich verraden voelde. Hij en zijn kameraden hadden vanuit Dresden rapporten verzameld waarin ze waarschuwden voor de dreigende ineenstorting van Oost-Duitsland, en advies gegeven over mogelijke maatregelen, maar niemand in Moskou had hun verslagen gelezen.

Markus Wolf, die naar Moskou was gevlucht om te ontkomen aan beschuldigingen van verraad en spionage door zijn West-Duitse vijanden, had het gevoel dat Gorbatsjov hem en zijn mede-agenten voor de wolven had gegooid. 'Onze Moskouse vrienden liepen niet te hoop met hun kameraadschappelijke steun,' schrijft hij. 'Net als wij waren ze totaal onvoorbereid op de gebeurtenissen.' Wolfs aanvraag voor politiek asiel in Rusland werd afgewezen en hij kreeg na een lange juridische strijd een korte gevangenisstraf in Duitsland.

Poetin was nog steeds in dienst van de KGB. Hij stond althans geregistreerd als 'actieve reserve' en kreeg daarvoor een kleine som wachtgeld. De communistische regimes in Tsjecho-Slowakije, Hongarije, Polen, Bulgarije en Roemenië vielen om als dominostenen. Geheim agenten waren overbodig geworden en keerden terug naar Rusland. Iedereen die goedgetrainde spieren wilde inhuren, had een uitgebreide keuze uit overtollig KGB-talent. Vele voormalige KGB'ers werden veiligheidsadviseur, bodyguard, nachtwaker of zelfs uitsmijter in een nachtclub of discotheek.

Poetins vooruitzichten waren niet al te best. Hij liep tegen de veertig en had een gezin te voeden, te huisvesten en te kleden. Volgens vrienden werd hij depressief. Ljoedmila kreeg een parttime aanstelling als lerares Duits aan de universiteit. Met tegenzin liet ze Masja en Katja een paar uur per dag achter bij hun grootmoeder. Het was geen prettig bestaan. Poetin investeerde het appeltje voor de dorst dat hij in Dresden bijeengespaard had in een Volga sedan. Hij vertelde zijn vrienden dat hij aan het werk wilde als jurist, maar een plan B had voor het geval dit niet lukte: 'Wie weet zal ik aan de slag moeten als taxichauffeur.'

Het nieuws dat Galina Vasilievna Starovojtova, een belangrijke hervormingspolitica, feministe, beschermster van etnische minderheden en alumna van de Leningradse Staatsuniversiteit een chauffeur zocht, kwam dan ook als geroepen. De baan was slecht betaald, maar Poetin dacht dat hij wel wat kon opsteken van de vrouw op de achterbank van zijn Volga, aangezien ze toen al een bekendheid was. Hij bood zich aan voor de vacature. 'Hij zei dat hij achter haar ideeën stond en haar daarom wilde helpen,' vertelt Roeslan Linkov, een van Starovojtova's assistenten.

Poetin moest echter nog steeds ergens van leven. Juist toen het bijna niet meer slechter kon, kreeg hij bij toeval een baan aangeboden bij zijn alma mater, de Leningradse Staatsuniversiteit. Het was een van die toevallige voorvallen die zijn carrière later zouden kenmerken. Poetin kwam in dienst als assistent-rector voor internationale aangelegenheden en moest in die hoedanigheid toezicht houden op buitenlandse studenten. 'Ik was blij dat ik undercover kon gaan bij de LGU,' zegt hij. 'Ik wilde mijn proefschrift schrijven, de universiteit leren kennen en er misschien een baan vinden.' Zo werd hij in maart 1990 assistent van de rector van de universiteit, Stanislav Petrovitsj Merkoeriev.

Zijn plotselinge terugkeer naar de rechtenfaculteit verbaasde een aantal mensen, maar iedereen wist waar hij in werkelijkheid mee bezig was. Het was algemeen bekend dat deze functie altijd werd bekleed door een KGB-officier en dat Poetin de studenten bespioneerde. Desalniettemin schakelde hij de specialist internationaal recht Valeri Abramovitsj Moesin in als promotor en schreef hij de aanzet voor zijn dissertatie. Poetin zou misschien wel carrière hebben gemaakt als internationaal advocaat, als een van zijn oude studievrienden, inmiddels universiteitsmedewerker, hem niet had benaderd met een uitnodiging om kennis te maken met Anatoli Aleksandrovitsj Sobtsjak, een van de leidende krachten binnen de nog jonge democratische beweging in Rusland.

Sobtsjak, een knappe man en een uitstekend retoricus, had zich populair weten te maken met zijn krachtige aanvallen op de communistische elite. De Sovjetautoriteiten vertrouwden hem niet en hij had dan ook nooit toestemming gekregen om naar het buitenland te reizen, maar onder Gorbatsjov kwam zijn carrière alsnog tot bloei, en toen hij eenmaal tot volksvertegenwoordiger was verkozen, hingen de Russen tijdens zijn toespraken aan zijn lippen. In mei 1990 werd Sobtsjak voorzitter van de Leningradse Stadsraad (Lensovjet). De stad verkeerde in abominabele toestand; de werkloosheid was hoog, de criminaliteit steeg en er was een tekort aan alles. Sobtsjak was in 1937 in Siberië geboren, maar had zijn rechtendiploma behaald aan de LGU en werd er later medewerker. Poetin had een paar semesters zijn colleges gevolgd, maar de twee hadden indertijd nooit echt met elkaar gepraat.

In zijn kantoor in het Mariinskipaleis op het Izaakplein vertelde Sobtsjak hem dat hij een ervaren assistent nodig had. Die zou als buffer moeten dienen tussen hem en de vele fraudeurs en boeven die hem omringden. Hij was onder de indruk van het feit dat de assistent-rector goed Duits en een beetje Engels sprak en bijzonder kalm overkwam. Poetin was aangeprezen door Stanislav Merkoeriev en volgens Pavel Borodin, vastgoedmanager van het Kremlin, had ook Galina Starovojtova een goed woordje voor hem gedaan. Na een kort gesprek stelde Sobtsjak voor om Poetin van de loonlijst van de universiteit af te halen en hem op die van de raad te zetten. Hij informeerde zelfs of Poetin de eerstvolgende maandag al kon beginnen. Het land viel uiteen in chaos en alles gebeurde in sneltempo.

'Sobtsjak was toen al beroemd en populair,' vertelt Poetin. 'Ik waardeerde niet alles aan hem, maar ik had wel respect voor hem.' Poetin antwoordde dat hij graag maandag wilde beginnen, maar dat er een ding was dat de voorzitter moest weten: 'Ik ben niet alleen de assistent van de voorzitter,' zei hij, 'maar ook stafofficier bij de KGB.' Er viel een korte stilte, en toen zei Sobtsjak: 'Ach, wat maakt het ook uit. Ik heb een assistent nodig. Eerlijk gezegd ben ik bang om de receptieruimte in te gaan. Ik weet niet wie de mensen daar zijn.'

Poetin kreeg de baan en werd overgeplaatst.

Sobtsjaks aanhangers waren verbijsterd over Poetins aanstelling nadat in democratische kringen bekend was geraakt dat hij als KGB-agent had gewerkt. 'Poetin is geen KGB'er, maar een oud-student van me,' grapte Sobtsjak, wanneer hij vragen kreeg over zijn assistent.

Er had van alles mis kunnen gaan toen een van de spoken uit zijn Dresdense verleden terugkwam en hem achtervolgde. Klaus Zuchold was in december 1990 overgelopen naar de Duitse geheime dienst, uit angst om ontmaskerd te worden. Zuchold gaf de Duitsers een gedetailleerde omschrijving van zijn KGB-vriend en mentor Vladimir Poetin. Hij onthulde ook de namen van vier voormalige Oost-Duitse politiemannen die gespioneerd hadden voor de KGB.

Poetin ontkent dat hij deel uitmaakte van operaties waarin geprobeerd werd een netwerk van Oost-Duitse spionnen op te zetten. Tegenwoordig vindt hij het 'best grappig om al deze onzin in kranten te lezen. Ik sta er perplex van dat al die westerse landen op zoek zijn naar spionnen die ik gerekruteerd zou hebben. Het is allemaal nonsens.' De belangrijkste spion die Poetin zou hebben gerekruteerd, werkte als inspecteur bij de Dresdense politie, stond bekend als 'Schorch' en zou direct onder hem hebben gestaan. De inspecteur werkte nog steeds voor de KGB toen hij in april 1993 gearresteerd werd. Tegen die tijd had Poetins leven echter een totaal nieuwe wending gekregen. Leningrad heette inmiddels Sint-Petersburg en Poetin had zich als een komeet omhooggewerkt tot locoburgemeester van Ruslands tweede stad.

TANKS EN TOEWIJDING

De politieke carrière van Vladimir Poetin begon in juni 1990, toen hij in dienst trad bij Anatoli Sobtsjak in Smolny, het klassieke 19de-eeuwse gebouw aan de oever van de Neva waar ooit de stedelijke administratie van Leningrad huisde. Poetin kende Smolny via zijn familie. Zijn oom Ivan Sjelomov had er als veiligheidsagent gediend bij de marine tijdens WOII. Ivans neef viel al snel op als een stille, efficiënte, eerlijke en onopvallende technocraat. Hij leek het prima te vinden dat zijn baas met de eer van zijn werk ging strijken. 'Sobtsjak hield ervan om in het middelpunt van de aandacht te staan en onderwerp van gesprek te zijn,' zegt Poetin. 'Het leek wel of het hem niet kon schelen of mensen hem prezen of verwensten.'

Poetin ontdekte algauw dat Sobtsjaks personeel in het Mariinskipaleis scherp afstak tegen zijn eigen vorstelijke omgeving. Ze waren 'streng en onbeleefd, geheel in lijn met de Komsomoltraditie' en bestonden voornamelijk uit ambtenaren die via Sovjetleiders bepaalde zakenprivileges hadden verkregen om de economie in beweging te krijgen toen de perestrojka begon.' Gorbatsjov en zijn premier Ryzjkov gaven de middelen uit de 'heilige' staatsreserves (waaronder olie) gratis weg, of zoals zij het zelf noemden: 'zonder compensatie'.

Leden van de Komsomol, de toegewijde jeugdbeweging van de Communistische Partij, kregen toestemming om financiële organisaties en coöperaties op te zetten. Die gedijden goed, omdat de restricties op buitenlandse handel en valutakoersen in de late jaren 80 waren versoepeld. Het waren de archetypes van de nieuwe Russen. Tegen de tijd dat Poetin tot de hoogste machtskringen was doorgedrongen, telde de Sovjet-Unie al 135 000 van dergelijke organisaties, variërend van minuscule kapperszaakjes tot een prefab datsjabedrijf, opgericht door de jonge ondernemer Aleksandr Smolenski. Iedereen wilde een graantje meepikken en Smolny werd overspoeld met aanvragen.

In deze periode nam Poetins werkgever Anatoli Sobtsjak een andere voormalige rechtenstudent aan als zijn juridisch adviseur: de twintiger Dmitri Medvedev. De aantrekkelijke, fris ogende advocaat die van Versacejasjes en Parkerpennen hield, zat aan een klein tafeltje in de wachtkamer, waar bezoekers hem vaak aanzagen voor een onbeduidende secretaris. Stadsraadslid Dmitri Lenkov bezocht Smolny regelmatig en beschrijft Medvedev in die tijd als 'haast onzichtbaar. Poetin nam alle beslissingen, Medvedev maakte de kilometers.'

In die tijd ontmoette Poetin ook Anatoli Tsjoebajs. Deze roodharige econoom zou een paar jaar later met zijn nationale privatiseringsprogramma een handvol coöperatie-impresario's verheffen tot de superrijke klasse waar Rusland tegenwoordig berucht om is. Zo was een van de succesvolste Komsomolondernemingen Menatep, dat later de Menatep Bank werd, de eerste bouwsteen van het imperium van Poetins vijand Michail Chodorkovski.

Anatoli Borisovitsj Tsjoebajs maakte deel uit van een groep jonge economen die erkenden dat de Sovjeteconomie verloren was als er geen grote verandering zou plaatsvinden. Het leek Tsjoebajs weinig te deren dat miljoenen mensen zouden lijden onder Gorbatsjovs hervormingen.

Nadat hij had geprobeerd zijn afgevaardigden ervan te overtuigen een 'schoktherapie' in gang te zetten, werd Tsjoebajs benoemd tot voorzitter van het Stadscomité voor Economische Hervorming. Zijn plan was om in Leningrad een vrije economische zone op te zetten, maar Sobtsjak veegde het idee van tafel, aangezien hij toen al inzag dat de hele Sovjet-Unie binnenkort een vrije markt zou worden. Hij degradeerde Tsjoebajs van hoofd economische hervormingen naar vicevoorzitter van het uitvoerend comité van de stadsraad. Poetin distantieert zich angstvallig van deze controversiële figuur: 'Ik heb nooit direct contact gehad met Tsjoebajs,' zegt hij. 'We hadden nooit rechtstreeks met elkaar te maken'.

En dat was niet onverstandig. Tsjoebajs heeft zich tenslotte niet bepaald geliefd gemaakt bij zijn medeburgers. Zo gaf hij recentelijk (als voorzitter van het Russische staatsenergiebedrijf EES en als voormalig stafchef van de president) een interview aan de *Financial Times*. Tijdens zijn uiteenzetting over de Russische privatisering, politiek en het beruchte 'leningen voor aandelen'-programma maakte hij plotseling een bizarre opmerking: 'Weet je, de afgelopen drie maanden heb ik alles van Dostojevski herlezen. Mijn haat voor die man is bijna fysiek. Hij is heus een genie, maar om zijn opvatting dat de Russen een speciaal, heilig volk zijn, om zijn cultus van het lijden en de foute keuzes die hij laat zien, kan ik hem wel in stukken scheuren.'

Sinds Poetin in het stadhuis kwam te werken, zorgde zijn carrière bij de KGB voor problemen. Hoewel hij geen geheim maakte van zijn verleden, waren sommige raadsleden zo naïef om te denken dat ze gunsten konden lospeuteren door te dreigen met 'ontmaskering'. Poetin beschouwde deze benaderingen als afpersing en hij maakte daarom naar eigen zeggen 'de moeilijkste beslissing van [zijn] leven': hij schreef een ontslagbrief aan de KGB.

Vervolgens probeerde hij zijn actie openbaar te maken: hij vroeg een vriend van hem, de filmregisseur Igor Abramovitsj Sjadkin, om een interview met hem op te nemen waarin hij uitlegde dat hij zijn spionageverleden achter zich wilde laten en zijn leven wilde wijden aan het werk voor de stad.

Het interview kwam op de Leningradse televisie en toonde de kijkers een eerste glimp van hun toekomstige president. Ondertussen was Poetins ontslagbrief ergens in het KGB-systeem verdwenen. Zodoende stond hij, ondanks de moeite die hij had gedaan, nog steeds geregistreerd als KGB-agent en bevestigde daarmee de stelling 'eens een spion, altijd een spion'. In elk geval hielden de afpersingen na het interview op, en bovendien bleef Poetin het KGB-wachtgeld ontvangen, en dat was maar goed ook, want dat bedroeg meer dan zijn salaris bij de gemeenteraad.

Na de presidentiële verkiezingen van 12 juni 1991 werd Boris Jeltsin de eerste president van de Russische Federatie. Hij won met 57 procent van de stemmen, tegenover 16 procent voor Nikolai Ryzjkov, Gorbatsjovs voorkeurskandidaat. Boris Nikolajevitsj Jeltsin werd geboren in het dorp Boetka in de Oeral in 1931. Later praatte hij zijn beschonken toestand vaak goed door te vertellen dat een dronken priester hem bijna verdronken had tijdens zijn doop. Degenen die het verhaal telkens opnieuw moesten aanhoren, voelden zich weleens geneigd te vragen wie de priester eraan had herinnerd om hem weer boven water te halen. Na zijn doop stond hij nog tweemaal écht oog in oog met de dood. Als kind ontsnapte hij aan de dood toen hij een tijdens de oorlog achtergelaten handgranaat uit elkaar wilde halen en het ding in zijn handen ontplofte. Het kostte hem uiteindelijk twee linkervingers. En jaren later kreeg de eerste president van de Russische Federatie tyfus, waarmee hij opnieuw balanceerde op het randje van de dood.

Op 5 november 1991 stelde Jeltsin Jegor Gajdar aan als verantwoordelijke voor het economisch beleid. De 35-jarige, blozende voormalig economisch redacteur van het academische tijdschrift *De Communist* werd de facto premier. De twee mannen hadden haast niet minder op elkaar kunnen lijken. Jegor Timoerovitsj Gajdar werd geboren in Moskou in maart 1956, een paar weken nadat Chroesjtsjov de Stalincultus in de ban had gedaan. Gajdars vader was oorlogscorrespondent en zijn grootvader Arkadi Gajdar een beroemde kinderboekenschrijver die in de burgeroorlog van 1918-1922 aan de kant van de bolsjewieken had gevochten.

Toen Gajdar krap een jaar later met een presidentieel decreet op zak en een politieman aan zijn zijde binnenstapte in het kantoor van Gosplan (de centrale economische planningscommisie), leed Rusland onder politieke verdeeldheid en economische afbraak. Hij legde uit dat het grootste probleem van Rusland was dat alle macht en welvaart in handen was van hebberige bureaucraten en hun vrienden. Mensen die voor deze staat pleitten, hadden volgens hem 'slechts één doel: het behoud van de status quo. Een staat die alleen uit eigenbelang handelt, vermorzelt de maatschappij, onderdrukt haar en vernietigt uiteindelijk ook zichzelf.'

Dit was ketterij voor de ideologiegetrouwe collega's van het Gosplan, en daarom belde Gajdar zijn vriend Anatoli Tsjoebajs in Sint-Petersburg en nodigde hem uit om zich bij zijn team aan te sluiten en de 'vicieuze cirkel' te doorbreken. Tsjoebajs sprong onmiddellijk in zijn kleine, gele Zaporozjets en reed helemaal naar Moskou, terwijl zijn favoriete jazznummers uit zijn gekoesterde cassetterecorder schalden.

De burgemeestersverkiezingen waren op 12 juni gehouden en Anatoli Sobtsjak was de eerste democratisch verkozen burgemeester van Leningrad geworden. Poetin had nooit in de politiek gezeten en leek ook geen ambities in die richting te koesteren. Hij hield wel van het werk áchter de politieke schermen. Tijdens de burgemeesterscampagne was hij de belangrijkste strateeg onder Sobtsjaks campagnevoerders.

Terwijl hij naar het burgemeesterschap dong, voerde Sobtsjak een parallelle campagne die eveneens succes oogstte, voor een referendum om de naam van de stad weer te veranderen in Sint-Petersburg. Uit respect voor de burgers en veteranen tijdens het beleg in WO II heeft Poetin nooit op een naamsverandering aangedrongen, maar hij noemde de stad wel altijd 'Pieter', de onofficiële afkorting voor 'Sint-Petersburg'.

Een van de meest zichtbare tekenen van verandering in het democratische Smolny was het wisselen van de portretten aan de muur. De afbeeldingen van Lenin, die tijdens de eerste jaren van de revolutie een Spartaans bestaan had geleid in het gebouw, en van de populaire Sergej Kirov, die er op Stalins bevel was vermoord, werden naar beneden gehaald. De meeste medewerkers vervingen ze door portretten van Boris Jeltsin, maar Sobtsjak koos voor een afbeelding van Peter de Grote. Poetin besloot hem hierin te volgen en kreeg de keuze tussen twee portretten: een romantisch schilderij van de jonge tsaar met krullend haar, of een ets van een veel oudere Peter die de basis van het Russische imperium legt. Poetin verkoos de ets van de autocraat boven het schilderij van de visionair. En hoewel de bolsjewieken uit de gunst waren geraakt, loochende hij zijn tijd van 'het Zwaard en het Schild' niet helemaal: het mooiste plekje wees hij toe aan een buste van Lenin.

De vierhonderd stadsraadsleden probeerden koortsachtig een stedelijk bestuur naar westers voorbeeld op te bouwen, maar ontdekten dat ze het niet eens konden worden over fundamentele zaken, zoals de aanstelling van ambtenaren voor de verschillende portefeuilles. 'We dachten dat we de principes van de parlementaire democratie tot op stadsniveau konden implementeren,' zegt Poetin. 'Het mondde uit in een eindeloze verschrikking.'

Anatoli Sobtsjak droomde ervan om het nieuwe Sint-Petersburg tot de financiële hoofdstad van Rusland te maken; een project dat om een talentvolle organisator met stalen zenuwen vroeg. Poetin mag een groentje in de politiek zijn geweest, hij had wel een diploma in internationaal recht, sprak meerdere talen, runde zijn kantoor op een efficiënte manier en leek altijd kalm. Zodoende stelde Sobtsjak hem in juni 1991 aan als hoofd van het nieuwe Stadscomité voor Buitenlandse Betrekkingen, met als taak het aantrekken van buitenlandse investeerders. Sommige raadsleden waren woedend over zijn aanstelling en ook Vladimir Anatoljevitsj Jakovlev, een ambitieuze bouwkundig ingenieur die acht jaar ouder dan Poetin was en zichzelf zag als de hoofdassistent van de burgemeester, was er bepaald niet blij mee.

Pavel Borodin, voormalig hoofd Presidentiële Zaken (en tevens Jeltsins pool- en drinkmaatje) onthult voor het eerst hoe Poetins aanstelling tot stand kwam. De gezette, chic geklede man die duidelijk betere tijden heeft gekend, vertelt in een interview met thee en koekjes in de salon van zijn kamer in het Londense Park Lane Hotel dat zijn dochter tijdens haar studie aan de Staatsuniversiteit van Leningrad ziek was geworden en hij iemand uit de stad nodig had die ervoor kon zorgen dat ze goede medische hulp zou krijgen. 'Ik kreeg de naam Vladimir Jakovlev door, die bij de administratie van de burgemeester zou werken,' zegt hij. 'Toen ik vanuit Moskou belde, zei de secretaresse dat Jakovlev er niet was, maar dat Sobtsjak en een man die Poetin heette wel aanwezig waren.'

'Ik wilde Sobtsjak niet lastigvallen, dus zei ik: 'Doe het maar via die Poetin.' Dat deed ze en ik legde hem het probleem voor. Hij beloofde erachteraan te gaan, en hij hield woord. Hij regelde een auto om Katja naar het ziekenhuis te rijden, maakte daar afspraken voor haar, kwam zelfs bij haar langs en hield haar herstel in de gaten.

Hij deed dit niet omdat het moest, maar omdat hij echt een aardig mens was en nog steeds is. Ik heb hem sindsdien altijd erg graag gemogen.'

De volgende keer dat Borodin Sobtsjak sprak, was hij vol lof over Poetin, de 'kleine ambtenaar' die hem zo goed geholpen had. Volgens Borodin had de burgemeester hem daarom – tot grote ergernis van Jakovlev – de leiding over het Comité voor Buitenlandse Betrekkingen gegeven. 'In die tijd was hij gewoon een van de werknemers van de burgemeester, zeker niet de nummer twee, zoals sommigen beweren,' zegt Borodin. 'Die positie kreeg hij door mij.'

Een van Poetins eerste taken op het stadhuis was optreden tegen een protestactie van overtuigde communisten, die keer op keer de rode vlag van de internationale communisten aan een metalen vlaggenstok op het dak van het Huis van Politieke Voorlichting hesen, waar het Smolny op uitkeek. Telkens wanneer Poetin de vlag liet weghalen, plaatsten de communisten meteen een nieuwe, totdat de rode vlaggen op waren. Maar in plaats van te stoppen, hesen ze een andere vlag, een donkerbruine, een kleur die associaties wekt met extreem rechts. Dit was voor Poetin de druppel. Hij bestelde een hijskraan en maakte een einde aan de krachtmeting door er persoonlijk op toe te zien dat de vlaggenstok met behulp van een brander werd neergehaald. Dergelijke incidenten waren niet welkom in Poetins geordende wereld.

Tot ergernis van zijn omgeving had Anatoli Sobtsjak zoveel haast om zijn doelen te bereiken, dat hij zorgwekkende autoritaire trekjes begon te vertonen. Afgevaardigden krompen al ineen wanneer hij opstond in de vergaderzaal in het Mariinskipaleis en zijn publiek trakteerde op een voordracht van 45 minuten, alsof het om LGU-studenten ging. Zijn inspanningen om beslissingen erdoor te drukken werden gezien als een greep naar dictatoriale macht, en veel van zijn beslissingen werden dan ook aangevochten in rechtbanken. In 1995 schreef Boris Jeltsin in zijn memoires dat Sobtsjak binnen de stadsraad zijn oude liberale imago had laten vallen en was veranderd in 'een harde autoritaire bewindvoerder.'

Poetin was een makkelijk doelwit voor tegenstanders die Sobtsjak in diskrediet wilden brengen. Ze suggereerden fijntjes dat hij een KGB-infiltrant was of zijn baan via een achterpoortje had bemachtigd. Waarom zou een anticommunistische democraat anders bewust een KGB-officier in zijn kring van intimi opnemen? Het lijkt er sterk op dat Sobtsjak Poetin had aangenomen om vuur met vuur te bestrijden en tegenwicht te bieden aan de zakenmannen met een Komsomolverleden, de criminelen en de vele raadsleden die hem om gunsten vroegen. De twee waren gedurende de verkiezingscampagne goed bevriend geraakt. Ze vormden een echte alliantie, met Sobtsjak als leider van het opkomende Sint-Petersburg en Poetin als zijn sterke rechterhand.

Ondertussen viel de Sovjet-Unie uit elkaar. Poetin vermoedde toen al (met reden, zoals later bleek) dat Gorbatsjovs eenzijdige ontwapeningsbeleid bijdroeg tot de desintegratie van het Russische imperium. Maar de belangrijkste oorzaak voor het instorten van het communistische systeem was Gorbatsjovs overtuiging dat een bouwwerk dat gefundeerd was op angst, terreur en corruptie, bestand was tegen de harde klappen van de dubbele stormrammen perestrojka en glasnost. De meeste leden van de nomenklatoera in Rusland en de Oost-Europese satellietstaten wisten dat de hervormingspogingen de elementaire problemen van het systeem zouden blootleggen, waardoor het ineen zou storten. Toen Gorbatsjov in 1990 de Nobelprijs voor de Vrede kreeg voor zijn aandeel in het toestaan van de meestal vreedzame revoluties in het gehele Oostblok, merkte een Sovjetminister sarcastisch op: 'We moeten in gedachte houden dat dit zeker geen prijs was voor zijn economische beleid.' Zelfs nu het oude Sovjetconservatisme op sterven na dood was, was een kreet van verzet uit die hoek onvermijdelijk.

Poetin was juist met Ljoedmila en de kinderen op vakantie in Kaliningrad, de stad waar zijn vrouw vandaan kwam, toen acht regeringsleden van de harde lijn die gekant waren tegen de perestrojka een staatsgreep probeerden te plegen. De actie werd geleid door Gorbatsjovs afvallige plaatsvervanger Gennadi Janaev en gesteund door KGB-baas generaal Vladimir Krjoetsjkov en een aantal legereenheden. Ze hadden samen een noodcomité opgericht en censoren op pad gestuurd om de controle over de kranten en televisiestations over te nemen. Toen Gorbatsjov weigerde af te treden als secretaris-generaal, plaatste de KGB hem onder huisarrest in zijn vakantievilla in Foros op de Krim. Alle televisiestations kregen het bevel om *Het Zwanenmeer* uit te zenden, een duidelijke hint voor de kijkers dat er iets mis was.

Anatoli Sobtsjak was in Moskou toen het nieuws over de coup in de ochtend van 19 augustus de hoofdstad bereikte. Hij reed naar Jeltsins datsja diep in het berkenbos van Zavidovo, waar besloten werd om een noodvergadering van het parlement bijeen te roepen. *Het Zwanenmeer* had inmiddels zijn dienst bewezen en de samenzweerders gebruikten de televisie nu als kanaal om de noodtoestand uit te roepen. Vicepresident Janaev kondigde aan dat Gorbatsjov 'om gezondheidsredenen' uit zijn ambt was ontzet en dat hij, Janaev, plaatsvervangend president was geworden.

Bang om gearresteerd te worden, haastte Sobtsjak zich naar luchthaven Sjeremetjevo en vloog terug naar Sint-Petersburg om zijn stad tegen de samenzweerders op te zetten. Ondertussen kuste Jeltsin zijn beteurde vrouw en dochters gedag en ging hij op weg naar het Witte Huis, het glimmende witmarmeren parlementsgebouw aan de rivier de Moskva. Van daaruit richtte hij zich tot het Russische volk, met een vurige oproep om hem te steunen. Zowel Sobtsjak als Jeltsin stonden op een lijst van 69 Russische leiders die gearresteerd dienden te worden. Krjoetsjkovs manschappen van de Alfa-groep, de doorgewinterde antiterreureenheid van de Spetsnaz, hadden de datsja omsingeld. Hun bevelhebber wachtte vergeefs op een order van het noodcomité om naar binnen te gaan en de aanwezigen te arresteren, en zo wisten ze te ontkomen.

Krjoetsjkovs rivaal, generaal Oleg Kaloegin, daagde zijn KGB-bazen uit door een massa mensen naar het parlement te leiden, dat inmiddels door de Alfa-groep en de tanks van de Taman-divisie omsingeld was. Hij vroeg Jeltsin zich tot de massa te richten. Op tv-beelden was later te zien hoe een gezet figuur met sneeuwwit haar en een dik kogelvrij vest onder zijn bruine pak boven op de voorzijde van een tank klom en de massa opriep zich tot het uiterste tegen de staatsgreep te verzetten. Het was een spectaculaire gok, die goed uitpakte voor Jeltsin. Kaloegin werd daarentegen in 2002 bij verstek berecht en schuldig bevonden aan spionage voor de Verenigde Staten, waar hij tegenwoordig in ballingschap leeft.

De troepen waren onder de indruk van Jeltsins patriottische pleidooi en liepen over naar zijn kant. Terwijl duizenden Moskovieten met bomen, trolleybussen, bouwmateriaal en zelfs oude badkuipen barricaden opwierpen voor het Witte Huis, draaiden de tankcommandanten hun wapens weg van het gebouw om ze naar de Alfa-groep te richten. De situatie was kritiek, al beschreef James H. Billington, een Amerikaanse wetenschapper die tijdens de staatsgreep in Moskou was, haar als 'eerder carnavalesk dan revolutionair'.

In Sint-Petersburg kreeg de KGB het bevel om Anatoli Sobtsjak te arresteren zodra hij op de luchthaven Poelkovo zou aankomen. 'Tot hun grote verrassing troffen ze bij aankomst een door gewapende politieagenten bewaakt vliegtuig,' schrijft Alexander Rahr in zijn biografie over Poetin. 'Poetin was terug van vakantie en had zijn conclusies getrokken uit Sobtsjaks dreigende arrestatie. Hij besloot hem met alle mogelijke middelen te beschermen en keerde zich daarbij openlijk tegen zijn voormalige werkgevers.' Volgens Rahr liet Poetin Sobtsjak in zijn auto plaatsnemen en bracht hij hem halsoverkop naar de stad, waar cruciale gesprekken plaatsvonden tussen de Sint-Petersburgse KGB-leiders en de militairen.

Het is waar dat Sobtsjak op het vliegveld een gewapende bodyguard meekreeg, maar daar had Poetin niets mee te maken. Op 19 augustus was hij nog in Kaliningrad. Sobtsjaks werkelijke redder was Arkadi Kramarev, een van zijn beste vrienden, die aan het hoofd stond van de Sint-Petersburgse politie. Onder begeleiding van Kramarevs speciale eenheden reed Sobtsjak naar het hoofdkantoor van de Generale Staf op het Paleisplein, om de confrontatie aan te gaan met de militaire aanvoerder van de staatsgreep, generaal Viktor Samsonov. Op dat moment hadden Samsonovs tanks hun barakken in Pskov verlaten en denderden ze al over de snelwegen richting het centrum van Sint-Petersburg. De generaal was stomverbaasd toen hij Sobtsjak zag, die had immers gearresteerd moeten zijn. Hij reageerde amper op de uitbrander die de burgemeester hem gaf in het bijzijn van zijn medewerkers, een groepje KGB-officiers, Boris Gidaspov (het lokale hoofd van de Communistische Partij) en Arkadi Kramarev.

Sobtsjak wilde Samsonovs orders zien, maar die had hij niet. Hoewel de Moskouse leiders van de coup maar al te graag wilden dat hij het Mariinskipaleis zou bezetten, hadden ze geweigerd de nodige bevelen uit te vaardigen, zoals ze ook al hadden geweigerd troepen te sturen om het Witte Huis, het iconische gebouw van de Opperste Sovjet, te bestormen. Sobtsjak wees Samsonov erop dat de staatsgreep 'illegaal en illegitiem' was en dat de samenzweerders berecht zouden worden als criminelen. Samsonov begon te twijfelen. Hij stemde ermee in om zijn troepen buiten de stad te houden, zij het tijdelijk.

De volgende 36 uur waren beslissend voor de toekomst van Sint-Petersburg, dat doortrokken was van gewapend conflict, en zelfs voor heel Rusland. Sobtsjak snelde naar het Mariinskipaleis, waar de leden van de Lensovjet en zijn kantoor zich bevonden. In de namiddag richtte hij zich tot de raadsleden die zich rond de nieuwe voorzitter, Aleksandr Beljaev, hadden verzameld. Via luidsprekers bereikte zijn speech duizenden mensen die zich op het Izaakplein hadden verzameld.

Die avond hield plaatsvervangend president Janaev een persconferentie in Moskou. Zijn handen trilden en hij had moeite met praten, waardoor hij de indruk gaf onvoldoende overtuigd te zijn van zijn zaak, dan wel te veel wodka te hebben gedronken (wat de staatsgreep de officieuze benaming 'Wodka Coup' opleverde). Zijn klungelige vertoning werd door verslaggevers belachelijk gemaakt. Later op de avond verscheen Anatoli Sobtsjak voor de hele natie op de onafhankelijke tv-zender Kanaal Vijf, een zender waarvan de directeur, Boris Petrov, tegen de coup was. Schijnbaar kalm en in vlotte bewoordingen keurde de burgemeester het noodcomité af en riep hij het publiek op om op 20 augustus om 10 uur 's ochtends in opstand te komen in het Paleispark.

Ondertussen waren voor het Mariinskipaleis barricades opgeworpen, voor het geval de tanks onverwachts uit het donker tevoorschijn zouden komen. Leden van de coöperaties, die de terugkeer van de oude garde absoluut niet zouden overleven, stuurden in allerijl kopieerapparaten en faxtoestellen naar het paleis om pamfletten tegen de staatsgreep te printen en te laten verspreiden. Er werden televisietoestellen en voedselvoorraden binnengebracht en de maffia leverde wapens. Lev Apostolov, een negentienjarige student, ging rechtstreeks naar de Nevski Prospekt en sloot zich aan bij een demonstratie tegen de staatsgreep. Hij en zes vrienden kregen de opdracht om in de Bolsjaja Morskajastraat te patrouilleren en een barricade te bouwen bij bioscoop Barrikada.

'We kregen banden om onze arm en ze gaven ons de opdracht om niet op de tanks te springen als die zouden verschijnen,' vertelt hij.

In de ochtend van 20 augustus had Sobtsjak wel driehonderdduizend mensen naar het Paleisplein en de omliggende straten weten te krijgen. Demonstranten zwaaiden met spandoeken met daarop slogans als 'Weg met het fascisme!', 'Nee tegen de militaire coup!' en 'Liever de dood dan slavernij!'.

Als Poetin echt als KGB-infiltrant in het stadsbestuur zat, dan was de coup het moment geweest om over te lopen. Hij deed het omgekeerde en koos onmiddellijk partij voor de democraten. 'Ik kwam de twintigste terug in Leningrad,' herinnert hij zich. 'Sobtsjak en ik woonden zowat in de stadsraad. Niet alleen wij tweeën, trouwens, we bivakkeerden er met een hele groep mensen.'

Poetin vond het gevaarlijk om het gebouwencomplex te verlaten, maar Sobtsjak was erop gebrand om zijn boodschap onder de arbeiders te verspreiden. Vrijwel overal waar hij kwam, kreeg hij steun. Ze reden naar de Kirov-fabriek in het zuidwesten van de stad en werden ook daar goed ontvangen. 'Maar we waren nerveus,' herinnert Poetin zich. 'We deelden zelfs pistolen uit, al had ik mijn eigen dienstrevolver in de kluis achtergelaten.'

Die dag sprak Poetin met enkele hoge KGB-officieren in het Grote Huis, waaronder zijn vriend Viktor Tsjerkesov, en kwam met hen overeen dat de lokale KGB neutraal zou blijven. Hij voelde dat dit een goed moment was om zijn officiële banden met de KGB te verbreken en stuurde een tweede ontslagbrief, die later werd aanvaard, nadat Sobtsjak met het hoofd van zijn divisie had gesproken.

Tegen 21 augustus waren de meeste leiders van de coup Moskou ontvlucht. 'Die hele nacht was de sfeer gespannen en gonsde het van de geruchten,' herinnert Lev Apostolov zich. "s Morgens kregen we te horen dat de coup mislukt was en klonk er Bob Marley uit de luidsprekers. De democraten in het stadhuis gedroegen zich heel waardig en kalm. Sobtsjak gaf een geweldige speech: fascisme zou nooit getolereerd worden, dat soort dingen.'

Toen Poetin eenmaal de gezichten van de samenzweerders op tv had gezien, begreep hij naar eigen zeggen onmiddellijk dat het afgelopen was. Gorbatsjov mocht de Krim, waar hij werd vastgehouden, weer verlaten, maar hoewel hij opnieuw benoemd werd tot secretaris-generaal, had zijn invloed onherroepelijke schade opgelopen. De verschillende machtscentra in de Sovjet-Unie schaarden zich bijna unaniem achter Boris Jeltsin, die het ene Sovjetministerie na het andere overnam. Er werden foto's gemaakt waarop de volkstribuun achter Gorbatsjov het Churchilliaanse V-teken maakte. Mensen gingen de straat op en sloopten Leninbeelden, hamer- en sikkelsymbolen en zelfs het beeld van Feliks Dzerzjinski dat bij het KGB-hoofdkwartier stond. Lenins mausoleum werd voor onbepaalde tijd gesloten.

Tijdens een parlementszitting op 23 augustus werd Gorbatsjov door veel van de wethouders uitgefloten. Hij werd gedwongen zijn hele kabinet te ontslaan en trad de volgende dag af als secretaris-generaal. Oekraïne, Wit-Rusland, Estland en Letland riepen hun onafhankelijkheid uit. Anatoli Sobtsjak kreeg de opdracht een nieuwe grondwet op te stellen, waarin Jeltsin rijkelijk werd bedeeld met presidentiële macht om met zijn vijanden af te rekenen. Op 6 november 1991 zond hij een decreet uit waarin de Communistische Partij in heel Rusland verboden werd. Toen dit een jaar later wettelijk werd vastgelegd (tijdelijk, bleek later), borg Poetin zijn partijlidkaart weg in zijn bureaula.

Tot op vandaag weigert hij de beruchte Augustusstaatsgreep te veroordelen en beschrijft hij Krjoetsjkov als 'een ware aanhanger van het communisme' en de motieven van de samenzweerders die de Sovjet-Unie probeerden te redden als 'nobel'. Daar voegt hij vervolgens wel snel aan toe dat de gebeurtenissen zijn leven op zijn kop zetten. 'Tot die tijd begreep ik de transformatie die in

Rusland gaande was niet echt,' aldus Poetin. 'Maar tijdens de coup stortten alle idealen en alle doelen in die ik had toen ik bij de KGB ging werken. Natuurlijk was dat buitengewoon moeilijk voor me. Tenslotte had ik het grootste deel van mijn leven gewijd aan mijn werk bij de geheime dienst. Maar ik had mijn keus gemaakt.'

DE KNEEPJES VAN HET VAK

Nu Poetin aan Sobtsjaks zijde aanzienlijk was gestegen op de politieke ladder, had hij een secretaresse nodig. Die vond hij in Marina Jentaltseva, die nochtans dacht dat ze haar kansen had verspeeld, toen Poetin haar voor het sollicitatiegesprek met lippenstift in de weer zag. 'Hij deed alsof hij niets had gezien,' aldus Jentaltseva. 'En ik heb op kantoor nooit meer mijn lippenstift tevoorschijn gehaald.'

Ook betaalden zijn werkgevers twee dagen in de week Engelse les voor hem, aangezien dat in de zakenwereld de *lingua franca* was en hij geacht werd om contact te leggen met internationale zakenlui.

In die periode werd de buitenlandse handel in Sint-Petersburg gedomineerd door staatsmonopolies en gigantische overheidsbedrijven zoals Lenfintorg (de Russische afkorting voor 'Leningradse Financiële en Handelsorganisatie'). De gebruikelijke voorzieningen voor handelsverkeer tussen landen, zoals een douane, faciliteiten voor onafhankelijk bankieren, wisselkoersen en een aandelenbeurs ontbraken gewoon. Hervormers zoals Poetin moesten bijna van nul af aan een omgeving creëren waarin Russen zaken konden doen met westerse landen en hun markteconomie.

Heel wat mensen die indertijd in Poetins comité zaten, bleven zijn hele carrière lang aan zijn zijde: Dmitri Medvedev, zijn voorkeurskandidaat en opvolger als president, Aleksej Miller, CEO van Gazprom, Igor Setsjin, vice-stafchef van het Kremlin en voorzitter van Rosneft en Vladimir Tsjoerov, hoofd van de Centrale Verkiezingscommissie van Rusland, de belangrijkste organisator van de verkiezingen.

'Dima' Medvedev adviseerde Poetin bij de registratie van buitenlandse joint ventures waarin de stad participeerde (een praktijk die later werd stopgezet wegens mogelijke belangenverstrengeling). Een ervaren bankier die veel met Medvedev in Smolny heeft samengewerkt, zegt daarover: 'Het werk dat hij voor deze jongens als juridisch adviseur verrichtte, heeft zijn relatie met Poetin versterkt.'

Medvedev was net als Poetin opgegroeid in Sint-Petersburg, maar hij kwam uit een academisch milieu. Zijn moeder Julia gaf Russisch en literatuur aan de Herzen Pedagogische Staatsuniversiteit en zijn vader Anatoli was professor natuurkunde aan de Polytechnische Staatsuniversiteit van Leningrad. Als schooljongen kluste Dmitri Medvedev bij op een bouwwerf om zijn blauwe spijkerbroeken en buitenlandse lp's te kunnen betalen. Hij had maandenlang gespaard om Pink Floyds anarchistische album *The Wall* te kunnen kopen en bezocht lezingen over de schaduwzijde van het stalinisme door historici die eindelijk vrij hun mening konden uiten.

Albert Stepanov, een lange, slanke bureaucraat die het grootste deel van zijn leven voor de overheid heeft gewerkt, haalt herinneringen op aan Poetin in die vroege jaren: 'Hij had veel zelfdiscipline,' zegt hij tijdens een etentje in het Sovjetski Hotel in Moskou. 'Hij zette zichzelf onder grote druk: hij zat tot een uur of tien 's avonds op kantoor en leek wel een machine. Zijn enige minpunt was dat hij altijd te laat kwam. De klok bestaat niet voor hem. Door dat alles was hij een veeleisende werkgever en was er weinig sociale interactie. We gingen geen biertjes drinken of zo, maar ik ben wel een aantal keer bij hem thuis geweest om zijn dochters naar muziekles te brengen.'

Een van de gevolgen van de mislukte Augustusstaatsgreep was dat Sobtsjak zijn kantoor van het Mariinskipaleis naar Smolny verhuisde. Poetins leven werd zo hectisch, dat hij Albert Stepanov als zijn gevolmachtigde aanstelde. 'Er moesten massa's documenten ondertekend worden, wel tienduizend op vier jaar tijd. Dat kon hij niet allemaal zelf doen,' aldus Stepanov. 'Daarbij was zijn handtekening een krabbel die niemand kon ontcijferen (als president heeft hij daar nog aan moeten werken), dus gaf hij me een volmacht om namens hem documenten te ondertekenen. Ik heb die brief nog altijd.'

Ironisch genoeg was Sobtsjaks vertrouwen in Poetin zo groot dat hij alleen bereid was documenten te ondertekenen waar Poetins handtekening al op stond. Sobtsjak was vaak op zakenreis in plaats van op kantoor, en op een keer ondertekende hij zelfs drie lege vellen papier en gaf ze aan Poetin, zodat die eventuele administratieve kwesties ook tijdens zijn afwezigheid kon afhandelen.

Diezelfde avond kreeg Poetin een aantal voormalige KGB-collega's over de vloer. Ze zeiden dat het erg handig zou zijn als ze Sobtsjaks handtekening mochten krijgen op een bepaald document. Of Poetin hun kon vertellen hoe ze daaraan konden komen? Poetin realiseerde zich dat hij snel moest handelen om een compromitterende situatie af te wenden. Hij haalde een map tevoorschijn en liet de agenten de blanco vellen papier met Sobtsjaks handtekening zien, het bewijs dat de burgemeester hem volledig vertrouwde. 'Wat willen jullie van me?', vroeg hij. De KGB'ers krabbelden terug. 'Dat was het,' zeiden ze, waarna ze zich excuseerden en het kantoor verlieten.

Het waren roerige tijden. Na zeventig jaar dictatoriaal communisme konden krantencolumnisten hun ongecensureerde meningen op de lezers loslaten, werden politieke gevangenen uit de goelag vrijgelaten, konden Russen een paspoort krijgen om naar het buitenland te reizen, kregen stemgerechtigden de kans om te kiezen uit verschillende politieke partijen en werden 89 regio's en etnische republieken van de Russische Federatie niet langer rechtstreeks vanuit het Kremlin bestuurd.

Als Poetin al twijfels had over deze plotselinge explosie van vrijheid, hield hij die voor zichzelf. Maar het stond hoe dan ook als een paal boven water dat Rusland ondanks de immense inspanningen van Jeltsins jonge hervormers bijna blut was. De laatste Sovjetregering had de buitenlandse schuld tot 72 miljard dollar laten oplopen en er was zo goed als geen geld om de rente te betalen. In de nationale voorraadschuren lag slechts graan voor twee maanden en de boeren weigerden hun gewassen tegen gereguleerde prijzen aan de staat te verkopen.

In de meeste winkels waren de schappen leeg en er was geen geld om de voorraden aan te vullen met geïmporteerd voedsel. Daarom nam Jegor Gajdar de nodige maatregelen om prijsregulering af te schaffen en vrije handel toe te laten.

Hij koos voor een 'shocktherapie': de subsidies aan de inefficiënte staatsbedrijven gingen drastisch omlaag, er werd gesnoeid in het budget van het leger en invoerbeperkingen werden tijdelijk opgeheven. Vanaf 2 januari 1992 middernacht lagen de prijzen niet langer vast. Ze stegen en stegen en slurpten het spaargeld van de gewone man op, maar stimuleerden wel de handel. De oude garde protesteerde massaal. Volgens Boris

Jeltsins vicepresident Alexander Roetskoj, voormalig generaal van het Rode Leger en Afghanistanveteraan, stond Gajdars beleid gelijk aan 'economische genocide' en zou het Jeltsins regering ontwrichten. Jeltsin zwichtte onder de druk, ontsloeg Gajdar en verving hem als premier door de conservatieve Viktor Tsjernomyrdin, voormalig hoofd van de staatsgeleide olie- en gasreus Gazprom.

In juni bezocht Jeltsin de Verenigde Staten en Canada en het publiek raakte er helemaal in de ban van deze Rus met zijn dreunende bariton, staalblauwe pakken en gepassioneerde toespraken waarin hij zijn omstreden regime verdedigde. De Amerikanen beklemtoonden dat de broodnodige leningen van het Internationaal Monetair Fonds (IMF) er alleen zouden komen op de absolute voorwaarde dat de hervormingen doorgingen.

Jeltsin had geen aanmoediging nodig. Tijdens zijn premierschap had Gajdar hem ervan overtuigd dat alleen een snelle overgang van staats- naar privébezit de economie uit de houdgreep van het verleden zou kunnen bevrijden en voorkomen dat het communisme weer opleefde. In hun hoofdkantoor in de stalinistische wolkenkrabber op Novy Arbat 21 werkten Anatoli Tsjoebajs en zijn kameraad Dmitri Vasiljev, een econoom met een klein postuur maar grootse ideeën, aan een ingenieus plan om door middel van vouchers (waardebonnen) duizenden staatsbedrijven te privatiseren.

In augustus 1992, precies een jaar na zijn triomfmoment bij het Witte Huis, kondigde Jeltsin, die geen kaas had gegeten van economie, aan dat elke inwoner van Rusland die vóór 2 september van dat jaar geboren was een voucher zou krijgen ter waarde van 10 000 roebel (25 dollar). Die kon ingeruild worden voor aandelen bij vele kleine en middelgrote bedrijven. Miljoenen Russen betaalden een kleine som inschrijfgeld voor hun voucher maar verkochten die vervolgens door aan speculanten en aan de zogenaamde 'Rode Directeurs', de voormalige managers van de staatsfabrieken.

Het eerste Sovjetbedrijf dat werd geprivatiseerd, was de Bolsjewiek Biscuitfabriek, een symbolische keuze. Op 9 december ging de fabriek onder de hamer in een enorme tentoonstellingshal aan de rivier de Moskva. De fabrieksmanagers en werknemers kregen samen 51 procent van de aandelen, en toekomstige magnaten, gewapend met zakken vol waardebonnen, streden met elkaar om de overgebleven 49 procent. Desondanks bracht de verkoop van de Bolsjewiek Biscuitfabriek maar 654 000 dollar op, en hadden de aandeelhouders er dus een echt koopje aan.

Elke dag werden er tot wel zeshonderd fabrieken verkocht voor spotprijzen, waaronder zelfs de scheepswerf in Komsomolsk aan de Amoer, waar ooit in het geheim nucleaire onderzeeërs werden gebouwd.

Het begon niet zo veelbelovend, maar al snel begonnen de Russen het in de vingers te krijgen. De eerste privatiseringsgolf raakte in 1993 in een stroomversnelling, duurde nog voort in 1994 en was begin 1995 over zijn hoogtepunt heen. Zelfs wanneer je kleinere ondernemingen zoals de detailhandel niet meerekent, werden meer dan 18 000 bedrijven geprivatiseerd. Tsjoebajs was erin geslaagd om van 40 miljoen gewone Russen aandeelhouders te maken.

Toen Poetin één jaar voorzitter was van het Comité van Buitenlandse Betrekkingen, werd er een klein feestje gehouden in Smolny. 'Iedereen droeg een baseballpet, een T-shirt met Poetins naam erop en een leuke slagzin over hem,' aldus Albert Stepanov. 'Hij kwam binnen, at wat cake en uitte zijn bewondering voor de T-shirts. Tegenwoordig zouden heel wat mensen in zijn positie dit soort [informeel gedrag] niet toestaan.'

Vanuit zijn functie trad Poetin toe tot een kleine groep mannen die regelmatig bijeenkwamen in een huis aan het Komsomolmeer (vernoemd naar de communistische jeugdorganisatie), ongeveer honderd kilometer ten noorden van de stad. De groep had zichzelf *Ozero* ('Het Meer') gedoopt en Poetin betrok ook Igor Setsjin en Dmitri Medvedev erbij. 'Setsjin werkte bij Poetin op de receptie als pas begonnen manusje-van-alles,' vertelt een ervaren Britse diplomaat. 'Mensen die hem uit die tijd kennen staan verbaasd van de macht die hij tegenwoordig heeft.' Sobtsjak wist van de bijeenkomsten, maar ging er nooit heen. Zijn drie 'luitenants', die op een dag het hele land zouden regeren, konden het beleid van de stad in alle vrijheid bespreken.

Sint-Petersburg werd overspoeld door westerlingen, onder wie Amerikaanse kapitalisten, christelijke idealisten en meedogenloze politieke avonturiers die vastbesloten waren munt te slaan uit de open economie van het nieuwe Rusland. Het Nationaal Democratisch Instituut, een non-profitorganisatie die deels gesponsord werd door de Amerikaanse regering, zond de voormalige presidentskandidaat Walter Mondale uit om lezingen te geven over onderwerpen als budgettering. Michael McFaul, een lid van de instelling, vertelde aan *Wall Street Journal* dat Poetin de Amerikaanse inspanningen 'allemaal bullshit' vond. Hij wilde Amerikaanse dollars in plaats van Wall Streetjargon en wees Igor Setsjin aan om de seminars te organiseren.

Setsjin verraste McFaul door hem op een avond in het Portugees aan te spreken, de taal die hij geleerd had om in de jaren tachtig onderzoek te doen in Angola. Setsjin vertelde hem dat hij in die tijd ook in Afrika was: 'Ik werkte voor de KGB, maar nu zijn we allemaal democraten,' zei hij. Het is inderdaad zo dat Setsjin als tolk optrad tijdens diplomatieke en handelsmissies van de Sovjet-Unie in Angola en Mozambique, maar er zijn mensen die beweren dat hij eigenlijk voor de militaire inlichtingdienst GRU werkte en zich inliet met wapenhandel.

Tijdens zijn periode in Smolny, was Igor Setsjin zich terdege bewust van Anatoli Sobtsjaks zwakheid als feestbeest met een gat in zijn hand, en van zijn omgang met de broers Michail en Joeri Kovaltsjoek, die 'vertier' arrangeerden voor de burgemeester. De broers hebben nog altijd contact met Poetin. Zo is Joeri zijn buurman op de Karelische Landengte in de buurt van Sint-Petersburg: ze bezitten er allebei een datsja aan de oostelijke oever van het Komsomolmeer en zijn partners in *Ozero*, de plaatselijke vereniging van eigenaren.

Sint-Petersburg kampte in die beginjaren net als veel andere delen van het land met geldtekort, en werknemers ontvingen hun salaris met ernstige vertraging of in de vorm van mest, ijzerzagen of zelfs doodskisten in plaats van geld. Poetin kreeg de opdracht om uit te zoeken of bepaalde dingen geruild in plaats van gekocht konden worden. 'Er was een gigantisch tekort aan meel en daardoor lag er te weinig brood in de winkels. Hij moest daar een oplossing voor zoeken,' vertelt Stepanov. 'In die tijd waren getallen belangrijker dan woorden.' Poetin blonk uit in rekensommetjes (wat bevestigd wordt door Poetins woordvoerder Dmitri Peskov die bij een persoonlijke ontmoeting in het Kremlin vertelde dat Poetin precies wist hoeveel graan er elk van de afgelopen jaren was geproduceerd en geëxporteerd). Zijn inspanningen mondden echter uit in een schandaal.

Het voedseltekort werd zo nijpend dat Sint-Petersburg gedwongen werd om zijn ingeblikte noodrantsoenen aan te spreken. Een groep Russische zakenlieden benaderde Poetin met een voorstel dat hem later zuur zou opbreken: ze wilden toestemming om goederen, voornamelijk grondstoffen, in het buitenland te verkopen en beloofden in ruil daarvoor voedsel te importeren en te verdelen in de stad. Poetin stemde in. 'We hadden geen andere keus,' zegt hij. Hij vroeg en kreeg toestemming van het bevoegde ministerie en tekende de contracten. In het begin ging alles goed, maar al snel bleken sommige bedrijven niet te voldoen aan de belangrijkste voorwaarde van het contract: buitenlands voedsel leveren. 'Ze verzaakten hun plicht jegens de stad,' aldus Poetin.

Een aantal raadsleden uit die tijd, onder wie de temperamentvolle Marina Salje, een van de leiders van de hervormingsgezinde 'Radicale Democraten', greep deze mislukking aan om van Sobtsjak te eisen dat hij zijn assistent zou ontslaan. Poetin werd er met name van beschuldigd aan bevriende bedrijven vergunningen te hebben verleend voor de export van non-ferrometalen ter waarde van 93 miljoen dollar, in ruil voor buitenlandse voedselhulp die nooit was gekomen; hij zou bovendien de waarde van deze exporten hebben onderschat. Sobtsjak ging niet in op de eis om Poetin de deur te wijzen, waarop ook hijzelf onder vuur kwam te liggen.

Dmitri Medvedev en Poetins voormalige promotor Valeri Moesin, beiden juridisch adviseurs van het comité, hielpen Poetin om zich tegen de beschuldigingen te weren. Tegenwoordig ontkent hij dat er 'ook maar één gram van welk metaal dan ook' zou zijn geëxporteerd. Volgens hem wilden zijn tegenstanders een van hun eigen mensen in zijn functie zien (in plaats van een 'een bemoeizuchtige KGB-agent'), zodat zij er zelf geld aan konden verdienen,

Omkoperij, fraude en corruptie (en daaraan gekoppelde huurmoorden in maffiastijl) tierden zo welig dat Sint-Petersburg de criminele hoofdstad van Rusland werd. Er werden frontoffices opgezet om louche zaakjes te maskeren. Mensen werden opgelicht via piramidesystemen of Ponzifraude, een variant daarop, en verloren zo al hun spaargeld. De Russische maffia werd ook in het Westen berucht, doordat gangsters zoals de Tambov-bende uit Sint-Petersburg hun gestolen goed daar investeerden.

Poetin vindt nu dat de stadsraad nauwer had moeten samenwerken met wetshandhavingsinstanties om dit soort praktijken uit te roeien. Het probleem was echter dat niemand meer wist wie er te vertrouwen was en wie niet. Critici bestempelden Sobtsjaks regime als een kleptocratie en in sommige kringen werden hij en Poetin verdacht van duistere transacties, al is er nooit iets bewezen.

De aandacht werd met name getrokken door de exportvergunningen voor Russisch hout, een lucratieve handel waar in die tijd veel smeergeld mee te verdienen was. Er wordt beweerd dat Poetin een legale (volgens sommigen misschien eerder ingenieuze) manier had gevonden om dergelijke financiële extraatjes te kunnen opstrijken: hij had een adviesbureau opgezet dat 'advies en leiding' gaf aan de mensen met wie hij namens de stad te maken had. Nu hij het KGB-wachtgeld niet langer ontving, zou elke financiële bonus die hieruit voortkwam – mocht die worden aangeboden – voor hem en Ljoedmila een welkome aanvulling zijn op zijn bescheiden salaris bij de stadsraad.

Een Engelsman die Poetin ontmoette toen hij in het raadskantoor langskwam voor een vergunning om een lading hout naar Engeland te exporteren, ontdekte hoe het systeem werkte. Hij kreeg niet alleen een vergunning van de assistent van de burgemeester, vertelt hij, het 'adviesbureau' hielp hem ook aan een autoferry om zijn vracht over de Noordzee naar Hull te transporteren. 'Hij zag niets verkeerds in een dergelijke deal,' aldus de Engelsman. 'Tenslotte gaf hij zijn 'bonussen' aan en betaalde hij er belasting over, in tegenstelling tot zijn voorgangers, die bruine enveloppen met bundels cash geld aannamen voor werk waar de stad ze al een salaris voor betaalde.'

Poetin ontkent dat zijn comité aan ook maar iemand een exportvergunning heeft verleend, maar laat ruimte voor speculaties over hoe dergelijke vergunningen dan wél konden worden verkregen. 'We hadden het recht niet om vergunningen te verlenen,' zegt hij. 'Zo simpel is het: een afdeling van het Ministerie van Buitenlandse Economische Betrekkingen verstrekte ze. Dat was een federale instelling, die niets met het stadsbestuur te maken had.'

De flamboyante Georgische miljardair Badri Patarkatsisjvili beweert Poetin in Sint-Petersburg te hebben ontmoet, toen hij bescherming zocht voor zijn operaties. Poetin zou zijn zaken hebben 'gedekt', maar hij heeft nooit uitgelegd wat dit precies inhield. Patarkatsisjvili's latere partner Boris Berezovski was ongewoon complimenteus over de man wiens aartsvijand hij later zou worden. In oktober 2008 liet hij *Vanity Fair* weten dat Poetin hem in de vroege jaren 90 had geholpen bij het opzetten van een autohandel in Sint-Petersburg en indruk op hem had gemaakt door geen steekpenningen te vragen, noch te accepteren (die waren hem blijkbaar wel aangeboden).

Toch was er geen twijfel mogelijk dat het de Poetins in die tijd voor de wind ging. Ze woonden in een mooie staatsdatsja in de regio Zelenogorsk, op 50 kilometer ten noordwesten van het centrum van Sint-Petersburg, en kochten daarnaast op het Vasili-eiland een klein maar comfortabel appartement met een mooi uitzicht.

In 1991 ontmoetten Poetin en zijn Duitse vriend Matthias Warnig elkaar na lange tijd opnieuw, toen de Dresdner Bank een kantoor opende in Sint-Petersburg. Het hoofdkantoor stimuleerde Warnig om Poetin te helpen bij het aantrekken buitenlandse investeerders. De bank financierde een aantal van zijn reizen naar Duitsland, maar noch Poetin, noch Warnig zijn ooit beschuldigd van misbruik. Twee jaar later assisteerde Poetins comité BNP/Dresdner (een coöperatie van de Banque Nationale de Paris en Dresdner) bij het openen van een vestiging op het Izaakplein in het enorme gebouw waar vroeger de Duitse ambassade was gehuisvest. Deutsche Bank en Credit Lyonnais volgden hun voorbeeld al snel. Landen als Denemarken, Zuid-Afrika, Noorwegen en Griekenland openden nieuwe consulaten om de handel met hun land te stimuleren, en Groot-Brittannië breidde zijn consulaat uit met een indrukwekkend gebouw in de buurt van Smolny.

Poetins comité creëerde investeringszones waar buitenlandse bedrijven belastingvoordelen en andere incentives kregen. Coca-Cola mocht een bottelarij bouwen in de Poelkovoheuvels, op voorwaarde dat het bedrijf er hoogspanningslijnen en communicatiekabels zou aanleggen. Gilette, Wrigley, Otis Elevator, Ford, Kraft-Jacobs, Cadbury-Schweppes en Caterpillar zetten allemaal vestigingen op in dezelfde of een aangrenzende zone. Voor de inwoners van Sint-Petersburg was Poetins belangrijkste bijdrage echter niet de lokaal geproduceerde coca-cola of kauwgum, maar de glasvezelkabel tot in Kopenhagen, een project dat was begonnen in de Sovjetperiode en lange tijd had stilgelegen, maar door Poetin weer werd opgepikt en de stad inmiddels van een uitstekende internationale telefoonverbinding voorziet.

Sobtsjak reisde regelmatig naar Duitsland en Poetin vergezelde hem daarbij als tolk. Bondskanselier Helmut Kohl imponeerde Poetin met zijn kennis van het huidige Rusland en de Russische geschiedenis. 'Hij zei dat de Duitsers niet alleen geïnteresseerd waren in de Russische markt, maar ook gelijkwaardige partners wilden worden van Rusland,' vertelt

Poetin. Bij verschillende gelegenheden ontmoette hij ook de Britse premiers Margaret Thatcher en John Major. Toen de burgemeester besloot om gokken in Sint-Petersburg te legaliseren, werd Poetin uitgezonden naar Hamburg, de gokhoofdstad van Duitsland, om daar de relatie tussen prostitutie en stadscasino's te onderzoeken. Toen hij weer vertrok, was hij ervan overtuigd dat de regering strikte controle over de gokindustrie moest uitoefenen.

Ondanks de problemen van zijn baas met zijn mederaadsleden legde Poetins reputatie van iemand die veel voor elkaar kreeg hem geen windeieren binnen de stadslegislatuur. De afgevaardigden richtten een stedelijke onderneming op, Neva-Chance, met daarin 51 procent van de aandelen van de nieuwe stadscasino's, waarvan werd gehoopt dat ze veel dividend zouden opbrengen. Hoewel de FSB (de opvolger van de KGB), de fiscale politie en de belastinginspectie de opdracht kregen om toezicht te houden op de gokactiviteiten, graaiden de casino-eigenaren het geld van tafel en beweerden ze vervolgens verlies te hebben geleden. En geen winst betekende ook geen dividend. Poetin bekent dat hij tot op zekere hoogte naïef was. 'Ze lachten ons uit terwijl ze ons hun verliezen aantoonden,' vertelt hij. 'We maakten de klassieke fout die mensen maken wanneer ze zich voor het eerst op de vrije markt bewegen.'

Poetins boog stond niet altijd gespannen. Tijdens een van zijn reisjes naar Hamburg nam hij Ljoedmila en een ander stel dat voor het eerst het buitenland bezocht, mee naar een erotische show. Hij zou liever hebben getrakteerd op een bezoekje aan de Star Club, waar zijn favoriete band The Beatles hun eerste belangrijke podiumervaringen opdeden, maar hij had zich 'laten ompraten'. De groep ontdekte al snel dat de show eerder vulgair dan erotisch was. Het was zo erg, dat Ljoedmila's vriendin tijdens het optreden opstond en met haar ogen nog op het podium gericht in katzwijm viel. Zodra ze was bijgekomen, bracht Poetin de hevig ontstelde vrouw en de rest van het gezelschap naar de uitgang.

Marina Salje wierp zich opnieuw in de strijd met de beschuldiging dat Poetin informatie zou hebben ingewonnen over de seksuele escapades van Sobtsjaks rivalen om deze tegen hen te kunnen gebruiken. Maar volgens Vatanjar Jagja, die in het Comité van Buitenlandse Betrekkingen nauw met Poetin samenwerkte, heeft hij nooit KGB-methodes toegepast. 'Hij ondersteunde altijd de democratische principes, respecteerde de mensen en sprak op beheerste toon,' aldus de medewerker. 'Hij dacht altijd aan de belangen van Rusland en Sint-Petersburg.'

Met Igor Setsjin aan zijn zijde ontwikkelde hij de bruuske no-nonsense stijl die later het handelsmerk van zijn presidentschap zou worden. 'Hij kwam als eerste aan op recepties en ging als eerste weer weg,' vertelt een door biograaf Andrew Jack geciteerde buitenlandse diplomaat. 'Hij schudde handen maar zei nooit iets.'

Wall Street Journal bracht het verhaal van een buitenlandse projectontwikkelaar die een beroep deed op Poetin om vrijgesteld te worden van de fiscale bepalingen uit de Sovjettijd. Terwijl hij uitlegde dat de belastingen investeringen in bepaalde onroerende goederen in het centrum belemmerden, viel Poetin hem in de rede. 'Kijk,' zei hij, 'om aan de macht te blijven hebben we banen nodig. Om banen te krijgen, hebben we investeringen nodig. Dat begrijp ik allemaal prima, dus ik zal je wel helpen. En nou mijn kantoor uit.'

Graham Humes, een investeringsbankier uit Philadelphia, werd een stuk vriendelijker ontvangen. Amerika had Rusland boter geschonken en Humes kwam in 1993 naar Sint-Petersburg om deze giften om te zetten in financiële bijstand aan kleine, Russische ondernemingen via de non-profit organisatie

CARESBAC. Het plan was om schipladingen ingevroren boteroverschotten op de goederenbeurs van Sint-Petersburg te verkopen en de opbrengst, geschat op 9 miljoen dollar, in de stad te investeren. Tijdens een bijeenkomst met 'een paar vreselijk chagrijnige, zelfingenomen oude mannen in Moskou' kreeg Humes te horen dat zijn operatie in strijd was met een nieuwe Russische wet en dat de opbrengst van de boter, die intussen al meer dan 2 miljoen dollar bedroeg, in beslag zou worden genomen.

Terug in Sint-Petersburg kreeg Humes alle sympathie van de medewerkers van het Amerikaanse consulaat, maar ze zeiden dat ze niets voor hem konden betekenen, dus ging hij met zijn probleem naar Poetins sober ingerichte kamer in Smolny. 'Poetin luisterde aandachtig,' vertelt Humes. 'Vervolgens zei hij dat hij zich niet kon herinneren dat er een dergelijke wet bestond, maar dat hij het als advocaat voor ons zou uitzoeken en ons zou terugbellen.' Tot Poetins verrassing bleken de chagrijnige oude mannen uit Moskou gelijk te hebben. Het boterproject zou bijzondere toestemming moeten krijgen om doorgang te kunnen vinden en hij vroeg Sobtsjak om het probleem tijdens zijn bezoek aan Moskou te bespreken met premier Tsjernomyrdin. Humes was bij Poetin op kantoor toen Sobtsjak hem vanuit de hoofdstad belde. Hij schreeuwde zo luid dat Poetin de telefoon op een armlengte afstand hield en zei: 'Ik denk dat we allebei wel kunnen ophangen, ik hoor je zo ook prima.'

Het probleem was van de baan toen Tsjernomyrdin enkele maanden later een bezoek aan Smolny bracht en Poetin hem een decreetvoorstel gaf waarin het boterproject uitgezonderd werd van confiscatie. Tsjernomyrdin ondertekende en enkele weken later knipte Sobtsjak een lintje door om de opening te vieren van een nieuwe tandheelkundige kliniek waar Humes' organisatie anderhalf miljoen dollar had ingepompt. 'Poetin was een getalenteerde en professionele politieke strateeg. Hij drong er bij de oude apparatsjiks op aan om buitenlands kapitaal naar Sint-Petersburg te lokken en daar beginnende Russische bedrijven mee te helpen,' vertelt Humes. Over eventuele steekpenningen zegt Humes: 'Niet één Rus die met Poetins kantoor te maken had, heeft ooit een onderhandelingsvoorstel gedaan waarbij er geld uit de tandartskliniek zou worden weggesluisd. Russische vrienden van ons zeiden en zeggen nog altijd dat Poetin overal gerespecteerd werd voor zijn inzet voor de stad en voor zijn bescheidenheid. In tegenstelling tot Sobtsjak lijkt hij nooit persoonlijk profijt te hebben getrokken van zijn baan.'

Ondertussen bereikte de relatie tussen Sobtsjak en zijn raadsleden een dieptepunt, nadat hij in 1993 pogingen had ondernomen om de raad te ontbinden. Later dat jaar werd de raad opgeheven via een decreet uit Moskou. In de parlementsverkiezingen van december 1993 leidde Sobtsjak met succes een van de concurrerende hervormingspartijen. In maart 1994 werd Poetin eerste locoburgemeester van Sint-Petersburg (naast Vladimir Jakovlev en Aleksej Koedrin). Hij bleef verantwoordelijk voor de buitenlandse investeringen en kreeg er nu ook het toezicht op de Sint-Petersburgse wetshandhavingsinstanties en de media bij.

Sobtsjak was vaak de stad uit. Hij nam de New Yorkse pr-expert Richard Torrance in dienst om voor hem lezingenreeksen te organiseren in de Verenigde Staten. Poetin vergezelde hem tweemaal tijdens zo'n reis, maar bleef vaak achter om het werk van de burgemeester over te nemen. Sobtsjak was een liefhebber van kunst en cultuur en het wordt aan hem toegeschreven dat Sint-Petersburg in zijn oude glorie werd hersteld. Veel van de restauratiewerkzaamheden geschiedden in die periode onder toezicht van Poetin en zijn collega-locoburgemeester Vladimir Jakovlev. Een van de monumenten die werden gerestaureerd, was Hotel Astoria op het Izaakplein, waar Poetins grootvader Spiridon onder het tsaristische regime zijn kookkunsten had gedemonstreerd. Poetin ontwikkelde ook een liefde voor het theater, in het bijzonder voor opera en orkestmuziek, en raakte bevriend met Ruslands belangrijkste dirigent, Valeri Gergiëv. Ljoedmila heeft wel eens publiekelijk te kennen gegeven dat de opera-avonden de romantiek in hun leven terugbrachten.

Veel van de pogingen om het leven in Sint-Petersburg aangenamer te maken, waren slechts cosmetisch. De criminaliteitscijfers bleven beschamend hoog en in krantenkoppen kreeg de stad de naam 'Chicago aan de Neva'. Terwijl het Moskou voor de wind ging in de eerste jaren van Ruslands open economie, met zijn nieuwe, hoge gebouwen die de skyline een ander aanzien gaven en zijn luxewinkels en restaurants die in het centrum als paddenstoelen uit de grond schoten, bleef Sint-Petersburg duidelijk op de tweede plaats steken. Alle grote hotelketens lieten de bouwkansen in de stad voor wat ze waren; Crédit Lyonnais, Honeywell en andere bedrijven die zich aanvankelijk in Sint-Petersburg hadden gevestigd, vertrokken naar de hip geworden hoofdstad.

In die periode was Anatoli Sobtsjak herhaaldelijk het slachtoffer van lastercampagnes over zijn privéleven. Er gingen geruchten dat hij met geld uit stadsfondsen een appartement voor zichzelf zou hebben gekocht en andere staatseigendommen aan familieleden zou hebben weggeven, waaronder een atelier voor zijn vrouw Ljoedmila Naroesova, lid van het federale parlement. In het laatste anderhalf jaar van Sobtsjaks termijn stond Poetin hem bij toen er een strafrechtelijk onderzoek naar hem werd verricht, al benadrukt hij dat de burgemeester in sommige zaken eerder een getuige dan een verdachte was.

'[Poetin is] in se een conformist, die loyaal is aan het team waarvan hij deel uitmaakt,' aldus Aleksandr Soengoerov, destijds democraat en afgevaardigde van de stadsraad van Sint-Petersburg. 'Toen hij in Sobtsjaks team zat, was hij loyaal aan Sobtsjak.'

Ondertussen maakten invloedrijke krachten zich op om de bolwerken van de Russische industrie aan te vallen: een aanval die Poetin op een dag voor zijn grootste uitdaging ooit zou plaatsen.

DE OLIGARCHEN

Vladimir Poetins bijzondere reis naar het Kremlin begon al in november 1992, toen het Constitutioneel Hof Boris Jeltsins verbod op de Communistische Partij had opgeheven. Daardoor konden de partijleden hun krachten bundelen in de Opperste Sovjet en meedoen aan toekomstige verkiezingen. Jeltsins probleem was dat slechts driehonderd van de duizend parlementaire afgevaardigden democratisch konden worden genoemd. De meerderheid bestond uit door de wol geverfde communisten en ultranationalisten die zich achter vicepresident Roetskoj en parlementsvoorzitter Roeslan Chasboelatov schaarden. Roetskoj hing in zijn kantoor een grote kaart van de Sovjet-Unie aan de muur en provoceerde zijn bezoekers door te zeggen: 'Dit is het verleden, maar het is ook de toekomst.'

De confrontatie met zijn vijanden in het parlement was nefast voor Jeltsins gezondheid. Door zijn zware drankgebruik kreeg hij last van depressies, een hoge bloeddruk en hartproblemen. De situatie werd kritiek in oktober 1993, nadat Jeltsin het parlement had laten ontbinden en nieuwe verkiezingen had afgekondigd. Tweehonderd van zijn politieke tegenstanders, bijgestaan door een paar honderd zwaar bewapende mannen, bezetten het Witte Huis. Aleksandr Roetskoj en zijn kompaan Roeslan Chasboelatov stuurden gewapende bendes de straat op om politieagenten tegen te houden bij hun pogingen om de orde te herstellen onder honderden demonstranten die scandeerden: 'Alle macht aan de Sovjets!'

De rebellen plunderden het kantoor van de Moskouse burgemeester Joeri Loezjkov in de wolkenkrabber tegenover het Witte Huis en bestormden de Ostankino-televisietoren. Daar kwam nogal wat bloed bij te pas, en de zware gevechten werden live uitgezonden op het *Eerste Kanaal*. Jeltsin liet zijn tanks komen. Op zijn commando openden ze het vuur op het Witte Huis, waarbij er brand uitbrak op de bovenste verdieping en 150 mensen omkwamen. Verschillende overlevenden strompelden door de rook naar buiten met een witte vlag in hun handen. Roetskoj, Chasboelatov en hun volgelingen werden in busjes bijeengedreven en weggevoerd.

Jeltsin was eloquenter dan ooit toen hij het volk toesprak. 'De nachtmerrie is voorbij,' zei hij. 'Het zou totaal ongepast zijn om te spreken van winnaars en verliezers. We hebben ons allemaal gebrand aan de dodelijke adem van de broedermoord. Er zijn mensen gestorven, landgenoten. Hoever onze politieke meningen ook uit elkaar lagen, het waren wel allemaal kinderen van Rusland. Dit is voor ons allemaal een tragedie. Allemaal hebben we immens veel verdriet. Laten we deze waanzin niet vergeten, zodat het nooit, maar dan ook nooit meer kan gebeuren.'

Later dat jaar voerde Jeltsin een nieuwe grondwet in die hem als president meer macht gaf, maar de razendsnel om zich heen grijpende economische chaos was niet meer te stuiten. In 1994 doken de aandelenkoersen naar beneden, sloeg de inflatie op hol en had de regering niet langer de middelen om salarissen en pensioenen uit te betalen. Het jaar daarop zat Rusland in een diepe crisis. 'Een goede communist,' meende de Duitse toneelschrijver Bertold Brecht, 'heeft een helm vol deuken. Sommige daarvan zijn het werk van de vijand.' Hetzelfde kon worden gezegd over het Rusland van Boris Jeltsin: de overgrote meerderheid van de klappen die de beginnende democratie te verduren kreeg, waren niet alleen afkomstig van fanatieke communisten; ook Jeltsin zelf en zijn entourage speelden een lelijke rol door hun inhalige en corrupte manier van werken, die hen later nog zou opbreken.

Met zijn scènes over corruptie en ontzetting is Brechts meesterwerk *De Driestuiversopera* een allegorie op dit type mannen. 'Wie is de grootste crimineel? Hij die een bank berooft of hij die er een opricht?', vraagt Brecht. Er zijn opvallende parallellen tussen postcommunistisch Rusland en de Weimarrepubliek van de jaren twintig, die Brecht aanzette tot deze kritische beschouwing van het kapitalisme: hyperinflatie, onrust onder het volk, politiek extremisme en het afzetten van meerdere premiers.

Verreweg de meeste Russen worstelden met de stijgende prijzen, acute tekorten en lonen die niet werden uitbetaald, en waren woedend op het kleine groepje ingewijden dat zich had verrijkt via het vouchersysteem. Hun toorn kanaliseerde zich in een blijvend wantrouwen in de democratie en een afkeer van het vrijemarktsysteem waaraan de meesten onder hen door hun armoede niet konden deelnemen. Dit zou de machtsbasis worden van de nieuwe communistische tegenbeweging, terwijl aan de andere kant van het spectrum een nieuwe klasse van magnaten opstond, die al snel 'de oligarchen' werden gedoopt. Het waren deze tegengestelde krachten die het lot van Rusland zouden bepalen.

De meest controversiële en gewiekste onder de oligarchen was Michail Borisovitsj Chodorkovski. 'Misja', zoals zijn familie hem noemt, werd op 26 juni 1963 geboren uit een joodse vader en een orthodox-christelijke moeder. Hij groeide op in een doorsnee tweekamerflat in Moskou en hoewel zijn ouders niet bijzonder religieus waren, zagen de buren hem als een jood. Antisemitisme maakte van hem een fel vechtersbaasje dat tot het uiterste ging om alles wat hij aanpakte zo goed mogelijk te doen. Hij was zo gedisciplineerd dat hij de bijnaam 'Tinnen soldaat' kreeg.

Iedereen die in Brezjnevs tijd leefde, wist dat het economische en politieke systeem van de communisten een totale mislukking was. Chodorkovski zag er een persoonlijke uitdaging in. 'Het stemrecht stelde niets voor en we hadden als burgers niet het recht om politieke partijen op te richten of om deel te nemen aan het openbare leven,' aldus de oligarch. 'Niet alleen werden ons deze rechten ontzegd, we zouden vast en zeker in de gevangenis of in een psychiatrisch ziekenhuis zijn beland als we ook maar iets in die richting hadden geprobeerd.'

Chodorkovski's ouders waren allebei scheikundig ingenieurs en ook hij schreef zich in voor de opleiding tot scheikundig ingenieur bij het Mendelejev Instituut voor Chemische Technologie. Hij onderscheidde zich al snel. Weinig van zijn medestudenten waren zo gedreven, intelligent en onverschrokken als hij. Vrouwen vielen voor zijn charme en zijn knappe, donkere verschijning. Hij werd lid van de Komsomol om zich van snel succes te verzekeren, en aan het einde van zijn tweede studiejaar had hij het al geschopt tot afdelingssecretaris.

In diezelfde periode trouwde hij en al snel moest hij naast zijn vrouw ook een zoon onderhouden. Elke ochtend stond hij om zes uur in de rij om met distributiebonnen babyvoeding te kopen. 'De jeugd van tegenwoordig herinnert zich niet meer hoe het leven voor ons in de Sovjet-Unie van vóór de perestrojka was,' aldus Chodorkovski. 'Ik vind het soms moeilijk om uit te leggen dat er ergere dingen in het leven zijn dan stijgende consumptieprijzen. Het is veel akeliger een winkel in te lopen waar simpelweg niets te koop is.'

Als betrouwbaar Komsomollid kreeg Chodorkovski toestemming om naar het buitenland te reizen. Hij ging via Moskou naar Parijs en ontdekte daar de geneugten van het kapitalisme en de vrije markt. Deze ervaring veranderde zijn kijk op de wereld om hem heen. Chodorkovski baatte de kantine en bar in het Mendelejev-instituut uit en opende in 1986 zijn eerste coöperatieve onderneming: een studentencafé in het lokale Komsomolbureau. Hij werkte samen met Alexej Goloebovitsj, een jonge ambtenaar wiens ouders hoge posities bij de Gosbank bekleedden, de staatsbank die instond voor alle betalingen van het land, inclusief die van de salarissen, staatsubsidies en pensioenen.

Een toekomstige ondernemer had beschermheren met goede connecties nodig en Chodorkovski praatte zich dan ook in de gunst bij dat soort mensen. Als volgende stap richtte hij een coöperatie op die computers invoerde, aanpaste voor de Russische markt en verkocht met een hoge winstmarge. Uit de studentenpopulatie van het Mendelejev-instituut rekruteerde hij ook een programmeursteam, dat de IT-netwerken van staatsbedrijven en ministeries zou onderhouden. Dit project kreeg de naam 'Centrum voor Brancheoverschrijdende Technisch-Wetenschappelijke Programma's', bekend onder het Russische acroniem 'Menatep'.

Inmiddels had Chodorkovski een indrukwekkende snor laten staan en droeg hij spijkerbroeken en poloshirts. Hij kreeg de aanvullende verantwoordelijkheid om kandidaat-werknemers van het Mendelejev-instituut door te lichten. Een van hen, een mooie jonge laboratoriumassistente die Inna heette, werd uitgenodigd om met hem samen te werken op het

Komsomolbureau. Ze begonnen een affaire en zijn huwelijk liep stuk. Twee jaar later trouwde hij met Inna.

In diezelfde periode in 1988 veranderde Chodorkovski Menatep in een bank die aasde op beleggingen met geld uit regeringsfondsen die onder controle stonden van apparatsjiks van de Communistische Partij. Een van de leidinggevenden van de bank vertelde aan David E. Hoffman, correspondent in Moskou voor *Washington Post*, hoe Chodorkovski daartoe gewoonlijk met een van zijn makkers van het Ministerie van Financiën naar de sauna ging, waarop dat ministerie 600 miljoen roebel op een Menatep-rekening stortte. Het geld werd in dollars of roebelobligaties met een hoog rendement gestopt en de wisselkoerswinst en rente gingen naar Menatep. Wanneer het ministerie zijn geld terugvroeg, was de waarde van de roebel afgekalfd door de inflatie en hield Chodorkovski een aanzienlijke winst over. De hele operatie was uiteraard volkomen legaal.

De magnaat in wording zag in dat de poging tot staatsgreep door de communisten in 1991 een bedreiging vormde voor zijn zaken, en hij repte zich naar het Witte Huis om Boris Jeltsin bij te staan. 'Je kunt wel zeggen dat ik door de gebeurtenissen van 1991 een overtuigd aanhanger van de democratie en de markteconomie ben geworden,' aldus Chodorkovski. Hij en zijn partners brachten hun ideeën in de praktijk en maakten ten volle gebruik van de mogelijkheden die Anatoli Tsjoebajs gedurende de 'voucherjaren' bood om aandelen te vergaren in tientallen verschillende bedrijfstakken, waaronder textiel, chemicaliën, metallurgie, meststoffen, glasproductie en voedselverwerking. Toen ze ervan beschuldigd werden staatsbezit te hebben binnengehaald voor een fractie van de werkelijke waarde, wees Chodorkovski erop dat de risico's groot waren en dat hij veel van zijn bedrijven, waaronder de voedselverwerkende, had moeten sluiten.

'Ik handelde volgens de toen geldende regels,' zegt hij. 'Uiteraard hadden die regels beter gekund. Dan hadden een aantal van de huidige problemen voorkomen kunnen worden. Maar daar nu over beginnen is hetzelfde als op iemand afstappen die een appartement kocht in 1994, toen de prijzen laag waren, en zeggen: 'Kijk eens wat het appartement tegenwoordig waard is, daar is vast iets niet in de haak.' Als je de huidige regels toepast op het verleden, kun je iedereen wel beschuldigen. Daarin schuilt het gevaar: de tijd waarin het juridische systeem een complete chaos was, proberen ze als aanleiding te gebruiken om vandaag de dag beschuldigingen te uiten.'

Chodorkovski's talent kon niet onopgemerkt blijven bij Jeltsins regering. In 1993 bood hij er zijn diensten aan. Het was een slimme zet. Jeltsin nam hem aan als plaatsvervangend olieminister bij het Ministerie van Energie, een functie die hem het vooruitzicht bood op fabelachtige rijkdom en de bedwelmende geur van ruwe olie.

De vlotste onder de oligarchen was Boris Berezovski, een hyperactieve dwarsdrijver. Zeventien jaar ouder dan Chodorkovski en vastbesloten om de verloren tijd in te halen, had hij de weg naar het oligarchendom gevolgd als een jachthond het spoor van een gewond hert. Boris Abramovitsj Berezovski werd geboren op 23 januari 1946, als enig kind van een ingenieur bij een baksteenfabriek en een verpleegster aan het Instituut voor Pediatrie. Zijn kindertijd beschrijft hij als 'absoluut fantastisch', maar daar geeft hij wel bij toe dat zijn vader tijdens Stalins antisemitische zuiveringen ontslagen werd en dat het gezin niet altijd genoeg te eten had.

Berezovski studeerde aan de faculteit voor computertechnologie van het Moskouse Instituut voor

Bosbouw. Toen hij daar was afgestudeerd, stapte hij over naar de Moskouse Staatsuniversiteit en de prestigieuze Academie voor Wetenschappen, waar hij promoveerde in wis- en natuurkunde. 'Hij was een geweldige organisator en probleemoplosser,' aldus zijn oud-studiegenoot Alexander Mandel. 'Hij had dikke notitieboeken en een groot intellect.'

Berezovski kreeg zijn eerste onderzoekspositie bij het prestigieuze Instituut voor Bestuurswetenschappen. Hij was geen briljante wetenschapper maar wel een onvermoeibare netwerker die veelvuldig toespraken hield en seminars en reisjes naar het buitenland organiseerde. Desondanks verdiende hij amper genoeg om zijn vrouw en twee kinderen fatsoenlijk te kunnen onderhouden. Terwijl de Sovjeteconomie voorzichtige stappen zette richting vrijemarktkapitalisme, startte hij een bedrijf dat computersoftware verkocht en hij wist een Sovjetcomité zo ver te krijgen dat het dertigduizend staatsbedrijven de opdracht gaf zijn programma's te kopen.

Berezovski werkte volgens het oude Onassis-principe dat iedereen zijn prijs heeft, maar, zo voegt hij er met een zweem van gevoeligheid aan toe: 'Gevoelens kun je niet kopen. Al het andere wel.' In 1989 maakte hij zijn entree binnen de grillige (en gevaarlijke) Russische autohandel als importeur van Mercedez-Benzwagens: telkens wanneer hij naar Europa reisde kocht hij er een, reed ermee naar Moskou en verkocht hem daar met grote winst weer door. Hij richtte zijn eigen bedrijf op: LogoVAZ, dat opereerde op een geïmporteerde Fiat-productielijn in Toljatti, een stad aan de Volga in Centraal-Rusland. 'Logo' kwam van Logosystem, een Fiat-leverancier in Turijn, en 'VAZ' van AvtoVAZ, de makers van de Zjiguli (een auto die zijn naam overigens ontleende aan de heuvels op de rechteroever van de Volga).

AvtoVAZ leende Berezovski 5 miljoen dollar om 846 Fiats te importeren. De deal leverde hem geen winst op, maar leerde hem veel over de autohandel en versterkte zijn relatie met het bedrijf. De directeur van de fabriek, Vladimir Kadannikov, was bereid om maar liefst 35 000 Zjigoeli's te leveren voor Berezovski's groeiende imperium van autoshowrooms en dealerbedrijven, waarbij Berezovski zelf slechts een voorschot van tien procent moest betalen en het openstaande bedrag gespreid over tweeënhalf jaar moest vereffenen.

Deze opvallend genereuze deal leek op veel andere zakelijke overeenkomsten in postcommunistisch Rusland. Ze leverden veel op door het winstcentrum, in dit geval de autoverkoop, los te koppelen van het kostencentrum: de AvtoVAZfabriek, die alle vaste kosten voor de productie droeg. Mazen in het belastingsysteem maakten het voor handelaars mogelijk om Zjigoeli's aan te kopen voor bijna 3 000 dollar minder dan hun winkelprijs. Zelfs als de fabriek verouderd was en de arbeiders hun loon niet uitbetaald kregen, konden de verkopers er rijk van worden.

Berezovski was al snel Ruslands grootste Zjigoelihandelaar. Hij opende een club in het met veel geld gerenoveerde Smirnovgebouw in het centrum van Moskou, waar hij het belangrijke klanten, politici die hem van dienst konden zijn en potentiële partners naar de zin maakte. De inrichting van de club, met de bij elkaar passende bekleding op de stoelen en muren en een verzameling Chinees porselein op het dressoir, vervulde hem terecht met trots. Hij hoefde maar op een bel te drukken of er draafde een witgejaste ober op om zijn glas bij te vullen met Saint-Émilion of Chateau Latour. Berezovski lokte George Soros, de Amerikaanse investeerder die op Zwarte Woensdag in 1992 de Bank van Engeland failliet had laten gaan (en miljarden dollars winst had gemaakt) naar zich toe met beloftes van lucratieve investeringsmogelijkheden. Nadat ze ruzie hadden gekregen, schreef Soros: 'Hij was zo boos dat ik er doodsbang van werd. Ik had echt het gevoel dat hij me van kant zou kunnen maken.'

Maar het was Berezovski zelf die zich een doelwit mocht noemen. Op 7 juni 1994, toen hij iets na vijven 's middags het clubhuis uittreed, ontplofte er een autobom in zijn Mercedes 600. Zijn chauffeur werd onthoofd en zijn lijfwacht verloor een oog, maar Berezovski zelf had 'geluk': hij strompelde met niet meer dan wat lichte verwondingen de auto uit. Er is nooit iemand gearresteerd voor de aanslag; hoogstwaarschijnlijk werd hij gepleegd door huurmoordenaars van een van zijn concurrenten in de autohandel.

Berezovski en de andere nieuwe Russische magnaten waren een kleine, maar invloedrijke kracht geworden in de Russische samenleving. Zij waren de Nieuwe Russen, de nieuwe zakenelite. Een herenhuis op de Vorobjovy Gory ('Mussenheuvels') aan de rechteroever van de rivier de Moskva werd als 'neutraal terrein' aangewezen waar Berezovski, Chodorkovski, Smolenski en de jonge nieuwkomer Vladimir Potanin (maar niet Vladimir Goesinski, die ruzie had met de meeste andere magnaten en daarom niet bij 'de club' hoorde) bijeen konden komen om hun zaken te bespreken en te pronken met hun rijkdom. Ze beloofden elkaar plechtig om een alliantie te vormen tegen hun groeiend aantal vijanden in de zakenwereld, maar door onderlinge spanningen zouden ze uiteindelijk elkáár naar de keel vliegen. Er was zelfs een nog grotere dreiging: de communisten hadden het nog niet opgegeven nadat Boris Jeltsins 'shocktherapie' in oktober 1993 compleet uit de hand was gelopen.

De Roden dreigden een sensationele comeback te zullen maken onder leiding van hun nieuwe, agressieve leider Gennadi Zjoeganov, een grofgebouwde, kalende, 51-jarige ex-natuurkundeleraar en propagandist voor de Communistische Partij. Een andere tegenstander van Jeltsin was Vladimir Zjirinovski: een neofascist die openlijk pleitte voor de terugkeer naar een autoritair regime. Voor de wodka on the rocks nippende mannen op Vorobjovy Gory zou een communistische overwinning een triomf voor de 'Rode directeurs' en een terugkeer naar nationalisatie betekenen, en de meesten onder hen zouden aanklachten wegens fraude en corruptie boven het hoofd hangen. Het was Berezovski die hen namens Jeltsin tot actie aanspoorde om hun imperia en eigen hachje te beschermen.

De magnaat had zich eind 1993 in de hoogste kringen van het Kremlin binnengewerkt via Valentin Joemasjev, een voormalig journalist die door Jeltsin werd behandeld als de zoon die hij nooit had gehad. De band tussen de twee mannen was gesmeed in 1990, toen Joemasjev enkele weken doorbracht met Jeltsin om als ghostwriter *Getuigenis van een opposant* te schrijven, het eerste deel van Jeltsins memoires.

Voor een wetenschapper kende Berezovski opvallend goed zijn weg in het medialandschap. Hij had het populaire weekblad *Ogonjok* opgekocht, waar Joemasjev een van de redacteurs was. Die overreedde hij om hem te introduceren bij Jeltsins strenge waakhonden: de liberaal geöriënteerde stafchef Viktor Iljoesjin en de onverbiddelijke chef beveiliging, generaal Aleksandr Korzjakov.

Korzjakov was bij Jeltsin gebleven nadat deze in 1990 was weggegaan bij de Communistische Partij om solo verder te gaan in de politiek, een actie waarmee hij het eerst tot voorzitter van de Opperste Sovjet schopte en vervolgens tot president. Vanwege zijn loyaliteit werd Korzjakov bevorderd tot generaal en mocht hij de Federale Persoonsbeschermingsdienst (FSO) leiden, de dienst die aanvankelijk lijfwachten leverde voor hooggeplaatste regeringsfunctionarissen, maar die door Korzjakov werden afgericht tot een soort privéleger. 'Korzjakov bezat aanzienlijk meer spieren dan grijze massa en gedroeg zich als een eersteklas neanderthaler,' vertelt een Britse diplomaat met een lange staat van dienst. 'Hij was dik met zijn baas en lange tijd erg loyaal. Hij is een van Jeltsins favoriete drinkmaatjes geworden.'

Als conservatieve, compromisloze en dogmatische tegenstander van de democratie en de nieuwbakken markteconomie was Korzjakov de natuurlijke vijand van mannen als Berezovski. Er was weinig grijze massa nodig om te begrijpen dat Boris Jeltsin het hoofddoelwit van de oligarchen was. Het was zelfs Berezovski's bedoeling het presidentschap te 'privatiseren' en zo zichzelf onschendbaar te maken en zijn nieuw verworven rijkdom te beschermen. Dat hij daarin geslaagd is, staat buiten kijf, maar zijn overtuiging dat hij een onvervreemdbaar toegangsrecht had tot de presidentiële suite, ongeacht wie zich daar op dat moment bevond, zou hem uiteindelijk te gronde richten.

Berezovski kreeg zijn kans om bij Jeltsin in het gevlij te komen toen hij hoorde dat Valentin Joemasjev het tweede deel van Jeltsins memoires, *Notities van een president*, geschreven had en er een uitgever voor zocht. Hij zou waarschijnlijk wel meer dan genoeg Russische uitgeverijen bereid hebben gevonden om de intiemste gedachten van de machtigste man van het land openbaar te maken, maar Berezovski vatte met de hem kenmerkende stoutmoedigheid het plan op om een miljoen exemplaren in Finland te laten drukken en Jeltsin 'royalties' van de buitenlandse verkoop te betalen via een bankrekening in Londen.

Joemasjev brak een lans voor de deal bij de kliek die bekendstaat als 'de Familie' - Jeltsins vrouw Naina, hun twee dochters Jelena en Tatjana en een handvol vertrouwelingen, onder wie Joemasjev zelf - en die gingen erop in. Volgens

Korzjakov presenteerde Joemasjev de publicatie van het boek als 'een knappe prestatie en impliceerde [hij] dat alleen Boris Berezovski tot zo iets in staat was'. Het resultaat was een mooie uitgave, maar nog veel bevredigender waren de 16 000 dollar cash die Joemasjev elke maand naar het kantoor van de president bracht. Dat was Jeltsins rente op de 3 miljoen dollar aan 'royalties' die Berezovski bij een filiaal van Barclays Bank in de Londense Mayfairwijk op een rekening had geparkeerd.

Volgens Korzjakov deed Joemasjev 'alles wat in zijn vermogen lag' om Berezovski in contact te brengen met de Familie. De verbitterde generaal kon op geen enkele manier voorkomen dat Jeltsin Berezovski lid maakte van de Presidentsclub, waar de Familie en haar gasten zwommen, tennisten en zich laafden aan de luxueuze omgeving. Korzjakov gaf Chrystia Freeland, correspondent voor de *Financial Times* in Moskou, een levendig inzicht in Berezovski's lompe manier van netwerken. Toen hij eens aan het douchen was na een tennispartij, kreeg hij gezelschap van de opdringerige magnaat, die boven het geklater van de waterstraal uit een gesprek begon. 'Ik kon de helft van wat hij zei niet verstaan, maar hij bleef schreeuwen,' herinnert Korzjakov zich. 'Berezovski sportte nooit mee. Hij kwam juist naar de club om de mensen die hij nodig had van het sporten af te houden; om ze te benaderen met zijn vragen, zijn kwesties en zijn problemen.'

Hij was buitengewoon vrijpostig. Als een iets langere versie van Danny DeVito dook hij telkens weer op in Ruslands hoogste politieke kringen, hier een mening verkondigend en daar een gunst verlenend. Hij ontdekte dat hij het makkelijkst invloed op de president kon uitoefenen via zijn jongste dochter, de verlegen en schuchtere Tatjana ('Tanja') Djatsjenko, ex-vrouw van zakenman Leonid Djatsjenko. 'Tanja Djatsjenko gaf hem haar persoonlijke telefoonnummer. Wie kon hem dan nog tegenhouden?', aldus Korzjakov. Berezovski overlaadde haar met cadeaus, waaronder een Russische jeep van het merk Niva, en een Chevrolet Blazer (al kon zij zich niet herinneren ook maar een van beide auto's ontvangen te hebben). Hij verstevigde zijn positie door als financieel adviseur van de Familie op te treden bij bijvoorbeeld de aankoop van een huis voor de Jeltsins op Cap d'Antibes, waar hijzelf ook een buitenverblijf had.

Berezovski fluisterde Viktor Iljoesjin en Aleksandr Korzjakov in dat de staatszender *Eerste Kanaal* het 'kanaal van de president' zou moeten worden. Zo zou Jeltsin zijn propaganda kunnen verspreiden onder de 200 miljoen kijkers, verdeeld over tien tijdzones. Het *Eerste Kanaal* maakte onderdeel uit van Ostankino, een allegaartje van tv-studio's en programma's dat de communisten onder hun vleugels probeerden te nemen. Iljoesjin en Korzjakov verdachten Berezovski ervan dat hij de logge gigant zou omturnen tot zijn eigen netwerk, maar konden weinig anders dan het plan steunen. In die tijd was de enige particuliere zender in Rusland Vladimir Goesinski's *NTV*, dat ongeveer vijftien procent van de markt in handen had. En Goesinski was niet alleen Berezovski's vijand, het was ook nog maar de vraag of hij de president zou steunen.

Goesinski, die door iedereen 'Goes'[2] werd genoemd, was een Russische theaterdirecteur wiens enige noemenswaardige prestatie bestond uit het regisseren van de openings- en slotceremonies bij de Ted Turner Goodwill Games in 1986 in Moskou. Hij werd geboren op 2 oktober 1952 (vijf dagen voor Poetin) en was taxichauffeur toen hij eerst door de perestrojka en vervolgens via Tsjoebajs' vouchersysteem de oneindige mogelijkheden van het vrije ondernemerschap ontdekte. Hij

---

2   Russisch voor 'gans' (noot van de vertaler)

haalde miljoenen dollars binnen door de handen in elkaar te slaan met de Moskouse burgemeester Joeri Loezjkov, indertijd nog een ouderwetse Sovjetbureaucraat, en samen met hem staatsgebouwen te renoveren en met grote winst te verkopen op de groeiende hoofdstedelijke vastgoedmarkt. Terwijl zijn fortuin groeide, richtte hij de liberale krant *Segodnja* en Most-Bank ('most' is Russisch voor 'brug') op. Op 10 oktober 1993, net een week nadat Jeltsin de oorlog had verklaard aan de communisten, lanceerde Goesinski *NTV*, met als slagzin 'Nieuws is ons beroep'. Voor zijn nieuwe zender wist hij niet alleen de bekende presentatoren Tatjana Mitkova en Michail Osokin, maar ook managers, regisseurs en technici weg te kapen bij de verstarde omroep Ostankino. 'Ik wilde gewoon nummer één zijn', verklaart hij.

Hoewel Ostankino zo goed als een monopoliepositie had, kostte het de staat 170 miljoen dollar per jaar om de omroep draaiende te houden, terwijl de reclame jaarlijks maar 40 miljoen dollar opbracht. Berezovski stelde Jeltsin voor om de licentie voor het *Eerste Kanaal* aan een nieuwe maatschappij over te dragen, waarbij 51 procent van de aandelen aan de staat zou toebehoren en 49 procent aan particuliere investeerders, onder controle van Berezovski. Jeltsin ging daarmee akkoord, evenzeer om de zender uit communistische handen te houden als ter verrijking van Berezovski en zijn partners, onder wie Chodorkovski, Aleksandr Smolenski en de Oekraïense bankier en voormalig natuurkundige Michail Fridman.

Ondertussen waren Berezovski's Avtovazbank en Goesinski's Most-Bank verwikkeld in een titanenstrijd om de buitenlandse opbrengsten van Aeroflot te mogen beheren. De nationale Russische luchtvaartmaatschappij was inmiddels geprivatiseerd, maar de meeste aandelen, en daardoor ook de controle over de activa, waren in handen van de staat gebleven. De luchtvaartmaatschappij, eens de grootste ter wereld, zat op zwart zaad en had vaak niet eens genoeg geld voor brandstof en salarissen. Startbanen over het hele land stonden vol verouderde vliegtuigen, gestript van onderdelen om weer andere toestellen te kunnen laten opstijgen.

De staat werd geacht Aeroflot te financieren, maar de opbrengst van de buitenlandse tickets, die naar schattingen fluctueerde tussen de 80 en 220 miljoen dollar, vloeide nooit terug naar het systeem, want tussenhandelaren sluisden het geld door naar honderden geheime buitenlandse bankrekeningen. Er ging veel geld naar een bedrijf met de naam Andava, dat werd opgericht door Berezovski.

Ondertussen gingen er geruchten rond in het Kremlin. Volgens Korzjakov bracht Berezovski regelmatig verslag bij hem uit 'over wat Goesinski over de president zei en waar hij die uitlatingen deed, over hoe hij hem vervloekte, waar hij hem voor uitmaakte en hoe hij hem wilde misleiden.' Berezovski wist dat Jeltsin Joeri Loezjkov vreesde als mogelijke concurrent voor zijn presidentschap en speelde in op zijn paranoia door hem te vertellen dat Goesinski en Loezjkov samen het glas hadden geheven op de dag dat de burgemeester president zou worden.

Korzjakov beweert dat hij op een bepaald moment weigerde om nog langer als doorgeefluik voor dergelijk geroddel te dienen en dat Berezovski daarom zijn pijlen op Tatjana Djatsjenko had gericht. Toen Berezovski niet lang daarna de controle over de financiën van Aeroflot in handen kreeg, nam hij voormalig Aeroflotpiloot Valeri Okoelov in dienst als hoofd van de nationale vliegtuigmaatschappij. Het was geen toeval dat Okoelov in die tijd getrouwd was met de aantrekkelijke Tatjana.

Het uitbreken van de Eerste Tsjetsjeense Oorlog was verreweg de belangrijkste gebeurtenis van 1994. Tsjetsjenië, ooit onderdeel van Zuid-Rusland, had drie jaar eerder zijn onafhankelijkheid uitgeroepen, en Moskou had vervolgens zonder succes geprobeerd om via een referendum te bepalen of de separatistische republiek niet toch binnen de Russische Federatie zou moeten blijven. De macht van de separatistische leider Dzjochar Doedajev nam toe en Moskou toonde zich besluiteloos. Jeltsin wilde het Russische leger aanvankelijk liever niet inzetten om de opstand neer te slaan, maar een aantal onverkwikkelijke incidenten deden hem alsnog het kamp van de strijdlustigen kiezen.

Op 31 augustus van dat jaar woonde hij een ceremonie bij in Berlijn om de definitieve terugtrekking van de troepen uit het verenigde Duitsland te vieren. De live televisiebeelden waarop hij een dirigent zijn stokje afneemt en in dronken toestand het orkest dirigeert, gingen de wereld rond. Op 30 september, tijdens een terugvlucht uit de Verenigde Staten, raakte hij in Ierland het vliegtuig niet uit om de hem opwachtende Ierse premier Albert Reynolds te ontmoeten. Opnieuw gingen er televisiebeelden rond, maar in plaats van de president van Rusland toonden ze slechts de vliegtuigtrap en een lege deuropening. Wederom namen veel mensen aan dat hij dronken was. Vicepremier Oleg Soskovets verliet uiteindelijk het vliegtuig om Reynolds te woord te staan en werd later door persbureau *Tass* geciteerd als zou Jeltsin in goede conditie verkeerd hebben, terwijl de president in werkelijkheid een hartaanval had gehad tijdens de vlucht.

Jeltsin kreeg de ene na de andere crisis te verwerken. Op Zwarte Dinsdag, 11 oktober 1994, verloor de roebel 27 procent van zijn waarde tijdens een onverwachte instorting van de valutamarkt. Jeltsin was een nitwit op het gebied van economie.

Hij beschuldigde de liberalen in zijn regering van de crash en viel terug op zijn drinkcompagnon generaal Korzjakov, die binnen het Kremlin een militaristische groep had gevormd die door de liberale opponenten 'de partij van de oorlog' werd genoemd. Een van de leden was Soskovets, die tijdens de Sovjetperiode actief was geweest in de defensie-industrie en door Korzjakov stiekem al was uitgekozen als toekomstige president.

Jeltsin was zich bewust van de voordelen die een eigen, kritiekloze televisiezender hem kon opleveren en ondertekende op 29 november een decreet waarin Ostankino werd opgeheven en vervangen door *ORT* (Openbare Russische Televisie). In tegenstelling tot wat de wet voorschreef, vond er geen veiling plaats, zelfs niet voor de schijn. Berezovski was aanvankelijk aangesteld als voorzitter van een raad van toezicht, maar nam de controle over de zender later volledig in eigen handen.

In de maand daarop zond de president op aandringen van 'de partij van de oorlog' manschappen naar de Tsjetsjeense bergen. Goesinski's *NTV* legde de nadruk op de gruwelen van het conflict, waardoor de steun voor de oorlog onder de kiesgerechtigden verdampte. In minder dan anderhalf jaar zouden er in het barbaarse conflict dertigduizend mensen sterven, onder wie vijfduizend Russische soldaten. Jeltsins populariteit kelderde in de peilingen tot slechts enkele procenten, in tegenstelling tot die van de communistische leider Gennadi Zjoeganov, die dertig procent haalde.

Op 20 februari 1995 verbrak *ORT* alle banden met de tussenhandelaren die grote winst hadden gehaald uit de verkoop van de advertentietijd op het *Eerste Kanaal*. 'Dat was mijn idee,' aldus Berezovski. 'Het veroorzaakte grote verbijstering'. Als vergelding werd de populaire *ORT*-hoofdregisseur Vladislav Listjev doodgeschoten door twee moordenaars voor de deur van zijn appartement in Moskou. Hoewel hij nog maar 38 jaar was,

was Listjev een soort Russische Larry King. Zijn versie van de spelshow *Rad van Fortuin* was een nationale topper.

Jeltsin reed naar de *ORT*-studio's en veroordeelde 'deze laffe en valse moord' in een live uitzending. Als eerbetoon aan de overledene stopte elke televisiezender 24 uur met uitzenden. Berezovski kwam onder verdenking te staan: de speciale politie kreeg het bevel hem te arresteren en ging naar zijn huis. Bij aankomst kwam de FSB'er Alexander Litvinenko (die later in Londen werd vergiftigd) het huis uit met een pistool in zijn hand. Hij maakte de speciale politiestrijdkrachten (OMON) duidelijk dat hun diensten niet nodig waren omdat de FSB Berezovski zou meenemen voor ondervraging. Berezovski zou Litvinenko eeuwig dankbaar zijn omdat die zijn arrestatie had weten te voorkomen, en de twee zouden later nog samenwerken. Na onderzoek concludeerde de FSB dat de moord op Listjevs en de bomaanslag op Berezovski van acht maanden eerder het werk waren van de Koergans, een groep gangsters die waren geïnfiltreerd in de Moskouse politie.

De oligarchen kochten gewoon nog meer gepantserde Mercedessen en omringden zich met nog meer lijfwachten. Ze likten hun lippen af bij het vooruitzicht van meer financiële moorden. Een van de leden van de Vorobjovy Gorykliek kwam met een idee om de Russische economie uit het slop te halen en te transformeren tot een kip die gouden eieren legt.

DE KIP DIE GOUDEN EIEREN LEGT

Vladimir Poetin heeft zijn afkeer van de oligarchen, die nog altijd wereldwijde media-aandacht krijgen, nooit onder stoelen of banken gestoken. Die afkeer gaat terug tot de jaren 1995 en 1996, toen de Russische industrie door hen werd kaalgeplukt met medeweten van Anatoli Tsjoebajs, zijn toenmalige collega in de raad van Sint-Petersburg. Een tiental magnaten kreeg voor elkaar wat later de 'uitverkoop van de eeuw' zou worden genoemd (of om preciezer te zijn: 'de grootste diefstal in de geschiedenis'), omdat Boris Jeltsin een immense cashinjectie nodig had om de economie draaiende te houden, wilde hij enige kans maken om de presidentsverkiezingen van 1996 te winnen.

De bedenker van het plan dat zijn hachje moest redden, was Vladimir Potanin, een 34-jarige telg van de nomenklatoera, met een mopsneus en een klein postuur. Zijn privébedrijf, de Oneksimbank, had 300 miljoen dollar aan rekeningen cadeau gekregen van toeschietelijke ambtenaren bij de noodlijdende nationale Bank van Economische Coördinatie. Potanin verscheen in het Kremlin, bijgestaan door twee andere machtige bankiers, Michail Chodorkovski en Aleksandr Smolenski, en probeerde er zijn plan te verkopen aan het kabinet tijdens een overleg dat werd voorgezeten door de toenmalige premier Viktor Tsjernomyrdin.

Potanin stelde een 'leningen voor aandelen'-programma voor: een groep Russische magnaten zou de regering een gigantisch bedrag lenen en als onderpand zouden de geldschieters niet alleen een meerderheidsbelang krijgen in strategische staatsindustrieën, maar ook het beheer ervan mogen voeren.

Het plan was om meerdere redenen aantrekkelijk voor het kabinet. Het Comité voor het Beheer van Staatseigendom, dat de opdracht had gekregen om 8,7 biljoen roebel te genereren uit privatiseringen, had tot dan toe slechts een fractie van dat bedrag kunnen vergaren. Dus toen de banken van de oligarchen leningen aanboden voor een totaal van 9,1 biljoen roebel (indertijd 1,12 miljard pond) in ruil voor aandelen in staatsbedrijven, gaf Jeltsin zijn zegen, op voorwaarde dat de overeenkomst zou worden gepresenteerd als het verpanden van staatsbezit en niet als regelrechte afdanking. Als premier en later als president zou Poetin het programma en het gros van de bedenkers gaan verafschuwen. Toch wordt algemeen aangenomen dat Rusland zonder dit plan bijna zeker weer een communistisch bewind zou hebben gekregen.

De grote staatsbedrijven die de olie-, gas-, delfstoffen-, telecommunicatie- en wapenindustrie domineerden, waren nog altijd in handen van de Rode Directeuren, van wie velen de winst afroomden en het geld versluisden naar buitenlandse belastingparadijzen. Tsjoebajs zag het 'leningen voor aandelen'-programma als het instrument dat hun die activa voor altijd afhandig zou maken. Het zou de ondergang betekenen van de Rode Directeuren, wier grootste pleitbezorger in het Kremlin zijn aartsrivaal Oleg Soskovets was. Voor Tsjoebajs, de afvallige zoon van een fanatieke communist, heiligde het doel de middelen. 'Ik had de keuze tussen communisten of roofkapitalisten om aan het roer te staan, en ik koos voor de roofkapitalisten,' verklaarde hij later.

Die hele zomer gaven het Comité voor het Beheer van Staatseigendom en de besloten gemeenschap van de oligarchen maar weinig details vrij terwijl ze de hele operatie stap voor stap uitwerkten. Poetin zat nog in Sint-Petersburg en kon er weinig van hebben afgeweten. Zijn vijandigheid jegens de oligarchen ontstond pas toen duidelijk was geworden op welke achterbakse manier ze zich hadden verrijkt.

Op 30 augustus was alles in kannen en kruiken. Boris Jeltsin tekende een decreet waarin stond dat het Comité voor het Beheer van Staatseigendom zijn fiat gaf voor een aantal veilingen waarop de banken leningen met lage rente aan de regering zouden aanbieden, in ruil voor aandelen in twaalf waardevolle staatsbedrijven. Als de regering er niet in zou slagen om de leningen terug te betalen, zouden de kredietverstrekkers in een tweede veilingreeks het voorkooprecht krijgen op de aandelen en dertig procent van de opbrengst als commissie mogen houden. Aangezien de kans dat de leningen ooit terugbetaald zouden worden heel klein was, hield de overeenkomst op lange termijn in dat de belangrijkste economische sectoren voor een habbekrats werden overgedragen aan een handvol speculanten.

Tsjoebajs wilde met zijn uitgekiende tweefasensysteem maximale steun voor Jeltsin garanderen in de herverkiezingscampagne van 1996: de oligarchen zouden elke fabriek deels in handen krijgen nog vóór de dag van de verkiezingen, maar de veiling die hun eigendomsrecht zou consolideren zou pas na de verkiezingen plaatsvinden. De oligarchen waren blij met die regeling, aangezien hun eigen banken de dienst uitmaakten op de veilingen en zij via brievenbusmaatschappijen of filialen van de staatsbedrijven in kwestie de enige bieders zouden zijn. Als alles volgens plan ging, konden ze simpelweg niet verliezen.

Een wel erg zelfverzekerde Alfred Koch drukte de pers op het hart dat de functie van de veilingmeester voornamelijk technisch was en de bieder er 'geen bijkomend voordeel' uit kon halen. Tsjoebajs was al even schijnheilig als zijn collega. 'Zoals jullie wellicht weten,' zei hij tegen de journalisten, 'bepalen wij niet van tevoren wie de koper is.' De veilingen zouden 'voor iedereen toegankelijk [zijn] en concurrentie [toestaan].' Het staat echter vast dat de overgrote meerderheid van de ondernemingen die tussen 3 november en 28 december 1995 onder de hamer gingen, in handen kwamen van de banken of de tussenhandelaren die de veiling hadden georganiseerd.

Op 17 november haalde Vladimir Potanin zijn buit binnen: een aandeel van 38 procent in de Arctische mijnkolos Norilsk Nikkel, een van de grootste nikkel-, platina- en kobaltproducenten ter wereld. Het bedrijf had even tevoren een winst van 1,2 miljard dollar gerapporteerd, meer dan de som van alle geleende bedragen die de staatskas moesten bijvullen.

Chodorkovski had zijn oog laten vallen op Joekos, op dat moment Ruslands op een na grootste olie- en gasproducent. De plaatsvervangend olieminister had wekenlang naar de gunst van de Rode Directeuren gehengeld en vertrouwde erop dat hij ze voor zich had gewonnen. Hij wist ook dat John Browne, de onverschrokken directeur van BP, stond te popelen om zich op de omvangrijke Russische olie- en gasmarkt te begeven. Als eerste stap in die richting had Browne met Joeri Loezjkov een coöperatie opgericht om een keten van BP-servicestations op te zetten in de buurt van Moskou. Dit was een commercieel succes gebleken en BP had er ook bekendheid mee verworven bij de belangrijkste beleidsmakers van het land, onder wie Boris

Jeltsin, die zich interesseerde voor alles wat Loezjkov uit zijn hoge hoed toverde.

Om te voorkomen dat BP of andere oliegiganten tegen hem zouden opbieden en op die manier de prijs omhoog zouden jagen, lobbyde Chodorkovski met succes bij het Comité voor het Beheer van Staatseigendom om alle buitenlandse bedrijven van de veiling uit te sluiten. Zo werd Menatep Bank de officiële veilingmeester voor Joekos, en tegelijk ook de voornaamste bieder.

Joekos werd geveild op 8 december 1995. Via het 'leningen voor aandelen'-programma werd 45 procent van de aandelen te grabbel gegooid, en nog eens 33 procent veranderde voor een schijntje van eigenaar via een openbare aanbesteding die stipuleerde dat de bieder 200 miljoen dollar in het bedrijf moest pompen. De startprijs was in beide gevallen 150 miljoen dollar.

Chodorkovski deed zijn bod via Laguna, een van zijn brievenbusmaatschappijen, maar hij had een probleem: drie andere bankiers, Vladimir Vinogradov van Inkombank, Michail Fridman van Alfa Bank en Valeri Malkin van Rossiiski Kredit hadden hun krachten gebundeld om een concurrerend bod te doen. Ze slaagden er niet in om het voorschot van 350 miljoen dollar in contanten bij elkaar te krijgen, maar boden 82 miljoen dollar cash en de rest in kortlopende staatsobligaties (GKO's). Koch en Tsjoebajs wezen de GKO's echter van de hand (wat er eigenlijk op neerkwam dat de Russische regering haar eigen obligaties niet accepteerde) en stonden erop dat het volledige bedrag cash zou worden betaald. Pjotr Aven, Fridmans compagnon en directeur van Alfa Bank kende Tsjoebajs al jaren en probeerde met hem te praten om hem ervan te overtuigen dat zijn beslissing onbillijk was. Maar Tsjoebajs wilde hem niet zien en weigerde zelfs om hem via de telefoon te woord te staan. De drie bankiers moesten machteloos toekijken hoe Chodorkovski er met de buit vandoor ging.

Zijn brievenbusmaatschappij Laguna betaalde 159 miljoen dollar (slechts 9 miljoen boven de startprijs) voor 45 procent van de Joekosaandelen en hij won ook de openbare aanbesteding voor nog eens 33 procent met een bod van maar 125 000 dollar boven op de startprijs van 150 miljoen. In totaal kostte zijn meerderheidsbelang hem maar iets meer dan 309 miljoen dollar, een absolute bodemprijs. Op de Russische beurs bleek al snel dat Joekos 15 miljard dollar waard was. Volgens de *Economist* is Chodorkovski misschien wel de eerste in de geschiedenis die in zo weinig tijd zoveel geld wist te vergaren.

Chodorkovski weerlegt de bewering dat er een luchtje zou zitten aan de verkoop van Joekos: 'De olieproductie zakte met vijftien procent per jaar, de schulden bij de aannemers bedroegen een slordige 3 miljard dollar, de lonen waren al zes maanden niet meer uitbetaald en de werknemers morden, als ze al niet hardop klaagden.' Alfred Koch voegt daar nog geheimzinnig aan toe: 'Er openen zich tal van nieuwe mogelijkheden wanneer zo'n oliemaatschappij de krachten bundelt met een grote bank.'

Op de dag dat Joekos geveild werd, bemachtigde een door Vladimir Potanin geleid consortium voor een schamele 130 miljoen dollar 51 procent van de aandelen van Sidanco, een andere oliemaatschappij. Het duurde niet lang of Potanin werd benaderd door BP, dat naar manieren zocht om een graantje mee te pikken. John Browne was uitgesloten van de veilingen, maar legde 571 miljoen dollar op tafel voor 10 procent van Sidanco's aandelen, een bod dat Potanin niet kon weerstaan. De deal werd ondertekend op Downing Street 10, onder het goedkeurend oog van premier Tony Blair.

Ondertussen dreigde Boris Berezovski de boot te missen. Op de valreep kon hij Anatoli Tsjoebajs en Aleksandr Korzjakov ervan overtuigen dat hij een constante cashflow nodig had om de noodlijdende Jeltsingezinde televisiemaatschappij *ORT* te kunnen steunen (een prestatie van formaat, gezien hun totaal tegenovergestelde visies). 'Ik ben niet zo sterk in economie,' gaf Korzjakov toe, maar hij 'deed een goed woordje voor Berezovski', ondanks zijn vijandschap jegens de oligarch, terwijl Tsjoebajs en zijn handlangers precies wisten wat hun te doen stond.

Op 11 oktober gaf het Comité voor het Beheer van Staatseigendom opdracht tot de veiling van een meerderheidsbelang in Sibneft (een acroniem voor 'Siberische olie'), in grootte Ruslands zevende olieproducent. Sibneft was twee maanden eerder opgericht door een verticale integratie van Omski Neftepererabatyvajoesjtsji Zavod (Ruslands grootste olieraffinaderij, gelegen in Omsk), de Siberische olieproducent Nojabrskneftegaz, het boorbedrijf Nojabrskneftegasgeophysica en het marketingbedrijf Omsknefteprodukt.

Toen het in december onder de hamer ging, schatten Tsjoebajs' economen de waarde op minstens 100 miljoen dollar, maar Berezovski kon maar de helft van dat bedrag ophoesten. 'Dit is Roma, mijn nieuwe compagnon.' Met die woorden introduceerde hij de onbekende oliehandelaar Roman Abramovitsj in het LogoVAZ-clubhuis bij Aleks Goldfarb, de zakelijke partner van George Soros. 'Hij is een geweldige kerel, we hebben er meer nodig van dat soort!' Abramovitsj was een verlegen, ongeschoren 29-jarige die truien en spijkerbroeken droeg, maar wel over 50 miljoen dollar beschikte. Zodoende sloegen Berezovski en Abramovitsj de handen ineen en verwierven ze samen voor op de kop 100 miljoen dollar een meerderheidsbelang in Sibneft op de veiling later die maand. Acht jaar later, toen Berezovski door Vladimir Poetin gedwongen werd om zijn partner uit te kopen, was het bedrijf al 15 miljard dollar waard.

'Rusland werd beroofd waar het bij stond, door zakenlieden die geen enkele wet overtraden en werden geruggesteund door de beste vrienden van het Westen in het Kremlin: de jonge hervormers,' concludeert Chrystia Freeland in *Sale of the Century*, waarin ze de 'leningen voor aandelen'-zwendel ontmaskert. Zoals te verwachten viel, beweerden de oligarchen dat ze verguisd werden in hun eigen land omdat de Russen geen benul hadden van ondernemerschap en niet bereid waren om in het oog springende persoonlijke rijkdom te tolereren. In het Westen werden ze met het etiket 'roofbaronnen' in hetzelfde hokje ingedeeld als hun beroemde Amerikaanse tegenhangers, de Rockefellers, Vanderbilts en Carnegies.

Ze vonden een fervente medestander in Lord Browne, de voormalige directeur van BP die door Tony Blair werd voorgedragen voor het ridderschap en later nog voor een adellijke titel. 'Iedereen bekritiseert de oligarchen, maar je moet niet vergeten dat ze enorme risico's namen,' zei hij tijdens een interview in het kantoor van Riverstone Holdings in Mayfair. 'Ze kochten al die aandelen, en die mochten dan wel goedkoop zijn, om te doen wat zij deden moesten ze aan waanzinnige geldbedragen zien te komen en het had ook faliekant kunnen misgaan. Was iemand anders bereid om zulke grote sommen geld op het spel te zetten om al die aandelen te kopen? Ik denk het niet. Deze mensen hebben onvoorstelbare risico's genomen. Dit zijn mensen met wie je wel een professionele relatie wilt opbouwen, maar geen persoonlijke, en ik betwijfel of zij dat laatste zélf zouden willen.'

Poetin was inmiddels lid geworden van de centrumpartij 'Ons Huis is Rusland' (Nasj Dom - Rossija, NDR), die geleid werd door premier Viktor Tsjernomyrdin. In juni 1995 gijzelde een groep van ongeveer 200 Tsjetsjenen onder leiding van de dissidente veldcommandant Sjamil Basajev meer dan 1500 mensen in een ziekenhuis in Boedjonnovsk in Zuid-Rusland.

Zo'n 120 Russische burgers werden vermoord voordat Tsjernomyrdin erin slaagde om Basajev tot een staakt-het-vuren te bewegen. De inval dwong Rusland om de militaire operaties in Tsjetsjenië op te schorten, waardoor de Tsjetsjenen de tijd kregen om een nationale guerrillacampagne voor te bereiden die zijn doel niet zou missen.

Tsjernomyrdin wilde het in de federale parlementsverkiezingen koste wat het kost beter doen dan de door Gennadi Zjoeganov geleide communisten.

Hoewel Poetin weinig ervaring had met verkiezingscampagnes, kreeg hij in 1995 de leiding over de Sint-Petersburgse campagne van 'Ons Huis is Rusland'. De partijkandidaten haalden slechts tien procent van de stemmen en de schuld werd grotendeels in de schoenen van de onfortuinlijke campagneleider geschoven. Tsjernomyrdin was razend op hem, maar gezien de economische situatie had Poetin maar weinig troeven in handen om te voorkomen dat de communisten een verpletterende overwinning behaalden.

De uitkomst van de verkiezingen overtuigde de meeste Russen ervan dat Boris Jeltsin niet verkozen zou raken voor een tweede termijn in de presidentsverkiezingen van 1996. In opiniepeilingen stond hij op de zevende plaats en was Zjoeganov de onbetwiste nummer één. De hele herfst en het begin van de winter lag Jeltsin om de haverklap in het ziekenhuis met hartproblemen, of was hij daarvan aan het herstellen in een van zijn datsja's. Eind december 1995 kreeg hij zijn ernstigste hartaanval ooit, wat toen geheim werd gehouden voor de media. Zijn overvloedige consumptie van wodka was legendarisch en bijna iedereen was ervan overtuigd dat hij niet in staat was om een zware verkiezingsstrijd te voeren. Veel waarnemers verwachtten dat de verkiezingen met een of andere smoes zouden worden afgelast, aangezien Jeltsin en de zijnen in het geval van een communistische overwinning een onderzoek naar corruptie te wachten zou staan.

'Hij had inderdaad een alcoholprobleem, maar ik denk dat mijn vader dronk vanwege de enorme stress,' aldus zijn dochter Tatjana vandaag. Ze beschouwt de karikatuur van Jeltsin als een wankelend drankorgel als 'absoluut niet waar. Het is oneerlijk, ongenuanceerd en onaanvaardbaar om Jeltsins presidentschap en alles wat hij heeft verwezenlijkt alleen maar door deze gekleurde bril te bekijken. Je moet het totaalplaatje willen zien. Hij was de leider van een groots land die erg veel voor zijn natie deed. Geen enkel land heeft zoveel turbulente veranderingen ondergaan in een zo korte tijd als Rusland onder Jeltsin.'

Jeltsin herstelde wonderbaarlijk snel toen hij hoorde dat generaal Korzjakov had beweerd dat de Russische samenleving te wispelturig was om fatsoenlijke verkiezingen te houden en zo had laten doorschemeren dat die mogelijk zouden worden afgelast. Jeltsin snelde rond Nieuwjaar terug naar het Kremlin om zijn drinkkameraad een publieke schrobbering te geven en aan te kondigen dat de verkiezingen gewoon zouden doorgaan.

Jeltsin verweet de strijdlustige Korzjakov zijn beslissing te hebben beïnvloed om de oorlog in Tsjetsjenië te beginnen, die samen met de aanhoudende economische malaise de belangrijkste oorzaak was van zijn armzalige positie in de peilingen. Bang om zijn bevoorrechte positie te verliezen, veranderde de generaal van koers en drong hij er bij Jeltsin op aan om de echte veroorzaker van zijn problemen te ontslaan: Anatoli Tsjoebajs. Die had met zijn privatiseringsprogramma's immers een kleine minderheid verrijkt, terwijl het overgrote deel van de Russen terugverlangde naar de goede oude Sovjettijd waarin ze tenminste nog regelmatig te eten hadden.

Korzjakov oogstte bijval van een rechtse groep waarvan FSB-directeur Michail Barsoekov en de industrieel Oleg

Soskovets deel uitmaakten, en Jeltsin was al snel gewonnen voor het idee om Tsjoebajs' hoofd te laten rollen: Tsjoebajs was allesbehalve populair bij het volk en zijn vertrek zou de publieke aandacht afleiden van Jeltsins eigen povere prestaties. Jeltsin besloot zich kandidaat te stellen voor de verkiezingen en lanceerde op 17 januari 1996 zijn campagne met de onthutsende mededeling dat hij Tsjoebajs en enkele andere liberale kabinetsleden had ontslagen. Om nog wat zout in de wonde te strooien, nam hij Soskovets aan als leider van zijn herverkiezingscomité, met de generaals Korzjakov en Barsoekov als zijn plaatsvervangers.

Jeltsins plotselinge zwaai naar rechts om de fanatiekelingen in zijn kamp tevreden te houden betekende een schaamteloos verraad aan de hervormingsbeweging. Dit werd ook opgemerkt door de topfiguren uit de politiek en het bedrijfsleven die de maand daarop van over de hele wereld samenkwamen op het Wereld Economisch Forum in het Zwitserse skioord Davos. Westerse zakenlieden zagen in Gennadi Zjoeganov de nieuwe president van Rusland en waren niet bij hem weg te slaan. Zjoeganov deed zich voor als een democraat Westerse stijl en begon een twijfelachtig charmeoffensief: 'We willen een gemengde economie waarin openbaar, privé- en staatsbezit mooi met elkaar in evenwicht zijn,' zei hij in William Safires column in de *New York Times*. 'Communisme staat voor collegialiteit, duurzame ontwikkeling, spirituele waarden en een grote investering in de mens.'

Na een vergadering met Zjoeganov waarschuwde George Soros Boris Berezovski dat het spel was uitgespeeld. 'Ik raad je aan om je familie bij elkaar te roepen, te verkopen wat je nog kunt verkopen en het land te verlaten voor het te laat is,' zei Soros hem tijdens een ontbijt. Chodorkovski ving het gesprek op en geeft toe dat het hem ernstige zorgen baarde. Maar Soros' waarschuwing had Berezovski bruusk wakker geschud. Hij slikte zijn trots in en arrangeerde een afspraak met zijn aartsvijand Vladimir 'de Gans' Goesinski in het Flüela Hotel. Berezovski kwam meteen ter zake: als de communisten weer aan de macht kwamen, zouden die de hervormingen die hen exorbitant rijk hadden gemaakt, terugdraaien, de tweede veilingronde van het 'leningen voor aandelen'-programma afgelasten en 'hen allebei opknopen aan een lantaarnpaal'.

Goesinski wist dat zelfs als Jeltsin zou worden herverkozen, hij het verre van gemakkelijk zou hebben. De president vond dat hij naast zijn schoenen begon te lopen. Naïna en Tatjana hadden al geklaagd dat hij hen tijdens een rit van hun huis naar Moskou op de autosnelweg met zijn colonne de pas had afgesneden. Bovendien steunde hij Joeri Loezjkov bij diens gooi naar het presidentschap en werd het Russische optreden in Tsjetsjenië nergens zo hevig bekritiseerd als op zijn televisiezender *NTV*. De belediging die de emmer deed overlopen was *Koekly*, de nieuwe satirische poppenshow op *NTV* waarin Jeltsin en de Familie belachelijk werden gemaakt. Jeltsin droeg Korzjakov op om met Goesinski 'af te rekenen'.

Kort daarop werd Goesinski onderweg naar het centrum aangevallen door een groep gemaskerde mannen met machinepistolen. Hij slaagde erin om zijn kantoor te bereiken, maar zijn lijfwachten werden in elkaar geslagen en gedwongen om urenlang met hun gezicht naar beneden in de sneeuw te liggen. De oligarch was er zo door van zijn stuk gebracht, dat hij zijn vrouw en kind naar het buitenland stuurde. Goesinski wist zeker dat Jeltsins knokbaas generaal Korzjakov hierachter zat, wat betekende dat Jeltsin er zelf opdracht had toe gegeven. Maar met de communisten aan het roer zou hij hoe dan ook van de regen in de drup belanden, en daarom sloot hij een deal met Berezovski om Jeltsins in het zadel te proberen houden.

Toen Berezovski de president eind februari in het Kremlin ontmoette, stond hij al aan het hoofd van een kliekje Jeltsingezinde intriganten dat bestond uit Goesinksi van de Mostgroep, Michail Chodorkovski van de Menatep-groep, Vladimir Potanin van Oneksim Bank, Aleksandr Smolenski van Stolitsjny Bank en Michail Fridman en zijn Engelssprekende compagnon Pjotr Aven van de Alfa-groep. Hij was geschokt door Jeltsins verschijning. Zijn gezicht was opgeblazen en zijn grote, atletische lichaam uitgezakt door zijn alcoholmisbruik en hartproblemen. Hij zag eruit als een worstelaar op zijn retour die net één partijtje te veel had gespeeld, maar zijn voortreffelijke Russische brein was nog bedrieglijk actief.

Berezovski legde uit dat veel zakenlieden tot een vergelijk probeerden te komen met de communisten, terwijl de rest 'zich [klaarmaakte] om naar het buitenland te vluchten'. 'Geef ons de mogelijkheid om bij te dragen aan je campagne,' smeekte hij. 'Wij hebben de media, het geld, de mensen, de contacten in de regio's en nog belangrijker: de vastberadenheid. We hebben alleen je goedkeuring nodig.'

Jeltsin liet zich niet voor de gek houden. Hij wist dat de oligarchen op het punt stonden om miljarden winst te maken in de tweede ronde 'leningen voor aandelen'-veilingen als hij de verkiezingen zou winnen en dat ze dus louter gedreven werden door hebzucht en eigenbelang. 'Vraag je me nou om Soskovets te ontslaan en jou de campagne te laten leiden?', vroeg hij.

'Nee, natuurlijk niet,' antwoordde Berezovski. 'Richt een andere instelling op, laten we zeggen een onderzoeksteam. Laat ze samenwerken met uw mensen. En we dragen Anatoli Tsjoebajs voor als leider.'

Jeltsin liep rood aan. 'Tsjoebajs?', brulde hij. 'Tsjoebajs is de bron van alle ellende!' Volgens Berezovski's vriend Aleks Goldfarb dacht hij er vervolgens even over na en zei ten slotte:

'Nou, goed dan. Hij is degene die alle problemen veroorzaakt heeft, laat hij ze nu maar oplossen ook. Dus oké, laten we het maar proberen.'

Valentin Joemasjev stelde voor dat Tatjana als tussenpersoon zou fungeren tussen het campagneteam en de president. Jeltsin stemde er gretig mee in. Met Berezovski als hoofdstrateeg, Tsjoebajs als intendant en Tatjana als bemiddelaar wierp het 'Team Jeltsin' zich volop in de strijd. De president was als herboren. Hij stortte zichzelf in de campagne, reisde het hele land af, gaf geld uit staatsfondsen weg en waagde zelfs een dansje op rockmuziek.

In maart 1996 lieten de peilingen zien dat Jeltsins populariteit steeg en tegen de maand april leken de Russen te geloven dat hij een serieuze kandidaat was, al moest hij nog altijd een titanenstrijd leveren om Zjoeganov te kunnen verslaan. Toen het mei werd, leken veel mensen bereid om op hem te stemmen omdat de eerstvolgende presidentiële verkiezingen al in 2000 zouden worden gehouden en hij niet verkiesbaar zou zijn voor een derde termijn. De manipulaties van de oligarchen begonnen effect te sorteren. Galina Starovojtova, een verdedigster van vrouwenrechten en etnische minderheden, voorspelde dat Ruslands 'democratische kaartenhuis' ineen zou storten als Boris Jeltsin ondanks al zijn gebreken niet zou worden herkozen en de kleine groep hervormers in het parlement de democratisering van het land niet zou kunnen voortzetten onder zijn leiding. Jeltsins opvolger, zo waarschuwde ze, zou een 'potentiële dictator' kunnen zijn, of een oligarch die niet maalde om democratie.

Net als Jeltsin stelde Anatoli Sobtsjak zich kandidaat voor herverkiezing op 16 juni. De campagne zou wederom een pijnlijke ervaring betekenen voor Vladimir Poetin, maar wel een die hem absoluut dichter bij Jeltsin en het Kremlin bracht.

LEVEN EN LOT

Poetins vuurdoop in de loopgraven van de stadspolitiek leverde hem veel media-aandacht op. Voor het eerst rezen er vragen over zijn achtergrond en karakter: zat er meer achter deze pragmatische ambtenaar in wie Anatoli Sobtsjak zoveel vertrouwen had, of was hij echt zo saai als hij leek? Poetin was erg op zijn privacy gesteld en had zijn hart allesbehalve op zijn tong. Hij zat dan ook niet te wachten op deze publieke belangstelling. Het was nog maar het begin van een lange, moeizame relatie met journalisten en waarnemers van over de hele wereld.

De eerste kwestie die de kranten aanhaalden, was Poetins lidmaatschap van de KGB. 'Ruslanddeskundigen en -journalisten uit Oost en West bleven maar doorbomen over zijn KGB-verleden, alsof dat bepalend was voor zijn hele doen en laten,' schreef Gordon M. Hahn in *Russia Journal*. 'Ze repten met geen woord over zijn werk in het semi-democratische en corrupte bestuur van Leningrad (later Sint-Petersburg) en Moskou, een ervaring die hem evengoed politiek heeft gevormd.'

Dat is ongetwijfeld waar, maar toch heeft Poetins werk bij de KGB zijn manier van omgaan met mensen het sterkst beïnvloed. Tijdens zijn jaren als geheim agent had hij geleerd zijn gevoelens onder controle te houden, waardoor hij soms als een koude kikker overkwam, maar eigenlijk was hij veel interessanter - en emotioneler - dan hij op het eerste gezicht leek. Het meest verrassende bewijs daarvan leverde hij toen zijn Kaukasische herdershond Malysj werd aangereden door een auto in de buurt van zijn staatsdatsja in Zelenogorsk. Ljoedmila pakte het gewonde dier op en bracht het naar de dierenkliniek, maar de dierenarts kon het niet meer redden. Dus belde ze naar Poetins secretaresse Marina Jentaltseva en vroeg haar het droevige nieuws door te geven aan haar man.

Marina deed wat haar gezegd werd en was stomverbaasd over zijn reactie. 'Ik keek hem aan en zag geen enkele emotie op zijn gezicht,' aldus de secretaresse. 'Ik was zo verrast, dat ik hem vroeg: 'Weet je het misschien al van iemand anders?' 'Nee, jij bent de bent de eerste van wie ik het hoor,' antwoordde hij. In se is hij een heel emotionele man, maar als het moet, kan hij zijn gevoelens voor zich houden.' Iemand anders die Poetin van nabij kent, maar anoniem wil blijven om niet bij hem uit de gratie te vallen, gaat er wat dieper op in: 'Je kunt Vladimir niet leren kennen door alleen naar hem te kijken of zelfs te luisteren. [Op de economische conferentie] in Davos vroeg iemand me: 'Wie is die Poetin eigenlijk?' Tja, het is moeilijk om daar een antwoord op te geven. Zoals Winston Churchill over Rusland zei: 'Het is een raadsel verpakt in een mysterie verstopt in een enigma: maar misschien is er een sleutel. Die sleutel is het Russische nationale belang.' Zo zou je ook Vladimir kunnen omschrijven. Je weet nooit zeker wat er in zijn hoofd omgaat, maar je kunt ervan uitgaan dat wat hij doet, goed is voor zijn land.'

Alsof het treurspel waar Poetin op het stadhuis dagelijks in verwikkeld was nog niet genoeg was, bleek het verlies van zijn huisdier slechts het begin van een aantal ernstiger incidenten, die een zwakkere persoonlijkheid zwaar op de proef zouden hebben gesteld. Het eerste gebeurde in oktober 1993, toen *CNN*-oprichter Ted Turner en zijn vrouw, actrice Jane Fonda, Sint-Petersburg bezochten om de Goodwill Games voor te bereiden. Dat internationale sportevenement, dat Turner in 1986 in Moskou had opgericht om het Koude Oorlogklimaat rond de Olympische Spelen wat te verzachten, zou het jaar daarop in Sint-Petersburg plaatsvinden. Het stel verbleef in Hotel Astoria en Vladimir Poetin had van de burgemeester de opdracht gekregen om ze bij al hun afspraken te begeleiden. Het was een strak programma en Poetin, een notoire laatkomer, moest de grootste moeite doen om zich eraan te houden, toen Marina hem opbelde en vertelde dat zijn vrouw Ljoedmila betrokken was geraakt bij een verkeersongeval.

'Is ze er erg aan toe?', vroeg hij.

'Op het eerste gezicht niet,' antwoordde zijn secretaresse, 'maar de ambulance heeft haar voor alle zekerheid meegenomen naar het ziekenhuis.'

'Ik zal proberen onder de vergadering uit te komen en naar het ziekenhuis te gaan.'

De Poetins hadden de nacht ervoor samen met hun kinderen in hun datsja in Zelenogorsk doorgebracht. Die ochtend had Poetins chauffeur hem opgepikt en naar Moskou gebracht voor een afspraak met de Turners. Het ongeval was later op de dag gebeurd, toen Ljoedmila met de zevenjarige Katja slapend op de achterbank van hun Zjigoeli op weg was om Masja van school te halen.

Ze passeerde in de buurt van Smolny een groen stoplicht toen een andere bestuurder een stilstaande auto ontweek, door rood reed en met een snelheid van 80 kilometer per uur tegen de neus van haar auto knalde. 'Ik had het niet eens gezien,' aldus Ljoedmila. 'Mijn stoplicht was groen en ik keek niet eens naar rechts.'

Gelukkig had de bestuurder de auto aan de voorkant geramd. Als hij op de voor- of achterdeur zou zijn ingereden, zou een van de twee inzittenden waarschijnlijk zijn omgekomen. Ljoedmila was een half uur buiten bewustzijn. Toen ze weer bijkwam, dacht ze allereerst aan haar dochter. Ze gaf een vrouw die gestopt was om te helpen het telefoonnummer van Igor Setsjin en liet haar vragen of hij Katja kon komen oppikken. De vrouw belde eerst een ambulance en daarna Setsjin. Het duurde drie kwartier voor er een ambulance opdaagde. Toen die eindelijk op de plaats van het ongeval was gearriveerd, was Ljoedmila in shock en vergat ze de verplegers te zeggen dat ze door de positie van haar echtgenoot naar de Militaire Medische Academie mocht. In plaats daarvan belandde ze in het veel slechtere 25 Oktoberziekenhuis, dat zogenaamd gespecialiseerd was in letselbehandeling. En dat was nog maar het begin van de nachtmerrie. Ze was gechocqueerd door de staat waarin het ziekenhuis zich bevond. De spoedafdeling was bezaaid met lichamen van overledenen en stervenden. 'Het zal me altijd bijblijven,' aldus Ljoedmila.

Het is goed mogelijk dat ze zou zijn gestorven, als ze daar was gebleven. De dokters onderzochten haar en zagen wel dat haar oor was gescheurd bij de botsing en dat ze haar rug had bezeerd, maar niet dat ze verschillende gebroken wervels en een schedelbreuk had. Zonder behandeling zou ze posttraumatische meningitis hebben opgelopen.

Poetin verontschuldigde zich bij de Turners en repte zich naar het ziekenhuis. 'Maakt u zich maar geen zorgen, ze loopt geen enkel gevaar. We zullen haar rug nog spalken, en dan komt alles in orde,' verzekerde de geneesheer-directeur hem in de operatiekamer.

'Bent u daar zeker van?', vroeg Poetin.

'Absoluut,' was het antwoord.

Ondertussen had Igor Setsjin Katja, die kneuzingen had en wat stilletjes leek, opgehaald en naar Smolny gebracht. Marina ging met haar naar een dokter in de buurt, die haar doorverwees naar een pediater om te controleren of ze geen hersenschudding had. Bij het Instituut voor Pediatrie concludeerde een neuroloog dat Katja in shock was en rust nodig had.

Toen Marina en Katja terug in Smolny waren, vroeg Poetin Marina om Joeri Sjevtsjenko te bellen, een chirurg verbonden aan de Militaire Medische Academie (en later Poetins minister van Volksgezondheid) en hem te vertellen wat er was gebeurd en waar zijn vrouw zich momenteel bevond. Sjevtsjenko zond onmiddellijk een van zijn geneeskundig officieren, Valeri Parfjonov, naar het 25 Oktoberziekenhuis. 'Mijn oor was gescheurd en ze hadden besloten de wond te hechten,' aldus Ljoedmila. 'Ze hadden me naakt en in een afschuwelijke staat van half-bewustzijn achtergelaten op de operatietafel in een ijskoude operatiekamer.' Toen Parfjonov in het ziekenhuis arriveerde kreeg hij te horen: 'Ze heeft niets nodig. We hebben haar net geopereerd. Alles is in orde.' Hij besloot zelf te gaan kijken hoe het met de patiënte gesteld was. Ljoedmila ontwaakte in de operatiekamer 'en merkte dat er een officier voor me stond die mijn hand in de zijne hield. Zijn handpalm was heel warm. Ik werd er zelf weer wat warmer van, en ik wist dat ik gered was.'

Op de Militaire Medische Academie maakte een röntgenfoto duidelijk dat Ljoedmila ernstige verwondingen had, en ze kreeg er de juiste behandeling. Het duurde meer dan een maand voor ze het ziekenhuis kon verlaten en in het begin strompelde ze maar wat rond in hun flat. Poetin was niet te spreken over de manier waarop zijn vrouw in het eerste ziekenhuis was behandeld, maar gedroeg zich zoals altijd pragmatisch en was niet te trots om hulp te vragen. Kort nadat ze terug naar huis was gekomen, belde hij Bernard Walter van de Dresdner Bank. De bank was bereid om 'om humanitaire redenen' in te staan voor de kosten om Ljoedmila over te vliegen naar een ziekenhuis in het Duitse Bad Homburg en droeg ook minstens een deel van de kosten voor de gespecialiseerde behandeling die ze daar kreeg. Walter bevestigde later dat de bank Ljoedmila's medische kosten had betaald en noemde dat 'vanuit menslievend oogpunt niet meer dan normaal'. Met deze 'hulp om humanitaire redenen' overtrad de bank blijkbaar geen enkele Russische wet. Poetin had de behandeling die zijn vrouw nodig had, nooit zelf kunnen betalen, aangezien de salarissen, zelfs die van hooggeplaatste ambtenaren als hij, toen absoluut niet veel voorstelden.

Halverwege april 1996 vroeg Anatoli Sobtsjak Poetin toe te zien op de veiligheid tijdens een bezoek van president Bill Clinton, die onderweg naar een van zijn vaste afspraken met Boris Jeltsin in Moskou een tussenstop zou maken in Sint-Petersburg. Air Force One landde iets over tienen 's avonds en op dit late uur troonde Sobtsjak hem nog mee naar het Tsarendorp in Poesjkin, waar hij hem onder meer het paleis van Catharina de Grote liet zien. Het was ver na middernacht toen Clinton incheckte in het Grand Hotel Europa.

De volgende ochtend woonde de Amerikaanse president een herdenkingsplechtigheid bij op de Piskarjov-begraafplaats, waar zo'n half miljoen slachtoffers van de nazibelegering begraven liggen. Daarna werd hij naar de Hermitage gebracht, om Ruslands kunstschatten te gaan bewonderen. Clinton zou in het museum een groep studenten ontmoeten, maar Poetin nam het zekere voor het onzekere: tot groot ongenoegen van de president liet hij de ontmoeting om veiligheidsredenen niet doorgaan.

Met loeiende sirenes trok Clintons autocolonne van de Hermitage naar het restaurant waar hij met Sobtsjak en enkele andere hoogwaardigheidsbekleders zou dineren. Onderweg wilde Clinton verschillende keren stoppen om handen te schudden met de mensen die langs de weg stonden, maar nu eens kreeg hij te horen dat het programma het niet toeliet, en dan weer dat 'onze vrienden van de Russische veiligheidsdienst' er geen toestemming voor gaven. Het diner vond plaats in een vensterloze kelder om de kans op aanslagen te minimaliseren. 'De Amerikaanse consul-generaal in Sint-Petersburg, John Evans, zag duidelijke bewijzen van Poetins activiteiten achter de schermen, zeker wat het toezicht op de veiligheid van de bezoekende hoogwaardigheidsbekleders betrof,' aldus Strobe Talbott, de Ruslandexpert die met Clinton meereisde. Dat ging zelfs zo ver, dat Clinton er tijdens de vlucht naar Moksou over klaagde dat hij tijdens zijn verblijf in Sint-Petersburg 'de hele tijd in een verdomde cocon zat opgesloten'.

Sobtsjak had de datum van de burgemeestersverkiezingen in Sint-Petersburg een maand vervroegd naar 19 mei om de oppositie dwars te liggen, niet direct democratisch van hem. Zijn rivaal was een van zijn eigen afgevaardigden, Vladimir Jakovlev, en Poetin waarschuwde de burgemeester dat het een zware campagne zou worden. Wellicht met Poetins eerdere mislukking in het achterhoofd stelde Sobtsjak zijn eigen vrouw Ljoedmila aan als campagneleider, ondanks Poetins waarschuwing dat zijn campagnebureau best wel eens zou kunnen weigeren om met haar samen te werken.

Jakovlevs team voerde een smerige campagne, geregisseerd door Korzjakov en een kliek machtsmakelaars uit het Kremlin die Sobtsjak als een mogelijke toekomstige rivaal voor Boris Jeltsin zagen. Bovendien was de vrouw van de president, Naïna Jeltsina, de peetmoeder van een van Jakovlevs kleinkinderen.

En toch schreef Jeltsin in *Rusland, mijn verhaal*, het derde deel van zijn memoires, hoe vreselijk hij het had gevonden dat Korzjakov en diens kompanen 'kandidaat-gouverneur Jakovlev' forse financiële steun verleenden.

Jakovlev maakte zijn grote doorbaak op de televisie toen Oleg Poptsov de journalist Andrej Karaoelov naar Sint-Petersburg had gestuurd om een kort programma over hem te maken. Poptsov zou zich daar door Korzjakov toe hebben laten overhalen en hoewel Jakovlev zichzelf niet al te best presenteerde, hielp het televisieoptreden hem bekendheid te verwerven bij een breder publiek.

Sobtsjaks tegenstanders wezen op het mislukte aandeelhouderschap van de stad in de gokindustrie en beschuldigden hem van corruptie omdat hij stiekem zou hebben samengewerkt met casinohouders. Nu moet Poetin bijna lachen om die beschuldigingen, maar in die tijd was hij zo bezorgd om de sfeer die rond de campagne hing, dat hij met een wapen naast zijn kussen sliep. 'Alles wat we deden was volkomen transparant,' zegt hij. 'Het enige waar misschien over te discussiëren valt, is de vraag of het economisch gezien wel een verstandige zet was. Het plan was duidelijk niet effectief en we hebben niet bereikt wat we hoopten.'

Het aanhoudende moddergegooi voorspelde weinig goeds voor Sobtsjak. De kans dat hij de grote man van Sint-Petersburg zou kunnen blijven (de stad zou voortaan een gouverneur krijgen in plaats van een burgemeester) werd zo mogelijk nog kleiner toen een vliegtuig duizenden pamfletten boven de stad dropte, waarin de wandaden die hij zou hebben gepleegd tot in detail waren beschreven. Niemand kon bewijzen wie erachter zat, maar Poetin legde de schuld bij 'duistere machten' uit Moskou en wees generaal Korzjakov en Oleg Soskovets aan als hoofdverdachten.

Jakovlevs stokpaardje was dat Sobtsjak tot meerdere eer en glorie van zichzelf de schone kunsten zou hebben gesteund met geld uit de stadskas, en zijn tijd grotendeels zou hebben gespendeerd aan federale politiek in plaats van zich bezig te houden met de grote dagelijkse problemen van de gewone burger in Sint-Petersburg. Achter de mooie façades was de stad eigenlijk aan het afglijden, zei hij.

Op het allerlaatste moment werden Poetin en de derde locoburgemeester, Aleksej Koedrin, aan het hoofd van Sobtsjaks campagne gesteld. 'We probeerden de strijd aan te gaan, maar het was hopeloos,' zegt hij. Op de televisie beschreef Poetin Jakovlev als 'een judas' omdat hij optrad tegen zijn voormalige begunstiger. 'Het woord leek bij de situatie te passen, dus gebruikte ik het,' zegt hij daarover. De oppositie sloeg terug met een reeks beschuldigingen aan Poetins adres en ging daarin haar boekje zo ver te buiten, dat Poetin Aleksandr Beljajev, het hoofd van de stadslegislatuur, aanklaagde wegens smaad. Beljajev geeft toe dat hij zijn beschuldigingen over Poetins huizen in het buitenland had gebaseerd op geruchten in de media en dat hij die informatie niet eerst had nagetrokken bij een onafhankelijke bron.

Sobtsjak verloor de verkiezingen met een luttele twee procent en Jakovlev betrok zijn kantoor in Smolny. Poetin weigerde het aanbod om als eerste locoburgemeester aan de slag te blijven in het nieuwe bestuur. Poetins antwoord zou de meest geciteerde quote uit de campagne worden: 'Ik word nog liever opgehangen wegens loyaliteit dan dat ik beloond word voor verraad', woorden die zijn morele stelregels mooi samenvatten.

Enkele weken voor de presidentsverkiezingen in juni en juli kondigde Boris Jeltsin zijn plannen aan voor een staakt-het-vuren in Tsjetsjenië, maar het conflict was niet opgelost en eigenlijk leek hij nergens toe in staat. Hij had in het afgelopen jaar nog twee hartaanvallen gehad en als hij niet aan de borrel zat, was hij wel aan het herstellen van een van zijn vele gezondheidsproblemen. De Russen verlangden meer dan ooit naar een jongere, gezondere president.

Maar tegen alle verwachtingen in stond Jeltsin als een Lazarus weer op en haalde de communisten op sensationele wijze in. Na de eerste ronde op 16 juni lag hij voorop met 35 procent, tegenover Zjoeganov met 32 procent. Generaal Aleksandr Lebed, een voormalige paratroeper met een stem als schuurpapier, stond met 15 procent op de derde plaats. Jeltsin had, zoals William Safire het in *The New York Times* omschreef, 'een *sjtoermovsjtsjina*' bewerkstelligd: haastwerk om snel resultaten te behalen, ten koste van de kwaliteit.

Drie dagen later werden Anatoli Tsjoebajs' rechterhand Arkadi Jevstafjev en reclamegoeroe Sergej Lisovski gearresteerd door agenten van generaal Korzjakov toen ze een van de Kremlingebouwen uitliepen met een doos die vijhonderdduizend dollar in contanten bevatte. Lisovski runde het talentenjachtbedrijf Media International, dat campagneoptredens voor Jeltsin organiseerde en het geld was duidelijk daarvoor bedoeld, maar Korzjakov was ervan overtuigd dat Tsjoebajs' medewerkers het geld gewoon probeerden te verduisteren.

Tsjoebajs bevond zich in het LogoVAZ-clubhuis met Boris Berezovski en 'de Gans' Goesinski. Toen hij van de arrestaties hoorde, schakelde hij Tatjana Djatsjenko en Valentin Joemasjev in (inmiddels in één adem 'Tanja-Valja' genoemd), het team dat het best wist hoe ze de onvoorspelbare president moesten aanpakken. Ze arriveerden iets na middernacht in de club. Kort daarna meldden Berezovski's lijfwachten dat er sluipschutters op de omliggende daken zaten en dat andere strijdkrachten het gebouw hadden omsingeld. Berezovski werd hysterisch, maar

Tsjoebajs bewaarde zijn kalmte. Zolang het duo Tanja-Valja in het clubhuis was, zou een aanval uitblijven. Maar voor de zekerheid belde Tsjoebajs FSB-directeur Michail Barsoekov thuis op en waarschuwde hem: 'Als hun ook maar een haar op het hoofd wordt gekrenkt, ben je er geweest!'

Jeltsin sliep toen Tanja hem belde. 'Papa, je moet naar het nieuws kijken,' zei ze. 'Er is iets belangrijks aan de hand.' Inmiddels was Jevgeni Kiseljov, de belangrijkste presentator bij Goesinski's televisiemaatschappij *NTV*, al onderweg naar de nieuwsredactie en had Berezovski generaal Lebed gebeld, die bereid was live een verklaring af te leggen op de televisie. Om twee uur 's nachts vertelde Kiseljov de geschrokken kijkers dat er in Moskou een staatsgreep aan de gang was in een poging om de regering te destabiliseren en de noodtoestand uit te roepen. Als bewijs daarvan onthulde hij dat twee van Jeltsins campagnemedewerkers gearresteerd waren door agenten van de geheime dienst. Vervolgens verscheen generaal Lebed in beeld, die vertelde dat elke poging tot een staatsgreep 'genadeloos zou worden neergeslagen'. Het programma werd opgenomen en een kwartier later herhaald op Berezovski's *ORT*-kanaal.

Jeltsin bekeek de uitzending met toenemende woede en verwarring. Verwaring omdat hij echt geen idee had hoe hij moest omgaan met deze situatie; de twee antagonisten (Tsjoebajs en Korzjakov) zouden immers allebei aan zijn kant moeten staan; woede omdat dit allemaal gevaarlijk dicht bij de datum van de verkiezingen gebeurde. Naar verluidt pleegde hij een telefoontje, waarschijnlijk naar Korzjakov, waarna hij weer ging slapen. Om vier uur 's ochtends werden Arkadi Jevstafjev en Sergej Lisovski weer vrijgelaten. Later in de ochtend moest Tsjoebajs naar het presidentskantoor komen. 'Ik zal het ontslag eisen van Korzjakov en Soskovets,' zei hij vooraf tegen Berezovski. 'Barsoekovs hoofd moet ook rollen,' adviseerde Berezovski hem volgens zijn vertrouweling Aleks Goldfarb nog. 'Als een van hen aanblijft, begint het vroeg of laat allemaal van voren af aan.' Om er zeker van te zijn dat Jeltsin zich niet zou bedenken, liet Berezovski een tv-ploeg post vatten buiten het Kremlin.

Om negen uur 's ochtends ontsloeg Jeltsin Korzjakov, Barsoekov en Soskovets in een over het hele land live te volgen televisieuitzending. Zijn kordate optreden deed wonderen voor zijn positie in de peilingen. Zijn voormalige rivaal generaal Lebed steunde nu enthousiast zijn herverkiezing, en hij zegevierde in de tweede ronde op 3 juli met een indrukwekkende 54 procent van de stemmen tegenover Zjoeganovs 40 procent[3]. Berezovski's briljante reactie op 'de coup die nooit had plaatsgevonden' bracht hem nog dichter bij het middelpunt van de Familie.

Nadat Poetin had meegewerkt aan Jeltsins campagne in Sint-Petersburg was hij in Smolny aan de slag in afwachting van een fulltime baan, toen zijn gezin voor de derde keer een plotse tegenslag te verwerken kreeg. Een inkomen had hij niet, maar het was hem toch gelukt om vijfduizend dollar bijeen te sparen, geld dat hij in een aktetas bewaarde in zijn datsja, die op zo'n honderd kilometer van Sint-Petersburg lag en waar hij zes jaar lang grotendeels zelf aan had gebouwd. De Poetins hadden er ongeveer zes weken verbleven om gordijnen te naaien, het bouwafval op te ruimen en de datsja in te richten, en in augustus 1996 nodigden ze Marina en haar man en dochter uit om er een dagje samen door te brengen. De gasten kwamen later dan gepland aan en toen het avond werd, stelde Ljoedmila, die nog maar net was hersteld van haar fysieke verwondingen, voor dat ze zouden blijven slapen.

---

3   Volgens geruchten die destijds de ronde deden, had Zjoeganov eigenlijk gewonnen, en voormalig vicepremier Michail Poltoranin geloofde dat Zjoeganov zijn zege had weggegeven.

POETIN

Poetin stookte de gloednieuwe *banja* op de eerste verdieping van het half in baksteen, half in hout opgetrokken gebouw op en nam er samen met Marina's echtgenoot een sauna, waarna beide mannen gingen zwemmen in de nabijgelegen rivier. Ze waren zich net aan het ontspannen in de salon naast de sauna toen ze gekraak hoorden en rook en vlammen uit de houten *banja* zagen komen. Poetin zegt dat hij 'zo luid en dwingend mogelijk' schreeuwde dat iedereen het huis moest verlaten. De saunacabine stond in lichterlaaie.

Katja was net aan het eten in de keuken en gooide, misschien geconditioneerd door het verkeersongeval, haar lepel op tafel en rende zonder nadenken het huis uit. Poetin stormde naar de tweede verdieping en vond daar een van angst ineengedoken Masja. Hij nam het meisje bij de hand en leidde haar naar het balkon. Vervolgens rukte hij de lakens van het bed, knoopte ze aan elkaar, bond ze aan de balkonreling vast en beval Masja naar beneden te klimmen, maar ze was verlamd van angst. Poetin geeft toe dat hij haar bedreigde. 'Moet ik je soms beetpakken en naar beneden gooien als de eerste de beste teddybeer?', zei hij. 'Begrijp je dan niet dat het huis straks afbrandt?' Zijn woorden maakten geen verschil, dus pakte hij zijn dochter op en gooide haar naar beneden, waar Ljoedmila en Marina haar in hun armen opvingen.

Plotseling herinnerde Poetin zich het geld in de aktetas. Hij dook terug de kamer in en begon ernaar te zoeken. Tegen die tijd kringelde de rook langs de trap naar boven en belemmerde het zicht. Poetin tastte blind om zich heen, maar kon de tas niet vinden. De hitte werd te intens om nog langer te blijven, dus vluchtte hij naar het balkon en terwijl de vlammen om hem heen likten, klom hij over de reling en liet zich langs de lakens naar beneden glijden. De toekomstige president was poedelnaakt en toen hij een van de lakens om zich heen probeerde te wikkelen, ving het de wind en bolde op als een zeil. De buren die zich in de tuin hadden verzameld, keken met grote belangstelling naar zijn afdaling.

Het huis brandde fel toen de brandweer eindelijk aankwam. Hun watervoorraad raakte al snel op en de datsja mocht dan wel naast een meer staan, de waterslang was niet lang genoeg om erbij te kunnen. De datsja brandde tot de grond af en bijna al het bezit van de Poetins ging in rook op, waaronder Masja's en Katja's speelgoed en barbiepoppen. Ljoedmila bleef er sereen onder. Na drie jaar eerder oog in oog te hebben gestaan met de dood, realiseerde ze zich dat huizen, geld en andere materiële zaken niet zo belangrijk waren. Het enige wat Poetin in de as kon terugvinden, was het aluminium kruisje dat om zijn nek had gehangen toen hij gedoopt werd in de Transfiguratiekathedraal en dat hij in 1993 naar Israël had meegenomen om het te laten zegenen in de Heilig Grafkerk.

De brandweerinspectie concludeerde dat de saunaoven verkeerd was geïnstalleerd waardoor er brandende kolen op de houten vloer waren gevallen. Aangezien dit de schuld was van de bouwvakkers, bouwden die de datsja weer helemaal op voor de Poetins, op de sauna na.

Terwijl het huisje weer werd opgetrokken, woonde de familie in hun appartement op het Vasili-eiland en Poetin schreef zich in bij het nabijgelegen Mijnbouwinstituut van Sint-Petersburg om zijn 218 pagina's tellende dissertatie over 'De strategische planning van regionale bronnen tijdens de oprichting van een markteconomie' af te maken. Hierin pleit hij voor staatscontrole op de exploitatie van grondstoffen, ongeacht wie de eigenaar van de grondstoffen is. Maar tegen de tijd dat zijn proefschrift op 27 juni 1997 werd goedgekeurd en hij zich doctor in de economie mocht noemen, werkte Poetin al in het Kremlin.

De Georgische magnaat Badri Patarkatsisjvili was in 1993 naar Moskou verhuisd om Boris Berezovski's lucratieve autohandel LogoVAZ te beheren en keek intussen uit naar nog lucratievere bronnen van inkomsten. Patarkatsisjvili zou later beweren dat hij het was die via zijn vriend Pavel Borodin voor Poetin een baan had versierd als medewerker van Jeltsin, maar dat was niet zo. Poetin had op dat moment helemaal geen hulp meer nodig van Patarkatsisjvili, Borodin was immers al een bondgenoot.

Na Jakovlevs overwinning vertrok Poetin naar Moskou. Jakovlev wist dat Poetin een talentvolle zakenman was en had hem proberen over te halen om te blijven, maar Poetin had ervoor bedankt. In de hoofdstad ontmoette hij Nikolaj Jegorov, hoofd van de presidentiële administratie, die hem een baan aanbood als een van zijn afgevaardigden. Poetin nam het aanbod aan, maar nog voor zijn aanstelling kon worden bevestigd, verloor Jegorov zijn baan. Zijn vervanger Anatoli Tsjoebajs voelde er weinig voor een man met een KGB-verleden aan zijn zijde te krijgen, zeker niet wanneer die ook wel bekend stond als Sobtsjaks 'beul'.

Daarna ontmoette Poetin Pavel Borodin, Jeltsins hoofd Presidentiële Zaken. Borodin, die besefte wat er aan de hand was en 'wist wat voor een zorgvuldige, harde werker [Poetin] zich in Sint-Petersburg had betoond', zei: 'Vladimir Vladimirovitsj, zou u voor me willen werken als afgevaardigde voor internationale economische betrekkingen?' Hoewel hij een baan nodig had, was Poetins antwoord voorzichtig en zegde hij niets toe: 'Nou, eigenlijk ben ik niet het type persoon dat goed is in dit soort werk, ik zou liever bij de presidentiële administratie werken ...'

'Dus ging ik naar Boris Jeltsin,' aldus Borodin, 'en vroeg hem: 'Kun je deze kerel, die echt geweldig is, gebruiken in je administratie?' 'Ja!', zei Jeltsin onmiddellijk. Hij belde naar het hoofd van het presidentiële kantoor om een verordening te laten opmaken. Maar de volgende dag was Jeltsin ziek en dat bleef hij twee weken. Ondertussen verscheen Tsjoebajs, het hoofd van zijn administratie, weer op het toneel. Tsjoebajs was belangrijk voor Jeltsin, aangezien hij het beruchte 'leningen-voor-aandelen'-programma van Potanin erdoor had gedrukt, dat ervoor zou zorgen dat hij dat jaar opnieuw tot president zou worden verkozen.

'Toen hij de papieren met Poetins naam erop zag, verscheurde hij ze gewoon voor mijn ogen,' vervolgt Borodin. 'Toen vroeg ik Poetin opnieuw om mijn afgevaardigde te worden en ging ikzelf met de papieren naar Jeltsin voor zijn handtekening.' De twee kwamen tot een akkoord.

Aanvankelijk had Ljoedmila Poetina weinig zin om Sint-Petersburg te verlaten, maar ze was opgetogen toen ze de zeskamerdatsja zag in de wijk Archangelskoje ten westen van de hoofdstad, die haar man bij zijn nieuwe baan kreeg; in elk geval zou ze nog gesteld raken op het 'luidruchtige Moskou' en zijn drukbevolkte straten.

In september 1996 gaf Jeltsin zijn toestemming om de twaalf staatsbedrijven die de oligarchen als onderpand hadden gekregen voor hun leningen een tweede keer onder de hamer te laten gaan. Het hele programma was in se frauduleus, zodat de 'hervormers', die hadden geprobeerd een westerse vorm van kapitalisme op te bouwen, aan het eind van de rit het Russische familiezilver voor een appel en een ei hadden verkocht aan een kleine groep gehaaide ondernemers.

Anatoli Tsjoebajs geeft toe dat zijn privatiseringsprogramma's roekeloos waren. In vier jaar tijd verpatste hij tienduizenden bedrijven aan de oligarchen en hun entourage en hevelde hij meer dan de helft van de Russische arbeidskrachten over naar de privé-sector. 'Elk bedrijf dat uit de handen van de staat werd gerukt en in die van een privé-eigenaar terechtkwam, droeg bij aan de vernietiging van het communisme in Rusland,' vertelde hij David Hoffman. 'En op dat moment maakte het niet zo veel uit naar wie de bedrijven gingen, wie er eigenaar van werd. Het was absoluut niet van belang of de persoon in kwestie er klaar voor was.'

Tsjoebajs en vier van zijn naaste collega's werden in 1997 ontslagen omdat ze van een bedrijf dat tot Potanins Oneksimbankgroep behoorde honderdduizend dollar hadden aangenomen als voorschot op de royalties voor een boek dat nog niet eens geschreven was. Dat bedrag was naar Russische normen heel klein, maar door het aan te nemen hadden ze een morele grens overschreden en leken ze niet anders dan de controversiële figuren die ze hadden verrijkt.

Chodorkovski vertegenwoordigde (voor velen) al snel de onacceptabele kant van het kapitalisme. De arrogante manier waarop hij zijn grip op Joekos verstevigde werd legendarisch in het buitenland. Bob Dudley, een oliehandelaar uit Mississippi die later BP's gespannen partnerschap met Michail Fridmans TNK zou leiden, raakte verstrikt in een strijd met Chodorkovski nadat deze Joekos had ingelijfd.

Dudley kwam voor het eerst naar Moskou in 1994, om er de up- en downstreamactiviteiten van Amoco Corporation te ontwikkelen. Al snel kwam hij in aanraking met het roofkapitalisme. Al in 1993 had Amoco een aanbesteding gewonnen om het weidse Priobskoje-olieveld in West-Siberië te exploiteren in een fiftyfifty joint venture met Joekos. Maar na vier jaar, toen Amoco al 300 miljoen dollar had geïnvesteerd in het verlaten stuk moeras en taiga en op het punt stond er de eerste olie te produceren, weigerde Joekos' nieuwe eigenaar Chodorkovski het partnerschap te erkennen en beweerde hij dat hij het recht had om onafhankelijk het olieveld te exploiteren.

Bob Dudley maakte een afspraak met de jonge miljardair om de zaken op te helderen en liet hem Amoco's ondertekende contract zien. Chodorkovski grijnsde en schudde zijn hoofd. Amoco zou de overeenkomst opnieuw met hem moeten doorspreken, en dan voor een kleiner percentage van het veld, zei hij. De onderhandelingen liepen spaak en Bob Dudley werd teruggeroepen uit Rusland. Een hervatting van de onderhandelingen leverde niets op, en in augustus 1998 verliet Amoco Priobskoje officieel. Zoals we nog zullen zien, werden Joekos' buitenlandse aandeelhouders op een nog grovere manier behandeld.

TSAAR IN SPE

Tegen de tijd dat Vladimir Poetin in de herfst van 1996 aan zijn baan in het gebouw van de presidentiële administratie op Staraja Plosjtsjad 4 begon, werd de *brave new world* van Moskou belaagd door strijdende politici, maffioze gangsters, zwarthandelaren en een nieuw type superrijken: de oligarchen, wier macht, zoals we al gezien hebben, dankzij de perestrojka en Boris Jeltsins beroerde presidentschap tot astronomische hoogte was gestegen.

Poetin was verantwoordelijk voor de juridische afdeling binnen het Bureau voor Presidentiële Zaken, een agentschap dat belangrijke gebouwen van het Kremlin moest beschermen tegen de grijpgrage handen van andere ministeries en dat het beheer voerde over Ruslands kolossale verzameling onroerend goed in het buitenland, verspreid over 715 locaties in 78 landen. Het bureau maakte zijn boekhouding niet openbaar en hoefde geen verantwoording af te leggen aan het parlement, hoewel het toen miljarden dollars aan activa bezat en de jaarlijkse inkomsten uit hotels, vliegmaatschappijen en wagenparken opliepen tot 2,5 miljard dollar.

Poetins baas Pavel Borodin was door Jeltsin ontdekt in de verre Siberische stad Jakoetsk, waar Borodin burgemeester was. Jeltsin zag in hem een verwante geest (en een potentiële drinkpartner) en nam de man in 1993 mee naar Moskou. Gekleed in mooie pakken voorzien van manchetknopen, horloge en pen, en strooiend met chique goudomrande visitekaartjes, leefde Borodin buitengewoon goed van zijn ambtenarensalaris van duizend dollar per maand plus extra's. Om het contact met zijn imperium te onderhouden, had hij een rij van negen telefoons op een apart bureau in zijn kantoor staan, waaronder hotlines naar de president, de premier en de veiligheidsdiensten, terwijl er nog eens een tiental telefoons in een zijkamer stonden.

Het bureau was ook betrokken bij de renovatie en restauratie van een aantal Kremlingebouwen, waaronder het Grote Kremlinpaleis, een project dat een gat van 488 miljoen dollar zou slaan in het nationale budget en dat Borodin op aantijgingen zou komen te staan dat hij het imperium van Kremlineigendommen zou gebruiken ter financiering van dubieuze praktijken.

'Poetin heeft negen maanden voor me gewerkt en hij heeft in die tijd veel gereisd,' aldus Borodin. 'Hij heeft zich betoond als een uitstekende werknemer. Ik zeg dit niet omdat hij het later zo ver heeft geschopt, maar omdat ik hem mocht en bewonderde en dat doe ik nog steeds. Je ziet hoe professioneel hij is aan de manier waarop hij internationale contacten onderhoudt.'

Poetins weg naar de top was niet alleen geplaveid met geluk, hij heeft er ook hard voor moeten werken. De legende wil dat hij als onbeduidend mannetje vanuit het niets verscheen om premier te worden; in werkelijkheid was hij een bereisd advocaat die drie talen sprak en die als ervaren lid van het *apparat* (de topbureaucratie van het land) geoefend was in de omgang met politici. Op 26 maart 1997 werd hij bevorderd en volgde hij Aleksej Koedrin op als directeur van het Hoofdagentschap Controle (GKOe), met de opdracht de boekhouding te controleren van overheidsinstellingen waar smeergeld in de een of andere vorm een algemeen aanvaard gebruik was.

Poetins werk bracht hem onvermijdelijk in contact met Boris Jeltsin en leden van de Familie. Hij had zijn juridische opleiding amper nodig om de sfeer van corruptie te herkennen waarvan het Kremlin doortrokken was, en erachter te komen dat de president zich liet adviseren door Boris Berezovski en diens rechterhand Roman Abramovitsj. Berezovski had zowaar Aleksandr Korzjakovs plaats ingenomen als Jeltsins belangrijkste hoveling. Maar de persoon wiens oordeel het zwaarst woog, was nog altijd Jeltsins dochter Tatjana. 'Een grimas van ongenoegen op haar gezicht was reden genoeg om iemand te ontslaan, terwijl een goedkeurende glimlach voor iemand de weg naar succes kon versnellen,' schrijft Lilia Sjevtsova in *Poetins Rusland*.

Er waren hoopvolle tekenen dat de president zijn tweede termijn helemaal zou kunnen uitzitten. Zijn gezondheid was aanzienlijk verbeterd nadat hij in november van het afgelopen jaar in het Moskous Cardiologisch Centrum een meervoudige bypassoperatie had ondergaan aan vijf verstopte slagaders. Tijdens de operatie, die zeven uur duurde, had hij zijn formele macht overgedragen aan premier Tsjernomyrdin, met inbegrip van zijn zwarte diplomatenkoffertje met de activeringscodes voor de Russische kernwapens. Toen hij uit de narcose was ontwaakt, had hij ze snel teruggeëist. Berezovski en Abramovitsj wisten dat Jeltsin een opvolger moest vinden voor hij in 2000 zou aftreden, iemand die acceptabel zou zijn door het parlement maar geen gevaar zou vormen voor hemzelf. Het zou hun op lange termijn veel opleveren als ze de juiste kandidaat konden aandragen.

In zijn nieuwe functie bij het GKOe richtte Poetin een onderzoeksteam op dat het wangedrag van talloze staatsambtenaren blootlegde. Hij maakte ook een verslag over het wanbeleid binnen het Bureau voor Presidentiële Zaken, dat Jeltsin bijna opnieuw een hartaanval bezorgde toen hij het las. Het rapport werd stilletjes naar het archief verbannen. Jeltsin hield er niet van om de vuile was buiten te hangen.

Zonder zich bewust te zijn van de ironie, roemde Jeltsin Poetins verslagen uit zijn GKOe-tijd later als 'een toonbeeld van transparantie'. Hij was ook onder de indruk van zijn zakelijkheid en zijn 'bliksemsnelle reacties' op Jeltsins scherpe uitvallen. 'Poetin probeerde elke persoonlijke nuance uit onze gesprekken te weren,' schreef hij in *Rusland, mijn verhaal* (een compilatie van aantekeningen die hij maakte toen hij tijdens zijn tweede ambtstermijn aan slapeloosheid leed). 'En juist daarom wilde ik meer met hem praten.'

Poetins afstandelijke houding kwam hem goed van pas op zijn werk. Thuis was hij veel opener over zijn gevoelens en maakte hij er geen geheim van trots te zijn op zijn twee mooie dochters. De relatie met zijn vrouw was nu en dan turbulent en Ljoedmila schroomde niet om openlijk over hun geschillen te praten. In een uitzonderlijke vlaag van zelfstandigheid ging ze vier dagen naar Hamburg om Irene Pietsch te bezoeken, de vriendin die ze had ontmoet in 1995, toen Vladimir een officieel bezoek bracht aan de zusterstad van Sint-Petersburg. Pietsch herinnert zich dat Ljoedmila boos was op haar man, omdat ze van hem geen creditcard mocht gebruiken. 'Het is gewoon belachelijk. Alsof ik een Raisa Gorbatsjova zou worden,' zei de toekomstige presidentsvrouw.

De twee vrouwen ontwikkelden een hechte vriendschap en Ljoedmila deelde intieme geheimen in een aantal persoonlijke e-mails en brieven - zonder te vermoeden dat Pietsch er op een dag geld aan zou verdienen door ze te publiceren. Volgens Pietsch had Ljoedmila gezegd dat Vladimir de juiste man voor haar was, omdat hij niet dronk en haar niet mishandelde. Maar later werd ter verdediging van Ljoedmila uitgelegd dat ze alleen maar het Russische gezegde citeerde dat een goede man zulke dingen niet doet en dat ze Poetin niet alleen had uitgekozen omdat hij aan deze elementaire eisen voldeed. Pietsch maakte ook Ljoedmila's kennelijke interesse in de astrologie groter dan ze was, door te zeggen dat Poetin het op één lijn stelde met occultisme en paganisme en haar 'het zwijgen oplegde telkens wanneer ze over de dierenriem begon'. Zo gaf ze een verkeerd beeld van de bescheiden interesse die mevrouw Poetin, een streng orthodoxe christen, koesterde voor pakweg de horoscooprubriek in de krant.

Pietsch beweerde ook nog dat Ljoedmila in haar correspondentie had bekend dat ze een aantal gewoontes van haar man vervelend vond. 'Hij brengt 's avonds te veel tijd met zijn vrienden door,' zou ze geschreven hebben. 'En als hij ze mee naar huis neemt, moet ik drankjes serveren met augurken en vis erbij.' Een wel heel bizarre bekentenis was dat haar man 'altijd naar Finland gaat wanneer hij iets belangrijks te zeggen heeft: hij denkt dat hij nergens in Rusland kan praten zonder afgeluisterd te worden.'

Bij een andere gelegenheid zou Ljoedmila Pietsch hebben toevertrouwd: 'Het komt weleens voor dat ik ontzettend mijn best doe om iets heel goed te doen en dat Volodja daar vol lof over is, maar dan doe ik niet veel later gegarandeerd iets verkeerds, en dan tellen mijn goede daden niet meer mee en kan ik alleen weer bij hem in de gunst komen door te werken aan mijn fouten. Dat kwetst.'

Pietsch beweert ook dat toen ze in 1997 een week met de familie Poetin doorbracht op hun datsja in de wijk Archangelskoje - een week waarin Ljoedmila de goede echtgenote uithing en in de keuken in de huisgemaakte soep stond te roeren terwijl Vladimir, in broek en trui, een charmante gastheer was - Ljoedmila tegen haar gast gekscheerde: 'Jammer dat hij een vampier is.'

Pietsch, die duidelijk niet nog eens bij de Poetins wil worden uitgenodigd, beschrijft de blauwgroene ogen van de premier onomwonden als 'twee hongerige, loerende roofdieren'. Hoewel hij zijn indiscrete gast waarschijnlijk verafschuwde, accepteerde Poetin Pietsch als de vriendin van zijn vrouw en beperkte zich tot een klein plagerijtje door haar met een pokerface te zeggen dat ze een standbeeld verdiende als ze het drie weken met zijn vrouw zou uithouden.

Pietsch' onthullingen brachten Ljoedmila ongewild onder de media-aandacht. Maar toen Poetin vervolgens vragen kreeg van een journalist over de indiscretie van zijn vrouw, antwoordde hij: 'De burgers van Rusland hebben mij tot president verkozen, niet mijn vrouw. Ik ben haar erg dankbaar; ze heeft een zwaar kruis te dragen.'

In Sint-Petersburg bleek de campagne tegen Poetins vriend en politieke mentor Anatoli Sobtsjak te zijn opgevoerd. 'Indertijd speelde er een conflict tussen twee grote groepen in het Kremlin,' aldus Galina Starovojtova's assistent Roeslan Linkov, lid van de lokale partij Democratisch Rusland. 'Korzjakov en Soskovets stonden aan de ene kant, Tsjoebajs aan de andere. Beide groepen vochten om nauwer met Jeltsin in contact te komen en Sint-Petersburg leek deel uit te maken van de strijd.'

Korzjakov mocht dan ontslagen zijn als Jeltsins veiligheidschef, hij oefende nog steeds invloed uit op het Ministerie van Binnenlandse Zaken en via zijn vrienden ook op de FSB. Hij had ook procureur-generaal Joeri Skoeratov in zijn macht, waardoor hij zijn vendetta tegen zijn politieke rivaal kon voortzetten. 'Ze probeerden aan substantieel *kompromat* [compromitterend materiaal] over Sobtsjak te komen,' schrijft Jeltsin in *Rusland, mijn verhaal*, 'om een grote corruptiezaak tegen hem te kunnen aanspannen.'

Jeltsin schrijft dat de twee samenzweerders Sobtsjak maar bleven achtervolgen met beschuldigingen van corruptie, terwijl Sobtsjak op zijn beurt Korzjakov ervan beschuldigde bewijzen tegen hem gefabriceerd te hebben. In een interview met de *St. Petersburg Times* vertelde hij dat zijn telefoons werden afgeluisterd en dat hij geschaduwd werd, wat Jeltsin later bevestigde in zijn memoires. Toen werd Sobtsjak ziek, tijdens een verhoor in november 1997: hij zou een hartaanval hebben gehad. Op 7 november werd hij in een privéchartervliegtuig het land uit gesmokkeld naar Finland en vervolgens overgevlogen naar Frankrijk, om daar (naar verluidt) een medische behandeling te ondergaan.

Tot aan zijn dood in 2007 hield Jeltsin vol dat Poetin de ontsnapping van zijn vriend en mentor, die een slordige tienduizend dollar had gekost, mogelijk had gemaakt. 'Toen ik begreep wat Poetin gedaan had, voelde ik veel respect en dankbaarheid jegens hem,' schreef hij. Poetin heeft altijd ontkend dat hij ook maar iets te maken had met Sobtsjaks ontsnapping en beweert dat de voormalige burgemeester bij de grens dezelfde douane- en paspoortprocedures moest ondergaan als iedere andere brave burger. 'Ze zaten de stakker overal in Europa op de hielen,' zegt hij. 'Ik was er absoluut van overtuigd dat hij een fatsoenlijk mens was, honderd procent fatsoenlijk, ik had immers jarenlang met hem samengewerkt. Het is een fatsoenlijk man met een smetteloze reputatie.'

Poetin bleef iets langer dan een jaar bij het GKOe en was opgelucht toen hij op 25 mei 1998 weer promotie kreeg. Dit keer werd hij plaatsvervangend hoofd van de presidentiële staf, verantwoordelijk voor de betrekkingen met de regio's. De verandering kwam precies op tijd: hoewel Poetin het belang inzag van zijn werk bij het GKOe, vond hij het saai en had hij al eens met het idee gespeeld om ontslag te nemen en een eigen juridische praktijk te beginnen. Zijn nieuwe baas was Jeltsins geliefde schoonzoon Valentin Joemasjev, stafchef van de presidentiële administratie.

In zijn nieuwe functie zat Poetin een commissie voor die verdragen ontwierp voor de verdeling van verantwoordelijkheden tussen de centrale regering en de 89 deelgebieden van de federatie. Door zijn gesprekken met regionale bestuurders ontwikkelde hij het idee om een 'nieuw federalisme' te creëren. Hij had ingezien dat de verticale machtsstructuren met het oude Sovjetsysteem mee ten onder waren gegaan en dat Rusland zich pas goed zou laten besturen als die verticale verdeling van de macht in een nieuwe vorm werd geherintroduceerd.

Poetin was nog maar drie maanden werkzaam in deze 'hoogst interessante functie', toen hij de schok van zijn leven kreeg. Op 25 juli 1998 werd hem gevraagd om in de luchthaven de nieuwe premier Sergej Kiriënko te ontmoeten. Kiriënko, die Tsjernomyrdin in maart had vervangen, was op de terugweg van een bezoek aan Jeltsin, die op vakantie was in Karelië aan de Finse Golf. Kiriënko, een zelfverzekerde man van 37 jaar, begroette hem met de woorden: 'Ha, Volodja! Gefeliciteerd!' Poetin was van zijn stuk gebracht. 'Waarvoor?', vroeg hij. 'Je bent aangesteld als directeur van de FSB'.

Poetin had geen enkele aanwijzing gekregen dat men überhaupt aan hem dacht voor deze weinig aanlokkelijke functie. 'De president had eenvoudigweg een decreet ondertekend,' zegt hij. 'Ik kan niet zeggen dat ik een gat in de lucht sprong. De FSB was voor mij een gepasseerd station.' Hij was inmiddels 46 jaar en had zijn zinnen gezet op een carrière in regionale hervormingen. Hij belde naar Ljoedmila, die op vakantie was aan de Baltische zee. Zich bewust dat dit soort gesprekken werden opgenomen of konden worden onderschept, vertelde hij haar dat hij 'terug was op de plek waar [hij was] begonnen.' Ljoedmila dacht dat hij bedoelde dat hij gedegradeerd was en weer een afgevaardigde van Borodin zou worden. Toen ze eindelijk begreep waar hij het over had, was ze helemaal van streek. Het betekende dat ze opnieuw het 'besloten leven' zouden gaan leiden dat ze achter zich hadden gelaten toen ze uit Dresden naar Sint-Petersburg waren teruggekeerd.

Het eerste wat moest wijken, was Ljoedmila's vriendschap met Irene Pietsch (wat Pietsch haar later betaald zette door uit de school te klappen). Volgens Pietsch zou Ljoedmila zich in een laatste telefoongesprek tegenover haar hebben beklaagd: 'Het is vreselijk, we zullen geen contact meer met elkaar mogen hebben. Die afzondering is verschrikkelijk! We kunnen niet meer reizen waarheen we willen en niet meer zeggen wat we willen. Ik was net begonnen te leven.'

Jeltsin schrijft in *Rusland, mijn verhaal* dat hij Poetin de rang van generaal had aangeboden, maar dat Poetin erop had gestaan te mogen terugkeren naar zijn oude agentschap als burger, zoals zijn held Joeri Andropov hem had voorgedaan, toen die de KGB in 1967 overnam. Jeltsin beweert dat hij Poetin in 1997 had opgemerkt en wederom waren het Poetins ogen die diepe indruk hadden gemaakt: 'Poetin heeft heel interessante ogen,' schrijft hij. 'Ze lijken meer te zeggen dan zijn woorden.' Verder prijst hij Poetins intelligentie, gevoel voor democratie, goede ideeën en zijn indrukwekkende militaire allures. Jeltsin had het gevoel 'dat deze naar mijn maatstaven nog jonge man op alles was voorbereid en dat hij bovendien klaar en duidelijk op elke uitdaging zou reageren.'

Nog belangrijker dan Jeltsins gevoelens was het feit dat Tatjana onder de indruk was geraakt van de kalme manier waarop Poetin zijn werk deed zonder zijn mening te geven over wat er om hem heen gebeurde. Het machtsblok Tanja-Valja was een vast onderdeel van het Kremlinleven geworden, maar hun strapatsen buiten de roodstenen muren waren een nationaal schandaal. Ze reden door Moskou in gepantserde Mercedessen, omringd door lijfwachten en hielenlikkers. Jeltsins loyale oude garde was vervangen door Tatjana's mensen; deze lieden namen de staatsinstellingen over en kregen een flink deel van de staatseigendommen toegeschoven. Iedereen in wie ze een tegenstander vermoedden, werd uitgerangeerd.

De kern van de Familie bestond uit Valentin Joemasjev, Alexander Volosjin, Boris Berezovski en Roman Abramovitsj. Daarnaast waren er nog drie politici: Viktor Aksenenko, Viktor Kaljoezjny en Vladimir Roesjajlo. Het viel op dat Abramovitsj onmisbaar was geworden als de penningmeester van de Familie. Hij had zijn mentor Berezovski zelfs verdrongen als voorwerp van Tatjana's affectie. Berezovski had politieke ambities en zag zichzelf als een netwerker die anderen aan de macht hielp. Hij praatte te veel, terwijl Abramovitsj zijn mond niet opendeed.

Jeltsins grootste zorg was dat de Russische economie ten prooi viel aan een nieuwe financiële tsunami na een plotselinge daling van de wereldwijde olieprijzen naar slechts 8,5 dollar per vat. De crisis was begonnen op 27 mei 1998, toen de aandelenprijzen met meer dan 14 procent kelderden, waardoor de aandelenmarkt kelderde naar 40 procent ten opzichte van het begin van de maand. Het renteniveau, dat van 42 procent in januari gezakt was naar 30 procent, werd plotseling opgetrokken tot 150 procent. De regering had schulden van meer dan 140 miljard dollar aan harde valuta en 60 miljard aan binnenlands verhandelde roebels in de vorm van kortlopende staatsobligaties.

Jeltsin liet Anatoli Tsjoebajs (die hij twee maanden voordien in een typische nukkige bui nog uit het kabinet ontslagen had) naar het Kremlin komen en vroeg hem met de pet in de hand naar Washington te gaan. Tsjoebajs kwam terug met de belofte van president Clinton op zak om financiële steun te bieden 'ter stimulering van de stabiliteit, structurele hervormingen en economische groei in Rusland.' Niemand vertrouwde er echter op dat Kiriënko de situatie de baas zou kunnen blijven en het waren de oligarchen die, tegen de wil van Jeltsin in, Tsjoebajs naar voren schoven om het regeringsteam voor te zitten in cruciale gesprekken met het IMF. De 10 miljard dollar die de internationale bankiers boden, was niet voldoende; Rusland had 35 miljard nodig.

Tijdens zijn volgende bezoek aan de Verenigde Staten wist Tsjoebajs het IMF te overreden om zijn lening te verhogen tot 22,6 miljard dollar over twee jaar. Nog voor eind juli had een aanbetaling van 4,8 miljard dollar de problemen zeker tot oktober opgelost, althans, dat dachten de Russen. Jammer genoeg besloten buitenlandse investeerders dat dit het juiste moment was om te vertrekken en ze namen zoveel geld met zich mee dat de Russische banken tegen september op sterven na dood waren.

Er waren te veel variabele factoren in de Russische economie en een van de meest onvoorspelbare was de gezondheid van de 65-jarige president. Terwijl stakende mijnwerkers midden in de stad bivakkeerden en mensen honger begonnen te lijden, wierp de Moskouse burgemeester Loezjkov Jeltsin de handschoen toe door te zeggen dat als hij 'niet kan werken en zijn verantwoordelijkheden niet kan nakomen, hij de wil en moed zou moeten opbrengen om dit toe te geven'. De aanval was bijzonder pijnlijk: Jeltsin had Loezjkov zelf uitgekozen voor de politieke opbouw tijdens de perestrojka en ze hadden nog maar pas geleden, in 1996, samen campagne gevoerd.

Toen hij naar binnen ging in de beruchte Ljoebjanka, het uit grijze natuursteen en gele baksteen opgetrokken gebouw waar het hoofdkwartier van de FSB gehuisvest was, had Poetin het gevoel alsof hij onder stroom stond, zo vertelt hij in *Eerste persoon*. Een van zijn prioriteiten was een aantal bezuinigende maatregelen op de geheime dienst doorvoeren, en dat betekende dat hij vijanden zou maken. Hij meldde zich bij vertrekkend directeur Nikolaj Kovaljov, die zijn kluis opende met de woorden: 'Hier is mijn geheime notitieboek. En hier is mijn munitie.' Kovaljov had ernaar gestreefd de corruptie bij banken en bedrijven uit te roeien, maar had niet ingezien dat zelfs de hoogste regionen van het Kremlin er inmiddels van waren doordrongen. Poetin zou van nature wellicht geneigd zijn Kovaljovs werk voort te zetten, maar hij wist dat hij de baan (en daarmee een voet tussen de deur bij de president) had gekregen om ervoor te zorgen dat de FSB de Familie voortaan met rust zou laten. En als hij bij de KGB iets geleerd had, was het wel bevelen opvolgen.

Poetin ontdekte al snel dat het agentschap ondanks de naamsverandering zijn traditionele paranoia, die hij omschrijft als 'continue stress', nog niet kwijt was. 'Ze konden je altijd controleren,' aldus Poetin. 'Niet dat dat zo vaak gebeurde, maar prettig was het bepaald niet.' Daarbij waren er pietluttige beperkingen, zoals de verwachting dat FSB-officieren hun maaltijden in een van de kantines in de Loebjanka zouden nuttigen, omdat de algemene opvatting was dat 'alleen zwarthandelaren en prostituees in restaurants dineerden'.

Daarbij werd hij niet met open armen ontvangen: Poetin had laten zien dat hij dichter stond bij Sobtsjak dan veel van zijn medeofficieren lief was en had de KGB eigenlijk de rug toegedraaid door een baan bij het stadhuis aan te nemen, waar hij een verzoek om de burgemeester te bespioneren had afgewimpeld. Poetin loste het probleem op zoals hij het voortaan altijd zou doen: nu het hem aan steun ontbrak binnen de bestaande hiërarchie, haalde hij zijn eigen team van de veiligheidsdienst in Sint-Petersburg erbij, waaronder met name zijn vrienden Viktor Tsjerkasov, Sergej Ivanov en Nikolaj Patroesjev, die hij allemaal kende van de Staatsuniversiteit van Leningrad of van zijn begintijd bij de KGB. Bij wijze van missieverklaring liet hij een gedenkplaat van Joeri Andropov, die was weggehaald uit de entreehal, terugplaatsen.

Terwijl de natie op de rand van het faillissement balanceerde, zag Kiriënko zich gedwongen aan te kondigen dat de regering instemde de Russische munt te laten devalueren naar 9,1 roebel tegenover één dollar, een waardedaling van meer dan 50 procent, waardoor de import ingrijpend daalde en het publieke vertrouwen aan diggelen ging. Jeltsin zette Kiriënko en zijn gehele kabinet niet lang daarna op straat, maar dat bood geen soelaas. Poetin, die het risico op contact met zwarthandelaren en prostituees voor lief nam, zou in een Italiaans restaurant hebben gezegd dat de benarde toestand waarin het land zich bevond te wijten was aan Alan Greenspan, de voorzitter van de Federal Reserve. Met honderdduizenden tegelijk raakten de mensen hun baan kwijt, hun spaargeld verloor zijn waarde en er lag weinig tot geen koopwaar meer in de winkels.

Jeltsin wilde Kiriënko vervangen door zijn trouwe veteraan Viktor Tsjernomyrdin - een man die weleens werd vergeleken met de Amerikaanse baseballspeler Yogi Berra vanwege zijn vele verhaspelingen, waaronder: 'Dit is een situatie zonder enig precedent, het is ook altijd hetzelfde liedje!' en: 'Ik kan beter niet praten, anders zeg ik nog iets', maar zijn aanstelling raakte niet door de Doema. Jevgeni Primakov, voormalig directeur van de

SVR (de Russische buitenlandse inlichtingendienst) en minister van Buitenlandse Zaken sinds januari 1996, nam in september de functie over als compromisfiguur die door de meerderheid van de afgevaardigden geaccepteerd werd. Primakov had Jeltsins aanbod aanvankelijk afgewezen, maar openbaarde later in zijn memoires *Jaren in de Grote Politiek*, dat hij bij het verlaten van Jeltsins kantoor tegen Tanja-Valja aanliep, die hem overhaalden het aanbod toch te accepteren. 'Even verdween de ratio naar de achtergrond en namen gevoelens het over,' schreef hij. Zoals we zullen zien was Primakov onafhankelijker en nieuwsgieriger dan goed voor hem was en zou hij binnen een jaar worden afgezet.

Op 20 november vernam Poetin dat Galina Starovojtova was vermoord in Sint-Petersburg. Starovojtova en haar assistent Roeslan Linkov werden in het trappenhuis van haar flat aangevallen door twee mannen. De 52-jarige democrate werd driemaal door het hoofd geschoten en stierf ter plekke. Linkov werd ook door het hoofd geschoten, maar overleefde. De moordenaars lieten hun wapens achter op de trap en gingen ervandoor in een gereedstaande auto.

Galina Starovojtova was een controversieel figuur die veel vijanden had gemaakt. Tijdens haar regelmatige bezoekjes aan het Westen waarschuwde ze dat de hervormers van Rusland het doelwit waren van machtige groepen, 'die ernaar streefden het oude economische en politieke systeem te herstellen' en die de nostalgie naar de communistische tijd probeerden uit te buiten. Jeltsin had haar op een gegeven moment benoemd tot zijn adviseur inzake etnische minderheden. Ze waren in conflict geraakt over Tsjetsjenië in 1994, maar hadden het later weer bijgelegd.

Het probleem voor haar vijanden was dat Starovojtova, doctor in de psychologie, niet te koop was. Ze was van plan om de Doema bewijzen te leveren van corruptie door communistische partijleden en had zojuist aangekondigd dat ze zou strijden om het gouverneurschap met Jeltsins oude rivaal Vladimir Zjirinovski, de nationalistische leider die ze ervan beschuldigde een 'criminele dictatuur' na te streven, toen ze vermoord werd. Een van haar favoriete doelwitten was het Russische leger. 'Ons leger legt geen rekenschap af aan het maatschappelijk middenveld en zelfs niet aan de president,' was haar kritiek. Jeltsin stelde voor dat zij het Ministerie van Defensie zou overnemen, maar ze gekscheerde dat Rusland niet klaar was voor een minister van Defensie in rok.

Toen Jeltsin het nieuws van de moord had gehoord, beschreef hij zijn vriendin als 'mijn trouwste bondgenoot'. Hij stuurde zijn minister van Binnenlandse Zaken Sergej Stepasjin, die zijn sporen had verdiend in de Russische veiligheidsdiensten, naar Sint-Petersburg om de moordenaars te vinden. De hoofdverdachten waren vermoedelijk huurmoordenaars in dienst van de GROe, de Russische militaire inlichtingendienst. Het onderzoek naar de moord geschiedde onder persoonlijke leiding van Stepasjin (voormalig FSB-baas en toekomstig premier). In juni 2005 werden twee huurmoordenaars, Joeri Koltsjin en Vitali Akisjin, schuldig bevonden aan de moord en veroordeeld tot respectievelijk 20 en 23 jaar cel. Enkele andere verdachten worden nog steeds gezocht voor het onderzoek naar Starovojtova's dood, dat in 2009 werd heropend.

Ondertussen had Poetin de achtste reorganisatie van de FSB in evenveel jaar in gang gezet, in het kader van de geplande bezuinigingsoperatie. Hij schafte twee afdelingen af ('economische contraspionage' en 'bescherming strategische locaties') en ontsloeg zo'n veertig luitenant- en majoor-generaals en ongeveer een derde van de centrale staf, zodat er van de zesduizend personeelsleden maar vierduizend overbleven.

Aangezien Poetin voornamelijk het mes had gezet in personeel dat de pensioengerechtigde leeftijd naderde of al was gepasseerd, klonk er kritiek dat de dienst zijn meest ervaren officiers was kwijtgeraakt en het was inderdaad Poetins bedoeling geweest om juist degenen met de sterkste banden met het oude Sovjetsysteem eruit te plukken.

Het was een moeilijke periode voor hem en zijn taak werd er niet makkelijker op toen zijn aanbeden moeder Maria eind 1998 stierf na een lange strijd tegen kanker. Hij nam verlof om tijdens haar laatste dagen bij haar te kunnen waken. Hoewel hij zelf haar ogen sloot toen ze was overleden, toonde hij, zoals we van Poetin mogen verwachten, niet veel emotie. Als hij al huilde, deed hij dat in afzondering. Ondertussen bleven zijn inspanningen niet onopgemerkt in het Kremlin. Jeltsin zei later dat hij Poetins gevoel voor fatsoen, dat hem ertoe bracht de ontslagen FSB-officieren een 'zachte landing' te bezorgen in de vorm van een nieuwe baan of een royaal pensioen. Het valt te betwijfelen of Jeltsin indertijd zo goed geïnformeerd was over Poetins bezuinigingsmaatregelen of zijn menslievende optreden, maar hij zou hem nog goed leren kennen. Heel goed zelfs.

Tijdens een kabinetsvergadering op 28 januari 1999 verklaarde Primakov de oorlog aan de speculanten en zwarthandelaren, die volgens hem schuldig waren aan economische misdaden tegen de staat. Boris Berezovski stond boven aan zijn lijstje. Kort daarna werden Aeroflot en het hoofdkantoor van Sibneft, Berezovski's bedrijven in Moskou, overhoop gehaald door de fiscale politie en een legertje gewapende mannen in zwarte maskers, die op zoek waren naar belastend materiaal. Ze verlieten het Sibneftkantoor met verschillende dozen vol informatie. Berezovski ontdekte tot zijn woede dat de premier persoonlijk de opdracht had gegeven voor de invallen.

Terzelfder tijd startte Joeri Skoeratov een onderzoek naar Pavel Borodin, naar aanleiding van de beschuldiging dat die enorme bedragen aan smeergeld had aangenomen van de Zwitserse bouwonderneming Mabetex, die voor miljoenen dollars restauratiewerk had uitgevoerd in het Kremlin. Skoeratov, zoon van een politieagent, was zijn carrière begonnen als professor in de rechten in Jeltsins geboortestreek. Hij had Jeltsin gesteund toen die de lokale Communistische Partij leidde en later de democratische hervormingen. In 1989 ging hij aan de slag bij de juridische afdeling van het Centraal Comité van de Communistische Partij in Moskou. Tegen 1991 was hij lid geworden van Jeltsins team als adviseur voor de KGB, en later schreef hij het ontwerp voor de grondwet van 1993, samen met Anatoli Sobtsjak, die ook een van zijn doelwitten zou worden.

Toen hij in oktober 1995 werd benoemd tot procureur-generaal, ontving de Doema-oppositie hem enthousiast omdat hij politiek neutraal was. Hij kreeg van Borodins Departement Vastgoedbeheer een datsja aan de rand van Moskou en reed rond in een gepantserde Mercedes. Tegen het einde van 1998 was het grote publiek echter tot de pijnlijke slotsom gekomen dat Skoeratov er ondanks zijn grote woorden en verregaande invloed niet in was geslaagd om ook maar één van de hoofdrolspelers in het corruptiedossier te vervolgen of om ook maar één van de huurmoorden op politici en andere prominente burgers op te lossen.

Skoeratov beweerde in een interview met *The New York Times* dat hij had gebroken met Jeltsins regime tijdens de verkiezingen van 1996, toen hij de zaak tegen Lisovski en Jevstafjev aan het onderzoeken was. Hij had al gauw ingezien dat de ontkenningen van het Kremlin geen steek hielden, terwijl ze er vanuit de top van de regering bij hem op aandrongen de zaak te laten voor wat ze was. Ook beweerde hij te beschikken over documenten uit het kantoor van Mabetex in het Zwitserse Lugano die aantoonden dat het bedrijf creditcards had geregeld voor Jeltsin en zijn twee dochters, Tatjana Djatsjenko en Jelena Okoelova. De documenten wezen er ook op dat Mabetex de aankopen die met deze kaarten waren gedaan en die opliepen tot tienduizenden dollars, voor eigen rekening had genomen.

De zaak begon net van de grond te komen, toen bleek dat Skoeratov chantabel was. Een man die op hem leek, was gefilmd terwijl hij, duidelijk onder invloed van stimulerende middelen, in een sauna druk in de weer was met twee prostituees. De opname werd op 16 maart vertoond op het staatskanaal RTR. De beelden veroorzaakten hevige opschudding en de stills verschenen in de meeste Russische kranten. Dat het Skoeratov was, is nooit bewezen, en hijzelf hield vol dat het een geval van persoonsverwisseling was en dat zijn vijanden op het Kremlin erop uit waren zijn reputatie te verwoesten. Hoewel niemand met zekerheid kon zeggen wie de film had gemaakt – laat staan wie er in werkelijkheid was gefilmd – had dit alle kenmerken van een FSB-val. Toen kwam Poetin ten tonele en bevestigde dat de naakte man met het ronde gezicht in de film de procureur-generaal was.

De legende wil dat Jeltsin Skoeratov op de dag van de invallen bij Sibneft ontbood in zijn datsja in Gorki-9, waar laatstgenoemde tot zijn verrassing Poetin aan de zijde van de president aantrof. Voor de ogen van Poetin gaf Jeltsin Skoeratov het 'advies' ter plekke zijn ontslagbrief te schrijven. De procureur had weinig keus. Jeltsin lachte toen hij met de brief zwaaide en Poetin de hand schudde om de vernedering er nog eens extra in te wrijven.

Poetins versie van het verhaal wijkt af op een aantal belangrijke punten. Hij zegt dat er vier mensen aanwezig waren: Jeltsin, Skoeratov, Primakov en hijzelf. Jeltsin had de videobanden en de kopieën van de foto's op tafel gelegd en gezegd: 'Ik denk niet dat je nog langer als procureur aan de slag kunt blijven.' Primakov had dat beaamd: 'Inderdaad, Joeri Iljitsj, misschien kun je maar beter een ontslagbrief schrijven.' Skoeratov had er even over nagedacht en had vervolgens een vel papier gepakt en de brief geschreven.

Maar Skoeratov gaf niet op. Zijn machtigste bondgenoot was Jeltsins rivaal Joeri Loezjkov. Als regionale leider was Loezjkov lid van de Federatieraad van Rusland, het hogerhuis van het nationaal parlement, en in die hoedanigheid moest hij toezien op het functioneren van de procureur. De Federatieraad besloot per stemming om Skoeratov te steunen, waarop die zijn ontslag introk en details openbaarde uit zijn half voltooide onderzoek naar de contracten omtrent de restauratie van het Kremlin. Ten behoeve van zijn eigen ambitieuze politieke agenda stookte Loezjkov het vuur nog wat op en eiste dat de procureur toestemming kreeg om zijn werk af te maken.

Op 24 maart zat Jevgeni Primakov in het vliegtuig naar Washington voor een officieel bezoek, toen hij hoorde dat de NAVO een bombardement was begonnen in Joegoslavië. Primakov liet het vliegtuig boven de Atlantische Oceaan rechtsomkeert maken naar Moskou. Deze beslissing kreeg in de Russische media de bijnaam 'Primakovs retour' en de bevolking was er wild enthousiast over. Primakov was eigenlijk populairder, ambitieuzer en gevaarlijker geworden dan goed voor hem was. De paranoia in het Kremlin was zo groot dat Jeltsin geloofde dat de premier samenspande met een van zijn belangrijkste assistenten, generaal Nikolaj Bordjoezja, met als doel om hem ten val te brengen.

Bordjoezja had als een komeet carrière gemaakt en zijn val was al even spectaculair. De voormalige KGB-agent was hoofd van de Federale Grensdienst toen hij op 14 september 1998 werd aangesteld als secretaris van de oppermachtige Veiligheidsraad van het Kremlin. Vier maanden later werd hij ook chef van Jeltsins staf en daarmee een van de machtigste mannen van Rusland. Maar beide functies raakte hij kort na elkaar weer kwijt. Op 19 maart verloor hij zijn post op het Kremlin aan de bebaarde econoom Aleksandr Volosjin, een van Berezovski's vroegere zakenpartners en een man die uitstekend op zijn plaats was in deze wereld van intriges, en een paar dagen later nam Poetin zijn plaats in als secretaris van de Veiligheidsraad.

Desondanks bleef Primakov bij Berezovski de duimschroeven aandraaien. Op 5 april vaardigde onderzoeksrechter Nikolaj Volkov een arrestatiebevel tegen hem uit waarin hij ervan werd beschuldigd zichzelf verrijkt te hebben met de winst van Aeroflot. Berezovski had nooit aandelen van Aeroflot in zijn bezit gehad, maar hij had wel toegang tot miljoenen dollars in harde valuta afkomstig van de buitenlandse ticketverkoop van de vliegmaatschappij. Berezovski zat op dat moment in Parijs en één telefoontje naar zijn bondgenoten in het Kremlin volstond om het arrestatiebevel te laten intrekken. 'Primakov wilde me in de gevangenis hebben,' zegt hij. 'Mijn vrouw was jarig [en] Poetin verscheen vrij onverwacht op het feestje. Hij kwam naar me toe en zei: 'Het kan me geen lor schelen wat Primakov van mij zal denken. Op dit moment voelt dit aan als een goede beslissing.''

Poetin moet hebben geweten dat de kust veilig was, of hij gokte erop. Op 12 mei ontsloeg Jeltsin Primakov. Drie dagen later probeerde de Doema de president af te zetten, maar dat liep uit op een complete afgang toen het Kremlin (of de bondgenoten van het Kremlin in het bedrijfsleven) naar verluidt dertigduizend dollar betaalde voor elke stem pro Jeltsin. De spanning was te veel voor Jeltsins zwakke gezondheid. Hij voelde zich te ziek om de Spaanse premier Jose Maria Aznar te ontmoeten en leverde Loezjkov zo nieuwe munitie om twijfel te zaaien of hij wel fit genoeg was voor zijn functie. Rusland, zo betoogde hij, werd niet geleid door Jeltsin maar door een 'regime' in het Kremlin waartoe onder anderen Berezovski, zijn bondgenoot Aleksandr Volosjin en Tanja-Valja behoorden.

Jeltsin sterkte echter voldoende aan om Sergej Stepasjin (die voorheen zijn minister van Binnenlandse Zaken was) voor te dragen voor het premierschap. Er kwam geen verder verzet van de Doema en de aanstelling werd bekrachtigd met 301 stemmen voor en 55 tegen. De nieuwe premier beloofde op te treden tegen het gangsterkapitalisme, meer accijns te heffen op alcohol en benzine en een effectiever systeem te introduceren om belastingen te innen. Met de steun van Tsjoebajs (die de 180 000-koppige troepen van het Ministerie van Binnenlandse Zaken achter zich had) beloofde hij plechtig de wetten te implementeren die het IMF had geëist als prijs voor de lening van 4,8 miljard dollar die Rusland moest helpen zijn buitenlandse schulden af te lossen.

Michail Chodorkovski zag zijn kans schoon om zich te onttrekken aan een schuld van 236 miljoen dollar bij een consortium van westerse banken en om een aantal minderheidsinvesteerders van zich af te schudden, zodat hij de volledige controle over Joekos kreeg. 'Als een man geen oligarch is, is er iets mis met hem,' vertelde hij een journalist. 'Iedereen had dezelfde startvoorwaarden, iedereen had het kunnen doen. Als je het niet gedaan hebt, wil dat zeggen dat er iets mis met je is.' Begin 1998 had hij weer een oliemaatschappij overgenomen, Tomskneft, en was begonnen olie te winnen uit de rijke velden daar, in plaats van Joekos' eigen voorraden aan te boren. Een van de investeerders in Tomskneft was Kenneth Dart, een Amerikaan die dertien procent van de aandelen bezat. Hij gebruikte zijn vetorecht om te verhinderen dat Chodorkovski Tomskneft zou laten opgaan in Joekos in de hoop dat hij voor een royaal bedrag zou worden uitgekocht. Chodorkovski reageerde echter door Darts aandelen met een reeks slinkse financiële trucs te verwateren totdat ze zo goed als niets meer waard waren. Dart was erfgenaam van het koffiebekertjesimperium Styrofoam en had geld in overvloed. Hij lanceerde een dure pr-campagne om de Rus in de wereldpers als een schurk neer te zetten. De zaak werd geschikt via een onderhandse deal waarbij Chodorkovski Darts aandelen veriwerf, maar dit kon zijn reputatie niet meer herstellen.

Ondertussen was Poetin stilletjes bezig geweest waardering te oogsten. Op 11 juni was hij aanwezig op een gespannen bijeenkomst met een Amerikaanse delegatie om de groeiende crisis in Kosovo te bespreken. Hij maakte indruk op Strobe Talbott, de Amerikaanse onderminister van Buitenlandse Zaken 'door zijn vermogen om zelfbeheersing en zelfvertrouwen te tonen op een bescheiden en zachtaardige manier'. 'Poetin straalde leiderschapskwaliteiten uit, het talent om zonder ophef of strijd dingen voor elkaar te krijgen (wat ook zijn reputatie in Sint-Petersburg was toen ik voor het eerst over hem hoorde),' aldus Talbott. Hij vertelt verder dat Poetin niets hoogdravends had: 'Niets van die mix van treiteren, smeken en op het schuldgevoel spelen die ik associeerde met de Russische ophitsende stijl.' Hij vond Poetin zo'n beetje de meest beheerste Rus die hij ooit had gezien. 'Hij luisterde met een belangstelling die niet minder berekenend leek te zijn dan beleefd.'

Poetin liet Talbott zien dat hij zijn huiswerk had gemaakt door te referen aan de Russische dichters die Talbott in Yale en Oxford bestudeerd had: Vladimir Majakovski en Fjodor Tjoettsjev, wiens filosofie tot uitdrukking komt in dichtregels als deze: 'Op Rusland krijgt het brein geen vat / Zij gaat gewone norm te boven / Zij meet zich met een eigen lat / In Rusland kan men slechts geloven.'[4] De Amerikaan was er behoorlijk door van zijn stuk gebracht.

Eind juli vloog de premier van Israël, Ehud Barak, naar Moskou om met Jeltsin te praten over het Midden-Oosten. Hij keerde terug met het nieuws dat Stepasjin binnen enkele dagen zou worden vervangen. Jeltsin gaf later toe dat zijn trouwe schoothondje geen schijn van kans had gemaakt om hem op te volgen. 'Al op het moment dat ik Stepasjin voordroeg, wist ik dat ik hem zou ontslaan,' schrijft hij in *Rusland, mijn verhaal*. En wie was nu de volgende in de rij voor het telkens weer tot mislukken gedoemde premierschap? 'De vervanger die ze mij noemden,' zei de Israëlische premier in een telefoongesprek met Bill Clinton, 'was een of andere kerel met de naam Poetin.'

---

[4]   Vertaling F.-J. van Agt (noot van de vertaler)

President Poetin en zijn inmiddels ex-vrouw Ljoedmila verwelkomen de Britse koningin en haar gemaal prins Philip in het Spencerhuis in Londen, waar ze tijdens Poetins staatsbezoek aan Groot-Brittannië (in 2003) een receptie geven voor het koninklijke koppel. Het was de eerste keer dat een Russische leider een dergelijke eer kreeg sinds koningin Victoria 129 jaar eerder tsaar Aleksander had verwelkomd in Windsor Castle.

Tony Blair ziet eruit alsof hij het allemaal onder controle heeft, maar werd behoorlijk in verlegenheid gebracht door Poetin: nog voor hij tot president werd verkozen, nodigde hij de premier uit om naar Rusland te komen.

President (Bill) Clinton nam aan dat Boris Jeltsin zijn opvolger had gekozen toen hij Poetin in september 1999 voor het eerst ontmoette op een APEC-bijeenkomst in Auckland, waar Poetin de president verving. 'Poetin was in veel opzichten het tegengestelde van Jeltsin,' schreef Clinton in zijn memoires. 'Jeltsin was groot, gezet en rad van tong. Poetin was zuinig met woorden en formuleerde nauwkeurig ... en hij was zeer fit doordat hij jarenlang aan vechtsport had gedaan.'

Overal brede glimlachen tijdens Poetins bezoek aan een Amerikaanse school samen met president Bush, de man die zei dat hij Poetins ziel zag toen hij in zijn ogen keek.

Poetin heeft George Bush dan wel teleurgesteld door zich tegen de invasie in Irak te kanten, maar met zijn liefde voor honden scoorde hij bij de vader van de president, voormalig president George Bush Senior. Zo bleek in 2007 tijdens Poetins verblijf in Walker's Point, het zomerhuis van de familie Bush in de buurt van Kennebunkport in Maine.

Niet aan de ronde tafel: ooit was hij de rijkste man van Rusland, intussen heeft hij een gevangenisstraf achter de rug wegens fraude en belasting. Poetin had hem gewaarschuwd zijn vermogen van 15 miljard pond niet te gebruiken om zich te mengen in de politiek.

Een welkome gast. Terwijl sommige oligarchen rebelleerden, beloofde Roman Abramovitsj Poetin dat hij zich niet zou bemoeien met politiek.

Altijd blij om Silvio Berlusconi te zien. Beide mannen trokken bontmutsen en dito jassen aan toen Poetin zijn vriend op een bitterkoude avond uitnodigde voor een openluchtdiner op zijn buitenverblijf.

Ze waren allebei premier toen dit vakantiekiekje werd genomen: Vladimir Poetin en zijn vriend Silvio Berlusconi, de toenmalige leider van Italië.

Vladimir en Ljoedmila poseerden zelden samen voor fotografen.. Tijdens het politieke bezoek dat Poetin in 2010 aan India bracht toen hij nog premier was, maakten ze een uitzondering.

Achttien maanden nadat hij president was geworden, was het Dmitri Medvedevs beurt om met zijn premier over de recente ontwikkelingen te spreken tijdens een etentje.

Ze ontmoetten elkaar bij een blind date in Moskou, toen hij nog in de leer was als geheim agent. Stewardess Ljoedmila Sjkrebneva had nooit kunnen vermoeden dat Vladimir Poetin haar op een dag tot presidentsvrouw van Rusland zou maken.

Ljoedmila in Canada, december 2000.
© Aleksander Korobko

Poetin bestudeert de natuurlijke habitat van een sneeuwluipaard tijdens een expeditie naar het natuurreservaat in de Oebsoe-Noervallei.

Thuis onder vreemdelingen: Aleksander Zaldostanov (ook wel bekend onder de bijnaam 'Chirurg'), voorzitter van de Nachtwolven, een Moskouse motorclub, benoemde Poetin tot erelid nadat deze tijdens een bezoek aan de Krim met de groep een ritje had gemaakt in de buurt van Sevastopol.

Poetin vergezelt Ljoedmila Naroesova, de weduwe van de eerste burgemeester van Sint-Petersburg Anatoli Sobtsjak, naar de Nikolskoje begraafplaats om er bloemen te gaan leggen op het graf van zijn mentor.

Tijdens een rondleiding door het Oessoeri Wildreservaat in het Russische Verre Oosten door Michail Alsjinetski, hoofddierenarts van de Moskouse Dierentuin, zoekt Poetin naar Siberische tijgers, maar zijn wapen vuurt alleen verdovingspijlen af.

Het kan deugd doen om het Kremlin even te verlaten. Poetin, hier samen met de minister van Noodsituaties Sergej Sjojgoe (in het midden), geniet in Toeva van de lokale specialiteiten en volksgebruiken, zoals de Toevaanse keelzang.

Poetin toont trots de nieuwste hogesnelheidstrein van Rusland, die de afstand van 650 kilometer tussen Moskou en Sint-Petersburg in een luttele 225 minuten aflegt.

19 december 2009: Poetin maakt een ritje in de nieuwe Sapsan hogesnelheidstrein die Moskou en Sint-Petersburg met elkaar verbindt.

Skiënde presidenten, vroeger en nu: Poetin en Dmitri Medvedev zijn allebei dol op Ruslands populairste skioord Sotsji, waar in februari 2014 de Olympische Winterspelen werden gehouden.

Volgens een van zijn chauffeurs rijdt Poetin graag in snelle auto's, al moet hij dit aan anderen overlaten wanneer hij aan het werk is. Dat geldt niet op de piste: met deze sneeuwmobiel kan hij hoge snelheden halen.

Poetins favoriete vakantiebestemming Sotsji heeft niet alleen geprofiteerd van de Olympische Winterspelen in 2014. In hetzelfde jaar werd daar ook het eerste Formule 1-evenement van Rusland georganiseerd in het kader van een overeenkomst voor zes jaar tussen racebaas Bernie Ecclestone (in het midden) en oligarch Oleg Deripaska.

18 februari 2008: autocoureur Mika Hakkinen, de Russische president Vladimir Poetin en wereldkampioen polsstokhoogspringen Jelena Isinbajeva wonen de negende editie van de jaarlijkse Laureus World Sports Awards bij in de concertzaal van het Mariinskitheater.

Poetin en de olympische medaillewinnares Svetlana Gladysjeva op bezoek in een skioord in Sotsji.

Jonge ijshockeyers treffen tijdens een training voor de finale van het Gouden Puck-toernooi een onverwachte speler in hun team aan: Vladimir Poetin.

Poetin trok naar Tsjechov, een voorstad van Moskou, om er te trainen met het Russische nationale boksteam.

Tijdens een bezoek aan Sint-Petersburg in december 2010 leidde Poetin een judosessie aan de School voor Topatleten en vond hij wat tijd om een handtekening te zetten voor een jonge bewonderaar.

De Russische president Vladimir Poetin (midden) bezoekt Vitali Sjebelev, een officier bij de onderzeese marine, en zijn vrouw Polina bij hen thuis in Viljoetsjinsk (Kamtsjatka).

Toen generaal Sjamanov, de bevelhebber van de Russische Luchtlandingstroepen, gewond raakte bij een verkeersongeval, verraste Poetin hem met een bezoek in het Boerdenkoziekenhuis. Het ziekenhuis is vernoemd naar Nikolaj Boerdenko, de pionier van de Russische neurochirurgie.

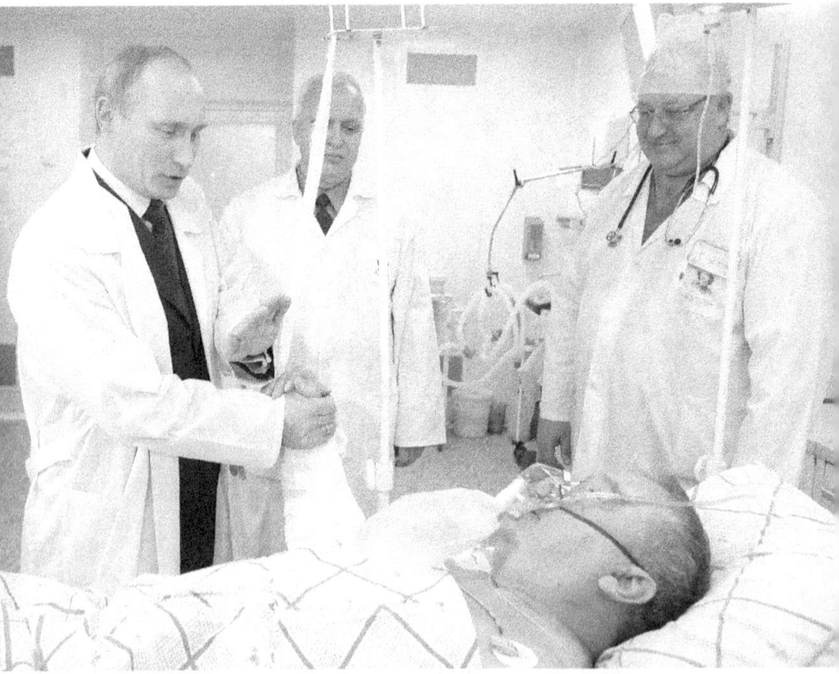

Boris Jeltsin verzekerde het Russische volk dat hun vaderland in goede handen was, toen hij op 31 december 1999 aankondigde dat Vladimir Poetin hem zou opvolgen.

Eind goed, al goed: toen Poetin een overeenkomst had gesloten met de Oekraïense president Leonid Koetsjma over de Russische pijpleidingen die door diens land lopen, nam hij hem en de Duitse bondskanselier Gerhard Schröder mee uit eten naar het populairste restaurant van Sint-Petersburg, Podvorje, om het akkoord te vieren.

Poetin trok naar Vaticaanstad voor deze ontmoeting met Paus Benedictus XVI in de bibliotheek van het Apostolisch Paleis, de officiële residentie van de Paus.

Poetin en patriarch Kirill steken kaarsen aan voor de Icoon van de Heilige Verlosser in het Valaamklooster tijdens een werkbezoek over de vooruitgang in Karelië.

Volgens Poetins ex-vrouw Ljoedmila houdt hij de pers liever op afstand als hij naar de kerk gaat, maar dit moment moest hij wel door een fotograaf laten vastleggen: de hereniging sceremonie van het Moskouse patriarchaat en de Russisch-Orthodoxe Kerk in het Buitenland (ROCOR) die hij bijwoonde in de Christus-Verlosserkathedraal. Aan zijn rechterzijde staat metropoliet Laurus, het hoofd van ROCOR, aan zijn linkerzijde patriarch Aleksej II.

Op de begraafplaats van het Donskojklooster. Poetin en archimandriet Tichon Sjevkoenov, hoofd van het Sretenskiklooster, leggen bloemen bij de graven van de antibolsjewistische commandanten van het Witte Leger Anton Denikin en Vladimir Kappel en bij dat van de geëmigreerde filosoof Ivan Iljin.

Toen men hem vroeg naar zijn vriendschap met Vladimir Poetin, zei archimandriet Tichon (zie foto): 'Proberen jullie me soms af te schilderen als een soort kardinaal de Richelieu?'

7 januari 2008: Poetin woont de kerstdienst bij in de kerk van Procopius de Rechtvaardige in Veliki Oestjoeg, Noord-Europees Rusland.

Niet alleen wereldleiders worden uitgenodigd op het buitenverblijf van de president. Hier verwelkomt Poetin een groep Russische jeugdactivisten.

Poetin luistert naar de droevige verhalen van de in tijdelijke onderkomens ondergebrachte slachtoffers van de desastreuze branden in Voronezj. Volgens milieuactivisten was het vuur het indirecte gevolg van het nieuwe bosbeheerbeleid en de machtige houtlobby's. Zij zouden het gecentraliseerde systeem voor bosbescherming hebben ontmanteld.

Poetin tijdens een ontmoeting met vertegenwoordigers van de democratische antifascistische jeugdbeweging Nasji ('de Onzen') in Botsjarov Roetsjej, de presidentiële residentie in Sotsji.

Hij mag dan even fit zijn als zij, zelfs Vladimir Poetin kon deze koekenpan niet ombuigen toen hij in 2011 deze Russische atleten bezocht in hun club voor duursport.

Op een mooie zomerdag in 2011 liet de premier zijn limousine staan en reed hij met de fiets naar President Medvedevs residentie Gorki-9.

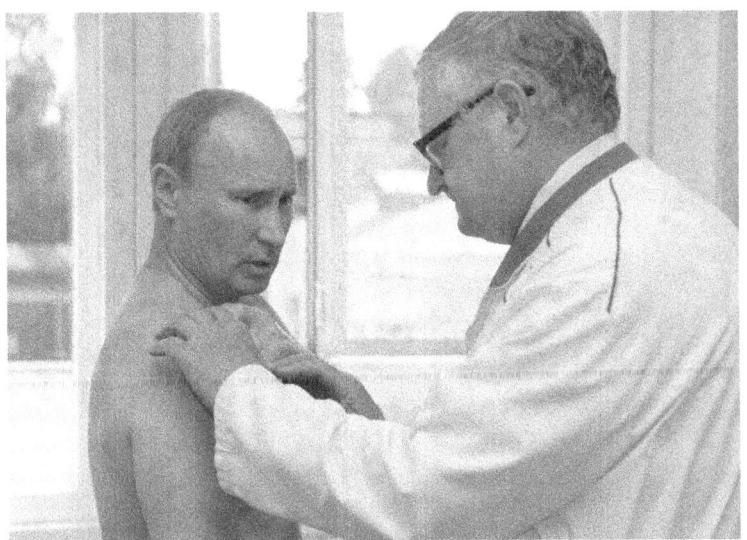

Toen hij in augustus 2011 zijn schouder had bezeerd op een tatami tijdens zijn ochtendlijke work-out, ging Poetin naar het Klinisch Ziekenhuis van Smolensk om zich er te laten behandelen door de befaamde traumachirurg Viktor Petrotsjenkov.

Zelfs op een zeldzame vrije dag in zijn buitenverblijf krijgt Poetin telefoon van kantoor. Hier had hij als premier president Medvedev aan de lijn.

Zijn vriendschap met Ruslands toonaangevende filmregisseur Nikita Michalkov bracht Poetin in contact met een aantal internationale filmsterren, onderwie Leonardo DiCaprio (zie foto boven) en Jack Nicholson.

Toen Paul McCartney met zijn toenmalige echtgenote Heather Mills in Moskou aankwam, nodigde de president hen uit op de thee en ging daarna met hen wandelen op het terrein van het Kremlin.

In 2010, tijdens een benefietconcert vlak voor Kerstmis in het IJspaleis in Sint-Petersburg, verraste Poetin het publiek door op het podium te klauteren en zichzelf te begeleiden op de piano terwijl hij Fats Domino's oude hit *Blueberry Hill* zong.

2 maart 2008: Poetin en zijn pas tot president verkozen eerste vicepremier Dmitri Medvedev wonen op de verkiezingsdag een galaconcert bij op de Vasili-helling in de buurt van het Rode Plein.

Buffy krijgt extra aandacht: Poetin met zijn Bulgaarse herder, een cadeau van het Bulgaarse volk. De hond woont samen met de zwarte labrador Connie bij de Poetins in Novo Orgarjovo. Poetin liet een vijfjarige jongen uit Moskou Buffy's naam kiezen.

31 juli 2009. Premier Vladimir Poetin bezoekt het eiland Tsjkalov in de zee van Ochotsk tijdens een werkbezoek aan de regio Chabarovsk.

Toen Poetin dit tien weken oude tijgerwelpje kreeg, nam hij het mee naar zijn officiële residentie Novo-Ogarjovo. Maar omdat hij wist dat het spoedig groot zou worden, gaf hij het welpje mee met enkele journalisten, die het aan de dierentuin van Moskou schonken.

Even helemaal weg: Poetin gaat zelden voor twee uur 's nachts naar bed. Als hij er toch even uit wil zijn, gaat hij paardrijden in de natuur.

Op bezoek in de Siberische republiek Toeva. Poetin doet zijn gouden polshorloge van het luxemerk Patek Philippe af en geeft het aan het zoontje van een plaatselijke schaapherder.

Voor de Russische president is een vakantie niet compleet zonder fotomoment. Dit kiekje stuurde hij naar huis toen hij op vakantie was in Toeva.

Poetin aan boord van de Russische Air Force One, zoals het presidentiële vliegtuig genoemd wordt. Het vliegtuig heeft een brede romp, is met evenveel luxe uitgerust als zijn Amerikaanse equivalent en fungeert als nucleaire commandopost als de president aan boord is, voor het geval er tijdens een vlucht een crisis zou uitbreken.

Poetin op Kaappunt, de meest zuidwestelijke punt van het Afrikaanse continent op Kaap de Goede Hoop.

Nooit om een verrassing verlegen, liet Poetin zijn Zil-limousine met chauffeur aan de kant staan en reed hij zelf in zijn geliefde GAZ-21 Volga uit 1956 naar de officiële opening van de spoorwegtunnel tussen Adler en Krasnaja Poljana.

Poetin op bezoek in het Russisch-Orthodoxe Sint-Panteleimonklooster op de heilige berg Athos.

Poetin tijdens een bezoek aan het federale kindercentrum *Orljonok* ('Adelaarsjong') aan de Zwarte Zeekust bij de stad Toeapse.

PREMIER POETIN

Eind juli 1999 ontbood Boris Jeltsin Sergej Stepasjin in de officiële residentie Gorki-9 en stuurde hem de laan uit. In de hoek van de kamer stond het alomtegenwoordige hoofd van de Russische Veiligheidsraad (en nog altijd directeur van de FSB) Vladimir Poetin, die was gevraagd om als getuige op te treden. Poetin voelde zich daar ongemakkelijk bij en bezorgde Stepasjin naderhand een baan als hoofd van de Rekenkamer, waarmee hij hem in de frontlinie plaatste van de oorlog tegen de oligarchen die Jeltsin juist in bescherming nam.

Nadat hij voor de vierde keer in minder dan anderhalf jaar tijd een premier had ontslagen, kwam Jeltsin uit bij een man die hij kon vertrouwen, niet alleen om de regering te leiden, maar ook om zijn eigen vrijheid en welvaart veilig te stellen. Vladimir Poetin was uit de bus gekomen na een weinig subtiel eliminatieproces; alles bij elkaar genomen was hij de enige die aan Jeltsins hoge eisen beantwoordde.

'Hij riep me bij zich en zei dat hij erover dacht om mij de functie van premier aan te bieden, maar dat hij eerst met Stepasjin moest praten,' aldus Poetin. '[Stepasjin] weet dat ik niets met zijn ontslag te maken had. Maar toch was het erg gênant om hem aan de vooravond van zijn ontslag te moeten bellen met het verzoek om de volgende ochtend bij Jeltsin op het appel te verschijnen in Gorki-9. U kunt zich wel voorstellen hoe ik me voelde. Het was bepaald niet leuk.'

Aangezien zijn gezondheid (en humeur) eind jaren 90 nogal wisselvallig was, had Jeltsin zijn assistenten op het hart gedrukt op zoek te gaan naar iemand 'die de democratische hervormingen in het land zou voortzetten, die niet zou terugkeren naar het totalitaire systeem maar er juist voor zou zorgen dat Rusland verder zou evolueren tot een geciviliseerde maatschappij'. In zijn relaas hierover in *Rusland, Mijn verhaal* zweeg hij in alle talen over de aantijgingen dat zijn opvolger hem moest beloven hem vrij te stellen van vervolging wanneer hij eenmaal het Kremlin had verlaten.

Volgens Lilia Sjevtsova '[was] de politieke klasse in de ban van de vraag wanneer Jeltsin zou aftreden en wie na hem over Rusland zou heersen. Hoe zag tsaar Boris eruit vandaag, was hij compos mentis of niet? De rest was bijzaak.' Het enige waar je van opaan kon, of de president zich nu op kantoor bevond in het Kremlin, in zijn ziekbed lag of onder de zonnebank in zijn datsja, was dat hij van gedachten zou veranderen (of dat Tatjana dit in zijn plaats zou doen). Jeltsin veranderde van gedachten zoals andere mensen van sokken wisselen, waardoor zijn zoektocht naar een opvolger op een fiasco was uitgelopen. Velen waren geroepen, maar niemand uitverkoren.

Voorgedragen worden als Jeltsins opvolger was een vergiftigd geschenk. 'Als Jeltsin iemand aanwijst als zijn opvolger,' klaagde Doema-voorzitter Gennadi Seleznjov, 'betekent dat de doodsteek voor zijn politieke toekomst. Dat hebben we al verschillende keren gezien.'

Een van Jeltsins minder lovenswaardige tactieken was een troonpretendent uit zijn tent lokken om diens interesse in de opvolging in te schatten. De minste bereidheid om de hoogste functie van het land op zich te nemen werd afgedaan als een surplus aan ambitie. Nadat hij had mogen waken over het heilige zwarte atoomkoffertje, was premier Tsjernomyrdin zichzelf als de rechtmatige erfgenaam van het presidentschap gaan zien, en juist om die reden had Jeltsin hem afgedankt.

De volgende drie premiers, Sergej Kiriënko (maart - augustus 1998), Jevgeni Primakov (september 1998 - mei 1999) en Sergej Stepasjin (mei - augustus 1999), waren allemaal gezakt voor de 'Tanja-test' of waren om andere redenen afgewezen. 'Tanja heeft me echt geholpen met haar bescheiden aanwezigheid en de adviezen die ze me zo nu en dan gaf,' zegt Jeltsin in Rusland, mijn verhaal, maar volgens Lilia Sjevtsova was deze 'lieftallige jonge vrouw' indertijd de eigenlijke leidster van het land.

Jeltsin had zijn netten wat verder uitgeslagen en uiteenlopende mensen passeerden de revue, onder wie Sergej Sjachraj, Vladimir Sjoemejko, Oleg Soskovets, Aleksandr Lebed, Boris Nemtsov, Nikolaj Bordjoezja en Nikolaj Aksenenko. Een tijdlang zette hij zijn zinnen op Nemtsov, de gouverneur van Nizjni Novgorod, een jonge, flamboyante liberaal die later een van de leiders van de Unie van Rechtse Krachten (SPS) zou worden, maar die bevlieging liep met een sisser af toen bleek dat Nemtsov niet de minste steun kreeg van het volk. Daarna richtte hij zijn pijlen op Bordjoezja, maar zoals we gezien hebben, werd ook hij afgestraft, omdat hij op al te kameraadschappelijke voet stond met de ongelukkige Primakov.

Zijn volgende keuze zou iedereen verbijsteren. Vladimir Poetin had zich nog nooit ergens verkiesbaar voor gesteld en toonde geen politieke ambities. Het was Boris Berezovski, die hij in Sint-Petersburg had leren kennen, die hem bij Jeltsin had aangeprezen. Als we Berezovski mogen geloven, stuurde de president hem onverwijld naar Frankrijk, waar Poetin op vakantie was met zijn gezin, om te gaan polsen of hij de functie zou aannemen. Volgens Berezovski discussieerden de twee mannen een hele dag over het idee in Poetins vakantieappartement, voor Vladimir zich uiteindelijk tot hem wendde en zei: 'Oké, laten we het maar proberen. Maar je begrijpt dat Boris Nikolajevitsj het mij eerst zélf moet vragen.' Berezovski knikte bevestigend: 'Natuurlijk, Volodja. Ik ben hier om te voorkomen dat er misverstanden ontstaan wanneer hij met je gaat praten.' Poetin, zo vertelt hij, antwoordde: 'Geen probleem, laten we er maar voor gaan.'

In die periode was Poetin elk weekend naar Sint-Petersburg gevlogen om zijn vader te bezoeken, die doodziek was. Vladimir Spiridonovitsj, Held van het Beleg van Leningrad, stierf op 2 augustus op 88-jarige leeftijd. Poetin was nog in de rouw om het verlies van zijn vader, toen Jeltsin hem in het Kremlin ontbood en hem meedeelde dat hij had besloten om hem tot premier te benoemen. Hij vertrouwde hem ook toe dat dit hem een stap dichter bij 'de allerhoogste functie' op de carrièreladder bracht. Poetin zette zijn strakste pokerface op tijdens het gesprek, maar intussen moeten zijn hersenen op volle toeren hebben gedraaid. Het eerste wat bij hem opkwam, was dat hij tijdens de aankomende parlementsverkiezingen zou worden meegesleurd in de maalstroom van de Russische politiek. Met in het achterhoofd zijn bittere ervaringen als stemmenwerver voor Tsjernomyrdins NDR-partij in 1995 en voor Sobtsjak in 1996, gaf hij te kennen dat hij een intense afkeer had van verkiezingscampagnes. 'Ik weet niet hoe ik campagne moet voeren,' vertelde hij Jeltsin, 'en ik houd er niet van.'

Jeltsin wuifde zijn bezwaren weg; campagne voeren was niet meer dan een technisch detail. Het gesprek was ten einde toen Poetin zei: 'Ik zal de functie uitoefenen die u me toebedeelt.' Jeltsin interpreteerde die woorden als een 'ja' en stelde Poetin op 9 augustus voor aan het land, waarbij hij hem presenteerde als 'een premier met toekomst' en als 'iemand die de samenleving kan versterken op basis van het breedst mogelijke politieke spectrum en garant staat voor verdere hervormingen in Rusland.' Poetins reactie op zijn benoeming was zoals altijd pragmatisch: 'Ik dacht: goed, ik doe dit een jaartje en dat is al goed genoeg. Als ik kan voorkomen dat Rusland ineenstort, heb ik iets om trots op te zijn. Het zou een periode in mijn leven zijn. En daarna zou ik wel weer wat anders gaan doen.'

Jeltsin beweerde dat hij Poetin steeds meer was gaan waarderen sinds hij hem in juli 1998 tot hoofd van de FSB had benoemd. 'Hoe langer ik Poetin kende, hoe meer ik ervan overtuigd raakte dat in deze man een enorme toewijding aan de democratie en de markthervormingen samenging met een onverzettelijk patriottisme,' schreef hij in *Rusland, mijn verhaal*. '[Hij] was niet vatbaar voor politieke spelletjes. Hij zou niets doen wat tegen zijn eergevoel indruiste. Hij zou zijn hoge functie meteen hebben opgegeven als dat nodig was om zijn integriteit te bewaren.'

Poetin wuift dergelijke retoriek weg. 'Ik had geen bijzonder hechte relatie met Boris Jeltsin, maar gewoon een goede werkrelatie,' zegt hij. 'Pas toen hij tegen mij begon over zijn aftreden, voelde ik iets van genegenheid bij hem.' Op 16 augustus bekrachtigde de Doema Poetins aanstelling met 233 stemmen voor, 84 tegen en 17 onthoudingen. Veel afgevaardigden gingen ervan uit dat hij net als zijn voorgangers van het toneel zou verdwijnen. Hij was te verlegen, te onervaren, te onopvallend en te onbekend om een regering te leiden die tot de meest weerspannige ter wereld werd gerekend. Geen van hen leek zich te realiseren dat Jeltsin deze keer zijn enige echte opvolger had uitverkozen.

POETIN

Er bestond geen grotere uitdaging voor Poetin dan onderschat worden door mannen die zogenaamd boven hem stonden. Het idee dat je zijn karakter kon doorgronden door in zijn ogen te kijken, stelde al even weinig voor als de veronderstelling dat hij door zijn relatief kleine postuur en bescheiden afkomst wel met een minderwaardigheidscomplex moest worstelen. Het waren nu juist die eigenschappen die hem er al sinds zijn jeugd toe dreven zijn rivalen de loef af te steken en daarvoor tot het uiterste te gaan.

'Wat vreemd,' bedacht Ljoedmila. 'De man met wie ik ben getrouwd, was gisteren nog een onbekende ambtenaar in Sint-Petersburg, en ineens is hij premier.' De schijnbaar onopvallende jongen die ze op een blind date voor een theater in Leningrad had ontmoet en die toen zo weinig te vertellen had, zou de regering van het grootste land ter wereld gaan leiden. Hoe zou hij dat voor elkaar krijgen? De nieuwe premier zou inderdaad meer dan ooit uit zijn innerlijke kracht moeten putten om de roerige maanden te overleven die in het verschiet lagen.

De Poetins verhuisden naar een grotere datsja buiten Moskou. Om veiligheidsredenen werden Masja en Katja van de Deutsche Schule Moskau afgehaald en kregen de zusjes voortaan thuis privéles. Dat was een verstandige beslissing. Voor de Tsjetsjeense rebellenleiders waren Poetins dochters een gedroomd kidnapdoelwit. De kinderen hadden het door de nieuwe status van hun vader ook moeilijker op school. 'Mensen gingen ons met veel meer respect behandelen, dat viel echt op,' aldus Masja. 'Sommigen van hen vleiden ons of probeerden bij ons in een goed blaadje te komen. Dat vond ik echt vervelend.'

Omdat hij al jarenlang volgens een strak schema leefde, kostte het Poetin geen moeite om in vorm te blijven. Zijn nieuwe datsja was voorzien van een zwembad van 12 meter, waarin hij baantjes trok na zijn dagelijkse rondje ochtendgymnastiek. Hij lette ook op zijn voeding: zijn ontbijt bestond uit fruit en kefir, een soort yoghurt, en hij sloeg de lunch over, maar at 's avonds wel. Soms keek hij tekenfilms met zijn kinderen, maar het lukte hem niet om tijd vrij te maken voor hun nieuwe lievelingsfilm *The Matrix*, al beloofde hij dat wel te zullen doen zodra de rust zou zijn teruggekeerd.

Later die maand vatte Poetin zijn eerste werkdag aan op kantoor als premier. Terwijl zijn autocolonne met gewapende veiligheidsmedewerkers het ruim 30 hectare beslaande terrein van het Kremlin in het centrum van Moskou opreed, had hij de tijd om over het programma van die dag na te denken. Toen zijn limousine stilhield bij de ingang van Administratiegebouw Nr. 1, had hij besloten wie van alle namen op zijn lijstje hij het eerst zou bellen. Hij trok zijn jas uit en dwaalde door de stijlvolle vertrekken, mijmerend over zijn succes. De financiële crisis van het afgelopen jaar was voorbij; de olie-, gas- en staalprijzen gingen weer omhoog en de rentetarieven voor internationale leningen waren laag.

Een aantal leden uit zijn eerste kabinet was voor hem geselecteerd door de presidentiële administratie, die zich door schade en schande had bekwaamd in de stoelendans. Als eerste vicepremier hadden ze Viktor Aksenenko naar voren geschoven, een echte schurk die openlijk zijn eigen zakelijke interesses en die van de Familie najoeg; twee van de ministeries, namelijk dat van Energie en dat van Binnenlandse Zaken, gingen respectievelijk naar de Familielievelingetjes Viktor Kaljoezjny en Vladimir Roesjajlo.

Daarop nam Poetin de bizarre beslissing om uitgerekend Roman Abramovitsj, de marktkramer die het tot miljardair had geschopt, te vragen om de sollicitatiegesprekken te voeren met de kandidaten voor de overgebleven posities. De onopvallende magnaat leek geen voor de hand liggende keuze voor deze opdracht. Maar hij had de taak nu eenmaal gekregen, en terwijl de premier zich met andere zaken bezighield, stonden vooraanstaande politici een verdieping boven hem in de rij voor een deur. Een voor een werden ze binnengelaten voor een korte ontmoeting met Abramovitsj, die knikte en luisterde, terwijl hij elke kandidaat doorlichtte op zijn geschiktheid om belangrijke ministeries te leiden.

Aleksej Venediktov, politiek verslaggever en hoofdredacteur bij radiozender *Echo Moskvy*, zag de rij kandidaten. Hij vertelde me: 'Ik sprak met enkele kandidaten die ik kende en vroeg hun wat ze daar deden, waarop ze antwoordden dat ze aan het solliciteren waren. Ik vroeg hun wie de sollicitatiegesprekken afnam en ze zeiden dat zijzelf en anderen een sollicitatiegesprek hadden met Roman Abramovitsj. 'Hoe ziet hij eruit?', vroeg ik. En toen ze hem beschreven, realiseerde ik me dat ze het over de jonge man hadden [die ik eerder had gezien] in een van de Kremlingangen.'

Dat een van de best geïnformeerde politieke experts van Moskou (die later een van Abramovitsj' beste vrienden zou worden) de miljardair met zoveel invloed op de nieuwe premier niet had herkend, wekt misschien verbazing, maar in die tijd was er nog nooit een foto van Abramovitsj gepubliceerd. Toen het nieuws over de macht en invloed van de oligarch zich begon te verspreiden, moesten de krantenredacteuren zelfs hun toevlucht nemen tot afbeeldingen die kunstenaars van hem maakten, totdat een krant een wedstrijd lanceerde en een lezer op de proppen kwam met een onscherpe foto van de publiciteitsschuwe oligarch.

Al even onbegrijpelijk was het dat een man die miljardair was geworden dankzij Jeltsins 'leningen voor aandelen'-programma, invloed kon uitoefenen op de nieuwe hervormer. Maar Poetin wist precies wat hij deed. Abramovitsj was de zwakke schakel in de pikorde van de oligarchen. De rijkste mannen van Rusland waren ook de machtigste van het land geworden en om het Kremlin uit hun houdgreep te bevrijden, moest Poetin zich, naar het principe 'verdeel en heers', onder hen begeven. In de korte tijd dat hij Abramovitsj kende, had Poetin het vermoeden gekregen dat deze man in tegenstelling tot de anderen geen gevaar vormde voor de regering, aangezien politiek hem niet interesseerde; hij wilde alleen maar geld verdienen.

Berezovski was verbijsterd toen hij hoorde welke taak Poetin zijn voormalige pupil had toebedeeld. 'Ik was er absoluut niet van op de hoogte,' zei hij vanuit zijn imposante kantoor in het Londense Mayfair. De schok moet des te groter zijn geweest omdat Berezovski Poetin bij zijn benoeming had benaderd om hem te vertellen wie hij in het kabinet wilde. Maar in dat stadium dacht hij nog dat Poetin kneedbaar was. Abramovitsj weghalen uit de vuurlinie van de andere oligarchen maakte deel uit van het spel dat Poetin zou gaan spelen. Zijn eerste zorg was echter de nijpende kwestie Tsjetsjenië.

Begin augustus 1999 waren Islamitische rebellen vanuit Tsjetsjenië Dagestan binnengevallen. Sergej Stepasjin had een waterdicht plan uitgewerkt om met de rebellen af te rekenen en het enige dat Poetin aanvankelijk moest doen, was dat plan uitvoeren. De militaire zet die Stepasjin voor ogen had, was Tsjetsjenië opdelen door de separatistische bolwerken in het bergachtige zuiden af te snijden van het pro-Russische noorden. De ex-premier meende dat het Russische leger op die manier een einde zou kunnen maken aan de vele gijzelingen waarbij de rebellen mensen vasthielden om losgeld te krijgen, of ze gewoon vermoordden. Jeltsins persoonlijke afgezant, majoor-generaal Gennadi Sjpigoen, was die lente samen met een generaal van het

Ministerie van Binnenlandse Zaken gekidnapt op het vliegveld in Grozny en op brute wijze omgebracht. Gegijzelde Russische soldaten waren tot slavernij gedwongen en anderen, onder wie zes buitenlandse medewerkers van het Rode Kruis en vier westerse telecommunicatie-ingenieurs, waren onthoofd.

Poetin concludeerde dat Stepasjins plan niet afdoend was om de dreiging af te wenden. De gijzelingen en de moordpartijen zetten Ruslands reputatie van sterke natie op het spel, en met de invasie van Dagestan kwam daar nog een schepje bovenop, want dat was een teken dat de Russische Federatie aan het uiteenvallen was. Poetin moest zich sterker tonen dan de vijand. Sjamil Basajev, die de inval had geleid, maakte geen geheim van zijn ambitie om een trans-Kaukasische islamitische republiek op te richten. Hij had vier jaar eerder al bewezen hoe meedogenloos hij was, toen 150 mensen het leven lieten tijdens de belegering van het ziekenhuis in Boedjonnovsk. Behalve Basajev was er ook een Saudiër die bekend stond als Chattab (zijn echte naam was Samir Saleh Abdullah Al-Suwailem), een bekende volgeling van Osama Bin Laden, die belangstelling had gekregen voor de Kaukasus in 1995, nadat hij had gevochten in Afghanistan. Gesponsord door Bin Laden zette Chattab in een grensdorp een hoofdkwartier op voor zijn vijftienhonderdkoppige guerrillaleger en schaarde zich achter Basajev en diens droom van een islamitische staat.

Poetin gaf duidelijk te verstaan dat dit niet het moment was voor halfslachtige maatregelen. De enige bedenking die hij maakte, was dat de rest van de wereld, en misschien ook zijn eigen volk, de maatregel waar hij op zat te broeden, te wreed zou vinden. Wreed of niet, zijn oordeel bleek juist; dankzij zijn kordate optreden kwam er een einde aan de oorlog in Tsjetsjenië en nam het aantal terroristische aanvallen af.

In zijn memoires oppert Jeltsin dat Poetin, die hem zou opvolgen als president, over de nodige eigenschappen beschikte om dergelijke periodes vol uitdagingen te kunnen doorstaan: 'Poetin is klaar voor alles wat het leven voor hem in petto heeft... Hij zal iedereen van antwoord dienen op de gebruikelijke Russische manier: door met zijn hand te wuiven.' Hij voegt daaraan toe: 'Met stalen tanden achter zijn glimlach.' Poetin kon elke taak aan. Jeltsins eigen aandeel in de Tsjetsjeense kwestie is echter dubieus. In de vaak over het hoofd geziene Akkoorden van Chasavjoert die Jeltsin met de Tsjetsjenen sloot, stond hij toe dat Tsjetsjenië zich elk moment van Rusland kon afscheiden. Als Jeltsin aan de macht zou zijn gebleven, zou Rusland zo goed als zeker uit elkaar zijn gevallen. Hij had de Sovjet-Unie al verwoest, Rusland was als volgende aan de beurt.

De bombardementen op appartementencomplexen in enkele armere buurten van Moskou, Volgodonsk en Boejnaksk, waarbij driehonderd mensen de dood vonden, kwamen Poetin volgens sommigen wel erg goed uit. In ieder geval vormden ze een goede reden voor vergeldingsacties. Tsjetsjeense rebellen kregen de schuld van de bombardementen. Luitenant-kolonel Aleksandr Litvinenko, een gedeserteerde FSB-agent, en zijn mentor Boris Berezovski speculeerden later (in lijn met de populaire 9/11-samenzweringstheorieën) dat het Kremlin de bombardementen had aangestuurd om steun te genereren voor een grootschalige oorlog in Tsjetsjenië. Weinigen geloofden dat Poetin in staat was om zijn fiat te geven voor een moordpartij op Russen, enkel en alleen om een propagandastrijd te winnen. Desondanks speelde de FSB, die inmiddels werd geleid door zijn oude vriend en collega uit Sint-Petersburg Nikolaj Patroesjev, de aanhangers van de samenzweringstheorieën met een eigenaardig incident op een geweldige manier in de kaart.

Het ging om een belangwekkende gebeurtenis in Rjazan, niet ver van Moskou, die uitgebreid – en ongecensureerd – aan bod kwam in de Russische kranten. *Novaja Gazeta* kwam er zelfs in meerdere edities op terug. De politie, die zich in hoge staat van paraatheid bevond voor eventuele nieuwe bombardementen, werd naar een flatgebouw aan de Novosjolovstraat in Rjazan gestuurd, waar ze twee mannen en een vrouw aantrof die in een kelder tassen aan het leeghalen waren. De politie-inspecteur die als eerste ter plaatse was, had voldoende kennis van explosieven om te beseffen dat de zakken suiker, het elektronische toestel en de klok waaraan elektriciteitsdraden waren bevestigd, onderdelen waren van een bom. Hij liet de explosievenopruimingsdienst komen, die het toestel demonteerde en daarbij vaststelde dat de makers van de bom hexogeen hadden gebruikt, dezelfde stof die al driehonderd mensen had gedood bij eerdere gruweldaden. De volgende dag namen bomexperts een monster uit de verdacht uitziende zakken.

Dankzij de conciërge, die zonder dralen de politie had ingelicht, waren de 'terroristen' op heterdaad betrapt. Het drietal probeerde nog te zwaaien met legitimatiebewijzen waarop stond dat ze bij de FSB zaten, maar dat maakte geen indruk op de politie, die hen in hechtenis nam. Toen Patroesjev zich er de volgende dag mee bemoeide, werden de drie echter zonder aanklacht vrijgelaten. Patroesjev gaf als uitleg dat de detonator en de explosieven door zijn agenten waren geplaatst als deel van een praktijkoefening om te onderzoeken of iedereen wel op zijn qui-vive was. Het mysterie werd nog groter toen de inspecteurs die de gebruikte substantie hadden getest, vertelden dat ze die niet tot ontploffing hadden kunnen brengen.

Volgens sommigen hadden de Russen al genoeg aan de dodelijke slachtoffers bij de eerdere aanslagen om Poetins militaire optreden in Tsjetsjenië te willen steunen. De meesten stonden dan ook achter hem toen hij meer dan tachtigduizend soldaten uitzond om Grozny onder de voet te lopen, een operatie die aan duizenden gewone burgers het leven kostte en bijna een half miljoen mensen dakloos maakte. Het was een niets ontziende oorlog die veroordeeld werd door het Westen, maar Poetin reageerde dat hij alleen maar deed wat de NAVO had gedaan toen ze Kosovo zeventig dagen aan een stuk vanuit de lucht had bestookt, en zijn aanhangers zouden later ook naar de invasie in Irak wijzen, die meer dan honderdduizend burgerlevens had gekost.

Het offensief was even effectief als meedogenloos en Poetin werd voor zijn volk de held van het moment. De agressieve aanval op Tsjetsjenië was voor hem de aanloop tot een volgende overwinning, in de strijd die in december zou plaatsvinden om de sinds jaar en dag door de communisten gedomineerde Doema.

Poetin wilde het liefst gezien worden als apolitiek, als iemand die zich buiten het politieke gekrakeel hield, en zijn populariteit groeide gestaag, maar Jeltsin had meer dan ooit steun nodig en zijn eigen vooruitzichten zouden kunnen lijden onder een coalitie van de communisten en Vaderland-Heel Rusland. Deze partij was ontstaan uit een alliantie tussen Joeri Loezjkovs politieke beweging Vaderland, die hij had opgericht in december 1998 om campagne te voeren tegen de oligarchen, en het Heel Rusland-blok, dat in april 1999 was gevormd door een aantal regionale leiders, onder wie Poetins vijand Vladimir Jakovlev, de gouverneur van Sint-Petersburg. Aan het hoofd van de nieuwe Vaderland-Heel Ruslandpartij stond Poetins vroegere aartsvijand Primakov, die geen geheim maakte van zijn ambitie om president te worden.

Jeltsin en de oligarchen konden het risico niet nemen dat een machtige anti-Jeltsincoalitie de Doema in haar macht zou krijgen, dus creëerde Berezovski in samenwerking met 39 regionale leiders de partij Eenheid. Berezovski's belangrijkste officiële functie was het managen van het Gemenebest van Onafhankelijke Staten (GOS), een schaduw van wat ooit de Sovjet-Unie was geweest, en op de een of andere manier was hij er ook nog in geslaagd om in de Doema verkozen te worden als afgevaardigde voor de verarmde zuidelijke republiek Karatsjaj-Tsjerkessië. Roman Abramovitsj werd door Berezovski gekozen als penningmeester en stuwende kracht achter de nieuwe partij. Terwijl hij de leiding over zijn energie-imperium aan anderen overliet, probeerde hij meer en meer regionale gouverneurs achter zich te krijgen, zodat ze Eenheid in het hele land konden promoten. Dit was van het grootste belang, aangezien een van Poetins belangrijke vijanden in de aankomende presidentsverkiezing Loezjkov was, die zowel in Moskou als in andere regio's immens populair was.

Terwijl Abramovitsj gestalte gaf aan Eenheid, zette Berezovski een campagne op om de kansen van Loezjkov, Primakov en hun Vaderland-Heel Ruslandpartij tot nul te reduceren. Het krachtigste instrument dat hij tot zijn beschikking had, was de grofgebekte nieuwspresentator Sergej Dorenko, door velen 'de tv-presentator die politici graag haten' genoemd. Berezovski had Dorenko ontmoet na de bomaanslag op zijn auto, waarbij hijzelf gewond raakte en zijn chauffeur werd onthoofd. Hij was naar Zwitserland gevlogen om zijn brandwonden te laten behandelen. De eerste nacht had hij vanuit zijn ziekenhuisbed naar Dorenko's show gekeken en had hij de satiricus botte opmerkingen horen maken over de aanslag op zijn leven. 'Er is vandaag weer een rijke zak door een bom geraakt. Dikke pech,' was de kern van Dorenko's boodschap. In plaats van zich beledigd te voelen, besloot Berezovski dat hij een potentiële ster voor zijn eigen televisienetwerk had gevonden, en vroeg hij zijn secretaresse Dorenko op te sporen en een ontmoeting met hem te regelen na zijn terugkomst in Moskou. Toen de presentator weigerde hem te ontmoeten, achtervolgde Berezovski hem net zo lang tot hij met hem wilde gaan lunchen, en in het restaurant haalde hij de man over een contract te ondertekenen met *ORT*.

Berezovski begon, gebruikmakend van Dorenko's bijtende sarcasme, een genadeloze campagne om Poetins rivalen te vernederen. In een reeks van vijftien tv-shows die op primetime werden uitgezonden, werd de burgemeester van Moskou compleet belachelijk gemaakt. In het begin waren de schimpscheuten weliswaar gemeen, maar met een vette knipoog. Toen Loezjkovs bondgenoot Primakov een heupoperatie kreeg, bijvoorbeeld, dreef Dorenko daar de spot mee door bloederige beelden te laten zien van chirurgen die heupen en dijen opereerden. Primakov werd neergezet als een zieke, oude man. En toen Loezjkov de eer opstreek voor de wederopbouw van een ziekenhuis dat was verwoest door Tsjetsjenen, provoceerde Dorenko hem met de woorden: 'Waarom bedank je de geldschieter niet gewoon?'

De Berezovski-Dorenkohetze ging wekenlang onverminderd door en Poetin, die geen aflevering miste, vermaakte zich kostelijk. Er werd op gezinspeeld dat Loezjkov betrokken was bij 'geheimzinnige geldtransacties' van Moskou naar buitenlandse banken. Ze maakten hem belachelijk door filmfragmenten die eigenlijk met twee jaar ertussen waren opgenomen, vlak na elkaar te tonen, zodat te zien was dat hij tijdens de presidentscampagne van 1996 nog vol lof was over Jeltsin en hij hem vervolgens onder vuur nam omdat hij te ziek zou zijn voor zijn functie. Zelfs Poetin was gechoqueerd toen de burgemeester in verband werd gebracht met de moord op zakenman Paul Tatum, die in het heetst van de strijd rond de eigendomsrechten van een hotel in

Moskou was doodgeschoten, een misdaad waar niemand ooit voor werd vervolgd.

De inmiddels moegetergde Loezjkov spande een rechtszaak aan wegens laster en kreeg een schadevergoeding van 4 500 dollar, maar het hele gedoe leidde hem af van dingen die er veel meer toe deden. Zijn droom om president te worden lag aan diggelen nu hij in de peilingen van zijn voetstuk was getuimeld. Poetin zelf hoefde zich intussen alleen maar druk te maken om Goesinski's zender *NTV*, die een aantal relatief onschuldige persoonlijke aanvallen op hem lanceerde.

In september reisde Poetin naar Auckland in Nieuw-Zeeland om een bijeenkomst bij te wonen van de APEC-landen (APEC staat voor Asia-Pacific Economic Co-operation). 'Mijn politieke vooruitzichten waren nog steeds onduidelijk,' vertelde hij later. 'Zelfs ik wist nog niet wat de toekomst zou brengen.' Onder de aanwezigen bevond zich Bill Clinton, die de kersverse Russische premier op 9 september voor het eerst ontmoette. 'Poetin was in veel opzichten het tegengestelde van Jeltsin', schrijft hij in zijn memoires *Mijn leven*. 'Jeltsin was groot en gezet; Poetin was klein en zeer fit doordat hij jarenlang aan vechtsport had gedaan. Jeltsin was rad van tong; de voormalige KGB-agent was zuinig met woorden en formuleerde nauwkeurig.'

Clinton verliet de vergadering in de overtuiging dat Jeltsin een opvolger had gekozen die alles in huis had om Ruslands turbulente politieke en economische leven in betere banen te leiden.

Tijdens een van de diners op de APEC-bijeenkomst liet Clinton zijn waardering blijken met een simpel gebaar jegens de Rus. 'Hij kwam van de tafel waar alle APEC-leiders zaten naar me toe en fluisterde in mijn oor: 'Volodja, kom, laten we samen vertrekken.' Dat was een complete verrassing voor mij. We stonden allebei op en al onze collega's weken achteruit om een soort corridor voor ons te vormen, en wij liepen er samen doorheen onder applaus van de aanwezigen. Het is iets om nooit te vergeten, en ik ben hem er erg dankbaar voor.'

Ondertussen was Poetins populariteit in de peilingen omhooggeschoten van slechts 2 procent in augustus 1999 naar 15 procent aan het eind van september, 25 procent eind oktober en 40 procent eind november. Het gevoel voor humor waarvan hij tijdens zijn campagnetour blijk gaf, kwam enigszins als een verrassing van iemand die zo puriteins overkwam als hij. Toen Poetin in de herfst van 1999 als premier de Primorski-regio bezocht, overstelpte gouverneur Jevgeni Nazdratenko hem met zo'n overvloed aan complimenten, dat Poetin reageerde: 'Jevgeni Ivanovitsj, u hebt me zo opgehemeld, dat ik zowaar begon te geloven dat ik was overleden.'

EEN VERRASSING
VAN FORMAAT

Het was onder Vladimir Poetins vrienden algemeen bekend dat hij zich had verdiept in het leven van Napoleon Bonaparte, de 'Kleine Generaal' die orde op zaken had gesteld in Frankrijk na de chaos en het bloedvergieten van de Franse Revolutie. Anatoli Sobtsjak wist het in ieder geval: 'Poetin houdt er dezelfde principes en doelen op na als Napoleon in zijn tijd,' zei hij in 2000 in een interview. 'De autoriteit van de staat herstellen.' Sobtsjak was er zeker van dat zijn voormalige pupil Ruslands autoriteit zou herstellen wanneer hij eenmaal aan de macht was, hoewel hij nooit had kunnen voorzien hoe moeilijk die opgave zou zijn en hoe tergend langzaam het allemaal zou gaan.

In juli 1999 was Sobtsjak na anderhalf jaar vrijwillige ballingschap in Frankrijk naar Rusland teruggekeerd, een maand voor Poetin premier werd. Meer dan honderd journalisten verdrongen elkaar op de luchthaven van Sint-Petersburg om zijn vliegtuig op te wachten. Uitbundig als altijd zei Sobtsjak dat hij nooit meer zou vertrekken. 'Al die haast is nergens voor nodig,' zei hij, 'want ik ben voorgoed terug. Ik ben terug in mijn stad en ik ben blij dat ik thuis ben.'

Toen zijn beschermeling als premier was geïnstalleerd, dacht Sobtsjak dat hij immuun zou zijn voor vervolging. Eind 1999 waren alle aanklachten tegen hem ingetrokken en de voormalige professor in de rechten maakte zich gereed om terug te keren naar de nationale politiek.

De Eenheidpartij werd in enkele weken tijd een belangrijke speler die Poetins positie nog wist te verstevigen, maar Poetin zelf weerhield zich ervan de partij persoonlijk te steunen. Het was tenslotte een experimentele onderneming en als die in de parlementsverkiezingen zou mislukken, zou hij zwaar gehavend de aankomende strijd om het presidentschap moeten aangaan. Zijn adviseurs waren stomverbaasd toen hij tijdens een televisie-interview plotseling toch zijn sympathie jegens de partij uitsprak. Toen hij de vraag kreeg op welke partij hij zou stemmen, antwoordde hij: 'Er is maar één partij die duidelijk en stellig onze zaak verdedigt en dat is Eenheid.' Hij had nagedacht over Abramovitsj' tip dat Eenheid een grote kanshebber was en handelde daarnaar. Uiteindelijk bleek dat de juiste keuze: op 19 december 1999 haalde Eenheid 23 procent van de stemmen. In Moskou, waar Loezjkov de verkiezingen domineerde (en herverkozen werd als burgemeester) kreeg de partij slechts 10 procent van de stemmen, maar in de regio's was het een ander verhaal, dankzij Abramovitsj' alliantie met de gouverneurs. Sobtsjak en zijn vrouw Ljoedmila hadden hun kansen om verkozen te worden echter verloren.

Primakov en Loezjkov dachten misschien dat ze tijd hadden om op adem te komen vóór de presidentsverkiezingen, die naar verwachting de daaropvolgende zomer zouden plaatsvinden, maar ze zouden op een wel heel spectaculaire manier in de wielen worden gereden. Op 31 december, twaalf dagen na de parlementsverkiezingen, deed Jeltsin het ondenkbare: tijdens zijn druk bekeken jaarlijkse televisietoespraak kondigde hij zijn aftreden aan. De sluwe oude vos had zijn toespraak zoals gewoonlijk op 28 december opgenomen, maar nadat hij die had afgesloten met nieuwjaarswensen aan het volk, zei hij tegen de producer dat hij niet tevreden was omdat hij hees klonk. Hij zou de toespraak vlak voor de uitzending op oudejaarsavond opnieuw laten opnemen. Hij was het al die tijd al van plan geweest: zijn belangrijkste televisiemoment van het jaar gebruiken om aan te kondigen dat hij zijn ambt neerlegde en Poetin als waarnemend president zijn plaats zou laten innemen. Jeltsin wilde zijn voornemen tot op het laatste moment voor iedereen (behalve voor Poetin zelf) geheim houden, en daar was hij in geslaagd.

Jeltsin had Poetin twee weken eerder tijdens een afspraak in zijn datsja gepolst. Poetin had zich hardop afgevraagd of hij wel de juiste persoon was en beweert nog altijd dat hij tegen Jeltsin zei dat hij zich er nog niet klaar voor voelde. Jeltsin stelde hem gerust en begon uit te doeken te doen wat hij voor zichzelf verwachtte. Hij wilde levenslang gevrijwaard blijven van gerechtelijke onderzoeken en vervolging, een deal die ook de in ongenade gevallen Richard Nixon destijds zou hebben gemaakt met Gerald Ford, toen hij het presidentschap aan hem overdroeg. Jeltsins eisen gingen verder. Zijn naaste familie en assistenten moesten net als hij immuniteit krijgen en ze mochten niet allemaal hun baan verliezen. Hijzelf wilde verschillende privileges behouden die bij zijn functie hadden gehoord, waaronder de presidentiële residentie Gorki-9, waar hij het grootste deel van het jaar had doorgebracht. Verder moest zijn eigen veiligheid en die van zijn familie gewaarborgd blijven (een verbintenis die het Russische volk tot aan zijn dood 1,4 miljoen dollar per jaar zou kosten, en tot op vandaag betalen ze jaarlijks nog rond het miljoen om de overgeblevenen te beveiligen). En als kers op de taart zou hij van de staat ook nog eens een royaal pensioen krijgen, hoewel hij natuurlijk zou kunnen terugvallen op de oligarchen, die hun miljarden uiteindelijk aan hem te danken hadden.

Poetin zou het niet anders hebben gewild. Nadat hij had gezien hoe Jeltsin iedereen die enige ambitie toonde om hem te vervangen naar believen de laan uitstuurde, voelde hij weinig voor een confrontatie. Hij gaf Jeltsin over de hele lijn zijn zin en ging naar huis om het nieuws met zijn vrouw te bespreken.

Zijn gezinsleden onthaalden het nieuws met gemengde gevoelens. Toen Vladimir aan Ljoedmila vertelde dat Jeltsin hem had gevraagd om het leiderschap van het land over te nemen, zou ze volgens de echtgenote van een regeringslid hebben gevraagd: 'En, wat heb je hem gezegd?', waarop hij nonchalant repliceerde: 'Ach, als het echt moet.' Het valt sterk te betwijfelen of het echt zo is gegaan. Ljoedmila's versie van de feiten is wellicht betrouwbaarder. Zij zegt zelf dat ze verbijsterd was toen ze hoorde wat er op oudejaarsdag kort na de middag zou gebeuren. 'Een vriendin belde [me] en vroeg: 'Heb je het gehoord?' Ik antwoordde: 'Wat is er gebeurd?' En zo kwam ik het te weten: van haar. Ik heb de rest van de dag gehuild, want ik besefte dat het gedaan was met mijn privéleven.'

En Poetins dochters? Katja zegt: 'Ik stond perplex toen ik hoorde dat papa waarnemend president was geworden. Toen mama het vertelde, dacht ik dat ze me voor de gek hield, maar ik realiseerde me al snel dat ze dit soort grappen nooit zou maken. Om middernacht zetten we de tv aan en zagen we hoe de mensen papa feliciteerden. Ik vond het leuk. Hij was zo ernstig... of bedaard. Zoals altijd. Papa is papa.'

Masja voegt daaraan toe: 'Aan de ene kant wilde ik niet dat hij president zou worden, maar aan de andere kant wel. We luisterden die dag ook naar Boris [Jeltsin].' En dan, in een poging om de gevoelens te beschrijven die in haar opwelden, zegt de jongste dochter van de Poetins: 'Het was alsof ik een zere keel had, maar op een andere manier dan wanneer je ziek bent. Hij raakte mijn ziel.'

Toen haar man het nieuws eenmaal had bevestigd, opperde Ljoedmila geen bezwaren meer tegen zijn nieuwe status. Ergens begon ze de privileges die bij zijn steeds hogere functies hoorden zelfs best aangenaam te vinden. 'Ik heb nooit geprobeerd, laat staan moeten proberen om te beknibbelen op de studie van onze kinderen of op onze vakanties,' zou ze later in een interview met *Pravda* zeggen. Dergelijke voordelen compenseerden de moeilijkheden die een huwelijk met zo'n vastberaden man met zich meebracht. Tot zijn minder leuke trekjes rekent ze onder andere zijn macabere gevoel voor humor en zijn ironie: 'Ik houd van eenvoudige en onschuldige humor'. Maar daarnaast heeft Vladimir volgens haar wel degelijk een sentimentele kant, of hij het nu wil toegeven of niet: 'Op mijn verjaardag gaf hij me eens een gouden kruisje aan een ketting. Toen ik wakker werd, vond ik het naast me op mijn nachtkastje. Hij bleek het twee maanden eerder in Jeruzalem te hebben gekocht. Zijn zelfbeheersing en geduld bleven me verbazen. Als ikzelf cadeautjes koop, wil ik ze onmiddellijk geven.'

Toen Jeltsin op de dag na de eerste opname van zijn nieuwjaarstoespraak zonder dat iemand ervan wist innerlijk al afscheid aan het nemen was van zijn kantoor in het Kremlin, kwam Poetin bij hem binnen. Poetin verzekerde hem dat Aleksandr Volosjin zou aanblijven als stafhoofd en gaf de president een brief met daarin de gevraagde garanties. Jeltsin had voorgesteld dat hij tot aan de verkiezingen in maart zowel premier als waarnemend president zou blijven, en Poetin had daarmee ingestemd.

De opname van de nieuwjaarstoespraak, die onder bescherming van gewapende lijfwachten naar de Ostankinotoren was gebracht, werd om twaalf uur 's middags al in Moskou uitgezonden, zodat de Russen in de verre oostelijke regio's de toespraak om middernacht te zien kregen. Een aantal ministers en prominenten werden in Jeltsins kantoor ontboden, waar ze het nieuws te horen kregen en Jeltsins opvolger mochten feliciteren nog voor de opname zou worden uitgezonden. Onder hen bevond zich de leider van de Russisch-Orthodoxe kerk, patriarch Aleksej, die een diepe buiging maakte voor de president in spe, die het gebaar meteen beantwoordde.

In zijn zogenaamde 'Millenniumrede', die hij had geschreven met hulp van German Gref, een econoom met wie hij in Sint-Petersburg bevriend was geweest, garandeerde Poetin vrijheid van meningsuiting en persvrijheid en beloofde hij om 'de corruptie met wortel en tak uit te roeien'. Zijn verkiezingsleuze deed denken aan die van Blair toen die de sleutel van Downing Street 10 had gekregen: 'Onderwijs, onderwijs en nog eens onderwijs', alleen was het in Poetins geval: 'Welvaart, welvaart en nog eens welvaart'. Hij wist dat zijn volk na decennia van ontbering geen boodschap had aan idealisme: de Russen wilden eten op hun bord, nieuwe kleren aan hun lijf en nog wat geld over in hun portemonnee voor de kleine geneugten des levens.

Toen, vlak voordat hij het gebouw voor het laatst als president verliet, overhandigde Jeltsin Poetin het zwarte 'atoomkoffertje'. 'Poetin pakte het aan,' zo vertelt een van de aanwezigen, 'met hetzelfde ontzag als waarmee jullie koningin de Britse kroonjuwelen hanteert.' Hij had zijn emoties tijdens de gedenkwaardige gebeurtenissen die ochtend amper laten blijken, 'maar het atoomkoffertje leek iets in hem los te maken. Het moet hem echt een heel sterk gevoel van macht hebben gegeven.' Het was die dag niet het enige moment waarop Poetin enige emotie liet zien: volgens een andere getuige rolde er een traan over zijn wang toen hij naar Jeltsins afscheidstoespraak keek en zijn voorganger hoorde praten over de 'nieuwe, intelligente, sterke en energieke' mensen die het van hem zouden overnemen. Van Poetin nam hij afscheid met de woorden: 'Bescherm Rusland.'

Met het nieuws van die avond over hun nieuwe opperbevelhebber nog maar net achter de kiezen, konden de Russische soldaten in de bezette Tsjetsjeense stad Goedermes, op slechts dertig kilometer van het door de oorlog verscheurde Grozny, hun ogen haast niet geloven toen vroeg in de morgen op nieuwjaarsdag een zwaar beveiligde autocolonne hun kamp inreed, en de waarnemend president uit een van de wagens stapte. Hij was er al eens eerder geweest, als premier toen nog, de maand ervoor. Deze keer was hij gekomen om een belofte te vervullen. Hij had toen tegen een soldaat gezegd dat hij zou terugkomen om Nieuwjaar te vieren, en Vladimir Poetin houdt altijd zijn woord. Hij had bovendien zijn vrouw, die nu de presidentsvrouw van Rusland was, zover gekregen (en makkelijk was dat niet, zo bekende hij later) om hem te vergezellen op deze missie, die toch niet zonder gevaar was.

Als bewijs dat Poetin daar inderdaad was geweest, kregen alle soldaten een foto waarop hij elk van hen een jagersmes cadeau deed. Poetin had dit bijzondere verrassingsbezoek gepland zodra hij er zeker van was dat Jeltsin vertrokken zou zijn voor het nieuwe millennium begon. Het bleek slechts de eerste van de vele gelegenheden die hij met het oog op de verkiezingen in maart zou aangrijpen als moment voor een foto, al had hij woorden met zijn persagent over de vraag of hij dergelijke verhalen wel kon gebruiken voor campagnedoeleinden. Hoe dan ook werd hij liever 'in actie' gezien, dan dat hij op de traditionele manier campagne voerde. De vernederende beproeving om tijdens verkiezingstoespraken zijn politieke ideeën te moeten uiteenzetten en meteen op de korrel te worden genomen, was niets voor hem. In de kranten en op televisie zagen de Russen Poetin de handelingen verrichten van een reeds verkozen president: vergaderingen van ministers voorzitten in het Kremlin, eretekens uitreiken, en (een beetje zoals de Britse koningin) scholen, fabrieken en ziekenhuizen bezoeken waar hij niet meer hoefde te doen dan glimlachen en hoffelijke opmerkingen maken. Om de strijdlust niet te laten verwateren, liet hij zich bovendien in een straaljager naar een militaire basis in Tsjetsjenië vliegen.

Poetin maakte al snel duidelijk dat hij van plan was elke oligarch die zich tegen hem zou verzetten de macht uit handen te slaan en benadrukte bij elke gelegenheid dat de belangen van de staat belangrijker waren dan die van het individu. Hij had het vooral gemunt op Michail Chodorkovski, de inmiddels onaantastbare baas van Joekos, en Vladimir Goesinski, die zo onverstandig was geweest *NTV* toe te staan kritiek op hem te spuien. Hoewel hij Boris Jeltsin had beloofd voor diens vertrouwelingen en familieleden te zorgen, was een van de eerste dingen die Poetin deed na zijn vertrek, zijn dochter Tatjana Djatsjenko verzoeken haar kantoorruimte in het Kremlin te verlaten. De heerschappij van Tanja-Valja was definitief voorbij, al had hij wel Jeltsins protégé Michail Kasjanov bevorderd.

Poetins belofte om 'de corruptie uit te roeien' was duidelijk gericht op de oligarchen, maar Abramovitsj, die het grootste deel van Ruslands activa had vergaard, waaronder een groot deel van de aluminiumindustrie van het land, hield hij dicht bij zich. En toen Andrej Babitski van *Radio Free Europe/Radio Liberty* het Kremlin beledigde met zijn controversiële verslagen over Tsjetsjenië, kreeg het Russische leger de opdracht om hem te arresteren en over te dragen aan de Tsjetsjenen in ruil voor drie Russische soldaten. Babitski had de publieke opinie tegen zich gekregen toen hij eens had gezegd: 'De Tsjetsjenen snijden de soldaten de keel niet door omdat ze sadisten zijn met wrede neigingen, maar om de oorlog concreter, zichtbaarder en tastbaarder te maken; om de mensen te bereiken en duidelijk te maken dat er werkelijk een schrikwekkende, wrede oorlog aan de gang is.'

In die tijd had Natalia Gevorkjan, een van de drie auteurs van *Eerste persoon*, enkele weken lang contact met Poetin voor het boek dat ze schreef, en ze besloot hem te confronteren met de Babitski-kwestie. 'Ik zei hem onomwonden: "Die man heeft kinderen en een vrouw. U moet hier een einde aan maken." Hij antwoordde: "Binnenkort zal een auto een videoband bezorgen waarop te zien is dat uw vriend gezond en wel is." Ik zei: "Excuseer? U was toch degene die hem aan de bandieten heeft overhandigd? Hebt u deze informatie dan rechtstreeks van hen?" Hij antwoordde niet en ik rende de kamer uit om Andrejs collega te bellen, zodat ze zijn vrouw kon vertellen dat hij nog leefde.'

Twee uur later belde de collega van *Radio Free Europe/ Radio Liberty* Gevorkjan terug: 'Je zult het niet geloven,' zei ze. 'Er stopte een auto bij het kantoor. Ze zeiden dat ze een videoband van Andrej hadden, we hebben hem afgekocht voor tweehonderd dollar.' Op de band was te zien dat Babitski nog leefde en een paar dagen later werd hij vrijgelaten.

Niet lang daarna verhuisde Gevorkjan naar Parijs. Zoals velen die Poetin hebben getart, leeft ze tegenwoordig in het buitenland, in vrijwillige ballingschap.

Of het nu onder druk van Gevorkjan was of door de wereldwijde protesten dat Poetin zich gedwongen zag om 'de zaak op te lossen', Babitski werd door zijn gijzelnemers vrijgelaten na een volle maand gevangenschap, al beweerde de journalist zelf dat Russische soldaten hem aanvankelijk in een berucht detentiekamp hadden opgesloten en hem in elkaar hadden geslagen omdat hij het had gewaagd om over hun gedrag te schrijven.

Poetin vergeleek het campagnevoeren voor de verkiezingen met 'televisiereclame voor Tampax en Snickers'. Zijn lievelingsmethode was de media naar zijn hand zetten. Goesinski's krant *Segodnja* kwam onder vuur omdat ze 'tweedracht en onrust in het land zaaide' door Poetin te bekritiseren omdat hij voor een foto had geposeerd terwijl hij zijn poedel aaide, nog voor de strijd om het presidentschap officieel begonnen was. Hij schreef ook brieven naar *Izvestia* over uiteenlopende onderwerpen en liet fragmenten uit zijn haastig geschreven 'autobiografie' *Eerste persoon* publiceren in het dagblad *Kommersant Daily*.

Een van zijn succesvolste zetten was zijn deelname aan een radioprogramma waarin tientallen mensen de kans kregen om hem te spreken over een aantal zorgvuldig gekozen onderwerpen. Hij liet zich echter niet aan de tand voelen door de Russische media en het enige interview waartoe hij bereid was, was met Sir David Frost voor de Britse televisie. Voor sommigen in zijn team kwam dat als een verrassing, aangezien hem duidelijk was verteld dat Frost Richard Nixon aan het huilen had gekregen in een reeks tv-interviews. Hij stond erop dat het interview plaatsvond, ondanks de waarschuwingen van zijn adviseurs dat de Engelsman zou blijven doorbomen over een onderwerp als ook maar een van zijn antwoorden ontwijkend zou lijken.

Het interview zou nog een staartje krijgen. Tijdens het gesprek vroeg Frost Poetin naar zijn mening over een eventueel toetreden van Rusland tot de NAVO. Duidelijk voor het blok gezet antwoordde Poetin: 'Waarom niet?' Tenslotte was hij al van mening dat Rusland deel uitmaakte van het Westen. Hij hoopte dat hij daarmee alleen had gesuggereerd dat het in de verre toekomst misschien mogelijk zou zijn, maar voor

Russische voorstanders van de harde lijn was alleen al het idee dat de NAVO Rusland zou vertellen hoe het in Tsjetsjenië moest optreden, ongehoord. De minister van Defensie werd inderhaast ten tonele gevoerd om uit te leggen dat het in theorie wel mogelijk was, maar dat de NAVO eerst zijn regels zou moeten aanpassen en dat Rusland bij elk besluit vetorecht zou moeten krijgen, waarmee hij een eventueel lidmaatschap eigenlijk al bij voorbaat uitsloot. Wijzer geworden door zijn ervaring met 'Frostbite' zei Poetin een paar dagen later zelf dat Rusland er geen behoefte aan had om lid te worden van de NAVO; het was prima in staat om zichzelf te verdedigen. En hoe dan ook zou de organisatie veel goed hebben te maken nadat ze de etnische Albanezen in voormalig Joegoslavië had gesteund, en na wat in de ogen van de meeste Russen een agressieve aanval op Kosovo was.

Met de verkiezingen in het vooruitzicht verving Poetin een aantal van zijn belangrijkste werknemers die nog waren overgebleven uit de tijd van Jeltsin, door nog meer eigen mensen uit Sint-Petersburg: de *siloviki*. Vooral de benoemingen van Nikolaj Patroesjev (de man die Poetins baan als hoofd van de FSB had gekregen) tot vicepremier, German Gref tot plaatsvervangend minister van Privatisering en advocaat Dmitri Medvedev tot campagneleider, waren significant. Het was essentieel voor Poetin om mensen om zich heen te hebben die hij kon vertrouwen. Chris Patten, die met hem te maken kreeg als Europees Commissaris voor Buitenlandse Relaties, vertelt in zijn boek *Not Quite the Diplomat*, dat Poetin tijdens een lunch op de Russisch-Europese top in 1999 in Helsinki schaamteloos zat te liegen tegen hem en enkele anderen. Als invaller voor president Jeltsin, die zich onwel voelde, kreeg Poetin er vragen over nieuwsverslagen van die dag waarin gewag werd gemaakt van ontploffingen op een markt in Grozny waarbij veel dodelijke slachtoffers waren gevallen.

Poetin zei dat hij niet op de hoogte was, maar het zou uitzoeken. Patten vervolgt: 'Toen hij terugkwam zei hij dat er sprake was van wat experts in terrorismebestrijding een 'schot in eigen doel' noemden. De Tsjetsjeense rebellen hadden een wapenmarkt gehouden en een aantal van hun eigen explosieven waren ontploft ... Hij keek ons in de ogen en herhaalde het verhaal. Het was vreemd ... Leugens laten zich doorgaans niet zo makkelijk doorprikken. Uiteraard was dit het werk van het Russische leger, dat Grozny binnen afzienbare tijd zou reduceren tot een ruïne, vergelijkbaar met Beiroet of Kaboel.'

Patten zei dat hij het moeilijk vond te geloven dat er een wapenmarkt werd gehouden in het centrum van de stad, maar toen hij vraagtekens plaatste bij Poetins uiteenzetting liet hij het na te verduidelijken of hij er zelf weleens was geweest en uit eigen ervaring sprak. Russische journalisten vroegen zich ook af wat Patten ervan vond dat op een naburige markt mensen als slaaf werden verkocht.

Op 20 februari 2000 stierf Anatoli Sobtsjak op 62-jarige leeftijd in Kaliningrad, waar hij meehielp de campagne voor de aankomende presidentsverkiezingen te organiseren. Joeri Sjevtsjenko, de bevriende dokter van de Poetins die later zijn minister van Volksgezondheid zou worden, verklaarde dat Sobtsjak overleden was aan een hartaanval, zijn vierde naar het scheen. Maar toen Polina Ivanoesjkina, een negentienjarige verslaggeefster voor een Moskous weekblad, een interview afnam van de patholoog die Sobtsjaks lichaam had onderzocht, zou hij haar hebben verteld dat Sobtsjak nog nooit een hartaanval had gehad, laat staan dat hij eraan was overleden. Volgens hem was Sobtsjaks dood te wijten aan een hartstilstand die werd veroorzaakt door het gebruik van bepaalde medicijnen – mogelijk Viagra – in combinatie met alcohol. Valeria Novodvorskaja, partijleider van Democratische Unie en altijd uit op controverse, had geen oren naar de theorie van de patholoog, maar droeg bij aan het mysterie met een officiële verklaring dat niet alleen Sobtsjak, maar ook twee van zijn assistenten op datzelfde moment een hartaanval hadden gehad, waarmee ze suggereerde dat ze alle drie waren vergiftigd. Vervolgens maakten Sergej Stepasjin en Anatoli Tsjoebajs de zaak nog ingewikkelder door Joeri Skoeratov er op de Russische televisie van te beschuldigen dat hij Sobtsjaks gezondheid had geschaad met zijn onterechte aantijgingen van corruptie.

Naar verluidde, had Sobtsjak enkele uren voor zijn dood Leonid Gorbenko, de gouverneur van de regio, ontmoet. Gorbenko stond erom bekend dat hij wel een glaasje lustte en hij gaf toe dat hij een fles wijn had meegebracht naar de afspraak. Sobtsjak had maar een paar glaasjes gedronken en de gouverneur zei de rest zelf soldaat te hebben gemaakt.

Maanden later kwamen verschillende mensen die bevriend waren met Sobtsjaks weduwe, Ljoedmila Naroesova, opeens op de proppen met de bewering dat zij geloofde dat haar echtgenoot was vermoord 'om de weg van vrije en eerlijke informatie naar Poetin af te sluiten'. Poetin zelf liet verstaan dat hij daar niet in geloofde en toen Naroesova, die senator was geworden onder het nieuwe regime, er later vragen over kreeg, antwoordde ze dat ze genoeg had van het geroddel en er niet meer wilde over praten.

Poetin liet Sobtsjaks lichaam terugvliegen naar Sint-Petersburg om hem daar te laten begraven op de Tichvinbegraafplaats bij het Aleksandr Nevskiklooster. Het tijdstip van de begrafenis werd op het laatste moment veranderd vanwege speculaties dat Poetin zelf het doelwit zou kunnen zijn van een huurmoordenaar. Poetin gaf tegen zijn gewoonte in blijk van zijn emoties door te huilen bij het graf. Hij was erg gesteld geweest op Sobtsjak en haatte Vladimir Jakovlev omdat hij zijn mentor van de troon had gestoten en recenter de Vaderland-Heel Ruslandpartij had gesteund toen die hem uit het Kremlin probeerden te verjagen. Jakovlev was niet aanwezig op de begrafenis: Sobtsjaks weduwe had duidelijk gemaakt dat hij niet welkom zou zijn. Jakovlev zelf wist trouwens dat zijn dagen als gouverneur geteld waren.

Tegenwoordig maakt Poetin tijd vrij voor telefoongesprekken met Sobtsjaks dochter Ksenia, de presentatrice van een sensatieprogramma op de Russische televisie. Ksenia, een vrouw die onbeschaamd reclame maakt voor zichzelf en die het Russische antwoord op Paris Hilton wordt genoemd, liep er graag mee te koop dat ze de peetdochter van de president was. Ze probeerde in de politiek te geraken door de jeugdbeweging Vse Svobodny, op te zetten, Russisch voor 'Iedereen is vrij', terwijl ze had meegespeeld in films met titels als *Schatjes* en *Dieven en hoertjes*. Het hoeft geen betoog dat weinig mensen haar serieus namen.

Ljoedmila Naroesova kiest haar woorden zorgvuldig wanneer ze de trouwe bondgenoot van haar echtgenoot beschrijft: 'We kenden Poetin als een competent iemand,' zegt ze. 'Hij werd gekozen om zijn professionele kwaliteiten.'

BLAIR IN HET LAND VAN DE SOVJETS

Minder dan drie maanden nadat hij als waarnemend president was aangesteld, en belangrijker nog: twee weken voor de presidentsverkiezingen zouden plaatsvinden die zijn aanstelling als staatshoofd zouden bekrachtigen, deed Poetin een meesterzet in de internationale diplomatie. Hij belde vanuit zijn kantoor in het Kremlin naar Tony Blair in Londen: 'Kom naar Rusland, zodat we elkaar kunnen leren kennen. En neem uw vrouw mee; we maken er een sociaal gebeuren van.'

Blair was meteen op zijn hoede. Hoe moest hij hierop antwoorden? Poetin nodigde Tony en Cherie zogenaamd uit om met hem en zijn vrouw Ljoedmila een galavoorstelling van Sergej Prokofjevs opera *Oorlog en Vrede* bij te wonen in het Sint-Petersburgse Mariinskitheater, waar zijn goede vriend Valeri Gergiëv artistiek directeur was. Het was een aanbod dat ze moeilijk konden weigeren, hoewel het overduidelijk was dat de nieuwe Russische leider eigenlijk een officieuze topontmoeting regelde met de Britse premier. De keuze was op Blair gevallen omdat president Clinton het laatste jaar van zijn termijn uitzat en er binnenkort dus een nieuwe leider in het Oval Office zou komen te zitten, en bovendien had Poetin al met hem kennisgemaakt.

Aangezien hij maar een van de kandidaten was in de komende verkiezingen, verkeerde Poetin niet in de positie om Blair officieel uit te nodigen in Moskou. Had hij dat wel gedaan, dan zou Blair verplicht zijn geweest om ook de andere kandidaten te ontmoeten, wat zou hebben betekend dat hij - God verhoede! - tijd zou hebben moeten doorbrengen met Gennadi Zjoeganov van de Communistische Partij. Er heerste ook veel wantrouwen in Groot-Brittannië jegens de voormalige KGB'er die het roer van de oude vijand overnam en die er nu al van werd beschuldigd het niet nauw te nemen met de mensenrechten wegens zijn agressieve houding in het conflict in Tsjetsjenië. Maar nadat zijn spindoctors hem ervan hadden verzekerd dat een ontmoeting met de man die nog voor het einde van de maand zo goed als zeker de eerstvolgende democratisch verkozen president van Rusland zou worden, als een goede zet zou kunnen worden gepresenteerd, belde hij Poetin terug met de boodschap dat hij en Cherie hem met alle plezier zouden vergezellen bij de operavoorstelling. Hij deed één toegeving aan de kabinetsleden die tegen de ontmoeting waren: hij zou de mensenrechtenkwestie in Tsjetsjenië wel degelijk aansnijden.

De Blairs vertrokken naar Sint-Petersburg op 10 maart 2000. Tijdens de vlucht brachten Blair en zijn woordvoerder Alastair Campbell de tijd door met 'aanpappen met het journaille', zoals Campbell het suggestief uitdrukt. Het vliegtuig landde 's avonds laat en John Stoddart, de fotograaf die was ingehuurd om de Blairs te vergezellen, reed met hen mee naar Sint-Petersburg in een groen busje. Beide Blairs leken zenuwachtig: 'Ze was hoogzwanger van haar vierde kind, maar Tony leek nog het meest behoefte te hebben aan moederlijke zorg,' vertelt Stoddart. 'Ze bleef maar praten over de overhemden die ze voor hem had ingepakt en hij zei: 'Ik hoop dat je het roze hemd hebt ingepakt, ik vind dat roze hemd leuk."

Poetin had al voorbereidingen getroffen om de discussie met Blair vlot te laten verlopen. Hij had aangegeven dat hij bereid was de problemen die niet alleen Rusland en Groot-Brittannië, maar ook Rusland en Europa verdeelden, niet te berde te brengen; dit gold in het bijzonder voor de meningsverschillen over Tsjetsjenië die, zoals Poetin wist, door een Britse minister omschreven waren als 'de juridische zere plek van Rusland'. Hij zou er niet op aandringen controversiële details ter sprake te brengen, zoals de financiële belangen van de Britten in Tsjetsjenië, een kwestie die voer zou worden voor een zware discussie met kolonel-generaal Leonid Ivasjov, de voorzitter van de Academie voor Geopolitieke Wetenschappen.

Verder was Poetin ook bereid de strijdbijl te begraven in de netelige kwestie van nauwere samenwerking tussen Rusland en de NAVO, een toenadering die was opgeschort wegens de Russische kritiek op de rol die de NAVO in Kosovo had gespeeld. Tegen het advies van zowel het Ministerie van Defensie als dat van Buitenlandse Zaken in had Poetin besloten om zijn plannen om in Moskou een militaire samenwerkingsmissie met de NAVO en een informatiekantoor voor medewerkers op te zetten, nieuw leven in te blazen. Zijn minister van Defensie had hem vooral op het hart gedrukt zich niet in te laten met de secretaris-generaal van de organisatie, George Robertson, tenzij deze officiële excuses zou aanbieden voor het optreden van de NAVO in de Balkan.

Poetin was zich ervan bewust dat Robertson dat nooit zou doen, maar had hem toch uitgenodigd om naar Moskou te komen. 'Hij maakte gewoon korte metten met al het geleuter,' aldus een topmedewerker van de NAVO. 'Hij vroeg George om hem hoe dan ook te bezoeken. Hij was de dingen naar zijn hand aan het zetten. George was absoluut verrast, maar voelde zich gevleid en accepteerde de uitnodiging uiteraard.' Poetin was nooit van plan geweest om Rusland te laten toetreden tot de NAVO. Later (in een interview met *Time* in december 2007) zou hij het volgende zeggen: 'Ik zou niet willen beweren dat NAVO het stinkende lijk is van de Koude Oorlog. Maar het is beslist een overblijfsel uit het verleden. Het heeft geen zin om te doen of dat niet zo is: eerst werd de NAVO opgericht en vervolgens als reactie daarop het Warschaupact. Het waren twee militaire en politieke blokken die tegenover elkaar stonden. Wat weet de NAVO bijvoorbeeld van terrorismebestrijding? Heeft de NAVO de terroristische aanslag van 11 september 2001 kunnen voorkomen, waarbij duizenden Amerikanen het leven lieten? Wat was het antwoord van de NAVO op deze dreiging, wat heeft ze gedaan om ze te elimineren, om Amerika ertegen te beschermen?' Hij voegde eraan toe dat Rusland geen lid zou worden van een militaire alliantie als dat de soevereiniteit van het land zou beperken, 'want deel uitmaken van een alliantie houdt uiteraard een begrenzing in van de eigen soevereiniteit'.

Maar dit was niet het moment om uiting te geven aan dergelijke ideeën en hij knikte slechts, elke keer wanneer Robertson de kwestie ter sprake bracht. De secretaris-generaal ontmoeten was gewoon een diplomatieke taak die hij als nieuwe leider moest uitvoeren en dat deed hij voortreffelijk, zo vertelde Robertson aan de sceptische Blair.

Nu het grootste struikelblok uit de weg was geruimd, werd er een agenda opgemaakt voor de ontmoeting tussen Poetin en Blair, die niets had uit te staan met een avondje opera. De te bespreken onderwerpen waren onder meer de georganiseerde misdaad, de aanstaande G8-top, nauwere economische banden tussen de twee naties, de Balkan en, om de Britse premier tegemoet te komen, Tsjetsjenië.

Tony Blair was in een goede stemming toen hij op zondagochtend in een officiële Zil-limousine vertrok naar het riante zomerpaleis van Peter de Grote in Peterhof voor een ontmoeting met Poetin. De Britse ambassadeur, Sir Roderic Lyne, had hem geadviseerd 'vriendelijk te zijn, maar niet overdreven familiair, voor het geval hij niet in de smaak zou vallen of later opeens de kop van Jut zou zijn.' Poetin verwelkomde Blair uitbundig en gaf hem een lange rondleiding door het paleis, die eindigde in een grote, vrij donkere kamer, waar het gesprek zou plaatsvinden.

Blair was enigszins van zijn stuk gebracht toen hij merkte dat ze allebei op verhoogde tronen zouden zitten, met hun ambtenaren een eindje bij hen vandaan. Hij was gewend om dat soort bijeenkomsten op een relatief informele manier te laten verlopen in een studiekamer op Downing Street 10, waarbij iedereen opgepropt zat in leunstoelen en op banken die betere tijden hadden gekend. Het was duidelijk dat hij zou worden geconfronteerd met Russische bureaucraten die hun aspirant-president nauwlettend in de gaten hielden, klaar om aan hun respectieve bazen verslag uit te brengen over zijn optreden.

Hoewel de waarnemend president netelige kwesties trachtte te omzeilen, werd Tsjetsjenië onvermijdelijk het hete hangijzer. Blair zette de zorgen van Groot-Brittannië uiteen met de bedrieglijke overtuigingskracht van een advocaat die tegenover een jury staat, en Poetin antwoordde dat zijn mening tenminste evenwichtiger was dan die van de Fransen. 'Je kreeg de sterke indruk dat hij zijn pleidooi de nacht tevoren niet alleen grondig had bestudeerd, maar het zelfs volledig uit zijn hoofd had geleerd,' aldus een Britse topdiplomaat die bij het gesprek aanwezig was. 'Het was alsof iemand een grammofoonplaat had opgezet. De [tweede] Tsjetsjeense Oorlog was nog maar pas geleden uitgebroken, maar toen Tony het onderwerp aansneed, gaf Poetin een heel lang antwoord (hij moet een minuut of tien aan het woord zijn geweest, maar het leek veel langer): een tot in de puntjes voorbereid, ononderbroken en goed ingeoefend verhaal, dat weinig ruimte liet voor een levendige discussie.' Poetin had zich gewoon goed voorbereid op de bijeenkomst, zo goed zelfs dat Blair het moeilijk had om op hetzelfde niveau mee te discussiëren; het was duidelijk dat hij maar weinig afwist van de situatie in Tsjetsjenië en alleen de grote lijnen kende. Toen stak Poetin zijn betoog af. Het kwam erop neer dat de oorlog een criminele basis had: de criminelen hielden vol dat hun motivatie religieus was, maar eigenlijk waren het agressieve extremisten, die een ernstige bedreiging vormden voor Rusland. Die dreiging ging uit van terroristen; het waren criminelen die de Federatie uiteen dreigden te doen vallen. De Russen hadden gestreden tegen Arabieren, Talibanleden en moslims uit Pakistan, betoogde Poetin, maar hun echte vijanden waren misdadigers die alleen maar voorwendden dat hun motieven religieus waren.

Blair was overrompeld. De belofte van een debat over mensenrechten in Tsjetsjenië en de verwoesting van Grozny was gewoon van tafel geveegd. In plaats daarvan kreeg hij een aantal amateuropnamen te zien van Tsjetsjenen die Russische soldaten en officieren martelden, onthoofdden of hen in het bijzijn van Sjamil Basajev doodschoten. De in totaal zeventien filmpjes vormden een griezelige samenvatting van de recente aanval op Dagestan. Blair vernam later van zijn buitenlandse inlichtingendienst dat de beelden echt waren. Beide mannen raakten verhit door hun discussie over Tsjetsjenië en, zoals Alastair Campbell het in zijn dagboek schreef, 'het was een opluchting toen eindelijk het binnenlands beleid, economische hervormingen en de ontwikkeling van een markteconomie ter sprake kwamen.'

Na hun gesprek gaven de twee leiders een persconferentie in een grote balzaal met spiegels aan de muren. De lessenaren waren duidelijk een eind uit elkaar gezet in een poging te verdoezelen dat Poetin een halve kop kleiner was dan de Britse premier. Een aantal journalisten stelden vragen over investeringen. Poetin had daar duidelijk op geanticipeerd en las een lange, vooraf opgestelde verklaring voor. 'Zijn taalgebruik was hopeloos ouderwets,' herinnert de Britse diplomaat zich, 'ik weet nog hoe ik stond te luisteren en dacht: deze man staat zichzelf te promoten als iemand die de Russische economie zal moderniseren en hervormen. Let wel, hij had al een aantal toespraken gehouden in dezelfde geest, waaronder zijn Millenniumrede. Dat was een heel belangrijk manifest, het enige dat hij uitbracht voor de verkiezingen van 26 maart. Ik vermoed dat een of andere oudgediende in het Ministerie van Buitenlandse Handel, die er al sinds de vroege jaren van het communisme zat, de toespraak mee had helpen schrijven, want er werd in verondersteld dat investeringen door overheden gebeurden en er was ook sprake van de geweldige scheepsbouwindustrie van Groot-Brittannië, die we al in geen veertig jaar meer hadden gehad. Je hield er het gevoel aan over dat deze man nog niet helemaal mee was met het fenomeen markteconomie.'

Tijdens de lunch heerste er een sombere sfeer in de kamer. Blairs droom om Poetins nieuwe beste vriend te worden, lag aan diggelen, en Poetin realiseerde zich dat zijn mijn-wil-is-wet-boodschap niet was doorgedrongen. De Russen waren blij dat hun toekomstige leider niet uit zijn rol was gevallen, maar het kleine Britse team leek helemaal ontmoedigd. Het was, zo vonden ze, een gekunstelde bijeenkomst geweest die twee uur had geduurd, gevolgd door een middelmatige persconferentie. Maar de sfeer werd beter naarmate de lunch vorderde en de aanwezigheid van Cherie en Ljoedmila hielp de boel wat op te fleuren. Na de lunch werden de vrouwen meegenomen op een korte excursie, waarna hun echtgenoten begonnen aan de tweede gespreksronde in een andere, al even imposante zaal in het Hermitage.

De diplomaat Sir Roderic Lyne vond dat de twee leiders hun gesprek na de middag alleen in aanwezigheid van hun tolken zouden moeten voortzetten, zonder hun ambtenaren erbij. Hij stelde het voor aan Blair, die er onmiddellijk mee instemde, maar de Russen wilden er niets van weten, met name de medewerkers van het Ministerie van Defensie, die de indruk gaven hun president al even weinig te vertrouwen als hij hen leek te mogen. 'U moet weten dat de mannen van het Russische Ministerie van Buitenlandse Zaken en de KGB nooit goed met elkaar hebben kunnen opschieten en het idee dat een voormalige KGB-agent, die niet eens een toppositie had bekleed, op het punt stond om hun gekozen president te worden, vervulde hen met afschuw,' aldus de Britse diplomaat. 'Dus stonden de Russen erop om weer mee de kamer in te marcheren met de heren Poetin en Blair, die gezeglijk weer plaatsnamen in hun zetels voor de verplichte fotosessie met ons er allemaal omheen. Toen dat eenmaal voorbij was, vroeg een van ons aan Tony, precies op het juiste moment: 'Zou u het gesprek liever onder vier ogen verder zetten?' Hij antwoordde: 'Ja, dat lijkt me een goed idee.' Dus stonden we allemaal op en liepen we de kamer uit. De Russen moesten toen ook wel vertrekken. Zij waren woedend, maar ik denk dat de waarnemend president het prima vond, en nog vermakelijk ook. Hij wist duidelijk dat het hele gebeuren geënsceneerd was.'

Blair vertelde zijn team achteraf dat het gesprek onder vier ogen niet alleen veel beter was gegaan dan het eerste, maar dat hij en Poetin zelfs een soort van verstandhouding hadden opgebouwd, en dat was net waar de oude garde van de president bang voor was geweest. Ze hoefden echter niets te vrezen:

Poetin ging nu ook weer geen lid worden van Blairs fanclub. Desalniettemin leken ze prima met elkaar te kunnen opschieten, zoals ze naast elkaar zaten in hun loge in het Mariinskitheater die avond, ook al was de opera niet echt naar de smaak van Blair, die meer van popmuziek hield. Cherie Blair huiverde later bij de herinnering aan de avond en klaagde dat 'er maar geen einde aan de opera leek te komen'. Ze voegde er nog aan toe: 'Ik was zes maanden zwanger van Leo, dus de reis was niet makkelijk voor me. Het hotel leek wel een oven terwijl het buiten juist bitter koud was.'

Vastbesloten om zijn bezoekers niet te laten gaan zonder een luchtiger herinnering aan de reis, nam Poetin het stel mee naar een restaurant en vroeg de Britse premier tijdens de maaltijd of hij wel wist dat er in dit gedeelte van de wereld beren op straat liepen. 'Tony keek hem aan met die lege blik in de ogen die hij krijgt wanneer hij niet weet wat hij moet zeggen, en haalde zijn schouders op,' vertelt een getuige. 'Daarop greep Poetin hem bij zijn arm en nam hem mee naar het venster: buiten op de stoep stond zowaar een enorme beer. Natuurlijk had de beer een ketting om een van zijn poten en op enkele passen bij hem vandaan hield zijn baas het andere uiteinde vast. Maar eigenlijk wilde Poetin daarmee het punt benadrukken dat hij gedurende het hele bezoek had proberen te maken: hij mocht dan wel een nieuweling zijn, maar hij was in staat om een belangrijke speler op het wereldtoneel om de tuin te leiden. Blair had er een les uit moeten trekken ...'

Tijdens de terugvlucht naar Londen gaf Blair een opgetogen verslag van zijn gesprekken aan de aanwezige pers en maakte hij duidelijk dat hij, Cherie en de Poetins op zijn minst goed bevriend waren geraakt. Op zakelijk niveau vond Blair Poetin 'zeer intelligent en iemand met duidelijke ideeën over wat hij in Rusland wilde bereiken... Als je kijkt naar wat Rusland heeft moeten doormaken en naar wat er nodig is voor de economische wederopbouw, is het niet verrassend dat hij gelooft in een sterk en geordend, maar ook democratisch en liberaal Rusland.' Hij repte met geen woord over de moeite die het hem had gekost om met Poetin de dingen te bespreken die hij voor zijn vertrek naar Rusland zo belangrijk had genoemd. Toen de journalisten hem ondervroegen over hoe vastberaden hijzelf was geweest toen ze het over Tsjetsjenië hadden, zei hij dat er aan beide kanten mensenrechten waren geschonden.

Voor zichzelf moest Blair wel toegeven dat hij niet te maken had met een Boris Jeltsinachtig figuur, maar met een nieuwe, sterke Russische leider, die van hem zou verwachten dat hij voortaan beter voorbereid naar ontmoetingen kwam, in het bijzonder wanneer Tsjetsjenië op de agenda zou staan.

In de aanloop naar de presidentsverkiezingen moesten er wel lijken uit Poetins kast vallen. Marina Salje, de liberale politica die een beroep had gedaan op burgemeester Sobtsjak om Poetin te ontslaan wegens vermeend misbruik van fondsen, voerde campagne tegen de man die Jeltsin als zijn opvolger had aangewezen, waarbij ze aandacht vroeg voor de resultaten van haar onderzoek in Sint-Petersburg. In aan het theatrale grenzende interviews, die haar naar eigen zeggen tot een 'internationale mediaster' maakten, beweerde Salje dat ze haar 'gingen doodmaken', waarna ze zich terugtrok in een afgelegen huis op het platteland. Bijna niemand nam haar uitspraken serieus en ook zijzelf zag zich genoodzaakt afstand te nemen van geruchten dat Poetin haar op nieuwjaarsdag 2001 een telegram had gestuurd met de tekst: 'Een goede gezondheid toegewenst ... en geniet ervan zolang u dat nog kan!' Salje dikte haar eigen angsten nog wat aan door haar interviewers eraan te herinneren dat de andere vooraanstaande Sint-Petersburgse liberale politica

Galina Starovojtova op 20 november 1998 op een steenworp afstand van haar voordeur was vermoord.

Toen Poetin op 26 maart 2000 tot president werd verkozen, was dat eerder een kroning dan een verkiezing. Met 53 procent van de stemmen in de eerste stemronde lag de weg naar het Kremlin voor hem open. Poetin ging wel stemmen in zijn plaatselijke stemkantoor, want dat moest nu eenmaal, maar verder toonde hij weinig interesse in het precieze verloop van de verkiezingen en nam hij vrij om nog een paar uur te gaan skiën voor de uitslag bekend werd gemaakt.

De communistenleider Gennadi Zjoeganov strandde met 29 procent op de tweede plaats en de zelfingenomen liberaal Grigori Javlinski werd derde met 6 procent. Op zijn 47ste werd Poetin de jongste president van Rusland sinds Stalin, toen hij op zondag 7 mei werd ingehuldigd in het Groot Kremlinpaleis. Twee ex-presidenten, Jeltsin en Gorbatsjov, stonden zij aan zij met de belangrijkste politici van het land, buitenlandse ambassadeurs, rechters, religieuze leiders en leden van Poetins familie om te zien hoe hun nieuwe leider de lange afstand aflegde over de rode loper die hem door het grandioze 19de-eeuwse gebouw leidde. Terwijl dertig kanonnen een presidentieel saluut afvuurden en een korps Kremlinbewakers onder begeleiding van de militaire kapel voorbijmarcheerde, werd de jongen uit de Baskovlaan beëdigd als de tweede gekozen president van Rusland.

De journalisten van *Time* waren al te genadeloos in hun oordeel: 'Hij is een grijze muis, zo gewoontjes dat je hem niet eens zou herkennen in een menigte,' schreven ze. 'Speurende ogen zouden de tengere, kleine figuur met het fletse, uitdrukkingsloze gezicht zo over het hoofd zien.' Opnieuw waren het zijn ogen die de aandacht trokken. 'Kijk naar zijn ogen,' schreven ze. 'Blauw als staal. Koud als Siberisch ijs. Ze kijken dwars door je heen, maar je kunt er zelf niet in binnendringen. Soms zijn ze een spiegel die reflecteert wat je wilt zien. Soms zijn ze een masker dat zijn ware bedoelingen verbergt. Die ogen zijn Poetins opvallendste kenmerk, afgezien van zijn onwrikbare wil.'

Later woonden Poetin en Ljoedmila een zegendienst bij, geleid door patriarch Aleksej II in de Verkondigingskathedraal van het Kremlin, met zijn uivormige koepels. Poetin was duidelijk meer op zijn gemak toen hij in de voetstappen van de tsaren trad, dan toen hij op de plek stond waar Stalin eens had gestaan.

'Ik heb alles gedaan wat ik kon,' had Jeltsin gezegd aan het eind van zijn aftredingstoespraak. 'Er komt een nieuwe generatie aan, die meer en beter werk zal verrichten.'

POETIN SLAAT TERUG

Nu hij de komende vier jaar of zelfs nog langer als president gebeiteld zat, realiseerde Poetin zich dat hij een massa problemen moest aanpakken. Sommige daarvan waren ernstig, andere alleen maar lastig. Een voorbeeld van de laatstgenoemde categorie waren familieleden van zijn vrouw die op zijn succes probeerden mee te liften, in het bijzonder een neef die de relatie openlijk probeerde uit te buiten en die 'gedumpt' moest worden, wat voor Ljoedmila nogal pijnlijk was en de huiselijke vrede verstoorde op een moment dat Poetin daar allesbehalve behoefte aan had.

'Dit was het moment waarop hij ontdekte dat hij twee soorten vrienden had,' vertelt een behulpzame VVP-man. 'Je had degenen die van hem wilden profiteren – zij bleven niet lang in beeld – en mensen zoals wij die hem oprecht wilden helpen.' Dit was het moment waarop zich de groep zelfverklaarde Poetin-aanhangers vormde; een club van uitsluitend mannen, van wie Poetin geloofde dat ze hem rugdekking konden geven, maar ook dat ze hem konden gidsen op de weg die voor hem lag.

'Op onze allereerste bijeenkomst feliciteerden we hem en vroegen we hoe het voelde om president te zijn,' vervolgt de

VVP-man. 'Zijn antwoord was: 'Nou, het is beter dan bananen verkopen.' Tsjetsjenië had zijn hoogste prioriteit. Het was er een en al leed, corruptie, moorden en omkoopbare premiers en ministers. En dan was er natuurlijk nog [Ahmed] Zakajev, Tsjetsjeens rebellenleider en een van Boris Berezovksi's handlangers ... de man die de steun had weten te winnen van de Britse actrice Vanessa Redgrave, ook al was hij in verband gebracht met honderden moorden in 1995 en 1996.'

Op een bloedhete dag in juli 2000 ontbood de nieuwgekozen president alle dertig oligarchen – zowel de grote als de kleine spelers – op het Kremlin. Dat wil zeggen: allemaal op één na. Ze wisten niet goed wat hun te wachten stond, toen ze het nooit eerder gehoorde verzoek kregen hun glanzende limousines bij de Spasskitoren achter te laten en te voet hun weg te vervolgen naar de statigste van alle vergulde zalen om daar hun president te ontmoeten. Ze droegen allemaal zonnebrillen en versterkten daarmee het beeld van een bijeenkomst van maffiosi, opgetrommeld door Don Corleone. Alleen was dit een ontmoeting van exorbitant rijke mannen die waren ontboden door de onbetwiste leider van de Russische Federatie.

Zij waren stipt; Poetin zoals gewoonlijk niet. Hij was zelfs te laat gearriveerd op de receptie van koningin Elizabeth in Londen, dus hij had er geen moeite mee om deze mannen te laten wachten. Het gaf hun dan ook de tijd om te speculeren over de mogelijke redenen waarom ze moesten komen. Ze zaten al meer dan een half uur om de diepglanzende vergadertafel, toen de president eindelijk zijn entree maakte.

Kalm en beheerst keek hij de tafel rond en begon te praten. 'Jullie hebben de staat voor een groot deel zelf gemaakt tot wat ze nu is, via de politieke en semi-politieke structuren die onder jullie controle stonden,' begon hij. 'De pot moet de ketel dus niet verwijten dat hij zwart ziet.' De rijkste mannen van Rusland keken elkaar verward aan. Beschuldigde hij hen? Waarvan? De uitleg volgde snel: Poetins boodschap hield in dat de dagen dat ze zich in de politiek konden mengen, geteld waren. Ze mochten hun bezit houden op drie voorwaarden: ze moesten belasting betalen, ze moesten uit de buurt blijven van corrupte ministers en ambtenaren en ze mochten zich niet meer bemoeien met de politiek. Hij liet er geen twijfel over bestaan dat ze in de problemen zouden komen als ze zich niet aan deze nieuwe regels hielden.

De oligarchen beseften dat dit diktaat naast zich neerleggen een groot risico zou betekenen. Bovendien waren ze zich ervan bewust dat de publieke opinie zich tegen hen aan het keren was. De gemiddelde Rus had een vrij goed beeld van de manier waarop ze hun kolossale vermogen hadden verworven. Michail Fridman herinnerde zich later: 'We moesten toegeven dat we niet populair waren. Een van ons stelde voor om een imagoconsultant te raadplegen. Ik zei dat we verder moesten gaan dan dat. Gewone mensen die zich geen bezoekje aan hun familie binnen Rusland konden veroorloven, zagen ons naar Saint-Tropez vertrekken, zogenaamd op zakenreis [om de belastingdienst te misleiden]. We moesten onszelf een absoluut onberispelijk imago aanmeten.'

De ironie is dat het Fridman was geweest die, toen hij de oproep voor de Kremlinbijeenkomst had gekregen, naar een collega-oligarch had gebeld om te zeggen dat de *big business* voor de president veel te belangrijk was geworden om te gaan ruziën met degenen die die *business* onder controle hadden. De Fridman die nu zo diep door het stof ging was degene geweest die had voorgesteld dat de oligarchen een invloedrijk pr-bedrijf zouden inhuren, niet zozeer om hun eigen imago te verbeteren als wel om dat van de president te schaden.

POETIN SLAAT TERUG

Poetin twijfelde er niet aan dat zijn 'gasten' van die ochtend meer dan immense rijkdommen bezaten waarmee ze konden terugvechten; sommigen van hen hadden een deel van hun kapitaal gebruikt om nagenoeg de totale controle over de Russische media te verwerven, en daarmee de toegang tot de hoofden en harten van het volk. Maar de nieuwe president had een troef in handen: hij ging over de gevangenissen en had de maand ervoor al bij wijze van waarschuwingsschot een van de aanwezigen, Vladimir Goesinski, gearresteerd en kort laten opsluiten omdat hij tientallen miljoenen dollars zou hebben verduisterd van Gazprom, en niet meteen van zins zou zijn om die terug te geven. De aanklachten werden pas ingetrokken toen de magnaat ermee instemde zijn machtige Media Most-concern (met onder meer *NTV*, de krant *Segodnja* en het tijdschrift *Itogi*) over te dragen aan het door de staat gedomineerde Gazprom (waardoor hij uiteindelijk slechts een klein aandeelhouderschap behield in de populaire radiozender *Echo Moskvy*, dat nog steeds in de ether is) in ruil voor een eenmalige afkoopsom van 300 miljoen dollar. Toen Goesinski aankwam op Poetins rampspoedige vergadering, klaagde hij nog steeds dat de overeenkomst was gesloten toen hij in de gevangenis zat: ze was onder dwang tot stand gekomen en daardoor juridisch niet bindend. De oligarchen waren nu eenmaal niet gewend terug te moeten geven wat ze van de staat hadden afgenomen.

Toen ze die noodlottige dag het Kremlin verlieten, viel de club oligarchen uiteen in kleinere groepjes. Sommigen protesteerden, anderen beraamden opstanden – wat een van hen langer achter de tralies zou doen verdwijnen dan Poetin volgens de verwachtingen aan de macht zou blijven, en anderen een onaangenaam leven in ballingschap zou bezorgen. Toch brandde bij iedereen zonder uitzondering dezelfde vraag op de lippen: waar was Roman Abramovitsj?

Abramovitsj, ooit een wees zonder een rooie cent, was op drie maanden na 34 toen hij een van Ruslands oligarchen werd, en dat niet alleen: hij werd ook nog eens een van de succesvolste onder hen. Toch schitterde hij door afwezigheid toen Vladimir Poetin hen allemaal bijeenriep op die zomerdag in 2000. Net als de anderen had Boris Berezovski het niet gewaagd de oproep van de president te negeren. Toen hij zijn blik over de tafel liet gaan, zag hij dat elke stoel bezet was, wat bevestigde dat Poetin niet op Abramovitsj' komst had gerekend.

Had Abramovitsj Poetin dan al beloofd dat hij zich aan de drie voorwaarden zou houden die die dag gesteld werden? Of paste de man met het KGB-verleden een verdeel-en-heerstactiek toe door te laten zien dat een van hen al was overgelopen? Op beide vragen luidde het antwoord 'ja'. De president en de ondernemer, een onwaarschijnlijk duo, hadden al een pragmatische relatie opgebouwd; het was een ongemakkelijke alliantie met een van de mensen die verantwoordelijk waren geweest voor de neergang van het land door in te tekenen op Boris Jeltsins uitverkoop van Ruslands grondstoffen.

Hoewel hij een man met keiharde principes leek, was Poetin ook een realist. Hij wist beter dan de meesten dat Jeltsin weinig keus had gehad toen hij vier jaar eerder zijn overwinning had gekocht in de presidentsverkiezingen van 1996 door de fondsen bij elkaar te schrapen die bedoeld waren voor pensioenen en ambtenarensalarissen, en en passant zijn vaderland te redden van een terugkeer naar het communisme; ook al betekende dit dat hij het familiezilver van Rusland voor een fractie van zijn waarde moest verkopen aan een groep mannen van wie sommigen dankzij deze transacties multimiljardair zouden worden. Ze hadden nog tijd genoeg om de nationale rijkdommen terug te vorderen.

Abramovitsj had Poetin voor het eerst ontmoet in het Kremlin toen hij het verzoek had gekregen op te draven als het zakelijke gezicht van de regering. Indertijd was Berezovski blij te zien dat zijn pupil werd geaccepteerd in Jeltsins kring van intimi; hij realiseerde zich niet dat hijzelf door de bloeiende relatie tussen Jeltsin, Abramovitsj en Poetin uit het Kremlin zou worden verdreven. Toen Jeltsin besloot Poetin als premier aan te stellen, had hij Berezovski immers gestuurd om hem te polsen.

Berezovski en de andere oligarchen verwachtten dat de nieuwe man aan het hoofd van de regering aan hun kant zou staan, dat Poetin kneedbaar zou zijn. Maar vanaf het moment dat hij aantrad in zijn nieuwe functie, greep de nieuwe leider elke gelegenheid aan om het tegendeel te laten zien en negeerde hij nadrukkelijk Berezovski's pogingen zich aan hem op te dringen als nieuwe premier. Berezovski's zwakke punt was dat hij niet in staat was compromissen aan te gaan. 'Hij moest altijd winnen en als winnaar gezien worden,' aldus Robert Cottrell. 'Maar in de politieke en financiële wereld is het onvermogen om water bij de wijn te doen gevaarlijk.'

Poetins eerste officiële toespraak tot het parlement bevatte een waarschuwing: 'We lopen het gevaar een volk in verval te worden.' Hij refereerde aan de grimmige demografische toekomst die Rusland wachtte: sinds de Sovjet-Unie was uiteengevallen, was het inwonertal in minder dan geen tijd met 5 miljoen afgenomen. Volgens zijn deskundigen zou de bevolking nog vóór de eerste helft van de nieuwe eeuw voorbij was met meer dan 30 procent inkrimpen tot iets meer dan 100 miljoen. Een zo laag inwonertal in een land zo groot als Rusland kan een catastrofe betekenen, zeker als je kijkt naar de veel grotere aantallen die de aangrenzende landen China en Japan bevolken en die het soevereine grondgebied van Rusland dreigen binnen te dringen.

Toen Poetin aantrad als president, oversteeg het jaarlijkse sterftecijfer van Rusland het geboortecijfer met zeventig procent en leefde twee derde van de bevolking onder de armoedegrens. Consumptie van drugs, alcohol en tabak droeg bij tot het hoogste sterftecijfer en het laagste geboortecijfer van Europa.

German Gref, de jonge liberale hervormer, werd door Poetin benoemd tot minister van Handel en kreeg de verantwoordelijkheid over het Centrum voor Strategische Ontwikkeling, dat een tienjarenplan voor economische ontwikkeling ontwierp. Gref en Poetin kenden elkaar goed uit hun tijd in Sint-Petersburg. Door te kiezen voor mensen die hij sinds lang vertrouwde, versterkte Poetin zijn positie en zijn invloed was zo groot dat zij zich van hun kant aanpasten aan zijn gedrag. Dit gold niet alleen voor Gref maar ook voor Koedrin, Tsjoebajs en zelfs Vitali Ignatenko, die sinds jaar en dag directeur was van het persbureau ITAR-TASS. Poetins informele adviseurs waren echter niet positief over Gref. 'We droegen een plan voor om het ouderschap te stimuleren,' vertelt mijn VVP-man. 'We herintroduceerden het oude plan, waarbij ouders een grotere of betere woonruimte kregen in ruil voor gezinsuitbreiding, met daarbovenop nog een financiële stimulans. Gref leeft in een droomwereld. Hij wilde mensen aanmoedigen om zich te vestigen in de afgelegen gebieden, waar niemand wil wonen. De delen van Rusland waarover hij het had, zijn zo goed als onbewoonbaar en hebben bovendien geen infrastructuur. Er leiden geen wegen naartoe, er zijn geen luchthavens, en het ziet er niet naar uit dat dit binnen afzienbare tijd zal veranderen. Het was een idioot plan.'

Een maand later, vijf maanden nadat Poetin was verkozen tot president, zag Berezovski zijn kans schoon om terug te slaan. Op zaterdag 12 augustus even voor halftwaalf 's ochtends, zonk de Koersk, een ultramoderne atoomonderzeeër, in de ijskoude

POETIN SLAAT TERUG

Barentszzee. De Koersk, die even lang was als twee Boeings 747 bij elkaar, was ooit de trots van Ruslands Noordelijke Vloot en omdat het schip was ontworpen om de wateren te beschermen tegen vliegdekschepen en bijbehorende gevechtseenheden, was het niet zomaar een onderzeeboot maar een symbool van staatsmacht. Het was met man en muis vergaan na twee explosies, het resultaat van mislukte testen op torpedo's. De teloorgang van dit machtige vaartuig zou Poetins prille presidentschap aan het wankelen brengen.

Op het moment dat het ongeluk zich voordeed, reed Poetins autocolonne juist het Kremlin uit om hem en Ljoedmila te escorteren op het eerste deel van hun reis naar Sotsji, het vakantieoord aan de Zwarte Zee waar ze hun zomervakantie zouden doorbrengen. Pas de volgende ochtend vroeg hoorde hij dat de Koersk was gezonken, en op dat moment was het lot van de 118-koppige bemanning nog onzeker. Een meer ervaren staatshoofd zou zich wellicht hebben gerealiseerd dat de al wat oudere minister van Defensie Igor Sergejev zich al te zacht uitdrukte toen hij om zeven uur 's ochtends belde om hem te vertellen dat het schip 'niet communiceerde'. De marineautoriteiten hadden gewacht met hem het nieuws te vertellen in de hoop dat het probleem nog opgelost zou worden. Sergejev verzekerde hem ervan dat alles onder controle was en dat er geen reden was om zijn vakantie te onderbreken. De torpedo's die de onderzeeboot aan het testen was, kwamen uit een magazijn in Dagestan. Een soortgelijk probleem had vijftig jaar eerder geleid tot de vernietiging van een Britse onderzeeboot, maar de rapporten daarover waren geheim.

Doordat er zo lang werd getalmd, bracht Poetin, zich nog niet bewust van de omvang van de tragedie, de dag door met jetskiën, zonnebaden en het schrijven van een verjaardagskaart aan een 70-jarige actrice die hij bewonderde, terwijl de top van de Russische marine op de zeebodem de verdrinkingsdood stierf. De families van de bemanning van de Koersk probeerden ondertussen tevergeefs meer informatie los te krijgen over hun dierbaren, terwijl de marine ieder hulpaanbod van het Westen om een reddingsoperatie op te zetten afsloeg.

Er kwam een telefoontje van president Clinton aan te pas om Poetin te doen inzien dat de hele wereld in de ban was van het lot van de bemanning. Clinton probeerde Poetin aan zijn verstand te brengen dat hij de hulp bij de reddingsoperatie niet kon weigeren, wilde hij menselijker overkomen dan zijn Sovjetvoorgangers. Poetin moest Clintons argumenten echter afwegen tegen de felle bezwaren van zijn eigen toppolitici, die dachten dat het Westen erop uit was hun militaire geheimen te stelen. Uiteindelijk koos hij de kant van Clinton (die tenslotte zo vol van hem was geweest bij hun eerste ontmoeting in Auckland, toen hij nog maar pas premier van Rusland was), maar toen Tony Blair hem te hulp wilde schieten door een Britse mini-onderzeeër aan te bieden, verzetten Poetins admiraals zich daartegen en weigerden aanvankelijk toestemming te geven om de boot te gebruiken vanwege de zeer geheime status van de Koersk. Ze bleven ervan overtuigd dat ze de situatie aankonden, maar terwijl ze om de hete brij heen draaiden, kwam de bemanning om het leven en legden de media de schuld van de tragedie bij Poetin.

Ook toen alle hoop verloren was, bleven de marineautoriteiten tegenwerken en pas toen *Komsomolskaja Pravda*, de over het algemeen Kremlingezinde krant van de oligarch Vladimir Potanin, 600 dollar betaalde aan een officier van de Noordelijke Vloot voor een complete lijst van de bemanningsleden, kwamen de thuisblijvers te weten wie van hun mannen aan boord van het schip waren, dat inmiddels op de zeebodem lag. Er volgden bizarre taferelen.

Vicepremier Ilja Klebanov en admiraal Vladimir Koerojedov vlogen naar de haven van Vidjajevo om een aantal familieleden te ontmoeten. In alle consternatie verschenen er reportages waarin beweerd werd dat de meeste familieleden royale hoeveelheden kalmeringsmiddelen hadden gekregen in een poging de massahysterie in bedwang te houden, maar dit bleek niet waar. Eén vrouw, Nadezjda Tylik, wier zoon een van de overleden mariniers was, zou, toen ze tegen Klebanov was gaan schreeuwen, een injectienaald met een kalmerend medicijn in haar schouder hebben gekregen en moest uit de zaal worden weggedragen. Later zei ze dat dit 'een leugen' was. Ze had de injectie gekregen op doktersvoorschrift en omdat haar man erom had gevraagd, en was na 'vijf minuten en een kop hete thee' weer de zaal binnengekomen.

Een nationale tragedie was een internationaal schandaal geworden. Pas in de vroege uren van zaterdag 19 augustus, een volle week nadat de Koersk was gezonken, kwam Poetin op kousenvoeten terug naar Moskou om zich te laten informeren over de oorzaak van de catastrofe. Die avond kwam de officiële bevestiging dat alle bemanningsleden waren overleden. Het hele land was in diepe rouw en Poetin stond voor een van de zwaarste beproevingen in zijn leven. Zich ten volle bewust van de omvang van de tragedie die zijn land had getroffen, vatte hij moed en vertrok op 22 augustus naar Vidjajevo om de families van de slachtoffers te ontmoeten, ook al wist hij maar al te goed wat voor barse ontvangst Klebanov er had gekregen.

Bruinverbrand van zijn vakantie en gekleed in een zwart pak met een tot de nek dichtgeknoopt overhemd maar zonder stropdas, verscheen hij in de officiersclub voor een vijandig, zeshonderdkoppig publiek, dat hem zes vreselijke uren lang onder veel boegeroep de duimschroeven aandraaide. Nooit eerder was een Russische leider zo vijandig ontvangen. Hij deed zijn best om minder stug over te komen dan gewoonlijk, vertelde de mensen dat de tragedie hem 'diep in het hart had geraakt' en beloofde hen bij te staan in hun zware zoektocht naar antwoorden op de vraag hoe dit had kunnen gebeuren. Maar dat was niet genoeg om de diep verslagen familieleden tevreden te stellen: ze wilden weten waarom hij zoveel kostbare tijd voorbij had laten gaan voor hij de hulp van internationale reddingswerkers had geaccepteerd. Waarom was hij op het strand blijven zonnebaden in plaats van af te reizen naar de Barentszzee om persoonlijk de reddingsacties te leiden?

Terug in Moskou liet Poetin weten dat hij, toen hij van de ramp hoorde, zijn vakantie had willen onderbreken om onmiddellijk naar de plaats des onheils te vliegen: 'Maar ik bedacht me en ik denk dat ik er goed aan heb gedaan. De aanwezigheid van leken en topambtenaren in een rampgebied is eerder hinderlijk dan nuttig. Iedereen moet bij zijn leest blijven.' Dit was zijn reactie op de media, die hem 'gebrek aan daadkracht' verweten: Clinton had immers zijn vakantie onderbroken voor een ontmoeting met de brandweermannen die grote branden te lijf gingen in het westen van de Verenigde Staten en ook bondskanselier Schröder was van zijn vakantie teruggekomen om de herdenkingsdienst bij te wonen voor de Duitsers die waren omgekomen in de even buiten Parijs neergestorte Concorde.

Sommige familieleden van de mariniers lieten zich sussen door zijn aanbod de weduwen tot tien jaar salaris uit te betalen, maar velen voelden zich afgekocht en, wat misschien ongebruikelijk was, ze schrokken er niet voor terug om dat hardop te zeggen.

Toen hij op een gegeven moment de vraag kreeg waarom het reddingsmaterieel van de marine zoveel slechter was dan dat van de landen die kwamen helpen, verloor Poetin zijn zelfbeheersing en verhief bij uitzondering zijn stem: 'Ik ben bereid de verantwoordelijkheid te dragen voor de honderd dagen dat ik aan de macht ben, maar wanneer het over de afgelopen vijftien jaar gaat, zal ik samen met jullie de rol van rechter spelen en de vragen aan hen stellen.'

De woede van de dierbaren van de Koerskbemanning was zo groot, dat Poetin het advies kreeg - en volgde - om af te zien van de plannen voor een ceremonie waarbij hij een rouwkrans in zee zou laten zakken op de plek waar het schip was gezonken. Hij vertelde later dat weduwen en moeders per persoon een bedrag van ruim 30 000 dollar plus een huis in een stad naar keuze kregen, een fortuin voor de families van mariniers die aan het eind van Jeltsins regeerperiode minder dan 50 dollar per maand verdienden (zelfs een kapitein ontving maar 2 400 dollar per jaar). Verder gaf de overheid 130 miljoen dollar uit om het 18 000 ton wegende wrak te lichten en de overledenen een fatsoenlijke begrafenis te geven; daarnaast werden er vier nieuwe maritieme reddingscentra opgericht. Cynici noemden het later de duurste gezichtsreddende operatie in de Russische geschiedenis.

Deze tragische episode kostte Poetin flink wat aanhang: hij zakte een volle acht procent in de peilingen. De internationale pers spuide unaniem kritiek op hem en zijn regering wegens hun ogenschijnlijke nalatigheid. In Londen beschreef de *Daily Telegraph* hem als harteloos en onverantwoordelijk. Maar nergens was de kritiek zo fel als in Moskou, waar vooral Berezovski's *ORT*, *NTV* en *Echo Moskvy* (de radiozender die nog altijd in het bezit was van Goesinski) geen blad voor de mond namen. Berezovski had zich recent al teruggetrokken als lid van de Doema en verkondigd dat hij een 'stevige oppositie' aan het opzetten was tegen Poetin. De drie mediaorganisaties beschuldigden het Kremlin ervan te hebben geprobeerd 'de berichtgeving over Poetins ontmoeting met de boze familieleden van de slachtoffers te beïnvloeden'.

Dit was precies het soort gedrag waarvan Poetin de oligarchen had gewaarschuwd dat hij het niet meer zou tolereren, en hij zou hen dan ook op een bijzonder sluwe en meedogenloze manier van antwoord dienen. Om te beginnen ontving Berezovski een boos telefoontje van de president over de parallellen die *ORT* had getrokken met de kernramp in Tsjernobyl. De twee mannen besloten elkaar te ontmoeten, maar toen Berezovski arriveerde in het Kremlin, werd hij niet begroet door Poetin, maar door stafchef Aleksandr Volosjin. 'Of je geeft binnen twee weken *ORT* op, of je gaat Goesinski achterna,' zei Volosjin. Berezovski bitste: 'Je vergeet iets: ik ben Goesinski niet.' En daarop eiste hij een persoonlijk onderhoud met de president.

Poetin vond dat hij niet kon weigeren en de mannen spraken de volgende dag af om drie uur 's middags. Na een vruchteloze discussie over *ORT*'s verslaggeving van de ramp, haalde Poetin een dossier tevoorschijn en begon eruit voor te lezen. Het kwam erop neer dat *ORT* een corrupte organisatie was, geleid door één man, die alle winst opstreek: Boris Berezovski. Poetin had een rapport opgerakeld dat was opgesteld door Berezovski's oude vijand Jevgeni Primakov, die de raid op zijn zakenimperium had verordend.

Berezovksi wilde naar eigen zeggen van Poetin weten waarom hij die oude aanklacht weer ter sprake bracht, en hij zou als antwoord gekregen hebben: 'Omdat ik *ORT* wil leiden. Persoonlijk.' Waarop Berezovski zei: 'Luister Vlad, dit is ronduit belachelijk. En ten tweede is het onuitvoerbaar. Begrijp je wel wat je zegt? Eigenlijk wil je zelf controle uitoefenen over alle massamedia in Rusland.' Hierop stond Poetin op en verliet de kamer. Berezovski keerde terug naar zijn kantoor en schreef hem een brief waarin hij zichzelf de facto excommuniceerde van het Kremlin. Het was de laatste keer dat ze contact hadden.

Met Goesinski rekende de president op een subtielere manier af, beweert presentator Aleksej Venediktov. Met de hulp van zijn loyale bondgenoot Abramovitsj wilde hij Goesinski's imperium het faillissement injagen. Poetins doel was de vier belangrijkste Media Most-kanalen te laten verpieteren door hun hun levensbloed, reclame, te ontnemen. Zijn strategie bleek bijzonder effectief: een inschikkelijker team verving de directie van de televisiezender, de krant maakte geen winst meer en werd overgenomen, de eindredacteur van *Itogi* werd de laan uitgestuurd en zijn opvolger transformeerde het blad in een onschuldige glossy. Het concern werd 'helemaal kapotgemaakt', klinkt het bij Venediktov, hoewel *Echo Moskvy* overleefde en als commerciële radiozender goed gedijde.

Abramovitsj zou de geprivatiseerde helft van *ORT* overkopen van Berezovski en die, zoals afgesproken met Poetin (als die het hem al niet expliciet had bevolen) onmiddellijk aan de staat overdragen. Terwijl achter de coulissen dit spel werd gespeeld, ging Poetin publiekelijk in de aanval tegen de oligarchen. Aan het eind van een uitzending voor het volk, waarin hij een soort gedaanteverwisseling leek te hebben ondergaan toen hij bekende 'zich verantwoordelijk en schuldig te voelen voor de ramp [met de Koersk]', ontstak hij in een giftige tirade op de media in het algemeen en de oligarchen in het bijzonder: 'Ze willen het gewone volk beïnvloeden en het leger en de politieke leiders van het land laten zien dat hen onmisbaar zijn, dat ze ons in een houdgreep hebben, dat we bang voor ze zouden moeten zijn, naar hen zouden moeten luisteren en hen het land, het leger en de vloot zouden moeten laten plunderen. Dat is hun ware doel. Helaas kunnen we hun geen halt toeroepen, al zouden we dat wel moeten.'

Hij voegde daar nog vernietigende woorden aan toe over degenen die er al langer voor pleitten het leger en de marine op te doeken en die een miljoen dollar hadden gegeven aan de nabestaanden van de slachtoffers van de Koersk, waarmee hij verwees naar een fonds dat was opgericht door Berezovski's dagblad *Kommersant*. Vervolgens sloeg hij een bijzonder populistische toon aan met: 'Ze hadden beter hun villa's aan de Franse of Spaanse kust kunnen verkopen. Alleen zouden ze dan hebben moeten uitleggen waarom al die eigendommen onder valse namen en onder advocatenkantoren waren geregistreerd. En we zouden hun wellicht hebben gevraagd waar ze al dat geld überhaupt vandaan hadden.' Het was een niet mis te verstane boodschap aan Berezovski, die een luxueuze villa had op Cap d'Antibes en aan Vladimir Goesinski, die een al even mooi ingerichte villa had in Sotogrande in Zuid-Spanje.

Het werd menens. Nu de media hem precies op het moment dat hij in zware nood verkeerde, hadden afgekraakt, maakte de president duidelijk dat hij de oorlog verklaarde, en niet zo'n beetje ook, aan de oligarchen die er eigenaar van waren. Hoewel hij veel had bijgedragen aan Poetins verkiezingsoverwinning, bleek Berezovski opeens het voorwerp te zijn van een onderzoek door openbare aanklagers en de fiscale politie. Was het mogelijk dat Rusland onder Poetin een veel gevaarlijkere plek aan het worden was, voor hen dan toch, dan het onder Jeltsin was geweest? Berezovski en Goesinski waren niet van plan te blijven plakken om daar achter te komen. Tegen de winter hadden ze hun land allebei voorgoed ontvlucht, Berezovski naar Frankrijk en later Groot-Brittannië, en Goesinski naar Spanje en vervolgens Griekenland, voor hij zich uiteindelijk in Israël vestigde.

Door zijn aandelen in *ORT* aan Abramovitsj te verkopen, had Berezovski van zijn beschermeling Poetins speelbal gemaakt. Chodorkovski was rijker, maar hij miste Abramovitsj' realiteitszin. Terwijl Berezovski en Goesinski in ballingschap gingen, deed Abramovitsj wat hem was opgedragen: campagne voeren voor het gouverneurschap in Tsjoekotka. Hij distantieerde zich alvast van zijn in moeilijkheden verkerende partner met de uitspraak: 'We waren ooit goede vrienden, maar Berezovski hielp mij niet, hij hielp zichzelf.'

Ondertussen gaf de tragedie met de Koersk Michail Gorbatsjov de gelegenheid om zich op Poetin te wreken voor zijn steun aan generaal Krjoetjskov (die er weliswaar alleen in bestond dat hij geen kritiek had geuit) tijdens de poging tot staatsgreep in 1991 en voor het feit dat hij sindsdien altijd had beweerd dat Gorbatsjov de ineenstorting van de ooit zo machtige Sovjet-Unie op zijn geweten had. 'Ik heb de indruk dat er aan het begin van de crisis voor Poetin informatie werd achtergehouden,' verklaarde Gorbatsjov in een interview met *BBC*. 'Het probleem was dat hij moest ingrijpen, maar in plaats daarvan de tijd rekte. Dat was duidelijk een inschattingsfout. Een aantal gebeurtenissen volgden elkaar op, en Poetin ging in de fout toen hij doorhad dat er iets ernstigs was gebeurd: hij bleef waar hij was en ondernam geen enkele actie. Pas later ging hij naar de plaats van het ongeluk, ontmoette hij de familieleden van de mariniers en probeerde hij het goed te maken met een schadevergoeding. Maar toen was het al te laat. Het is een goede les voor hem geweest.'

Gorbatsjov strooide nog wat zout in de wonde met een pijnlijke verwijzing naar slechtere tijden: hij zei dat de onjuiste en tegenstrijdige informatie die de woordvoerders van de marine gaven, hem deed denken aan de doofpotcultuur die in het sovjettijdperk heerste, het tijdperk waarvan Poetin hem verweet dat hij het had beëindigd. 'Ik heb het allemaal meegemaakt. Waarom denkt u dat ik de glasnost erdoor heb gedrukt en de mensen wat meer vrijheid heb gegeven? Ik zei vroeger altijd dat niets verboden terrein mocht zijn voor het volk. Dat is waar de bureaucratie op gedijt: een gebrek aan informatie.'

Maar dat was allemaal verleden tijd. Poetin was nog maar enkele maanden president en was nog maar net begonnen de augiasstal uit te mesten die Jeltsin had achtergelaten. Zodoende kon hij naar eigen zeggen niet verantwoordelijk worden gesteld voor de vijftien jaar die aan zijn verkiezing vooraf waren gegaan.

In andere kwesties zette Poetin een vaardigheid in die hij zich tijdens zijn ervaring met Tony Blair had eigengemaakt. De Russische president begon een charmeoffensief op de Duitse bondskanselier Gerhard Schröder. De twee bouwden een hechte band op en dat zal deels te danken zijn geweest aan Poetins kennis over Duitsland en zijn vloeiende Duits, een mooi extraatje dat hij aan zijn studies aan de universiteit en zijn tijd in Dresden had overgehouden. Schröder leek zelfs te vergeten dat Poetin in zijn land had vertoefd als geheim agent voor Rusland. Met de Fransen had Poetin echter meer problemen. President Jacques Chirac was absoluut niet te vinden voor gezellige gesprekken. De verontwaardiging die in Europa heerste naar aanleiding van Tsjetsjenië, was in Frankrijk het grootst. De Franse pers versloeg de verschrikkelijke oorlog diepgaander en uitgebreider dan elders het geval was en de Franse intelligentsia herinnerde hun minister van Buitenlandse Zaken er constant aan dat noch hij, noch Chirac zich zouden moeten inlaten met 'de oorlogsstoker uit het Kremlin'. Toen ze elkaar eindelijk toch ontmoetten temidden van de pracht en praal van Chiracs hoofdkwartier in Parijs, leek hun vriendschap aanvankelijk eerder gebaseerd op een gedeelde liefde voor balzalen met spiegels aan de muren, dan op een gedeelde mening over democratische vrijheid. De Franse kranten sloegen echter een andere toon aan toen ze zagen dat Chirac betoverd raakte door de jonge Russische president, waarbij diens invloed op Hélène Carrère d'Encausse, een Russisch sprekend lid van de Académie Française waardoor Chirac zich liet adviseren, een grote rol speelde.

Poetin maakte tijdens zijn eerste jaar als president veel reizen om relaties te herstellen die te weinig aandacht hadden gekregen toen Jeltsin aan de macht was. Hij probeerde zijn goede bedoelingen wijd en zijd uit te dragen en bezocht India, China en Vietnam, maar besteedde relatief weinig aandacht aan zijn korte verblijf in Amerika, waar hij zich bewust niet profileerde, aangezien hij wachtte tot hij zou kennismaken met de opvolger van de aftredende president. Hij praatte echter wel een uur lang met Larry King in zijn programma op *CNN*, waarin hij uitspraken deed die duidelijk waren bedoeld voor de oren van het Witte Huis.

In het interview praatte het tweetal uitgebreid over de Koersk, al koesterde King wellicht lage verwachtingen nadat Poetin zijn eerste vraag over het onderwerp, 'Wat gebeurde er met de onderzeeër?', botweg beantwoordde met: 'Hij zonk,' waardoor de Amerikaanse kijkers sterk de indruk kregen dat ze hier te maken hadden met de meest cynische leider in de westerse wereld. Poetin besefte duidelijk dat hij op dat moment werd geacht blijk te geven van de gangbare verzuchtingen en uitingen van deemoedigheid, wilde hij het Amerikaanse publiek voor zich winnen. Toen King hem de netelige vraag stelde waarom hij niet onmiddellijk hulp had gevraagd aan andere landen, ontweek Poetin die door een technisch verhaal af te steken over de reddingsoperatie die zijn eigen marine had opgezet. Maar de Amerikaanse tv-maker bleef aandringen: was er achteraf gezien dan niets dat Poetin anders zou hebben gedaan?

'Nee,' antwoordde hij afgemeten. Het enige wat hij anders zou kunnen hebben gedaan als staatshoofd, was de afspraken opschorten die hij op zijn vakantieverblijf had en terugkeren naar Moskou. Maar dat zou een pr-stunt zijn geweest, schertste hij, aangezien hij altijd in contact stond met het leger (in dit geval de marine), waar hij zich ook bevond.

Hij suggereerde dat hij misschien ook naar de plaats van het ongeluk had kunnen gaan. King ging hier tegenin: 'Ik denkt niet dat de beveiliging je erdoor had gelaten.' Hierop raakte de Russische leider zichtbaar geïrriteerd. 'Het was niet vanwege de beveiliging [dat ik niet ging], ik zou hun toestemming niet nodig hebben gehad. De beveiliging dient mij, niet omgekeerd ... Ik ben de opperbevelhebber ...' Nee, redeneerde hij, politici zouden zich niet moeten bezighouden met punten scoren op momenten waarop elke seconde telt voor de reddingswerkers. Hij had het argument tégen hem gewoon omgedraaid.

Hierna ging het even over de Amerikaanse zakenman Edmond Pope, die in Rusland in de gevangenis zat wegens vermeende spionage-activiteiten, maar opnieuw zette Poetin de interviewer op zijn plaats, door erop te wijzen dat in een democratisch land alleen de rechtbank een zaak kan beslechten. Toen zei hij iets verrassends: 'De rechtbank zal misschien bevestigen dat de heer Pope schade heeft berokkend met zijn activiteiten, maar zelf ben ik er niet van overtuigd dat spionage echt zoveel schade kan aanrichten.' Een ex-KGB'er beweerde dus dat spionage zijn houdbaarheidsdatum had overschreden. King bleef aandringen: 'U bekleedde een toppositie bij de KGB, is spioneren onder bevriende landen vandaag nog gerechtvaardigd?' Poetin wierp tegen dat op clandestiene wijze vergaarde informatie kon bijdragen aan 'de oplossing van internationale problemen'. King vroeg hem of hij zijn baan bij de KGB leuk had gevonden. 'Het was een interessante baan.

Werken bij de KGB heeft mijn blik verruimd, ik heb er bepaalde vaardigheden aangeleerd, vaardigheden in de omgang met mensen en informatie. Ik heb er geleerd om de juiste prioriteiten te stellen.'

Na een van de vele reclameblokken (het was immers een live-uitzending) kwam King eindelijk met de belangrijke vraag waarom Poetin de Verenigde Staten probeerde tegen te houden bij het bouwen van een raketafweersysteem om het land te beschermen tegen een nucleaire aanval. Poetin antwoordde: 'Toen onze landen een akkoord sloten over de beperking van raketafweersystemen, was dat niet toevallig. Wanneer we op ons eigen grondgebied dergelijke systemen ontwikkelen, bouwen we bepaalde installaties die bestand zijn tegen raketaanvallen. Het hele grondgebied op die manier dekken is onmogelijk. Maar stel dat het wel mogelijk was. Dat zou bij de ene partij de indruk, of de illusie, kunnen wekken, dat de andere partij haar een slag zou kunnen toebrengen, tot een aanval zou kunnen overgaan zonder de minste angst [voor represailles]. Dat zou het evenwicht tussen strategische belangen en mogendheden verstoren, wat in mijn ogen erg gevaarlijk is. Wanneer ik het hier met mijn Amerikaanse collega's over heb, ben ik altijd geneigd ze eraan te herinneren hoe de nucleaire wapenwedloop begon. Ik wijs hun er altijd op dat de eerste kernwapens in de Verenigde Staten werden ontwikkeld.'

'Vervolgens hebben een aantal van de wetenschappers die de wapens mee hadden ontworpen die atoomgeheimen natuurlijk doorgespeeld aan de Sovjet-Unie. 'Waarom hebben ze dat gedaan?', vraag ik altijd aan mijn Amerikaanse collega's. [Die wetenschappers] waren slimmer dan u en ik. Ze hebben de geheimen vrijwillig doorgegeven aan de Sovjet-Unie, omdat ze het evenwicht wilden herstellen. En dankzij dat evenwicht heeft de mensheid sinds 1945 kunnen overleven zonder grote conflicten, dat wil zeggen zonder grootschalige oorlogen. Als we dat evenwicht verstoren, brengen we de hele wereld in groot gevaar en dat zou niet in het belang zijn van onze beider landen... Dáárom willen we dat evenwicht behouden, dáárom zijn we tegen de ontwikkeling van nationale raketafweersystemen.'

Dit antwoord moest wel worden opgemerkt door Bill Clinton (van wie Poetin tijdens een diner in het Kremlin afscheid had genomen met een jazzconcert waarin Clintons favoriete nog levende tenorsaxofonist Igor Boetman meespeelde).

Na een zoveelste onderbreking bracht King de klopjacht op mediamagnaten Boris Berezovski en Vladimir Goesinski ter sprake, waarbij hij zijn inmiddels zelfverzekerde gesprekspartner vroeg: 'Probeert u af te rekenen met de oppositie?'

'Oppositie?', vroeg Poetin. 'Wie bedoelt u? Degenen die hun macht willen behouden die, mijns inziens, zeer schadelijk en gevaarlijk is voor het huidige Rusland? De gevallen die u aanhaalt, hebben niets te maken met persvrijheid. In het eerste geval gaat het om [het concern] Media Most, dat voor zeventig procent in handen van de heer Goesinski is.' Het bedrijf zou zijn crediteuren volgens Poetin meer dan een miljard dollar schuldig zijn, en daar zou de oorzaak liggen van Goesinski's problemen. Over het geval Berezovski zei Poetin dat het belangrijkste televisiekanaal van het land voor 49 procent in Berezovski's bezit was en voor de overige 51 procent in het bezit van de regering, waardoor die volgens de statuten zeggenschap had over het beleid. De commerciële mediabedrijven en die van de overheid waren aan eenzelfde belastingstelsel onderworpen, dus als de voormalige eigenaars rondbazuinden dat de vrijheid van meningsuiting in het gedrang kwam, had dat alleen te maken met hun commerciële belangen.

Vervolgens bracht King het gesprek op een kwestie die meer internationale belangstelling kreeg: 'Laten we het over Tsjetsjenië hebben. Valt dat conflict op te lossen? Zullen uw troepen er blijven? Ik weet dat u veel steun kreeg toen u de oorlog begon. Tegenwoordig leven er twijfels bij het Russische volk. Hoe is de situatie vandaag?'

Deze vraag viel niet in goede aarde. Poetins benoeming tot premier was samengevallen met de invasie in Dagestan door de Islamitische Internationale Brigade (IIB), een islamistische militie die Tsjetsjenië als thuisbasis had. Hij was erop voorbereid: zijn Veiligheidsraad had hem de maand voordien geïnformeerd dat de afvallige republiek het naburige Dagestan zou kunnen binnenvallen. Het probleem werd steeds groter en moest dan ook zo snel mogelijk worden aangepakt. De Tsjetsjenen hadden geen mededogen getoond en hij wist dat hij met gelijke munt moest terugbetalen. Gevangengenomen Russische soldaten werden behandeld als slaven en voor buitenlandse gijzelaars werden losprijzen geëist die opliepen tot 1 miljoen dollar per persoon, bedragen die Berezovski meer dan eens zelf ophoestte.

Voor zover de Russische president wist, was niet alleen zijn regering bang dat moslimmilitanten de macht zouden grijpen in die uithoek van het Russische grondgebied: ook de bevolking van Dagestan zat er niet op te wachten. Het vooruitzicht van een islamistisch bewind vervulde een groot deel van de etnisch diverse bevolking met afschuw en dat, zo redeneerde Poetin destijds, zou zijn aanval in de ogen van de internationale gemeenschap ten minste deels rechtvaardigen. Hij had verwacht dat Amerika hem zou steunen bij zijn acties nadat was gebleken dat de Tsjetsjenen rond de 15 miljoen pond hadden ontvangen om hun strijd te financieren.

Hij had het vierkant mis. Het Russische optreden in Tsjetsjenië schokte de hele wereld en internationale rapporten veroordeelden de brute methoden die het land hanteerde. Veel van die rapporten vermeldden dan nog niet eens dat tijdens het conflict de vierhonderdduizend Russen in het gebied tot op de laatste man waren uitgeroeid. Een groot aantal gewone burgers was op barbaarse wijze vermoord, anderen waren het land uitgezet nadat hun bezit was 'geconfisqueerd'. En nu durfde een Amerikaanse interviewer de president te vragen om zijn handelwijze te verantwoorden.

Met hulp van een tolk stak Poetin van wal: 'Vandaag is de situatie totaal anders. Sta mij toe u de historische context te schetsen, van hoe het allemaal begon tot de meest recente gebeurtenissen.'

Jammer genoeg kon hij zijn betoog pas voortzetten na weer een reclameblok: 'Laat me u eraan herinneren hoe het allemaal begonnen is. In 1996 heeft Rusland zich helemaal teruggetrokken uit Tsjetsjenië. Ons land heeft de onafhankelijkheid van Tsjetsjenië niet erkend, maar de facto heeft het volledige onafhankelijkheid gekregen.'

'Alle Russische bestuursorganen werden er ontmanteld: de politie, het leger, het Openbaar Ministerie, de rechtbanken, al onze staatsinstellingen werden opgeheven, en bij de verkiezing van de nieuwe president werden de wettelijke procedures van de Russische Federatie niet gevolgd.'

'Wat gebeurde er daarna? Dat weet ieder van u. Tsjetsjenië verwierf geen echte onafhankelijkheid en het gebied werd de facto bezet door buitenlandse huurlingen en religieuze fundamentalisten uit Afghanistan en een aantal groeperingen uit het Arabische Midden-Oosten. Dat zijn de glasharde feiten. Ze begonnen mensen in het openbaar te executeren of te onthoofden en in groten getale mensen gevangen te nemen en losgeld te eisen, zowel in de aangrenzende Russische gebieden als in Tsjetsjenië zelf. In die periode ontvoerden ze meer dan tweeduizend mensen. In het moderne Tsjetsjenië werd massaal in slaven gehandeld.'

'Rusland, dat zich in een gelijkaardige situatie bevond als Amerika na de Vietnamoorlog, reageerde daar toen niet op en in zekere zin werkte dat het succes van die internationale terroristen in de hand. Hun wieg stond in dit gebied, ze hadden hier hun nest gebouwd en dat resulteerde in een directe aanval op buurrepubliek Dagestan, waarbij ze woningen en bezittingen vernietigden en heel wat mensen doodden. Rusland moest wel optreden om zijn volk en grondgebied te beschermen.'

Hier onderbrak King hem: 'En dat optreden duurt nog voort ...'

Poetins assertieve reactie verraste de interviewer: 'Nee, onze manier van optreden is veranderd. Toen ons leger Tsjetsjenië introk, werd het opmerkelijk goed ontvangen door de lokale bevolking. In die enkele jaren dat het nieuwe regime in Tsjetsjenië aan de macht is, hebben we blijkbaar onvoldoende gelet op een aantal nieuwe fenomenen. De buitenlandse huurlingen voor wie de Tsjetsjenen hun deur hadden opengezet, trokken bepaalde machtssferen in het land feitelijk naar zich toe, waardoor er geen centraal bestuur kwam. De macht bleek te zijn versnipperd, en verschillende segmenten van de gemeenschap waren nu in handen van zogenaamde veldcommandanten.'

'Voorts bleek dat ze in Tsjetsjenië ook een nieuw ideologisch-religieus programma, afkomstig uit het Midden-Oosten, wilden importeren: ze probeerden de plaatselijke bevolking de soennitische variant van de islam op te dringen. De bevolking in de Kaukasus bestaat voornamelijk uit sjiieten en zij verzetten zich dan ook tegen de huurlingen, wat spanningen teweegbracht tussen beide groepen.'

'Dus toen het Russische leger het verzet van de georganiseerde milities de kop had ingedrukt, maakten we samen met de bevolking een begin met de oprichting van politieke structuren, een proces dat intussen volop aan de gang is. Tegenwoordig voeren we helemaal geen grootschalige militaire operaties meer uit in het gebied.'

Waarop King vroeg: 'Dus geen zelfmoordaanslagen meer? Echt niet? Hebt u de steun van de Russische bevolking?' Poetin had zijn snelle repliek duidelijk voorbereid: 'Ja, absoluut. Maar zoals ik al zei is deze fase voorbij en zijn we nu dus op zoek naar een politieke oplossing. Intussen staat de voormalige geestelijke leider of moefti, die nog voor de start van het militaire conflict in 1996 als zodanig werd verkozen, aan het hoofd van het Tsjetsjeense bestuur. Dat is één. En ten tweede: nog maar twee of drie dagen geleden hebben we in heel Tsjetsjenië verkiezingen gehouden voor een afgevaardigde voor het Russische parlement. Zowel het resultaat als de opkomst van de bevolking verrasten me; meer dan 69 procent van de lokale bevolking nam actief deel aan de verkiezingen en koos hun afgevaardigde voor het Russische parlement.'

Poetin arriveerde in Okinawa voor de G8-top. Tegen dat moment hadden een aantal wereldleiders Ruslands tweede verkozen president al ontmoet, en hoewel het sommigen tegenstond dat hij onderweg naar de top een tussenstop had gemaakt in Noord-Korea, slaagde hij er op de dag zelf in iedereen voor zich te winnen en maakte hij ondanks alles een goede indruk. Diplomatiek gezien was het Poetins eerste grote internationale triomf sinds hij nog voor de presidentsverkiezingen een onofficiële topontmoeting met Tony Blair had weten te regelen (de bewuste 'night at the opera').

Het zou echter niet lang duren voor hij van zijn roze wolk zou tuimelen. Toen George Bush Clinton eindelijk had opgevolgd, was de houding van Washington jegens Moskou opeens wel erg kil; de boodschap luidde min of meer: 'Bel ons niet, wij bellen jou.' Vooral minister van Buitenlandse Zaken Igor Ivanov, die stond te popelen om (vooral dan ten behoeve van zijn eigen carrière) naar Washington af te reizen om er met Colin Powell, zijn Amerikaanse ambtsgenoot, de gesprekken tussen de twee presidenten in de aanloop naar de top voor te bereiden, ergerde zich eraan. Telkens opnieuw kreeg Ivanov te horen: 'Rusland, wat is jullie plek ook alweer op de BNP-ranglijst? Oké, dan horen jullie nog wel van ons.' De nieuwe bazen in het Witte Huis waren duidelijk van mening dat de wereld nog maar één machtscentrum had, en Moskou voelde zich daardoor zwaar op de tenen getrapt.

Toen Ivanov eindelijk naar Washington mocht komen, kwam hij met Powell overeen dat de twee presidenten elkaar in juni 2001 zouden ontmoeten in het Sloveense Ljubljana, tijdens Bush' eerste bezoek aan Europa sinds zijn verkiezing. 'De Amerikanen kozen de stad als neutraal terrein. Niemand had ooit van het plaatsje gehoord en het enige wat Bush ervan wist, was dat het in een land lag dat met een 's' begon en op een 'e' eindigde', aldus een ingewijde van het Kremlin die bij het overleg aanwezig was.

Maar wat aanvankelijk een rampzalige ontmoeting leek te zullen worden, draaide uit op een heuse verbroedering, doordat Poetin zijn buitengewone psychologische inzicht (verworven in zijn vroegere judokajaren) op de sceptische Bush toepaste, die voor zijn vertrek uit Washington nochtans een zeer sceptische briefing had gekregen over zijn aanstaande gesprekken met Poetin. Bush was het er duidelijk met zijn republikeinse collega's over eens dat er geen toekomst zat in een voortzetting van Clintons kameraadschappelijke relatie met Oost-Europa, maar tot grote verbazing van diplomaten uit alle hoeken van de wereld bleek dat de man waar hij zo voor was gewaarschuwd hem na een gesprek van amper twee uur al volledig had ingepakt. Bush schudde een uitspraak uit zijn mouw waarop Jimmy Carter jaloers zou zijn geweest: 'Ik keek de man in de ogen en ving een glimp op van zijn ziel.' (Toen hijzelf enige tijd later de vraag kreeg of hij de ziel van Bush had gezien, antwoordde Poetin simpelweg: 'Nou, hij leek me een erg betrouwbaar iemand.')

Maar wat, vroegen zijn assistenten, had Poetin dan gedaan om die onverwachte ommezwaai bij de Amerikaanse leider te bewerkstelligen? Hij had doodeenvoudig Tony Blairs tactiek overgenomen en voorgesteld om even aan hun schare ambtenaren te ontsnappen en met z'n tweeën een wandeling te gaan maken in de tuinen van het 16de-eeuwse kasteel waar hun ontmoeting plaatsvond. Toen Poetin - 'Zeg maar Volodja, George.' - eenmaal buiten was, knoopte hij zijn overhemd los, liet de Amerikaanse president het kleine aluminium kruisje zien dat hij om zijn nek droeg en vertelde hem dat hij het had gekregen bij zijn doopsel en dat het 'op wonderbaarlijke wijze' de vlammen had overleefd die hem het leven hadden kunnen kosten. Poetin was er de man niet naar om uitgebreid over zijn christelijke geloof en waarden te praten, maar hij was zich goed bewust van de diepe religieuze gevoelens die Bush koesterde. In haar biografie van Ronald Reagan *When Character was King* schrijft Peggy Noonan dat Poetin volgens Bush had aangegeven in een hogere macht te geloven. Bush had tegen Poetin gezegd: 'Ik denk niet dat je iemand beoordeelt op basis van zijn politieke voorkeuren. Ik denk dat voor ons allebei belangrijk is om iemands ziel en karakter te proberen doorgronden. Het ontroert me dat je moeder je dat kruisje heeft gegeven.' Hierop zou Poetin hebben verteld dat hij het kruis altijd was blijven dragen, dat hij het had laten zegenen in Jeruzalem en bang was geweest het nooit meer terug te vinden toen zijn datsja was afgebrand. 'Poetin zei tegen me: 'Waar ik me het meest zorgen om maakte, was dat ik het kruisje was kwijtgeraakt dat mijn moeder me gegeven had." Volgens Bush vertelde Poetin nog dat hij een werkkracht wilde opdragen het kruisje te gaan zoeken. Maar toen opende de man zijn hand, en daar lag het kruisje al. 'Het was alsof iets of iemand vond dat dat kruisje bij mij hoorde,' aldus Poetin tegen Bush.

De Rus had zijn troef uitgespeeld en het leverde hem een spontane uitnodiging op om George en Laura op hun ranch in Texas te bezoeken: 'Ik zou het hem niet hebben gevraagd als ik hem niet vertrouwde,' zou Bush later zeggen.

De vriendschap tussen beide mannen zette Chirac aan tot actie. Hij zou hoe dan ook nooit toelaten dat de Amerikanen aan de touwtjes trokken, dus zette hij Poetin onder druk om de zogenaamde Trilaterale Alliantie te vormen met hemzelf en Schröder. Het ging niet alleen om Irak, benadrukte Chirac. Maar daar ging het natuurlijk wel om, en de liefde tussen Rusland en Amerika bekoelde er even door, hoewel Bush nooit zover ging dat hij zei: 'En je kunt de cowboyfeestjes in Texas wel vergeten.'

Een tijdje later haalde Poetin zijn gram, toen Chirac hem in Sint-Petersburg bezocht. Poetin stond erop de Franse leider uit te nodigen voor een concert, hoewel hij heel goed wist dat Chirac daar een hekel had. Via diplomatieke kanalen kreeg hij de boodschap: 'Geen concerten, de president doet niet aan concerten.' Maar de gastheer bleef aandringen en een duidelijk geïrriteerde Chirac ging dan maar mee. Zoals te verwachten viel, zat hij het grootste gedeelte van de eerste helft te mokken, waarna hij ook nog eens indommelde voor hij uiteindelijk vertrok.

Een van de eerste dingen die Poetin als waarnemend president deed, was Borodin uit het Kremlin wegwerken door hem tot secretaris van de Unie van Rusland en Wit-Rusland te benoemen. Er zat al lang een schandaal aan te komen rond Borodin en in andere omstandigheden zou Poetin hem gewoon gedumpt hebben, maar het is zijn stijl niet om mensen af te danken die hem ooit geholpen hebben en zonder Borodin zou hij het Kremlin misschien wel nooit vanbinnen hebben gezien.

Maar het schandaal rond Borodin, dat in 1999 was losgebarsten, was nog niet voorbij. Poetin dacht misschien dat hij het onder het tapijt had geveegd door openbaar aanklager Skoeratov in diskrediet te brengen, maar het zou weer oplaaien en hem achtervolgen nadat hij Borodin in januari 2001 naar Amerika had gestuurd om in zijn plaats Bush' beëdiging tot president bij te wonen. Borodin werd tot zijn eigen grote verbazing op de John F. Kennedy-luchthaven in New York gearresteerd en vervolgens uitgeleverd aan Zwitserland, op basis van een internationaal aanhoudingsbevel dat ene Bernard Bertossa, de procureur-generaal van Genève, via Interpol tegen hem had uitgevaardigd. De beschuldiging aan Borodins adres luidde dat hij 25 miljoen dollar aan smeergeld zou hebben gevraagd en gekregen voor contracten ter waarde van 492 miljoen dollar, die hij had toegekend aan een bedrijf dat zijn zetel in Zwitserland had: Mercata Trading & Engineering. Datzelfde bedrijf had hij ingehuurd om het Kremlin op te knappen toen hij Jeltsins hoofd Presidentiële Zaken was. Volgens de aantijgingen waar de pers het destijds over had, zouden Borodin en Jeltsins dochter Tatjana miljoenen dollars naar hun eigen rekeningen hebben doorgesluisd via Mabetex, een zusterbedrijf van Mercata, dat niets meer was dan een lege vennootschap op naam van de Russische zakenman Viktor Stolpovskich. De Jeltsins zouden miljoenen dollars hebben bevroren op Zwitserse bankrekeningen.

Het Kremlin zag Borodins arrestatie als een provocatie van Bush' nieuwe regering. Volgens veel waarnemers stond Bush lijnrecht tegenover Poetin. Borodin was de secretaris van de Unie van Rusland en Wit-Rusland unie en Bill Clinton had al duidelijk gemaakt dat hij woedend was op Wit-Rusland omdat het de euvele moed had gehad zich te verzetten tegen de neoliberale gedragslijn die hij het land had willen opleggen; de regering had geweigerd samen te werken met de 'maatschappelijke frontgroepen' die geleid werden door de voormalige minister van Buitenlandse Zaken Madeleine Albright.

Borodin had zijn uitnodiging op 13 januari ontvangen, slechts een week voor de grote dag in Washington. De uitnodiging kwam van een officieel lid van het team dat de inauguratieplechtigheid organiseerde, ene Vincent Zenga, een rijke advocaat uit West Palm Beach in Florida, die veel geld had gepompt in Bush' campagne.

Borodin was een jaar lang niet in het buitenland geweest. Hij meldde zich bij de Amerikaanse ambassade in Moskou voor een visumstempel in zijn diplomatieke paspoort, maar de ambassade besloot zijn aanvraag 'voor advies' door te spelen aan het Ministerie van Buitenlandse Zaken in Washington. Borodin had echter geen tijd te verliezen en gebruikte zijn persoonlijke paspoort, waarmee hij naar de VS mocht reizen 'voor zaken of vakantie', om op 17 januari met Delta Airlines naar New York te vliegen.

De Zwitserse autoriteiten hadden hun internationale aanhoudingsbevel uitgevaardigd op 10 januari, en toen Borodin werd gearresteerd, schermde hij met zijn diplomatieke onschendbaarheid, maar hij werd erop gewezen dat hij niet met een diplomatiek paspoort reisde.

Terwijl hij zat weg te kwijnen in zijn cel, kreeg Borodin naar eigen zeggen 'meer dan een' telefoontje van president Poetin. Nadat er haastig van alles achter de schermen was bekokstoofd, benaderde Rusland de Amerikaanse autoriteiten uiteindelijk met een diplomatiek voorstel: Borodin zou onder huisarrest komen te staan in de woning van de Russische consul-generaal in New York, en de Russische ambassadeur in de Verenigde Staten, Joeri Oesjakov, zou er persoonlijk voor garant staan dat Borodin op alle rechtszittingen zou verschijnen.

Toen deden de Amerikanen iets wat Poetin naar verluidt als een persoonlijke belediging aan het adres van zijn vertegenwoordigers in hun land opvatte: de federale rechter Viktor Pogorelski verwierp het voorstel en Borodin werd na een korte verschijning in een rechtszaal in Brooklyn voor een week naar de gevangenis teruggestuurd, zonder recht op borgtocht. Hoe hij de Amerikanen ook smeekte om zijn diplomatieke status te erkennen, hoe hij ook opschepte dat hij in Rusland belangrijk genoeg was om een budget van 410 miljard dollar te mogen beheren, en hoe hij ook bleef aanvoeren dat hij een persoonlijke vriend was van Bill Clinton en op weg was naar Bush' inauguratieplechtigheid, waar hij was uitgenodigd als gast: het bleek allemaal tegen dovemansoren gezegd. Voor de Amerikaanse autoriteiten was Borodin slechts een tweederangsambtenaar uit Siberië, die een vertrouweling was geworden van Jeltsin en in een ander land werd gezocht voor ondervraging in een fraudezaak waar miljoenen dollars mee waren gemoeid.

Ondertussen maakte een rood aangelopen Vincent Zenga wereldkundig dat de uitnodiging die Borodin had gekregen, waarin hem 'een auto met chauffeur, een hotelkamer en kaartjes voor een diner bij kaarslicht dat zou worden opgeluisterd door de aanwezigheid van de nieuwe president (vergeet uw smoking niet; dames in gala)' was beloofd, een vergissing was geweest, ook al stond zijn handtekening erop. Zenga had naar eigen zeggen 'geen idee' hoe iemand uit de Moskouse vestiging van zijn bedrijf StarCapital het voor elkaar had gekregen de uitnodiging aan Borodin te bezorgen en hem zo naar het Amerikaanse grondgebied te lokken. Republikeinse ambtenaren waren echter niet onder de indruk van zijn verklaring: Zenga en zijn gasten waren niet langer welkom op de inauguratieplechtigheid en dientengevolge kreeg de advocaat zijn donatie van honderdduizend dollar aan het organisatiecomité terug.

Borodin bracht bijna drie maanden door in een Amerikaanse gevangenis voor hij werd overgedragen aan de Zwitserse autoriteiten, die hem nog een week lieten vastzetten in Zürich, voor ze hem tegen een borgsom van 2,9 miljoen dollar vrijlieten en hem toestonden naar Moskou terug te keren. In Genève zwoer openbaar aanklager Bernard Bertossa dat hij de witwaszaak tegen Borodin nooit zou seponeren, maar: 'Vrouwe Justitia knijpt tegenwoordig een oogje dicht in Moskou ... Als het Russische volk zomaar accepteert dat hun ambtenaren mensen vrij laten rondlopen [en] hun eigen zakken vullen met alles wat ze in hun handen krijgen, wat kan ik dan nog doen?' Er werd verder geen poging gedaan om de misdaden te bewijzen waarvan Borodin werd beschuldigd, en inmiddels kan hij weer onbeperkt en zonder problemen de hele wereld rondreizen.

Poetins loyaliteit aan vrienden die in de problemen zaten, zorgde lange tijd voor opgetrokken wenkbrauwen in politieke kringen. Ze gaat vaak moeilijk samen met wat velen beschouwen als zijn persoonlijke integriteit, maar zoals hij zelf al heeft gezegd: 'Ik heb een hoop vrienden die mij nooit hebben verraden, en ik heb hen evenmin verraden. Dat is voor mij het belangrijkste. Ik zou niet weten waarom je je vrienden zou moeten verraden.' Pavel Borodin is duidelijk een dankbare én trouwe vriend. Poetin staat bekend om zijn kameraadschap, veeleer dan om vriendjespolitiek. Hij vindt dat je vrienden niet mag laten vallen en hangt het idee van vriendschap aan dat het best is beschreven door Gogol, een van zijn favoriete schrijvers, in Taras Boelba:

POETIN

'Een Kozak zal zijn kameraden nooit aan hun lot overlaten of verloochenen.'

BLOEDBAD IN DE ACHTERTUIN

Ljoedmila Poetina zat thuis televisie te kijken toen ze op 23 oktober 2002 een telefoontje kreeg van haar man. Het was even na negenen 's avonds, herinnert ze zich, en ze was verbaasd dat hij haar belde op dit uur van de dag. Hij begon zelden vóór twaalf uur 's middags met werken maar maakte het dan wel laat, vaak was het ver na middernacht en rond dit uur was hij dus meestal nog druk in de weer. Hij was sowieso al niet iemand die vaak naar huis belde. Er moest iets aan de hand zijn.

Poetin belde om zijn vrouw te laten weten dat hij die nacht waarschijnlijk helemaal niet thuis zou komen: er was iets gebeurd. Hij zou het later uitleggen. Ljoedmila hoefde daar niet op te wachten: ze zag het op het nieuws. Zwaarbewapende terroristen hadden een Moskous theater belegerd en hielden binnen zo'n duizend mensen gevangen. Dit soort gebeurtenissen bracht in haar man altijd het beste naar boven. Niet het handjes schudden bij verplichte ontmoetingen waar hij geen zin in had; niet het geruststellen van ministers die hun werk niet meer aankonden; simpelweg actie, actie en nog eens actie. Er moesten beslissingen worden genomen, beslissingen die levens konden kosten. Ljoedmila wist dat Vladimir in zijn element was.

Poetin stemde in met elk afzonderlijk detail van het plan met de koelheid die zijn handelsmerk was geworden. Zelfs toen ze hem waarschuwden dat elk van de 41 aanvallers, inclusief de jonge vrouwen onder hen, door het hoofd zouden worden geschoten, ongeacht of ze bewusteloos waren van het gas of niet, toonde hij geen emotie.

Er zouden veel doden vallen in het Doebrovkatheater, dat zich op minder dan vijf kilometer van zijn kantoor in het Kremlin bevond, maar dat was onvermijdelijk. Deze vernietigende bestorming moest snel tot een einde komen en zijn speciale *Spetsnaz*-commando's was deze grimmige taak op het lijf geschreven.

Dit was de keerzijde van zijn werk, maar hij zou zich er niet aan onttrekken. Hij kon niet verwachten dat hij – als hij dat al zou willen – al zijn tijd op kantoor zou doorbrengen met het uiten van oppervlakkigheden en het handjes schudden met visiterende hoogwaardigheidsbekleders. Bovendien, was hij niet degene die ermee had gedreigd de Duitsers dood te schieten die het KGB-kantoor in Dresden bestormden toen de Berlijnse muur viel?

Dokter Leonid Rosjal, die van de bandieten het theater in mocht, merkte op dat er touwen en kabels van de ramen naar beneden hingen om een eventuele ontsnapping mogelijk te maken. Naast deze ontsnappingsroute zag hij ook struikeldraad, granaten, Kalasjnikovs en zakjes marihuana rondslingeren.

De gijzelnemers hadden slechts één eis: de telefoonlijn mocht niet worden afgesneden. Als dat toch zou gebeuren, zouden de eerste lijken het raam uit vliegen.

Poetin had zitten werken aan zijn bureau op het Kremlin. Hij bestudeerde documenten ter voorbereiding van zijn gesprekken met bondskanselier Schröder tijdens een aanstaand bezoek aan Duitsland, toen de eerste berichten van de belegering hem bereikten.

Een van de mensen die zich tijdens de aanval in de theaterzaal bevonden, was een Russische politiegeneraal op wiens hoofd de Tsjetsjenen een prijs hadden gezet. Verder waren er in het publiek toeristen uit Engeland, Amerika, Duitsland, Australië, Canada, Zwitserland en Nederland: ze waren allemaal gekomen voor de romantische musical Nord-Ost. De Tsjetsjenen waren niet voor muziek en romantiek gekomen. Ze hadden twee bommen van 45 kilo per stuk meegenomen; een ervan installeerden ze in het midden van rij 15. Andere explosieven bevestigden ze aan de pilaren die het balkon ondersteunden.

In de 57 uur dat de gijzelneming zou duren mocht er niemand de zaal uit om naar de wc te gaan. De orkestbak werd één stinkend massatoilet. Er was geen eten (en geen wc-papier), er was alleen wat frisdrank.

De leiding over de terroristen was in handen van Movsar Barajev, de 24-jarige neef van Arbi Barajev, een beruchte terrorist die kapitalen had verdiend aan ontvoeringen waarbij hij voor elk van zijn gijzelaars een miljoen dollar eiste. Drie maanden nadat Arbi Barajev was gedood, werd Movsar leider van een eenheid binnen het zogeheten Islamitisch Regiment voor Speciale Doeleinden en begon hij de belegering van het theater voor te bereiden, daarbij geholpen door Sjamil Basajev.

De 41 terroristen hadden zich één voor één bij elkaar gevoegd in een leegstaand, nummerloos en tamelijk sinister herenhuis in Moskou, op de hoek van de Vspolny- en de Granatnystraat. Van daaruit waren ze in een vrachtwagen naar het theater vertrokken. Kort nadat ze de belegering waren begonnen, stuurde de jonge Barajev de pers een video-opname van een enigszins onsamenhangende oproep: 'Elk volk heeft het recht om zijn lot in eigen handen te nemen. Rusland heeft de Tsjetsjenen dit recht ontnomen, en vandaag zullen we de rechten terugpakken die Allah ons gegeven heeft, zoals hij die aan alle andere volkeren gaf...'

Volgens een van Poetins assistenten, die het presidentskantoor binnenstormde toen de video was bezorgd, zat de president rustig te luisteren naar Barajevs verklaring, die verder ging als volgt: 'Allah gaf ons het recht op vrijheid, het recht om ons eigen lot te bepalen. De Russische bezetters hebben ons land verdronken in het bloed van onze kinderen en wij willen een rechtvaardige oplossing. Niemand weet dat in Tsjetsjenië onschuldige mensen gedood worden: geestelijken, vrouwen, kinderen, weerloze mensen. Daarom hebben we voor deze manier gekozen, omwille van de vrijheid van het Tsjetsjeense volk. Het maakt niet uit waar wij sterven, en wij hebben besloten te sterven in Moskou.'

Een aantal mensen slaagde erin uit het gebouw te ontsnappen voordat de terroristen het helemaal bezet hadden. De 26-jarige Olga Romanova glipte op straat in een vlaag van woede door de politie-omsingeling heen en rende terug naar binnen, waar ze begon te ruziën met de gijzelnemers en riep naar de gevangenen dat ze niet bang van hen moesten zijn. Barajevs mannen namen haar mee de zaal uit en schoten haar dood in de foyer. Dit liet er bij de gijzelaars geen twijfel meer over bestaan dat het hun aanvallers dodelijke ernst was.

De hele crisis lang bleef Poetin aan zijn bureau zitten, leefde op boterhammen en soep en liet geen seconde zijn emoties zien. Maar diep van binnen ziedde hij van woede jegens de politici die de situatie aangrepen voor hun eigen gewin, om, zoals Poetin het zag, 'zichzelf met andermans bloed te promoten'. Dit was geen tijd voor politieke propagandavoering; Poetin wist dat het theater op een gegeven moment bestormd zou moeten worden.

BLOEDBAD IN DE ACHTERTUIN

Ondertussen gebeurden er een aantal opmerkelijke dingen. Met gevaar voor eigen leven betrad Mark Francetti, correspondent van de Sunday Times, het bezette gebouw en hield een interview van twintig minuten met Barajev; de journalist meldde dat sommige terroristen uitrustten, terwijl anderen bij de ontstekers in de buurt bleven. 'Als de Russen ons proberen te bestormen, gaat de hele boel de lucht in!' was de duidelijke boodschap. Het was niet hun doel om er levend van af te komen, maar om, ten koste van hun eigen leven, de Russische troepen te dwingen een einde te maken aan de oorlog. Ze zouden geen genade kennen.

Een andere man, die het klaarspeelde het gebouw binnen te dringen om de gijzelnemers te smeken zijn zoon vrij te laten, werd al even koelbloedig doodgeschoten als kort daarvoor de uitzinnige vrouw.

Poetin kondigde aan dat hij bereid was te praten met de terroristen op voorwaarde dat ze hun wapens neerlegden. Hij beloofde ook hun levens te sparen als ze de gijzelaars zouden vrijlaten (Rusland kent de doodstraf niet). Ondertussen nam hij koortsachtig het aanvalsplan door dat de Spetsnaz had gemaakt. Een aanval met gas was de enige manier, zeiden ze; zouden ze stungranaten gebruiken, dan hadden de terroristen nog tijd om hun bommen te laten ontploffen.

Met behulp van bewakingsapparatuur die ze in de buitenmuren van de kelder en zolder van het gebouw hadden bevestigd, hielden de speciale eenheden bij waar de terroristen zich bevonden. Op zaterdagmorgen even voor 5 uur, namen ze hun startposities in, gedekt door de duisternis. Poetin gaf persoonlijk het startsein voor de operatie.

Toen begon het. In alle stilte werd er gas het gebouw in gepompt via een ventilatiesysteem dat kort geleden geïnstalleerd was. Niemand kreeg een waarschuwing. Het gas deed zijn werk zo snel dat veel van de nietsvermoedende mensen die zich in het gebouw bevonden al na enkele keren ademhalen het bewustzijn verloren.

Een van de gegijzelden, Anna Andrianova, een correspondent van de *Moskovskaja Pravda*, wist een oproep te plaatsen op de radiozender *Echo Moskvy*. Haar wanhopige smeekbede was diezelfde morgen in de ether te horen: 'Het lijkt erop dat onze troepen hun operatie zijn begonnen. Jongens, laat ons niet in de steek, geef ons een kans, als jullie enigszins kunnen, we smeken jullie ...'

En toen verscheen de *Spetsnaz*. Ze bestormden het gebouw vanuit het riool, via het dak, via elke denkbare ingang. Hun eerste taak was alle terroristen 'binnen één minuut' dood te schieten (Poetin had zelf de tijdslimiet gesteld), zodat geen van hen de tijd zou hebben de explosieven tot ontploffing te brengen.

Door een goddelijk toeval was geen van de terroristen die met het ontsteken van de explosieven belast waren in de zaal aanwezig op het moment dat de operatie begon. Barajev en twee van zijn directe assistenten waren naar hun commandopost gegaan om naar de televisieverslagen van hun actie te kijken. Barajev kreeg een kogel in de slaap; zijn hand omklemde nog een halflege fles cognac. Enkele van de vrouwelijke zelfmoordterroristen werden doodgeschoten toen ze de trap op renden in een poging het balkon te bereiken. Het schieten duurde op de seconde af één minuut, precies wat Poetin had verordonneerd.

Alle terroristen werden gedood. Een van hen had geprobeerd met behulp van een touw naar buiten te springen, maar werd doodgeschoten door een vrouwelijke FSB-agent. Niemand van de gijzelaars sneuvelde door de kogels van de *Spetsnaz*. Het gas maakte echter 129 slachtoffers, van wie er velen omkwamen door een gebrek aan medische hulp. Sommigen verslikten zich in hun eigen tong, anderen stikten en weer anderen kwamen domweg niet meer bij. Waarschijnlijk zouden veel meer slachtoffers het overleefd hebben als de Moskouse autoriteiten betere voorbereidingen hadden getroffen voor hun redding. Ze hadden maar tachtig ambulances laten komen om een potentieel aantal van honderden slachtoffers naar het ziekenhuis te brengen. In de verwarring die heerste werden de lichamen van de doden en de lichamen van degenen die ziek of stervende waren door elkaar op straat gelegd, zonder bescherming tegen de vallende sneeuw. Het is een wonder dat 85 procent van de gijzelaars gered werd.

Poetin was op televisie te zien terwijl hij, gekleed in een witte doktersjas, een ziekenhuis bezocht en vol medeleven praatte met overlevenden. Wat de televisiecamera's echter niet geregistreerd hadden, was hoe de president de hele crisis lang non-stop aan zijn bureau in het Kremlin had zitten werken. Hij had geen enkele keer pauze genomen, zelfs niet om te slapen.

Een paar dagen na de Doebrovka-affaire werden een aantal groepen terroristen tegelijkertijd uitgeschakeld in gevechten nabij Grozny. Poetin verklaarde dat de maatregelen 'in verhouding' waren met de dreiging. Als reactie daarop deed Aslan Maschadov, de leider van de separatisten, wat hij zelf omschreef als 'een onvoorwaardelijk voorstel' tot vredesonderhandelingen. Poetin keurde het voorstel geen antwoord waardig en het Ministerie van Binnenlandse zaken verklaarde dat een dergelijke oproep aan Rusland tot onderhandelingen op hetzelfde neerkwam als Europa vragen om een dialoog te beginnen met Osama Bin Laden.

In de morgen van 26 oktober rechtvaardigde Poetin tijdens een televisietoespraak het gebruik van 'speciale middelen' met de verklaring dat die middelen 'erin geslaagd waren het vrijwel onmogelijke te doen: de levens van honderden mensen redden'; al met al was dat het bewijs, voegde hij eraan toe, dat 'Rusland nooit op zijn knieën gedwongen zal worden'. Na afloop van de gruwelijke belegering bedankte Poetin de troepen van de *Spetsnaz* en de burgers van Rusland voor hun moed, en de internationale gemeenschap voor haar steun in de strijd tegen 'de gemeenschappelijke vijand'. Hij vroeg om vergeving voor het feit dat hij niet meer gijzelaars had kunnen redden en riep de eerstvolgende maandag uit tot dag van rouw om de gevallenen; daarnaast zwoer hij door te zullen gaan met de strijd tegen het internationale terrorisme. Drie dagen later kwam Poetin met een andere verklaring: 'Rusland zal met passende maatregelen reageren op de dreiging tegen de Russische Federatie, overal waar de terroristen, zij die dergelijke misdaden organiseren, en hun ideologische leiders en geldschieters zich bevinden. Ik benadruk, wáár zij zich ook bevinden.'

Van alle landen had Frankrijk de Russische vergeldingsacties in Tsjetsjenië het scherpst veroordeeld. In Amerika verstomde het protest van George Bush enigszins nadat Poetin hem informatie van de Russische inlichtingendienst verschafte: het door Osama Bin Laden geleide Al Qaeda zat achter de Tsjetsjeense opstand en Movsar Barajev had nauwe banden met de terroristenleider die verantwoordelijk was geweest voor de aanslag van 9/11 op de Twin Towers in New York. Barajev, die door zijn eigen volgelingen als held werd gezien, was verantwoordelijk geweest voor een aantal beruchte ontvoeringen, waaronder die van vier medewerkers van British Telecom. Zij werden door zijn inmiddels overleden oom Arbi Barajev onthoofd toen Al Qaeda voor hun dood 20 miljoen dollar meer bood dan het losgeld dat BT en Granger Telecom bijeengelegd hadden voor hun vrijlating. Toen Bush Poetin opbelde om hem ervan te verzekeren dat de Amerikanen achter de Russen stonden, beloofde de leider van de republikeinen ook te zullen overwegen de Tsjetsjeense separatisten toe te voegen aan Washingtons lijst van terroristen, wat vervolgens ook gebeurde.

Een week na de bloedige gijzelingsactie stond de Deense regering toe dat de Tsjetsjeense separatist Achmed Zakajev het Tsjetsjeens Wereldcongres in Kopenhagen hield; een doorn in het oog van het Kremlin. De Russen, die Zakajev ervan beschuldigden betrokken te zijn geweest in de Doebrovkabelegering, zeiden dat hij op het congres verscheen als afgezant van Aslan Maschadov, die zij beschreven als de 'rebellenleider' van Tsjetsjenië. Ze herinnerden de wereld er nog maar eens aan dat Rusland via Interpol een arrestatiebevel tegen Maschadov had uitgevaardigd op beschuldiging van onder andere 'meer dan driehonderd moorden gepleegd tussen 1995 en 1997'.

Zakajev, acteur en voormalig minister in de Tsjetsjeense regering, had het grootste deel van het jaar in Londen doorgebracht als gast van de actrice en mensenrechtenactiviste Vanessa Redgrave, nadat hij gewond was geraakt bij een auto-ongeluk tijdens de slag om Grozny.

De Russen beschouwden Zakajev als publieke vijand nummer één, dus de Denen hielden hem aan, ondanks zijn protest dat hij noch andere Tsjetsjeense leiders iets te maken hadden gehad met het bloedbad in het Doebrovkatheater. Na een maand in de gevangenis kwam hij vrij, toen de Denen besloten dat de Russen onvoldoende bewijs hadden om zijn uitlevering te rechtvaardigen.

Meteen na zijn vrijlating vloog Zakajev naar Groot-Brittannië, waar hij op Heathrow prompt weer werd gearresteerd op grond van hetzelfde arrestatiebevel van Interpol. Hij werd vastgehouden tot Vanessa Redgrave en Boris Berezovski, die geen geheim maakte van zijn sympathie voor de rebellen, een borgsom van meer dan zestigduizend pond voor hem neertelden.

Redgrave beschreef Zakajev als een man die voor vrede was, en vertelde *CNN* dat ze zeker wist dat hij gedood zou worden als Engeland tegemoet zou komen aan het Russische verzoek om zijn uitlevering, wat de Denen zo onverschrokken geweigerd hadden: 'Als ze hem terugsturen, wordt hij gemarteld, hij zal gedood worden in de een of andere gevangenis,' zei ze, en voegde daaraan toe: 'Hij is geen rebel, hij is een gekozen leider. Hij werd verkozen bij de verkiezingen van januari 1997, die werden waargenomen door de OVSE en erkend door zowel de OVSE als (later) door Jeltsin.'

Terwijl dit allemaal gebeurde, nam Poetin maatregelen om de negatieve publiciteit over bepaalde aspecten van de Nord-Ost-operatie in Moskou binnen de perken te houden. Het lagerhuis van de Doema ging akkoord met strenge beperkingen op toekomstige persverslagen van aan terrorisme gerelateerde incidenten. Tegelijkertijd verwierp het een voorstel van de liberale partij Unie van Rechtse Krachten om een onafhankelijk onderzoek te voeren naar Poetins ingrijpen.

En voor het geval dat ze de boodschap nu nog niet hadden begrepen, kregen de Tsjetsjenen die in Moskou woonden het extra hard te verduren van de politie. In een overduidelijke poging om Maschadovs politieke legitimiteit te beschermen, postte Sjamil Basajev op zijn website een verklaring waarin hij de verantwoordelijkheid voor de aanslag opeiste, afstand deed van al zijn officiële functies in de zelfverkozen Tsjetsjeense regering en zich tegenover zijn 'president' verontschuldigde voor het feit dat hij hem niet op de hoogte had gesteld van de voorgenomen aanval. De verklaring werd in Moskou afgedaan als een zuiver politieke zet, en Poetins woordvoerder zei over opnames van getapte telefoongesprekken te beschikken die bewezen dat Maschadov van tevoren van de plannen op de hoogte was. Ondertussen tierden de samenzweringstheorieën welig.

De schrijfster Anna Politkovskaja, een felle tegenstander van Poetin, interviewde Chanpasja Terkibajev, een Tsjetsjeense politiek bemiddelaar, en concludeerde dat Terkibajev zich onder de gijzelnemers moest hebben bevonden omdat hij ontwijkend reageerde wanneer ze doorvroeg over aantijgingen dat hij agent-provocateur was. Deze – onbewezen – aantijgingen waren voor sommige theoretici aanleiding om te geloven dat het de FSB zelf was geweest die de terroristen met hun zware arsenaal aan wapens tot Moskou had toegelaten, en dat de geheime dienst zelfs het theater had voorgesteld als mogelijk doelwit. Ze veronderstelden dat een zo extreem provocerende actie Poetin alle vrijheid zou geven om zijn oorlog in Tsjetsjenië een tandje bij te zetten. Ook suggereerden ze dat er die avond meer dan 41 terroristen waren geweest en dat zeker 10 van hen hadden mogen ontsnappen; degenen wie dat niet lukte werden doodgeschoten voordat ze konden 'praten'. Chanpasja Terkibajev kwam later bij een auto-ongeluk om het leven.

Poetin werd razend toen Vanessa Redgrave, door sommigen gezien als een antisemitische sympathisant van de Palestijnse Bevrijdingsorganisatie PLO en gedetineerden in Guantanamo Bay, in geuren en kleuren het lot beschreef dat haar vriend Zakajev beschoren zou zijn als hij uitgeleverd zou worden aan Moskou. In een artikel voor The Guardian schreef ze: 'Er wordt in Rusland op grote schaal en in toenemende mate gemarteld. Ondertussen wordt de oorlog van de Russische regering tegen het Tsjetsjeense volk wreder en wreder.'

'In heel Rusland krijgen verdachten in voorlopige hechtenis een *slonik* of gasmasker op, of soms krijgen ze een plastic zak over hun hoofd; de zuurstoftoevoer wordt afgesneden en soms pompen ze traangas naar binnen in het masker of de plastic zak. Het slachtoffer raakt bewusteloos of begint te braken. Ze gebruiken daar nog vele andere martelmethodes om bekentenissen af te dwingen, die volgens de Russische wet zonder aanwezigheid van een advocaat kunnen worden ondertekend en die erkend worden door de rechtbanken,' beweerde ze.

Haar woorden vonden gehoor. Het jaar daarop kreeg Zakajev, die zich tijdens zijn acteercarrière had gespecialiseerd in Shakespeare, politiek asiel in het Verenigd Koninkrijk, net als Berezovski indertijd had gekregen, en presenteerde hij zich al gauw als minister-president van de Tsjetsjeense regering in ballingschap.

Poetin was verbijsterd dat iets als dit had kunnen gebeuren in een land waarmee hij een gezonde en vriendschappelijke werkrelatie had. In maart 2006 speelde Redgrave de Russische president onbedoeld in de kaart door in een interview met de Amerikaanse televisiejournaliste Amy Goodman op te merken: 'Ik ken geen enkele regering die zich houdt aan de internationale mensenrechtenwetten, geen enkele, ook niet die van mij. Ik zou zelfs durven zeggen dat ze deze wetten op een uitermate verachtelijke, obscene manier met de voeten treden.'

LOVE ME DO

Toen Paul McCartney in mei 2003 voet op Russische bodem zette om er in Moskou en Sint-Petersburg uitverkochte concerten te spelen, was het al meteen duidelijk dat zijn ego zou botsen met dat van de president. Mark Haefeli, de gevierde Amerikaanse regisseur die Macca's concert op het Rode Plein filmde, vertelde me dat McCartney bij zijn aankomst in Sint-Petersburg een uitnodiging kreeg van Poetin, een vermaard Beatlesfan, om met hem het Zomerpaleis te bezoeken. 'Maar Paul weigerde,' aldus Mark. 'Het paste hem niet. De concerten waren erg belangrijk voor hem en hij had al zijn tijd nodig voor repetities en soundchecks. En sowieso mengt hij zich niet in de politiek.'

'Toen we daarna in Moskou aankwamen, werd er wat heen en weer gecommuniceerd tussen het Kremlin en Pauls management - vooral over wie bij wie op visite zou gaan [Ik had hetzelfde probleem toen ik in 1965 de Beatles en Elvis Presley samenbracht], maar op de ochtend van het concert op het Rode Plein bracht een bode van het Kremlin een officiële uitnodiging voor Paul en Heather [zijn toenmalige echtgenote, Heather Mills-McCartney]. Ze werden er die namiddag bij de president op de thee verwacht. En Paul oordeelde dat er geen ontkomen aan was.'

Haefeli vergezelde het koppel naar het Rode Plein, maar werd zelf naar de dienstingang geloodst en zag de McCartneys pas terug in een wachtzaal waar tot hun verrassing ook de Russische pers in groten getale aanwezig was. Zo'n uniek fotomoment zou Poetin niet aan zijn neus voorbij laten gaan.

Ze moesten eventjes wachten tot de dubbele deuren openklapten en Poetin plechtig zijn entree maakte. 'Ze glimlachten allemaal breed en er werden massa's foto's genomen,' aldus Haefeli. 'Poetin vertelde wat voor verademing de Beatles in de jaren zestig hadden betekend voor hem en voor mensen over de hele wereld - zolang de pers erbij was, sprak hij grappig genoeg de hele tijd Russisch tegen Paul en werden zijn woorden naar het Engels vertaald.'

Maar toen de pers was vertrokken en het trio zich had afgezonderd in een andere kamer, zette Poetin het gesprek verder in zuiver Engels. Het was toen dat Heather haar blunder beging. Dat eindeloze gepraat over de Beatles (die van voor haar tijd waren) verveelde haar. Ze bracht het onderwerp op landmijnen, en de sfeer sloeg om. Poetin geloofde zijn eigen oren niet toen de vrouw van de muzikant zijn aandacht vroeg voor de liefdadigheidsinstelling die ze had opgericht naar het voorbeeld van wijlen prinses Diana's campagne. Zijn toch al bleke gezicht trok helemaal wit weg toen ze hem - de president van het grootste land ter wereld, een man befaamd om zijn eigen donderpreken - de les las over de gevaren van landmijnen en wat hij daaraan zou moeten doen. Poetin was het duidelijk niet gewend om op die manier toegesproken te worden, en al zeker niet door een vrouw. Hij interpreteerde haar opmerkingen als een zinspeling op vermeende schendingen van de mensenrechten in Tsjetsjenië - een onderwerp dat hem gegarandeerd op stang jaagt. Toen een Franse journalist hem eerder in november tijdens een persconferentie in Brussel uitvroeg over het gebruik van dergelijke wapens, was zijn sarcastische antwoord: 'Als u echt een radicale islamist wilt worden en bereid bent u te laten besnijden, dan nodig ik u uit om naar Moskou te komen. Ons land kent veel geloofsovertuigingen, we hebben dus ook op dat vlak experts en ik zal hun adviseren de operatie zo uit te voeren dat er uit u nooit meer iets kan voortkomen.'

Mevrouw Mills kon hij niet suggereren om een dergelijke operatie te ondergaan, maar hij wist precies hoe hij zich van zijn inmiddels lastige gasten kon ontdoen en stelde voor om 'een luchtje te scheppen'. Voor de aanwezige toeristen was het een bijzonder aangenaam schouwspel: drie internationaal bekende figuren die rondkuierden op het terrein van het Kremlin, de president voorop, terwijl de McCartneys hun best deden om hem bij te houden en de lijfwachten de verraste toeschouwers op een eerbiedwaardige afstand hielden. Toen draaide Poetin zich onverwacht om naar de McCartneys, schudde hun de hand, groette hen en ging ervandoor met zijn lijfwachten, zodat Paul overgeleverd was aan de genade van de handtekeningenjagers.

Op het afgeladen volle Rode Plein kwamen die avond onder vele anderen ex-president Michail Gorbatsjov en een dansende minister van Defensie, Sergej Ivanov, luisteren hoe Paul *Back in the USSR* en andere nummers ten beste gaf. Een tijdlang leek het erop dat Poetin niet zou komen opdagen, maar net op het juiste moment zwaaiden de poorten van het Kremlin open en beende de president het plein op met zijn lijfwachten. Noch de netelige kwestie van de landmijnen, noch bemoeizuchtige echtgenotes, niets zou Poetin ervan weerhouden om een levende legende te zien optreden in de schaduw van het Kremlin.

Een toonaangevende psychiater die heel wat ervaring heeft met Russische cliënten, zegt daar het volgende over: 'Ik vind het erg interessant dat Poetin zich de moeite getroostte om McCartney een tweede uitnodiging te sturen, na de belediging die hij de eerste keer had moeten slikken. Uiteindelijk hebben we het hier over een van de machtigste mannen ter wereld die te maken krijgt met een popster en hem achternajaagt als een fan. Het is absoluut niets voor Poetin om te zeggen dat zijn favoriete Beatlesopname er een is van McCartney's nummer *Yesterday*. Die blijk van onvolwassenheid zou je normaliter van hem niet verwachten, maar ook dat is weer interessant, want het bewijst dat hij makkelijk aspecten van zijn persoonlijkheid kan verbergen. Ik geloof niet dat zijn aanvaring met McCartney's echtgenote iets te maken heeft met zijn ego: Poetin zal het niet als een persoonlijke belediging, maar veeleer als een aanval op zijn regering en zijn land hebben opgevat toen deze vrouw hem probeerde op te voeden over zoiets ordinairs als landmijnen. Hij heeft een groot eergevoel en dat eergevoel heeft hij doorgegeven aan miljoenen Russen die veel hoop hadden verloren onder het bewind van Jeltsin.'

Het staat buiten kijf dat Poetin in privésituaties geneigd is om zwaar uit te vallen als het over zijn idealen gaat. Als een buitenstaander de situatie in Rusland aan de kaak durft te stellen, schaart hij zich achter de uitspraak van de Sovjet-Russische veiligheidsagent Gevork Vartanjan - de man die de levens van Stalin, Churchill en Roosevelt redde tijdens de conferentie van Teheran in 1943 - 'Een verrader verdient of de kogel of de strop'. In juli 2006 kreeg George Bush op een gezamenlijke persconferentie in Sint-Petersburg zelfs de duidelijke boodschap dat hij hem in het bijzijn van de reporters niet de les moest lezen over democratie. Zich zeer bewust van de verslechterde relaties tussen hun beider landen sinds Washington kritiek was beginnen te uiten op zijn ijzeren greep op de Russische media en politiek, gaf Poetin een scherpe repliek toen Bush liet doorschemeren dat hij in Rusland het soort democratie zou willen zien dat de Verenigde Staten in Irak probeerden te introduceren. Poetin reageerde onomwonden: 'Ik zal eerlijk tegen u zijn: wij zouden natuurlijk nooit een democratie willen zoals die in Irak. Niemand weet beter dan wijzelf hoe wij onze natie kunnen versterken. Maar we weten zeker dat we niet sterker kunnen worden als we geen democratische instellingen ontwikkelen. En dat is de weg die we zeker zullen inslaan.'

Net als McCartney's ex-vrouw had Bush door schade en schande geleerd dat hij niet moest proberen Vladimir Poetin op te voeden.

Voorafgaand aan Poetins eerste bezoek aan Londen als president ontving Tony Blair een opmerkelijk bericht. Het strikt vertrouwelijke schrijven dat (volgens een adviseur van Blair) door een bode was afgegeven in Downing Street 10, maakte de eerste minister erop attent dat hij niet moest verwachten dat de Russische leider beslissingen zou nemen tijdens hun gesprekken, en waarom wel niet. Het bericht was uit Moskou verstuurd, kennelijk met medeweten van Poetin, en Blair was niet de enige leider die er zo een kreeg.

Blairs adviseur zegt dat hij in de aanloop naar de ontmoeting zijn oordeel gaf aan de verblufte eerste minister over hoe Rusland op dat moment bestuurd werd: 'Er is in het Kremlin eigenlijk helemaal nog niet zoveel veranderd onder Poetin als de mensen denken. Het is nog steeds een erg Byzantijns systeem en het is niet duidelijk wie nu eigenlijk de macht heeft. Ik heb het gevoel dat, als je in een willekeurig departement met de baas zou willen spreken, je achter elke deur Poetin zou aantreffen. Hij heeft er een vette kluif aan om de verschillende machtscentra in balans te brengen en is in dat opzicht bijzonder intelligent.'

De mediëvist Steven Runciman beschreef de relaties tussen middeleeuws Europa en het Byzantijnse rijk als volgt: 'Al sinds onze onbehouwen voorvaderen tijdens hun kruistochten voor het eerst Konstantinopel zagen en er tot hun minachting en afschuw kennismaakten met een maatschappij waar iedereen kon lezen en schrijven, met een vork at en diplomatie boven oorlog verkoos, staat het chic om de Byzantijnen laatdunkend links te laten liggen en hun naam te gebruiken als een synoniem voor decadentie.' Rusland heeft zich een gewillige erfgenaam van de Byzantijnse cultuur getoond door haar religie, theologie en een aantal sociale structuren over te nemen.

Een van Ruslands beroemdste filosofen, Konstantin Leontjev, was een verdediger van het Byzantisme; hij pleitte voor hechtere culturele banden tussen Rusland en het Oosten als tegenwicht voor de 'revolutionaire invloeden uit het Westen'. Hij vond dat Rusland zijn cultuur en territorium oostwaarts moest uitbreiden tot in India, Tibet en China. Tenslotte hadden de Russen de tweekoppige adelaar die naar het Oosten en het Westen kijkt, overgenomen van de Byzantijnen.

Lord Browne, die Poetin zo ongeveer overal heeft ontmoet, waaronder in 2001 in Chequers samen met Tony Blair, en in 2005 zelfs in Poetins datsja ('zeer luxueus, erg Russisch, met heel veel meubels die er antiek uitzien of dat lijken te zijn'), beschouwt hem duidelijk als redder van zijn natie. 'Het is zo duidelijk wanneer je hem ontmoet - je intuïtie zegt: dit is een sterk persoon. Niet fysiek, ik bedoel, hij ziet er niet geweldig groot uit, maar door zijn aanwezigheid en de manier waarop hij praat weet je dat hij geen moment aan zichzelf twijfelt. Ik vraag me af hoe ver hij zal gaan, met de middelen die hij heeft, om te krijgen wat hij wil. Als je dat kunt bepalen, kun je zijn karakter bepalen: hoe ver zal hij gaan? Ik denk dat er grenzen zijn.'

'En het opmerkelijkste is zijn immense populariteit. Vanaf de eerste keer dat ik erheen ging toen hij aan het bewind was, wist ik dat hij een nationale held was geworden. Zijn volk respecteert hem omdat hij onvermoeibaar blijft proberen hun problemen op te lossen. Er was een gezegde dat als het misliep met de treinen in Sachalin, Poetin het wel zou komen regelen.'

DE JACHT OP CHODORKOVSKI

De mannen van het Openbaar Ministerie en het Ministerie van Binnenlandse Zaken hadden alles met militaire precisie voorbereid. Toen de privéjet, een Toepolev-154, op de ochtend van 25 oktober 2003 om vijf uur 's morgens landde, had de piloot niet in de gaten dat op het einde van de landingsbaan twee minibusjes met geblindeerde ramen in de duisternis stonden te wachten. Het was dan ook niet meer dan een tankstop, en zo vroeg in de ochtend was er weinig volk op de luchthaven van het diep in Centraal-Siberië gelegen Novosibirsk. Pas toen de piloot de motor had uitgeschakeld, stoven de voertuigen op het vliegtuig af. De passagiers merkten pas iets op toen een luide knal door de cabine galmde en de deur van de Toepolev uit zijn hengsels werd geblazen. Omgeven door rookwolken klauterden een tiental mannen in gevechtsuitrusting aan boord en schreeuwden iedereen in het vliegtuig toe dat ze hun handen op hun hoofd moesten leggen. De FSB-mannen kwamen Michail Chodorkovski arresteren. Poetins aangekondigde oorlog tegen de oligarchen was ineens een paar tandjes bij gezet.

Toen Chodorkovski geboeid de trappen van het vliegtuig werd afgeduwd (het ging allemaal zo snel dat zijn eigen veiligheidsmensen machteloos moesten toekijken), eiste hij een verklaring voor zijn arrestatie. Zijn misdrijf, zo kreeg hij te horen, was dat hij niet op tijd was opgedaagd als getuige in een strafzaak. Hij wist natuurlijk dat dat maar een voorwendsel was, al kon hij niet weten hoe gedetailleerd alles was voorbereid. Terwijl Poetin zelf zijn persoonlijke betrokkenheid ontkende, zei Roman Tsepov, voormalig hoofd van het privébeveiligingsbedrijf dat nog voor Sobtsjak had gewerkt en aanwezig bij Chodorkovski's arrestatie: 'Het was Volodja niet, wij waren het. Het was een klus die iemand voor hem moest doen.' Tsepov stierf niet veel later in hoogst verdachte omstandigheden in een ziekenhuis in Sint-Petersburg.

Maar zo eenvoudig was het niet. Tsepovs mannen mochten de operatie dan misschien wel hebben uitgevoerd, volgens Chodorkovski's eigen doorgewinterde inlichtingenbronnen had een man die dichter bij Poetin stond dan wie dan ook er groen licht voor gegeven: Igor Setsjin, de Grijze Kardinaal, de man die ooit in een hoekje van Poetins kantoor in Sint-Petersburg had gezeten en die de leiding had gekregen over Rosneft, het staatsoliebedrijf dat vervolgens de enorme hoeveelheid activa van Chodorkovski's eigen olieconcern Joekos inlijfde.

Chodorkovski werd zo snel mogelijk onder gewapende bewaking naar Moskou gevlogen en overgebracht naar een grauwe gevangenis met de naam 'Matrozenrust' (*Matrosskaja Tisjina*), waar hij opgesloten werd in een cel samen met vijf andere gevangenen. Op een steenworp afstand van de president die hij had gewaagd te provoceren, kreeg de rijkste man van het land er elke dag dunne vissoep en thee als ontbijt en een boekweitgebakje met margarine als middagmaal. Maar het ergste moest nog komen.

POETIN

De opsluiting van Poetins machtigste tegenstander veroorzaakte een schokgolf onder de oligarchen. Roman Abramovitsj, die vier maanden eerder de voetbalclub Chelsea gekocht had, was in Londen voor de wedstrijd van zijn team tegen Manchester City toen hij het nieuws hoorde. Net als iedereen wist Poetin maar al te goed dat de twee oliebaronnen - Chodorkovski van Joekos en Abramovitsj van Sibneft - net overeen waren gekomen om hun bedrijven te fuseren. Abramovitsj was er vrij zeker van dat hijzelf niet in gevaar was, maar dat Poetin zijn nieuwe zakenpartner in de gevangenis had gegooid, zat hem niet helemaal lekker. Een van de eerste dingen die hij deed was telefoneren naar Moskou, naar zijn vriend Aleksej Venediktov, de onafhankelijke politiek commentator. Hij wist dat Venediktov het reilen en zeilen binnen de Kremlinmuren nauwlettend volgde en dat hij Chodorkovski in juni nog had gewaarschuwd dat hem een arrestatie boven het hoofd hing. Beide oligarchen hadden die veronderstelling toen nog weggelachen, maar nu was Abramovitsj erop gebrand uit te vissen of zijn beste (en waarschijnlijk ook zijn enige) contact in de Russische media iets meer wist. Hij zei tegen Venediktov dat hij de volgende dag zou terugkeren naar Moskou en dat hij hem graag wilde spreken. Venediktov was minder enthousiast. Hij vond het geen prettig vooruitzicht om de stad uit te moeten naar Abramovitsj' datsja, maar de oligarch drong aan. Hij zou maar één dag in Rusland zijn en het was erg belangrijk dat ze elkaar spraken, in het geheim.

De radiojournalist zwichtte en toen hij uiteindelijk in het huis van de oligarch aankwam, bleek het vol bloemen te staan: Abramovitsj vierde net zijn 37ste verjaardag. Een man zo rijk en machtig als Abramovitsj krijgt dan natuurlijk massa's bloemen, maar Venediktov was niet onder de indruk. Hij opperde dat zijn vriend de bloemen misschien op straat kon verkopen om met de opbrengst arme mensen wat te eten te geven.

Na die ongelukkige start begonnen ze over de arrestatie. Aan een tafeltje in zijn favoriete Georgische restaurant vertelde Venediktov me kort daarna: 'Abramovitsj leek verbijsterd, onthutst door het nieuws. Hij was overtuigd geweest van Chodorkovski's onaantastbaarheid. Zo'n verkeerde inschatting maakte hij niet vaak. Hij had me ontboden omdat hij mij [en wellicht ook Venediktovs legertje *Echo Moskvy*-luisteraars] duidelijk wilde maken dat niet híj Chodorkovski achter de tralies had gezet. Ik geloofde hem niet helemaal en zei hem dat ook. Hij vroeg: 'Kan ik je op geen enkele manier overtuigen?' Ik zei dat hij het kon proberen. Dat hij zijn gedachten met me kon delen, maar dat ik mijn eigen mening had en wel voor mezelf zou beslissen.'

Hoewel Abramovitsj iedereen wilde laten weten dat hij niets te maken had met Chodorkovski's gevangenneming, wilde hij maar 24 uur in Moskou blijven om de zaak op te helderen.

Sommige critici geloven dat Poetin zelf, daartoe aangemoedigd door het plaatsvervangend hoofd van zijn administratie Setsjin, had aangestuurd op de arrestatie van zijn vijand en de ontmanteling van Joekos, die officieel een 'gedwongen verkoop van activa' werd genoemd. De verklaring die Chodorkovski oorspronkelijk voor zijn arrestatie had gekregen, sloeg nergens meer op toen het Openbaar Ministerie aankondigde dat hij beschuldigd werd van massale belastingontduiking, fraude en diefstal voor een totaalbedrag van 1 miljard dollar. Het gerucht deed de ronde dat Chodorkovski van plan was geweest om in de aanloop naar de verkiezingen op 7 december de steun te kopen van een aanzienlijk aantal leden van de Doema. Verondersteld - maar niet bewezen - werd, dat Poetin had gehoopt dat

Chodorkovski net als Berezovski en Goesinski het land zou ontvluchten als zijn belangrijkste zakenpartners zouden worden aangepakt. Zo was zijn rechterhand, Platon Lebedev, opgepakt en ervan beschuldigd bijna tien jaar eerder voor 280 miljoen dollar gefraudeerd te hebben bij de privatisering van een meststoffenbedrijf. Twee andere managers van Joekos werden beschuldigd van belastingontduiking en moord. Door zich niet op die manier door Poetin te laten intimideren, toonde Chodorkovski zich ofwel erg moedig, ofwel beging hij een kolossale inschattingsfout.

De klopjacht ging verder. Niet alleen werden de kantoren van Joekos binnengevallen, maar ook die van Jabloko, de partij waarvoor vier kaderleden van Joekos zich kandidaat hadden gesteld voor de Doema. Die zet zorgde ervoor dat de partij de kiesdrempel van vijf procent niet haalde.

De president kreeg niet over de hele lijn zijn zin. Het deed de stabilisatie van de Russische economie, de spil van zijn beleid, absoluut geen goed dat buitenlandse investeerders er halsoverkop vandoor gingen met hun geld. De beurs verloor op één dag tijd een tiende van haar waarde. Maar als Poetin erop had ingezet de gewone burger voor zich te winnen, dan was dat gelukt. Zijn populariteit steeg met 2 procent in de nasleep van zijn aanval op het Joekosimperium en de aandelen van het bedrijf stegen met 4,1 procent toen Chodorkovski op 3 november ontslag nam als topman.

Niemand zal ontkennen dat al die gebeurtenissen Abramovitsj alleen maar nog rijker hadden gemaakt: Poetins favoriete oligarch had begin dat jaar zelf nog voorgesteld om Joeksi (de samensmelting van Joekos en Sibneft) op te richten en had zich er daarbij zelfs toe verplicht om een boete van 1 miljard dollar te betalen, mocht hij zich om welke reden dan ook terugtrekken. Maar nu zat de drijvende kracht achter het bedrijf waaraan hij zijn toekomst wilde toevertrouwen in de gevangenis, en in Poetins Rusland kunnen de meeste kwesties langs informele weg opgelost worden. Abramovitsj had een goede bondgenoot in het Kremlin verloren toen stafchef Aleksandr Volosjin ontslag nam uit protest tegen de manier waarop de Chodorkovski-affaire werd behandeld, maar die stap bracht Abramovitsj en Poetin zelfs nog dichter bij elkaar.

Joekos had al 20 procent van Sibnefts aandelen gekocht voor 3 miljard dollar in contanten. In ruil voor de resterende waarde van Abramovitsj' bedrijf, dat door Joekos op 15 miljard dollar werd geschat, kreeg Sibneft een belang van 26 procent in de fusiegroep. Abramovitsj was het niet gewend een minderheidsbelang te hebben, en nu Chodorkovski uitgeschakeld was, had niet Sibnefts directeur Jevgeni Sjvidler de leiding over de fusiegroep gekregen, maar een van Chodorkovski's partners, Simon Kukes. Daardoor stond de hele operatie bloot aan een politieke aanval die zou uitblijven als hijzelf (Poetins beschermeling) of Sjvidler de touwtjes in handen zou hebben.

Op 28 november, vlak voor een aandeelhoudersvergadering, blies Abramovitsj de fusie af. Wilde hij munt slaan uit de plotselinge zwakte van het conglomeraat? Of volgde hij instructies van de president?

Een belangrijk aandeelhouder eiste dat hij een boete van vijf keer het in het fusiecontract overeengekomen bedrag van 1 miljard dollar zou betalen, dat hij de aanbetaling van 3 miljard dollar met rente zou terugbetalen en Sibnefts belang van 26 procent in Joekos zou afstaan.

De oligarch in ballingschap Leonid Nevzlin (een malafide aandeelhouder van Joekos) en twee anderen boden daarop aan om hun aandeelhouderschap op te geven in ruil voor Chodorkovski's vrijlating, maar Chodorkovski wees dat aanbod af nog voor iemand de kans had om erover na te denken. Waarom werd later ten dele duidelijk, toen hij op een website die hij op de een of andere manier wist te onderhouden vanuit de Siberische gevangenis waar hij een celstraf van acht jaar uitzat, verkondigde dat hij Poetins vijand was, niet die van Rusland.

Uiteindelijk wilde Chodorkovski (en waarschijnlijk wil hij dat nog steeds) politieke macht verwerven. Geld had hij al verdiend, onvoorstelbaar veel geld, door een bedrijf op te richten dat zo reusachtig was dat het de op drie na grootste commerciële onderneming van zijn land was. Kortom, hij had het allemaal wel gezien en nu wilde hij zich op een ander vlak bewijzen. Door zijn eigen succesverhaal leek hij neer te kijken op mensen die politieke macht uitoefenden zonder ooit iets betekend te hebben in het bedrijfsleven.

De reikwijdte van Poetins macht over Abramovitsj werd mij en schrijver Dominic Midgley duidelijk toen ik het Kremlin een aantijging voorlegde die Berezovski had geuit tijdens ons onderzoek voor de biografie over Roman Abramovitsj.

In zijn zwaar beveiligde kantoor in de Londense Mayfairwijk verklaarde Berezovski aan Midgley en mij dat Abramovitsj hem verplicht had zijn Sibneftaandelen voor 1,3 miljard dollar te verkopen terwijl ze twee of drie keer zoveel waard waren (beide mannen vechten het intussen uit voor het Londense Hooggerechtshof). Berezovski beweerde verder dat Abramovitsj hem bezocht had tijdens zijn ballingschap in Frankrijk en hem gezegd had dat hij beter zou meewerken, of 'Poetin zal ons bedrijf vernietigen en we zullen allebei met lege handen achterblijven'.

Thuisgekomen die avond stuurde ik Berezovski's aantijgingen door naar het Kremlin, er geen doekjes om windend dat het verhaal (duidelijk nadelig voor de president) gepubliceerd zou worden als er niet snel een antwoord kwam. De volgende ochtend kreeg ik nieuws uit Moskou. Niet van het Kremlin, maar van het kantoor van Abramovitsj, die pertinent had geweigerd mee te werken aan zijn biografie. De oligarch was ongerust omdat Midgley en ik 'te veel negatieve informatie' kregen en hij zou onmiddellijk een van zijn belangrijkste adjuncten naar Londen sturen om ons te ontmoeten. Abramovitsj deed, zo bleek achteraf, precies wat hem was opgedragen.

Terwijl Joekos steeds dieper in de problemen raakte, wist Abramovitsj (of misschien zijn beschermheren uit het Kremlin) profijt te trekken uit de knoeiboel. Nu de pogingen van voormalig Joekosmanager Nevzlin om zijn nieuwe partner te beboeten en zijn gevangen partner te bevrijden, waren mislukt (hij had heel wat macht verloren door zijn vrijwillige ballingschap), kon Abramovitsj werk maken van zijn plan om de fusie ongedaan te maken en daaraan te verdienen. Misschien dacht hij dat hij er erg bij gebaat was dat Poetin zijn premier Michail Kasjanov had ontslagen, die te ver was gegaan toen hij zijn 'grote bezorgdheid' had geuit over de zaak-Chodorkovski, maar hij had niet voorzien dat Michail Fradkov, een voormalig hoofd van de Belastingpolitie, hem zou opvolgen. Abramovitsj hoefde er niet op te rekenen dat de man hem met fluwelen handschoenen zou aanpakken, want hij was al even rechtlijnig als zijn baas als het op de oligarchen aankwam, die, zo geloofde hij, de natie zestig procent van haar activa hadden afgesnoept.

Als Poetin Abramovitsj ooit het vuur aan de schenen had willen leggen, dan was dit zijn kans. Die greep hij echter niet. Abramovitsj schoot in actie en haalde alles uit de kast om zijn geld - en meer - uit Joekos te halen. Tijdens die door het Kremlin gearrangeerde ontmoeting in Londen vroeg ik op een bepaald moment aan zijn naaste medewerker waarom de zakenman Joekos niet simpelweg de 3 miljard dollar teruggaf die hij had gekregen voor de Sibneftaandelen en het daarbij liet. 'Maar ze willen meer,' riep hij uit.

De autoriteiten legden Joekos miljarden dollars aan belastingen en boetes op en de regering had de activa van het bedrijf bevroren, zodat niemand betaald kon worden.

Begin september 2004 had Abramovitsj' holdingmaatschappij al 57 procent teruggevorderd van de 92 procent die het had overgedragen aan Joekos, nadat een rechtbank had beslist dat de nieuwe aandelen waarmee Joekos dat belang had gefinancierd, illegaal waren uitgegeven. Tijdens een andere hoorzitting kreeg Poetins favoriet nog meer goed nieuws: ook de overdracht van 14,5 procent van zijn bedrijf voor 8,8 procent van Joekos' schatkistpapieren werd tenietgedaan. Daarna ondernam hij stappen om de rest terug te winnen, waarvoor hij 3 miljard dollar contant had ontvangen.

Waarom was het lot van deze twee oligarchen en hun bedrijven zo verschillend? In een interview met de krant *Izvestia* zei Paul Klebnikov, de Amerikaanse hoofdredacteur van de Russische editie van het zakenblad *Forbes*: 'Ik denk dat de een simpelweg een persoonlijke vriend van Poetin is. En de ander is niet meer dan een onafhankelijk man. Als de wet zo strikt wordt toegepast voor de ene oligarch, waarom gebeurt dat dan niet voor de andere, die de publieke moraal zoveel erger beledigd heeft?'

Het was een wijdverbreid standpunt: als ze Chodorkovski veroordeelden, waarom dan niet allemaal? Als iemand kon bewijzen dat Potanin, Aleksperov, Abramovitsj, Jevtoesjenkov of wie dan ook grote sommen geld van de staat had gestolen door belastingen te ontduiken en net als Joekos weigerde dat geld terug te geven, verklaarden de gezagsdragers, dan zou Poetin dat nooit kunnen vergeven. En waarom zou hij ook? De president met het stalen gezicht wordt vandaag als een van

Ruslands sterkste leiders beschouwd. Hij zou ook aanvoeren dat zijn beleid niet is gestoeld op ongefundeerde veralgemeningen, maar op echte onderzoeken zoals die in elk ander beschaafd land worden gevoerd. Na Chodorkovski's arrestatie werd er op slag vijftienmaal meer aan belastingen op olie geïnd, en hoewel niemand zou durven beweren dat het helemaal niet meer gebeurt, wordt er veel minder Russisch oliegeld achterovergedrukt dan vroeger. Er zijn nog wel problemen: een aantal bedrijven hebben de goedkopere olie uit een groot aantal Russische bronnen gehaald, vooral in Evenkia. Van de duizenden bronnen die olie bevatten, ligt minstens de helft er verlaten bij. Door barbaarse boormethoden blijft er elk jaar tot 25 miljoen ton olie in de grond zitten, evenveel als wat het olierijke Azerbeidzjan in een heel jaar produceert. Sinds hij aan de macht is, heeft Poetin het op zich genomen om de verantwoordelijke bedrijven op het matje te roepen.

Amper enkele uren na zijn controversiële interview voor *Izvestia* werd Paul Klebnikov op straat vermoord toen hij van het Moskouse Forbeskantoor in de Dokoekinastraat naar huis wandelde. Het was rond tien uur 's avonds; uit een voorbijrijdende wagen werden vier schoten op hem afgevuurd. Het duurde vijf minuten voor er een ambulance ter plaatse was en terwijl hij aan het doodbloeden was, duurde het nog eens twintig minuten tot er een chirurg arriveerde in het Stedelijk Ziekenhuis Nummer 20, dat nochtans een goede reputatie genoot. Poetin had een nuttige bondgenoot in de media verloren.

Klebnikovs meest voor de hand liggende vijand was het onderwerp van zijn biografie *Godfather of the Kremlin: Boris Berezovsky and the Looting of Russia*. Berezovski had Forbes in 1996 voor de rechter gedaagd wegens een artikel waarin Klebnikov hem 'een machtige prins onder gangsters' had genoemd en hem had beschuldigd van de moord op televisiepresentator Vladislav Listjev. Amper enkele uren na Klebnikovs dood zei Berezovski dat hij (Klebnikov) een gevaarlijk spel had gespeeld: 'Het is duidelijk dat iemand niet hield van wat hij deed en dat die iemand had besloten zich van hem te ontdoen ... Als je een lijst van de rijkste mensen van Rusland publiceert [wat Klebnikov had gedaan in Forbes] kun je hun namen net zo goed doorspelen aan het Openbaar Ministerie. Hier gelden andere normen ...'

VRIENDEN OM
OP TE BOUWEN

Bij wie klopt Poetin aan als de wereld zich tegen hem keert? Terwijl zijn woordvoerders bezig waren met het formuleren van een antwoord op de Klebnikov-affaire, zou Poetin een bezoek hebben gebracht aan het Sretenskiklooster.

Tot in de late 14de eeuw stond het stuk land waarop dat klooster was gebouwd bekend als Koetsjkovo Pole ('Land van Koetsjka'). In 1378 werd de laatste militaire leider van het geslacht Veljaminov hier terechtgesteld en kort daarop werd de historische kerk genoemd naar de Heilige Maria van Egypte er gebouwd. Het klooster kwam er in 1395 in opdracht van grootvorst Vasili Dmitrijevitsj, de zoon van Dmitri Donskoj. Die laatste bouwde ook de Moeder Gods van Vladimirkerk, om te gedenken dat Moskou gevrijwaard bleef van een aanval door Timoer Lenk op de dag dat de miraculeuze icoon *Moeder Gods van Vladimir* van Vladimir naar Moskou werd overgebracht.

Algemeen wordt aangenomen dat de landgoederen van de half-legendarische bojaar Koetsjka en Koetsjkovo Pole in de buurt van de Loebjankastraat lagen. Van de 12de tot de 14de eeuw lag daar de weg die van Kiev en Smolensk naar Vladimir aan de rivier Kljazma, Groot Rostov en andere steden liep. In 1382 mobiliseerde Dmitri Donskoj via die weg zijn troepen tegen Tochtamysj, de vooraanstaande kan van de Witte Horde, en dwong hem zich terug te trekken uit Moskou nadat hij de stad had vernietigd. Tijdens de invasie van Timoer Lenk, die in 1395 Jelets had ingenomen, werd via die weg de *Moeder Gods van Vladimiricoon* van Vladimir naar het Kremlin gevoerd. De Moskovieten namen haar in ontvangst op de plek waar vandaag de Sretenskipoort staat. Op de plek waar ze de icoon hadden opgewacht, bouwden ze een kerk, en daarna het Sretenskiklooster, waarvan de kathedraal tot op vandaag bestaat.

Het was in de aanpalende kelders van de Loebjanka, het hoofdkwartier van de NKVD (de latere KGB en FSB), dat duizenden priesters en leken werden geëxecuteerd. Aangenomen wordt dat Poetin tijdens zijn periode als KGB-agent in het beroemde Loebjankagebouw Vader Tichon, het hoofd van het klooster naast de deur, benaderde en dat het onwaarschijnlijke paar al snel bevriend raakte.

Archimandriet Tichon (de eretitel die de gerespecteerde geestelijke later zou krijgen) begon zijn carrière als scenarioschrijver. Hij werd in 1958 geboren als Georgi Aleksandrovitsj Sjevkoenov en studeerde af aan het departement scenarioschrijven van het Staatsinstituut voor Cinematografie. Vader Tichon was de spirituele zoon van vader Ioann (Krestjankin), een van de invloedrijkste religieuze figuren van de voorbije honderd jaar, die het wrede sovjetregime waaronder hij werd gevangengenomen en vervolgd naar eigen zeggen overleefde dankzij zijn standvastige geloof. Vader Tichon had zijn mentor, die sinds jaar en dag wordt erkend als een van Ruslands ware profeten, ontmoet toen hij als novice toetrad tot het Pskovo-Petsjerskiklooster. Geen van beide jonge geestelijken had er toen ook maar enig idee van hoeveel invloed ze later zouden krijgen. 'Poetins biechtvader' verwierf bekendheid in 1990 toen hij als ideoloog van de conservatieve vleugel van de Russische Orthodoxe Kerk zijn schrijftalent aanwendde om het artikel *Kerk en Staat* op te stellen, waarin hij onomwonden uiterst controversiële ideeën over democratie uitte. Hij schreef: 'Een democratische staat zal onvermijdelijk de invloedrijkste Kerk van dit land proberen te verzwakken door de oeroude verdeel-en-heerstactiek uit te spelen'. Niet bepaald een standpunt dat veel van Poetins ambtgenoten zouden onderschrijven of waarvan ze zouden willen dat hij er al te veel aandacht aan besteedt, al staat Tichon niet helemaal alleen met zijn ideeën. In Groot-Brittannië is Vader Stephen Platt, een orthodoxe theoloog verbonden aan Oxford, het met hem eens: 'We leven in een maatschappij die voor veel mensen spiritueel de weg kwijt lijkt te zijn. Officieel is Groot-Brittannië nog altijd een christelijk land. De bisschoppen van de Anglicaanse Kerk zetelen bijvoorbeeld nog altijd in het Hogerhuis. Maar hoewel de koningin nog altijd aan het hoofd van de Anglicaanse Kerk staat, valt het te bediscussiëren hoeveel impact dat heeft op het leven van de gemiddelde Brit. Moslims, die er niet voor terugdeinzen hun geloof van de daken te schreeuwen, hebben daardoor het meest te zeggen op religieus vlak.'

In 2008 vestigde Vader Tichon zijn naam als een van Ruslands meest erudiete persoonlijkheden met zijn controversiële film *The Fall of an Empire. The Lesson of Byzantium*, een weinig opbeurend essay over de noodzaak voor een reusachtig land als Rusland te vermijden dat de macht opnieuw verwatert.

POETIN

Poetin zou Vader Tichon hebben ontmoet en vriendschap met hem hebben gesloten na het verkeersongeval van zijn vrouw in 1993, dat hem aan het denken had gezet over zijn leven. De kloosterling had tegen die tijd al zoveel spirituele geneeskracht - althans, dat geloofden zijn bewonderaars - dat velen meenden dat archimandriet Tichon Aleksi II zou opvolgen als patriarch van geheel Rusland, ook al was dat volgens de regels van de Russische Orthodoxe Kerk niet mogelijk, aangezien hij nog niet eens bisschop is. Maar beide mannen hadden aanzienlijk bijgedragen tot de vereniging van de twee orthodoxe kerken. Poetin beweert dat hij niet betrokken was bij de keuze van Aleksi's opvolger, patriarch Kirill, maar Kirill heeft zijn vertrouwen in vader Tichon getoond door hem grote verantwoordelijkheden te geven: hij is hoofd van het Sretenskiklooster, directiesecretaris van de Patriarchale Cultuurraad, rector van het Seminarie van het Sretenskiklooster en medevoorzitter van de Kerkelijk-sociale Raad voor Bescherming tegen Alcoholisme.

Vader Tichon heeft geen gebrek aan hooggeplaatste vrienden. Een van zijn parochianen is bijvoorbeeld luitenant-generaal Nikolaj Leonov, die van 1958 tot 1991 voor de KGB werkte, en zelfs enige tijd aan de zijde van Poetin, toen hij tijdens de jaren 1960 en 1970 plaatsvervangend chef was van het Eerste Hoofddirectoraat. Vader Tichon en Leonov zitten allebei in de redactieraad van het tijdschrift *Russki Dom*. Leonov was ook politiek commentator in een televisieprogramma met dezelfde naam dat op het *Moskovia*kanaal werd uitgezonden. Hij zou zelfs de sturende kracht zijn geweest van zowel het tijdschrift als de tv-show.

De man die velen als Poetins spirituele mentor beschouwen, heeft ook enkele interessante opvattingen over censuur: 'Censuur is een normaal politiek instrument dat in elke normale maatschappij alle vormen van extremisme met wortel en tak moet uitroeien. Persoonlijk ben ik voorstander van censuur in zowel de religieuze als de seculiere sfeer. Vroeg of laat zal de maatschappij tot het nuchtere besef komen dat staatscensuur absoluut noodzakelijk is. Denken we maar aan hoe de jonge Poesjkin van leer trok tegen de 'tsenzoera' en het woord nauwelijks kon neerpennen zonder het te laten rijmen met 'doera' [het Russische woord voor 'idioot'], terwijl hij er later juist voorstander van werd.' De religieuze leider bedient zich voor die conclusie wel van enige dichterlijke vrijheid: hij baseerde haar op Poesjkins brief aan Jazykov (november 1826), waarin hij schreef dat de censuur van de tsaar voor hem 'van groot nut' was (ofschoon Poesjkin doorgaans juist tekeerging tegen tsaar Nikolajs censuur, vooral in zijn dagboeken en de brieven aan zijn vrouw).

Het is dus niet zo verrassend dat de eerste die Poetin feliciteerde met zijn presidentschap niemand minder was dan Vader Tichon, die zich verheugde over het vertrek van zijn voorganger en het 'tijdperk van het Jeltsinisme' verketterde.

Hoewel hij zijn relatie met Poetin nooit expliciet heeft willen uitbuiten, viel Vader Tichon toch even uit zijn rol toen hij in een interview met het tijdschrift *Profil* verklaarde: 'Het was erg interessant om in nogal wat artikels te lezen over mijn speciale band met de president, over mijn zogezegde invloed op hem, over mijn inbreng bij oplossingen voor kerk- en zelfs staatgerelateerde problemen. Op basis van die 'feiten' in de krant komen analisten dan weer met opvattingen, algemene prognoses, enzovoort, en zo verder. Wat kun je daarover zeggen? Eerst en vooral dat in maatschappelijke en politieke kringen de rotsvaste overtuiging heerst dat iemand de president van Rusland naar zijn hand zet. Helaas was dat de laatste vijftien jaar inderdaad het geval. De beïnvloedende partijen wisselden, maar het was niet zo moeilijk om ze aan te wijzen. Maar vandaag gaat het er anders toe. Zowel degenen die jarenlang de vorige presidenten in hun macht hadden als degenen die hun belangen verdedigden (en daarbij hun eigen belangen niet vergaten), zoeken wanhopig naar wie of wat Poetin beïnvloedt. Wie heeft hem in zijn macht? De oligarchen? Nee. Zijn familie? Nee. Het leger? De FSB? Nee. Het Westen, internationale kringen, de media? Helaas, ook zij niet. Blijkt dat het uw nederige dienaar vader Tichon is. Maar eigenlijk is Poetin onafhankelijk, in toenemende mate zelfs, tot grote vreugde van velen en tot grote angst van enkelen. Zo God het wil, zal deze president zich slechts laten 'leiden' door God, zijn geweten, zijn liefde voor Rusland en zijn gezond verstand.'

Vader Tichon beantwoordde ook de vraag of de staat de Kerk niet gebruikte voor zijn eigen doeleinden door de oorlog in Tsjetsjenië voort te zetten. 'De Orthodoxe Kerk zou oproepen om het kwade lijdzaam te ondergaan,' zei hij, 'maar niets is minder waar. In werkelijkheid is er niets meer strijdig met het orthodoxe christendom dan het beginsel dat je je niet moet verzetten tegen het kwade. Wat Tsjetsjenië betreft, heeft Rusland veel toegevingen gedaan. Door zich bereid te verklaren de Akkoorden van Chasavjoert te ondertekenen, probeerde het zich op dezelfde manier vrij te kopen als destijds Dmitri Donskoj. Toen Tsjetsjeense rebellen in november 1999 Dagestan invielen, moest Rusland wel weer naar het zwaard grijpen. Je moet je eigen vijanden liefhebben, de vijanden van je vaderland verpletteren en Gods vijanden verafschuwen.'

Op de vraag of hij, om maar iets te noemen, in een gepantserde Audi-8 rijdt, een wagen uit de topklasse, 'omdat u veel staatsgeheimen kent,' antwoordde vader Tichon: 'Tijdens een humanitaire missie naar Georgië werden we een keer enkele uren lang achtervolgd door rebellen; en ook al werden we begeleid door een detachement van het leger, zonder Gods hulp zouden ze ons toch te pakken hebben gekregen. Ik heb in Moskou een zeven jaar oude Audi-6. Hij is gewijd en dus spiritueel gepantserd.'

Sommigen zouden misschien alleen al het feit dat Vader Tichon over een van zijn pupillen spreekt indiscreet vinden, te meer wanneer die pupil de leider van het land is. Het is bekend dat hij tijdens hun ontmoetingen van Poetin verlangt dat hij alles bespreekt (op Igor Setsjin na weet de kloosterling waarschijnlijk meer over Poetins handel en wandel dan wie ook). Hij zegt dat zijn werk een essentieel onderdeel is van de persoonlijkheid van zijn biechteling: 'Poetin is een lichtend voorbeeld voor ons allemaal en voor Rusland in het algemeen doordat hij het eerste christelijke staatshoofd is sinds de laatste tsaar, Nikolaj II.' Orthodoxe leiders beschouwden Boris Jeltsin als een atheïst. Hij kwam bijna nooit in de kleine privékapel naast het presidentiële kantoor, terwijl Poetin er elke dag bidt. Niet min voor een man die zo lang heeft gewerkt voor de KGB, een instelling die trouw zwoer aan de atheïstische staatsideologie.

Vader Tichon heeft de controverse nooit geschuwd. Hij steunde Poetins beslissing om ten oorlog te trekken tegen het islamistische extremisme in de noordelijke Kaukasus en noemde de westerse maatschappij, en vooral de Europese, zwak en decadent en niet opgewassen tegen de 'agressieve' islamitische cultuur die erop uit is 'de wereld te domineren'.

'Rusland,' zo besloot hij, 'heeft geen bondgenoten, behalve zijn verzwakte leger en marine.'

Na het auto-ongeluk dat Ljoedmila Poetina in 1993 bijna fataal werd, begon ook zij steun te zoeken in het geloof, iets wat ze echter zelden uitspreekt: 'Ik praat niet graag in het openbaar over mijn geloof,' zegt ze. 'Dat is iets erg persoonlijks. Maar ik geloof wel dat het mensen kan verenigen. Ik geloof dat we de harmonische en stralende toekomst waar we allemaal van dromen alleen kunnen realiseren als de mensheid zich onder één geloof verenigt. Of we moeten op zijn minst het bestaan van andere religies respecteren, zonder oorlogen of onderlinge wrevel. De Russische orthodoxie predikt in de eerste plaats liefde en verdraagzaamheid tegenover je naasten.'

Poetin heeft duidelijk iets met acteurs (zijn favoriete actrice was de Oostenrijkse Romy Schneider), theater (hij houdt van het Sovremenniktheater) en ballet. Het is dus niet zo verrassend dat hij ook bevriend is met Nikita Michalkov, de belangrijkste Russische filmregisseur. Poetin is gefascineerd door de verhalen die Michalkov hem kan vertellen over de gerenommeerde artistieke familie. Zijn overgrootvader was college-assessor van Jaroslavl. Zijn vader, Sergej Michalkov, is het bekendst als schrijver van jeugdliteratuur, maar schreef ook de tekst voor de volksliederen van zowel de Sovjet-Unie als Rusland. Nikita's moeder, de dichteres Natalja Kontsjalovskaja, was de dochter van de avant-gardeartiest Pjotr Kontsjalovski en de kleindochter van een andere markante schilder, Vasili Soerikov. Nikita's oudere broer, Andrej Kontsjalovski, is ook cineast, vooral bekend om zijn samenwerking met Andrej Tarkovski en zijn Amerikaanse actiefilms, waaronder *Runaway Train*.

'Het is niet dat Vladimir aan Michalkovs voeten ligt, maar hij luistert in stilte wanneer de regisseur verhalen begint te vertellen over wat hij tijdens zijn carrière meemaakte,' zegt iemand die tijd heeft doorgebracht in het gezelschap van beide mannen. 'En die carrière was glansrijk. Michalkov maakte de film *Dark Eyes* met Marcello Matstroianni in de hoofdrol als een oude man die vertelt over een romance uit zijn jongere jaren. Hij is ook internationaal bekend om *Oerga* en *Burnt by the Sun*. Michalkov zelf speelde tsaar Aleksandr II in zijn epos *The Barber of Siberia* uit 1998. Poetin heeft al zijn films gezien. Hij houdt van films, vooral van westerns. Hij is dol op cowboys.'

Michalkov, die in zijn villa privéfeestjes organiseert waarop Poetin 'zich eens kan laten gaan', praat zelden in het openbaar over de president, al drukte hij in 2005 wel zijn vrees uit dat de stabiliteit van Rusland in gevaar kwam als Poetin in 2008 niet voor een derde termijn als president zou gaan. 'Om de vier jaar kruis of munt spelen met een land als Rusland om te bepalen wie de macht krijgt, is een vorm van experimenteren die catastrofale gevolgen kan hebben voor ons,' zei hij.

Roman Abramovitsj krijgt zeker niet altijd zijn zin wanneer hij op Poetin probeert in te praten. In regeringskringen wordt hij beschouwd als een man via wie Poetin zaken kan doen, maar Abramovitsj is nooit helemaal op zijn gemak in zijn gezelschap. Voor zover het te beoordelen is, koestert Poetin nog de minste antipathie voor Abramovitsj' confrater Oleg Deripaska.

Deripaska, die zestien jaar jonger is dan Poetin, is de oligarch die het best weet hoe hij van het leven kan genieten. De voormalige student aan de Moskouse Staatsuniversiteit maakte fortuin in de aluminiumindustrie nadat hij tijdens een korte periode als effectenmakelaar op de Beurs had gezien hoe anderen geld verdienden. Hij en Abramovitsj (ooit gezworen rivalen) verwierven in 2000 nagenoeg een monopoliepositie op de Russische aluminiummarkt. Deripaska had tegen die tijd al dingen gezien die zijn partner nog nooit had meegemaakt: een tragisch verlies van mensenlevens in de jacht naar rijkdom. Meer dan honderd kaderleden werden vermoord tijdens de aluminiumoorlogen. Hijzelf kreeg verschillende doodsbedreigingen en ontsnapte maar net aan een moordpoging waarbij een granaat op hem werd afgevuurd.

Deripaska trad toe tot 'de Familie' door zijn huwelijk met Polina Joemasjeva, de dochter van Boris Jeltsins schoonzoon en voormalig stafchef Valentin Joemasjev. Hij schikte zich makkelijk in Poetins voorschrift dat oligarchen zich niet met politiek moesten inlaten. Hij moest zijn zaakjes erdoor kunnen drukken bij de regering, en dat was de enige reden waarom hij belang had bij wie er in het Kremlin huisde. Poetin beschouwt Deripaska ook zo'n beetje als een internationale ambassadeur: hij juicht het toe dat de oligarch zich geliefd heeft gemaakt in het Londense milieu door goede vrienden te worden met Lord (Peter) Mandelson, voor velen de Britse Setsjin, en met financieel deskundige Nat Rothschild. Die laatste, een lid van de belangrijkste Britse bankiersfamilie, hielp hem aan een visum voor de Verenigde Staten, waar hij verschillende jaren niet meer binnen had gemogen wegens vermeende banden met de georganiseerde misdaad.

De oligarch is voor de president echter een mes dat aan twee kanten snijdt. Een Kremlinwaarnemer vertelde me: 'Poetin zorgt ervoor dat Deripaska Abramovitsj in de gaten houdt, en Deripaska Abramovitsj. Vladimir vertrouwt niet zomaar iedereen.'

Deripaska moest trouwens op een pijnlijke manier ondervinden dat Poetin zich niet zomaar voor ieders karretje laat spannen, toen hij probeerde om in een van zijn fabrieken in het Noord-Russische Pikaljovo arbeiders te laten afvloeien ondanks de aanzienlijke subsidie die de regering hem had gegeven om hun banen te vrijwaren. Poetin was zich in Sint-Petersburg aan het voorbereiden op de komst van belangrijke internationale zakenleiders naar een economische top in de stad, toen hij hoorde dat de arbeiders uit protest een snelweg hadden geblokkeerd. Ze hadden hun loon niet ontvangen en hun gezinnen hadden honger.

Poetin beval Deripaska hem op te wachten in de fabriek en vertrok per MPV naar het ruim 240 kilometer verderop gelegen Pikaljovo. Gekleed in een spijkerbroek, een sportief hemd met openstaande kraag en een nylon jack stormde hij het gebouw binnen, waar ook de pers inderhaast was bijeengetrommeld. Aan het hoofd van een tafel gezeten, keek hij de oligarch in het bijzijn van de arbeiders aan en vroeg hem dwingend waarom iedereen 'als kakkerlakken' rondrende vlak voor zijn aankomst. 'Waarom kon niemand hier beslissingen nemen?', vroeg hij voordat hij Deripaska opdroeg aan hun toehoorders uit te leggen waarom ze het geld niet hadden gekregen dat de staat had vrijgemaakt. Uiteindelijk wierp hij zijn vernederde skipartner over de tafel een pen toe en dwong hem een contract te tekenen dat de arbeiders tevreden zou stellen en een einde zou maken aan het geschil, waarop hij abrupt vertrok en terugkeerde naar Sint-Petersburg.

De met Poetin bevriende zakenman die me op de hoogte hield van Deripaska's activiteiten, zegt daarover: 'Ik was er niet bij, ik heb het op tv gezien. Het was magisch. Een heleboel mensen dachten dat alles georkestreerd was voor het tv-publiek, maar ik weet wanneer hij kwaad is, en hij was ziedend. Deripaska had die uitbrander verdiend en hij wist het.'

De enige man voor wie Poetin uit zijn schulp kruipt en zich aan feestjes waagt, is de pretentieuze, rokkenjagende voormalige Italiaanse premier Silvio Berlusconi. En hij is niet zomaar de politicus die boven aan Poetins lijstje van 'populairste vrienden' staat. De twee leggen duizenden kilometers af om elkaars verjaardagsfeestjes bij te wonen en Vladimir heeft zoveel bewondering voor de Italiaanse levensstijl dat hij Silvio's kleermaker zelfs diens pakken voor hem laat namaken. Zelfs de scandaleuze geruchten die vanuit de Italiaanse nachtclubs de weg naar de Russische leider in het oosten vonden, brachten hun relatie geen schade toe.

Ondanks de vele schandalen rond Berlusconi's buitenverblijf, was Poetin al te gast in Villa Certosa op Sardinië, waar op feestjes doorgaans ook een hele schare aantrekkelijke meisjes aanwezig is. In 2008 zei de Italiaanse premier dat hij een dansgroep uit Rome had laten overvliegen om Poetin, die zestien jaar jonger is dan hij, te entertainen. In oktober 2009 annuleerde hij een gesprek over het vredesproces in het Midden-Oosten dat hij in Rome zou voeren met de Jordaanse koning Abdullah. In plaats daarvan dook hij op in Sint-Petersburg met een aantal 'voortreffelijke wijnen', vastberaden om de verjaardag van de Russische premier mee te vieren, ondanks de toenemende speculaties aan het thuisfront dat hij hun bijzondere band voorrang gaf boven de belangen van zijn land. Volgens de officiële verklaring van Poetins woordvoerder Dmitri Peskov was Berlusconi's verrassingsreis een 'privébezoek, maar met werk op het programma', waaronder gesprekken rond energie. Peskov ontkende dat Berlusconi een feest zou bijwonen in een villa aan het Valdajmeer ten zuiden van Sint-Petersburg. De mogelijkheid indachtig dat ze er samen zouden kunnen worden gefotografeerd, voegde hij evenwel toe: 'Ik kan niet uitsluiten dat ze zijn verjaardag zullen vieren. Maar het is niet de hoofdreden voor het bezoek.'

Maar het was het verhaal rond Poetins bed dat de lezers van sensatiekranten in juli 2009 nog het meest kon vermaken.

Een escortgirl, Patrizia D'Addario, die een cassetterecorder had meegenomen toen ze (naar verluidt) met Berlusconi een nacht doorbracht in zijn residentie in Rome, beweerde dat ze een opname bezat waarop de premier haar vanuit de douche toeroept op hem te wachten in Poetins bed, 'dat met de gordijnen'. Het kabinet van de Russische premier zag zich gedwongen te ontkennen dat de heer Poetin ooit een bed cadeau had gedaan aan de heer Berlusconi.

Berlusconi's gescharrel is niet het enige wat Poetins no-nonsense reputatie in gevaar brengt. Zijn pogingen om voor de Russische premier het woord te voeren zijn soms allesbehalve een hulp. Terugblikkend op een topontmoeting vertelt voormalig Europees Commissaris Chris Patten: 'Premier Berlusconi ging nog een stap verder: tijdens een tenenkrommend gênante persconferentie trad hij, zoals hij het zelf noemde, op als president Poetins advocaat en verdedigde al te vurig diens beleid rond Tsjetsjenië, de Joekos-affaire en persvrijheid.'

Dat ging zo: tijdens een persconferentie in Rome had een verslaggever van de Franse krant *Le Monde* Poetin gevraagd naar de naleving van het recht in Rusland, destijds een heet hangijzer omdat er zowel binnen de EU als daarbuiten bezorgdheid heerste over de arrestatie van Chodorkovski en vermeende schendingen van de mensenrechten in Tsjetsjenië.

Nog voor Poetin ook maar een woord kon uitbrengen, greep Berlusconi de microfoon en stak hij een nogal verwarrende tirade af: 'In Tsjetsjenië zijn terroristen aan het werk die heel wat Russische burgers hebben aangevallen, en de Russische Federatie heeft dat nooit met gelijke munt terugbetaald.' Over de gearresteerde Russische tycoon zei de Italiaanse tycoon, die zelf al terechtstond voor allerlei louche praktijken van zijn mediabedrijf, dat hij weet had van 'specifieke overtredingen' van de Russische wet die oliegigant Joekos onder Chodorkovski's leiding had gepleegd, en dat hij persoonlijk wist dat 'de Russische Federatie vandaag streeft naar transparantie en correctheid en de strijd wil aanbinden met de corruptie'.

Poetin knikte instemmend, maar zijn gezicht sprak boekdelen: hij had geen behoefte aan een geïmproviseerde advocaat, hij was prima in staat zichzelf te verdedigen. Toen hij Berlusconi eindelijk de microfoon afhandig wist te maken, zei hij tegen de verslaggever van *Le Monde* die de vraag had gesteld: 'Ik begrijp dat deze opdracht u werd toebedeeld en dat u die moet uitvoeren.' Met andere woorden, de journalist deed gewoon zijn werk.

Berlusconi, die besefte dat Poetin *Le Monde* uitstekend van antwoord had gediend, probeerde de lont uit het kruitvat te halen door tegen Poetin te zeggen dat hij hem maar één euro zou aanrekenen 'voor mijn optreden als advocaat'.

Toen hij president van Amerika was, probeerde George W. Bush de affiniteit tussen Poetin en Berlusconi in zijn voordeel te gebruiken. In januari 2003 noodde hij de Italiaanse leider naar Washington en verzocht hem tijdens een vergadering in het Oval Office zijn invloed op Poetin aan te wenden om diens steun te krijgen voor een resolutie van de VN-Veiligheidsraad om Irak binnen te vallen, wat Bush en Blair over enkele weken al van plan waren te doen. Berlusconi vloog op 3 februari naar Moskou voor een onderhoud met Poetin, maar kreeg te horen dat feestjes bouwen één ding was, maar politiek weer een ander.

Poetin zou zich door Bush niet laten vertellen hoe hij zich hoorde te gedragen in de internationale arena. Liever dan door te douwen en zijn kameraad te ontstemmen, zag Berlusconi af van wat hem in Washington was gevraagd; de twee mannen gingen uit eten in hun beider favoriete Italiaanse restaurant, Trattoria aan de Leninboulevard, waar de trotse uitbaters een foto hebben hangen van hun prominentste klant.

Ondanks politieke meningsverschillen blijven Poetin en Berlusconi goede vrienden. Eerstgenoemde houdt van het soms macabere gevoel voor humor van de Italiaan. Een van mijn bronnen in het Kremlin weet: 'Berlusconi kent massa's grappen en krijgt Poetin altijd aan het lachen als het even niet meezit.'

Poetins favoriete buitenlandse politicus was, voordat Berlusconi hem van de troon stootte, Gerhard Schröder, liefhebber van Cristalchampagne en Cohibasigaren. Poetin was onder de indruk van de Brionipakken van 5000 pond die de Duitse bondskanselier droeg, maar dat was voordat Berluscuni ten tonele verscheen met zijn eigen verfijnde voorkeuren. Niet dat de relaties tussen Rusland en Italië zich beperken tot de mode: Rusland is waarschijnlijk het enige Europese land waar Gianni Rodari, Federico Fellini, Sophia Loren, Toto Cutugno en Adriano Celentano (en reken er voor de grootste literatuurliefhebbers ook maar Dante Alighieri bij) geen 'exotische buitenlanders' zijn die alleen maar bekend zijn onder ontwikkelde mensen, ze zijn voor de Russen net zo goed deel van hun cultuur als veel andere Russische en Europese culturele figuren.

Poetin verkeerde in die periode op zeer intieme voet met de Schröders, in die mate zelfs dat de beide families in 2001 samen het orthodoxe kerstfeest vierden in het Bolsjojtheater, waarna Poetin met hen nog een sleerit maakte door de straten van Moskou. Hij hielp hen zelfs een kind te adopteren uit een weeshuis in Sint-Petersburg. Maar Schröder kwam in de schaduw te staan toen Angela Merkel bondskanselier werd, en Poetin bood hem een goedbetaalde baan aan als voorzitter van Nord Stream, een gasleiding tussen hun landen.

Die overeenkomst kostte Schröder populariteit in eigen land: als bondskanselier had hij het door Poetin geleide project actief gepromoot en zijn regering had zich garant gesteld om tot 1 miljard euro te betalen als de Russische gasleverancier Gazprom een lening die aan de deal vasthing niet zou kunnen inlossen. 'Door deze baan te aanvaarden, is Schröder een vertegenwoordiger van Poetins beleid geworden,' zei Reinhard Bütikofer, een leider van de Duitse Groenen. Schröder veegde de kritiek van tafel als 'pure nonsens'. Hij zou daarbij gedreigd hebben een Duitse sensatiekrant voor het gerecht te slepen omdat die het salaris dat Poetin voor hem had bedongen, zou hebben overdreven.

Schröder deed het niet. En maar goed ook: Poetin zou er niet van gediend zijn geweest om betrokken te worden bij een grote rechtszaak over zijn relatie met de ex-bondskanselier. In elk geval was Schröder nu zijn werknemer, en zoals Lord Browne zegt: 'Als je je laat inhuren, zul je zeker niet meer zoveel respect krijgen als in je vroegere rol. Hun houding is 'als je bij ons in dienst bent, ben je ons bezit''. Maar welke houding het land ook aanneemt, Rusland is altijd al een populaire buitenlandse werkgever geweest voor de Duitsers. Sinds 1913 hebben zich al 2,4 miljoen Duitsers in Rusland geregistreerd. Gerhard Schröder blies die trend nieuw leven in en trad in de voetsporen van veel wereldberoemde *Ruslanddeutsche*, onder wie Alexander Benkendorf, Heinrich Schliemann en Otto Schmidt.

Maar wellicht is Poetins allerbeste vriend wel Arkadi Rotenberg, de man die hij ontmoette in sportclub Troed en die zijn favoriete judopartner werd toen ze nog tieners waren. Net als Poetin hebben Rotenberg en zijn broer Boris een lange weg afgelegd sinds de dagen die ze in armoede doorbrachten in de Baskovstraat. Tegenwoordig staan de broers op *Forbes*' lijst van rijkste Russen, met een geschat vermogen van 700 miljoen dollar elk, dat ze grotendeels te danken hebben aan hun contracten met Gazprom. Behalve de SMP-bank bezitten ze ook Strojgazmontazj, een van de grootste gasleveranciers aan het voornamelijk door de staat gecontroleerde bedrijf, dat goed is voor 17 procent van de wereldwijde gasontginning. In 2009 alleen sleepte Strojgazmontazj negentien Gazpromcontracten in de wacht. Het had geen aanbestedingen nodig om zich te verzekeren van overheidscontracten om voor Gazprom gasleidingen te bouwen naar Sotsji, de site van de Olympische Winterspelen van 2014, en naar Vladivostok, waar in 2012 de APEC-top plaatsvond.

Hoewel het officieel wordt ontkend, onderhoudt Arkadi Rotenberg nauw contact met de leider van Rusland. Zelf beweert hij dat 'hoge regeringsfunctionarissen kennen nog nooit iemand heeft geschaad, maar evenmin was er nog nooit iemand bij gebaat. Ik vind het onaanvaardbaar om gebruik te maken van dergelijke connecties.'

HET SCHONE GESLACHT

Poetins genegenheid voor het andere geslacht is een geliefd gespreksonderwerp onder mensen die hem goed kennen, tenminste, als ze er zeker van zijn dat ze niet geciteerd zullen worden. Toen iemand die beweerde goed bevriend met hem te zijn, de vraag kreeg of de toenmalige president een minnares had, antwoordde hij: 'En wat dan nog? Dat zou niets bijzonders betekenen in Rusland, net zoals het niets bijzonders betekent in Frankrijk. Jullie Britten zijn de enigen die daar zoveel ophef over maken. Hij is gewoon erg discreet. Hij wil zijn gezin beschermen tegen kwetsende publiciteit. Laten we zeggen dat hij een goede echtgenoot is, een kostwinner: hij brengt brood op tafel en beschouwt dat als zijn belangrijkste plicht als echtgenoot en vader.' Maar een andere ingewijde is sceptisch en vindt dat 'Rusland zeker veel conservatiever [is] dan Frankrijk. En Poetin mag dan wel een viriele kerel zijn, hij heeft het te druk om op de versiertoer te gaan. Poetin heeft al gezegd dat hij 'van alle Russische vrouwen houdt'. Dat geeft hem volop keuze als hij wil.'

Op de vraag of haar echtgenoot van andere vrouwen hield, antwoordde Ljoedmila: 'Ik denk dat mooie vrouwen zijn aandacht trekken ... Welke man voelt zich niet aangetrokken tot mooie vrouwen?'

Nochtans had Poetins privéleven nooit enige aanleiding gegeven tot schandalen, tot in het jaar nadat hij tot president was verkozen. Toen moest hij op een pijnlijke manier ondervinden hoe het voelt om het mikpunt te zijn van de riooljournalistiek.

Hij was in het gehucht Nikolina Gora aan de rand van Moskou naar de villa gegaan waar zijn vriend, de filmregisseur Nikita Michalkov, woonde, om er de opening van het Internationaal Filmfestival van Moskou te vieren. Onder de aanwezige beau monde bevond zich de ambitieuze Australische actrice annex model Peta Wilson. Volgens verschillende gasten die avond (27 juni 2001) stapte Wilson recht op de president af en gedroeg ze zich uitdagend. Maar Rupert Murdochs populaire sensatiekrant *The Sun* publiceerde een opmerkelijke versie van het verhaal, waarin de rijzige blondine beweerde dat het net andersom was gegaan: Volodja had met háár geflirt, ondanks de aanwezigheid van haar toenmalige verloofde, de acteur Damian Harris.

Niemand (en niet in het minst Wilsons publiciteitsagent) ontkent dat Poetin met de actrice sprak en dat hij haar vertelde hoezeer zijn vrouw genoot van haar acteerprestaties in de televisiereeks *La Femme Nikita*. Hij vroeg haar zelfs (kennelijk voor de grap) of ze geen interesse had voor een baan bij zijn kabinet. 'Als lijfwacht uiteraard!'

Maar volgens de bizarre versie van *The Sun* loodste een van Poetins lijfwachten Harris de kamer uit, met de in gebrekkig Engels gegeven uitleg dat de president zich misschien niet op zijn gemak zou voelen als haar verloofde in de buurt was terwijl hij een babbeltje met haar maakte. Daarop zou Poetin de actrice een diamanten halsketting hebben aangeboden als blijk van waardering voor haar werk, waarna hij haar wodka en canapeetjes presenteerde. Wilson beweerde later dat ze zich in verlegenheid gebracht voelde en dat ze bezorgd was over haar verdwenen vriend: 'Mijn vriend had naast me gestaan, maar toen ik om me heen keek, zag ik hem opeens niet meer ... Het was een nachtmerrie!'

Een andere gast die avond, de acteur Jack Nicholson (die een sjaal van wit vossenbont had gekregen als aandenken aan zijn eerste bezoek aan Rusland) zei: 'Ik heb niets van dien aard gezien. Hij leek me niet het type man dat zomaar diamanten zou geven aan een meisje dat hij toevallig ontmoet. Hij gedroeg zich terughoudend en waardig.' Ook de andere gasten hadden niets onwelvoeglijks gemerkt aan Poetins gedrag, en volgens zijn vriend en gastheer Nikita Michalkov had Wilson 'te veel gedronken' en was zij beslist zelf degene die flirtte, ook al stond haar geliefde erbij. 'Peta Wilson verwijt de Russische president dat hij haar heeft lastiggevallen, maar dat is niet meer dan wishful thinking,' voegde hij eraan toe. Wat het kleinood betreft: Michalkov (die het privéfeestje had georganiseerd om het door hem voorgezeten Internationaal Filmfestival van Moskou te vieren) hield vol dat het geschenk geen diamanten halsketting was, maar een hangertje dat Poetin haar namens de Mercury Jewellery Company als souvenir had overhandigd.

Mevrouw Poetin had geen enkele reden om te twijfelen aan die verklaring, maar ze zal zich waarschijnlijk minder makkelijk hebben laten sussen na het verhaal dat het jaar daarop in *Pravda* verscheen onder de titel 'Vladimir Poetins meisje is Miss Universe 2002'. Het meisje in kwestie was Oksana Fjodorova, een sensuele politieagente uit Sint-Petersburg die dat jaar de Miss Universeverkiezing had gewonnen. En van wie er, dat wordt tenminste beweerd, een foto zou hangen in Poetins kantoor in het Kremlin.

HET SCHONE GESLACHT

Het Kremlin was er eerder van beschuldigd dat het de resultaten van de Miss Ruslandverkiezing, die Fjodorova had gewonnen voor ze Miss Universe werd, had gemanipuleerd 'omdat ze een favoriete was van Poetin'.

Die bewering deed Fjodorova tijdens een interview giechelen, en ze wilde alleen kwijt dat de man in haar leven 'Vladimir' heette. Toen dat ene Vladimir Goloebev bleek te zijn, een notoire crimineel uit Sint-Petersburg die verschillende jaren van zijn leven in de gevangenis had doorgebracht voor ernstige misdaden, moest de voormalige rechercheur haar Miss Universetitel inleveren, al gaven de organisatoren als reden op dat ze haar taken als miss niet wilde uitvoeren.

Wat Goloebev betreft: enkele ontstemde bendeleiders hadden hem in de tsarenstad, waar hij geboren was, laten waterskiën zonder ski's, waarop hij naar Moskou verhuisde en daar bevriend raakte met verschillende oligarchen.

Tijdens zijn tweede ambtstermijn als president vond Poetin naar verluidt dat er te weinig knappe vrouwen zaten in zijn partij Verenigd Rusland. Al sinds het communistische tijdperk namen mannen alle beslissingen. Daar werd snel een mouw aan gepast, door een aantal verblindend mooie dames op te voeren, onder wie vier voormalige atletes die zich topless hadden laten fotograferen, en Svetlana Zacharova, de elegante prima ballerina van het Bolsjojtheater. Ze raakten al snel bekend als 'Poetins schatjes'. De meest in het oog springende debutante onder de nieuwe Doema-afgevaardigden was Svetlana Chorkina, een 28-jarige langbenige blondine die als turnster zeven Olympische medailles op haar naam had staan. Ze had een schandaal veroorzaakt door naakt in *Playboy* te verschijnen.

En dan had je Svetlana Zjoerova, een voormalige Olympische schaatskampioene die ook uit de kleren was gegaan voor een mannenmagazine en in de politiek was gestapt om sport en jeugd te promoten. Natalja Karpovitsj, een moeder van zeven, boksster en lijfwacht voor ze in de politiek ging, had in een magazine gestaan met niet meer dan haar bokshandschoenen aan. En een ander 'schatje' van Poetin was de welgevormde 24-jarige turnster Alina Kabajeva, die ook halfnaakt had geposeerd, op een bontkleed.

De hele zaak wreekte zich bijna op Poetin toen in april 2008 het bericht kwam dat het staatshoofd over twee maanden, na zijn aftreden als president, zou scheiden van Ljoedmila om te trouwen met Kabajeva. De bijna 30 jaar jongere voormalige turnster was het jaar voordien Doema-afgevaardigde geworden voor de Verenigd Ruslandpartij. Het 'nieuws' raakte bekend vlak nadat de partij Poetin tot leider had verkozen.

Poetin was met zijn vriend Berlusconi aan het dineren in diens villa op Sardinië, toen het verhaal verscheen in de op grote oplages beluste krant *Moskovski Korrespondent*. Berlusconi lachte erom, maar Poetin zei geen woord. Zijn gezicht verstrakte toen hij de volgende dag tijdens een gezamenlijke persconferentie vragen kreeg over het gerucht. Hij zei tegen de journalisten: 'U verwijst naar een artikel in een van onze sensatiekranten. Gelijkaardige publicaties vermelden andere succesvolle mooie jonge vrouwen en meisjes. Ik denk dat het u niet zal verbazen als ik u zeg dat ik van ál die vrouwen houd. Zoals ik van alle Russische vrouwen houd.' De president zei verder dat het verkeerd was om zich te bemoeien met iemands privéleven. Maar hij gaf toe: 'De gemeenschap heeft uiteraard het recht om te weten hoe publieke figuren leven. Maar ook wat dat betreft zijn er in Rusland natuurlijk grenzen.'

Toen voegde hij er nog dreigend aan toe: 'Ik heb nooit veel opgehad met mensen die hun neus in andermans zaken stoppen, hun erotische fantasieën achterna.'

Hoewel er in het vertrek een luchtige sfeer heerste, had het verhaal op dat moment ernstige repercussies in Moskou. De eigenaar van *Moskovski Korrespondent*, Aleksandr Lebedev (alweer een voormalige KGB'er) was boos op zijn medewerkers en beschuldigde hen van leugens toen ze probeerden uit te leggen hoe het artikel was ontstaan. Na twee vervelende bezoekjes van de FSB doekte hij de krant op. Sinds 200 gewapende politiemannen zijn Nationale Reservebank waren binnengevallen, had hij zijn persoonlijke beveiliging in aanzienlijke mate opgevoerd. Lebedev, sinds jaar en dag een tegenstander van Poetin, gelooft dat het verhaal over Poetins affaire met de jonge turnster opzettelijk voor publicatie aan de krant was bezorgd, zodat die tenonder zou gaan. Hij had machtige vijanden in het ongure Russische gokwereldje nadat hij (in zijn voormalige functie als Doema-afgevaardigde) een wetsvoorstel had ingediend om alle casino's uit Moskou te bannen. Nadien verhuisde hij naar Londen, waar hij de noodlijdende kranten *Evening Standard* en *The Independent* kocht.

In december 2009 gingen er steeds meer geruchten over Poetins 'romance' met Kabajeva. Er werd veel gezegd en geschreven, zij het dan enkel in het buitenland, over een gerucht dat Kabajeva bevallen was van een zoontje, terwijl niemand van haar vrienden had gemerkt dat ze zwanger was, ook de sportvrouw Jelena Voropajeva niet, die haar bijna elke dag zag. Kabajeva postte het volgende bericht op haar blog: 'Lieve vrienden. Het is tegen mijn principes om te reageren op geruchten, maar ik heb besloten voor één keer een uitzondering te maken omdat ik al jullie lieve woorden niet zomaar kan negeren. Ik heb jullie beloofd om op mijn website over de belangrijkste gebeurtenissen in mijn leven te vertellen. Wanneer ik mama word (wat nog niet het geval is), zal ik daar dus zeker over schrijven. In ieder geval wil ik iedereen bedanken die me gefeliciteerd heeft en bezorgd om me was. Jullie zijn de enige reden waarom ik een uitzondering maak op mijn principe om nooit aandacht te schenken aan roddels.'

'Vinden vrouwen Poetin eigenlijk aantrekkelijk?', vroeg ik de vrouw van een voormalige Zwitserse ambassadeur in Moskou. 'Ik niet, hij is me te koel, hij heeft geen charisma. Hij is precies wat je zou verwachten van een spion. Maar ik weet dat Russische vrouwen op hem vallen, waarschijnlijk omdat hij zoveel macht heeft. Voor mij is hij een typische man uit het sovjettijdperk. Ik voerde ooit een lang gesprek met zijn vrouw (onze kinderen gingen in Moskou naar dezelfde school), en ze vertelde me dat ze hem in de begindagen van zijn presidentschap in het openbaar probeerde te steunen, maar dat hij daar kritiek op kreeg, net zoals Gorbatsjov kritiek kreeg omdat de extraverte Raisa niet van zijn zijde week.'

'De Russen willen dat niet en ik denk dat Poetin dat zelf ook niet wil. Hij koestert de oude sovjetgedachte van de vrouw aan de haard die voor het gezin zorgt. Hij begrijpt niet waarom Tony Blair Cherie zowat overal mee naartoe nam. Ljoedmila is een erg charmante dame, maar ik denk niet dat ze het trauma van haar verkeersongeval al volledig te boven is. Ze houdt er niet van om voortdurend in de gaten te worden gehouden.'

Lijnrecht tegenover die woorden van de ambassadeursvrouw staat het refrein van het populaire Russische popnummer *Ik wil een man zoals Poetin* van de meidengroep Pojoesjtsjie Vmeste ('De samen zingenden'). Dat lijkt samen te vatten hoe een groot aantal vrouwen hem ziet. Maar hoe zien mannen hem? Een westers ambassadeur in Moskou vertelde me: 'Hij heeft een merkwaardig talent om in te spelen op de gemoedstoestand van zijn gesprekspartner. Op psychologisch vlak is hij erg scherpzinnig, wat wel te maken zal hebben met zijn KGB-opleiding. Je ziet het aan de mensen, aan de mannen althans, die hem ontmoeten: nadien hebben ze een compleet andere indruk van hem. Dus ja, ik vind hem sympathiek. Hij maakt zichzelf sympathiek, hij wil sympathiek gevonden worden. Dat is mijn eerste indruk van hem. Daarnaast heeft hij een opvallend goed geheugen. Hij vergeet niets en niemand. De tweede keer dat ik hem ontmoette was op een receptie in het Kremlin voor de Dag van Rusland. Er waren drieduizend mensen in de zaal, maar toen hij naar me toe kwam, wist hij precies wie ik was en waar we de vorige keer over gesproken hadden. En ik vertegenwoordig geen grootmacht. Het was bijzonder. Hij is een erg interessante persoonlijkheid, zeer intelligent. Hij heeft veel indruk op me gemaakt.'

Los van zijn eventuele avontuurtjes is er één vrouw voor wie Poetin ongetwijfeld een zwak heeft: de gouverneur van Sint-Petersburg, Valentina Matvijenko. Met zijn steun werd de 62-jarige scheikundige de machtigste vrouw van Rusland. De opvallende blondine kwam aan het roer van Poetins thuisstad toen Vladimir Jakovlev in 2003 'eerder dan gepland' aftrad. Jakovlev was de man die door Poetin een judas werd genoemd toen hij in 1996 diens vaderfiguur Anatoli Sobtsjak versloeg bij de gouverneursverkiezingen. En nu hij president was, wilde Poetin Jakovlev de stad uit, net zoals Jakovlev Poetin had weggewerkt toen hij hun ex-baas had verslagen. Zodra Matvijenko stevig in het zadel zat (mede dankzij Poetins steunbetuigingen tijdens een controversiële, op de televisie uitgezonden ontmoeting tussen de twee), vond Poetin een nieuwe baan voor Jakovlev: hij kreeg de twijfelachtige eer om de president te mogen vertegenwoordigen in de Noordelijke Kaukasus. 'Alsof je de Britse minister voor Noord-Ierland zou worden tijdens The Troubles,' aldus Peter Truscott in zijn biografie *Putin's Progress* uit 2004.

Matvijenko, op dit moment iets ouder dan zestig, werkte zich op nadat ze in 1972 was afgestudeerd aan het Leningrads Instituut voor Chemie en Farmacie. In 1998 werd ze als vicepremier van de Russische Federatie verantwoordelijk voor sociale zaken, onderwijs, sport en cultuur. Voordien was ze als diplomaat en regeringsambtenaar met een lange staat van dienst ambassadeur voor Rusland op Malta (1991-1995) en vanaf 1997 in Griekenland, tot ze aantrad als de eerste vrouwelijke gouverneur in Rusland.

Matvijenko werd gevreesd, maar ze was rechtvaardig. Ze nam het op voor gepensioneerden en deed alles wat Poetin van haar vroeg. In Sint-Petersbrug werken was moeilijk voor haar: Matvijenko woonde in Moskou met haar invalide echtgenoot. Verhuizen was geen optie omdat een verandering van klimaat zijn gezondheid zou schaden. Het was geen makkelijke klus voor Poetin om haar te overreden om het in de gouverneursverkiezingen op te nemen tegen haar belangrijkste rivaal, ook een vrouw, een politiekolonel die locoburgemeester was geweest onder Jakovlev. Maar nadat Poetin haar naar het Kremlin had laten komen om haar kandidatuur te bespreken, besloot Matvijenko er dan toch maar voor te gaan.

Als een van Poetins ferventste aanhangers in Rusland, gelooft ze ook vast in het regime dat hij voert. Op de vraag of haar land niet beter een parlementaire republiek zou zijn met een premier aan het hoofd en zonder president, antwoordde ze: 'Nee, dat zou niet geschikt zijn voor ons. We zijn niet klaar voor een dergelijk experiment. De Russische mentaliteit heeft een tsaar nodig, een president. Kortom, een autocraat.' Volgens de meeste inwoners van Sint-Petersburg wordt de stad tegenwoordig bestuurd door zo'n autocraat, een erg strenge zelfs: Valentina Matvijenko.

HET SCHONE GESLACHT

In 2009 speelde ze haar positie als vrouw met macht uit om Poetin, die niet meteen bekend staat als kunstliefhebber, over te halen zijn taken als president op te schorten en een schilderij te maken voor een veiling ten voordele van een jeugdliefdadigheidsinstelling die ze in Sint-Petersburg aan het organiseren was. De schilderijen waren illustraties bij de letters van het Russische alfabet, gebaseerd op motieven uit Gogols novelle *Kerstnacht*. Elke letter van het Russische alfabet kreeg een schilderij. Poetin koos de letter 'Oe' en het woord 'Oezor', wat 'patroon' betekent, en schilderde een berijpt Oekraïens venster met een kruiskozijn, al is het onduidelijk in welke mate het schilderij van zijn eigen hand is. (Later, tegen de achtergrond van de gascrisis in Oekraïne, werd het schilderij omgedoopt tot 'Venster op een bevriezend Oekraïne', een ironische verwijzing naar de straf die Rusland aan Oekraïne oplegde voor de 'diefstal' van natuurlijke rijkdommen.) Tot Matvijenko's grote vreugde bracht zijn werk tijdens de veiling een recordbedrag op, hoewel die opbrengst een jaar nadien met een half miljoen dollar overtroffen werd: toen bracht een zwart-witfoto van het Kremlin genomen door zijn opvolger als president, Dmitri Medvedev, 1,7 miljoen dollar op.

Toen ik aan de met Poetin bevriende zakenman vroeg wat Poetin het meest bewonderde in Matvijenko, zei hij: 'Haar assertiviteit. Ze is een zakelijke dame die haar beloftes nakomt. O, en tussen haakjes: ze krijgt altijd wat ze wil.'

IN HET SPOOR VAN POETIN

In juli 2003 werd de onderzoeksjournalist Joeri Sjtsjekotsjichin dood aangetroffen in zijn appartement in Moskou. Het ziekenhuis waar het lichaam van de 53-jarige naartoe werd gebracht, schreef zijn plotselinge dood toe aan een niet nader genoemde ziekte, maar zijn familie en vrienden houden vol dat hij werd vergiftigd met een radioactieve stof. In het ziekenhuis verdwenen op mysterieuze wijze de medische dossiers, inclusief de overlijdensakte waarop de doodsoorzaak in detail beschreven stond. Sjtsjekotsjichins vrienden beweerden dat hij het slachtoffer was van een politieke moord, al wees een later rapport uit dat de activist en journalist, die beroemd was om zijn stellingname tegen de oorlog in Tsjetsjenië, kon zijn gestorven na het drinken van slechte alcohol. En iedereen wist dat Sjtsjekotsjichin wel een glaasje lustte.

Sjtsjekotsjichin was niet alleen een toegewijde onderzoeksjournalist: hij had zich ontpopt tot een politicus nieuwe stijl die plichtsgetrouw nieuwe wetten maakte en liever dan zichzelf op de voorgrond te plaatsen en handjes te drukken focuste op de dagelijkse routine van mensen overtuigen en zaken regelen. Hij werd in 1989 in de Oekraïense stad Loegansk verkozen voor het Congres van Volksafgevaardigden, het eerste en enige semi-onafhankelijke parlement dat de Sovjet-Unie ooit had. De chaos en willekeur die er heersten, wekten bij Sjtsjekotsjichin het verlangen om mooie woorden ook echt in daden om te zetten. Hoewel hij na de val van de Sovjet-Unie eind 1991 de draad weer oppakte als journalist, voelde hij zich al gauw geroepen om terug te keren op het politieke toneel. In december 1995 werd hij verkozen tot Doema-afgevaardigde voor de liberale Jablokopartij. In december 1999 werd hij herverkozen en toen hij stierf was hij vicevoorzitter van de Veiligheidscommissie van de Doema.

De verslaggever annex politicus die in hoge regionen vijanden had gemaakt, schreef voor de oppositiekrant *Novaja Gazeta*, waar hij ook onderdirecteur van was. Hier zette hij de omstreden resultaten uiteen van zijn onderzoek naar de bomaanslagen op flatgebouwen in Moskou, waar de FSB achter zou zitten. Hij vestigde ook de aandacht op twee boekhoudschandalen die bekend staan als de zaak-Tri Kita (Drie Walvissen) en de zaak-Grand en die draaiden om meubelsmokkel op ongekende schaal. Bij de misdaden zouden hooggeplaatste FSB-ambtenaren betrokken zijn en zou er geld zijn witgewassen via de Bank of New York. Een van zijn onthullingen leidde tot de gedwongen pensionering van de eerste plaatsvervangend directeur van de FSB, kolonel-generaal Joeri Zaostrovtsev, nadat die in verband werd gebracht met de zaak-Grand.

Sjtsjekotsjichin had ook verslag uitgebracht over corruptie bij onder meer de stadsadministratie van Moskou, het Ministerie van Defensie, het Openbaar Ministerie en de Russische strijdkrachten in Tsjetsjenië. In zijn pogingen om in de regio een vredesakkoord tot stand te brengen, reisde Sjtsjekotsjichin in het jaar voor zijn dood naar Liechtenstein voor een ontmoeting met Achmed Zakajev, de eerder vermelde afgezant van de omgekomen Tsjetsjeense rebellenleider Aslan Maschadov. Zakajev (die nu in het Verenigd Koninkrijk woont, waar hij politiek asiel heeft gekregen) wordt door het Kremlin als een oorlogscrimineel beschouwd, en het blijft een doorn in Poetins oog dat hij de man niet uitgeleverd krijgt om hem in Rusland in de gevangenis te kunnen gooien.

Recenter had Sjtsjekotsjichin vernietigende kritiek geuit op Poetins invulling van het presidentschap en wat hij zag als een heropleving van de methoden uit het sovjettijdperk. 'We keren terug naar datgene waaraan we ontsnapt waren,' klaagde hij. 'We worden steeds dwingender teruggedreven naar het stralende verleden.'

Journalisten die over zijn dood schreven, drongen erop aan om Sjtsjekotsjichins lichaam op te graven, maar dat gebeurde pas toen ieder spoor van een eventueel vergif al verdwenen zou zijn. Zodoende stierf hij officieel aan een 'niet nader te noemen ziekte'.

Dat was oorspronkelijk ook de diagnose toen de voormalige veiligheidsagent Aleksandr Litvinenko overleed na een etentje in een Londens sushirestaurant. Maar de dag nadat hij stierf in een ziekenhuis in de Britse hoofdstad, concludeerden de dokters die de autopsie hadden uitgevoerd unaniem dat Litvinenko's dood het gevolg was van acute stralingsziekte. Hij was, zo verklaarden ze, vergiftigd met het radioactieve polonium-210.

Litvinenko, net als Poetin een voormalig KGB-agent, deed er drie weken over om te sterven en had daardoor nog ruim de tijd om tekeer te gaan tegen zijn moordenaar of moordenaars. Net als Sjtsjekotsjichin, die gelijkaardige getuigenissen aflegde in twee van zijn gepubliceerde boeken, beschuldigde de stervende afvallige veiligheidsagent de geheime dienst ervan de hand te hebben gehad in de bomaanslagen in Moskou, die het Kremlin toeschreef aan islamistische militanten en naast een aantal andere terroristische daden in zijn land als aanleiding gebruikte voor de oorlog in Tsjetsjenië. De Britse dokters, niet in staat hem te redden, verklaarden: 'De moord op Litvinenko is een onheilspellende mijlpaal: het begin van een tijdperk van nucleair terrorisme.'

Vanuit zijn ziekenhuisbed dicteerde de spion, die het bij de FSB tot luitenant-kolonel had geschopt en die Boris Berezovski's collega was geworden (sommigen zouden hem zelfs zijn redder durven noemen), in de uren voor zijn dood met zijn laatste krachten een verklaring. Daarin bedankte hij zijn dokters en zijn vrouw, en de Britse regering wier bescherming hij had genoten sinds hij zes jaar eerder was overgelopen.

Daarna richtte hij zich tot het Kremlin en de Russische veiligheidsdiensten voor wie hij een verrader was. 'Terwijl ik hier lig, hoor ik duidelijk de vleugelslag van de engel des doods,' zei hij. 'Misschien kan ik voorlopig nog aan hem ontsnappen, maar ik moet toegeven dat mijn benen niet meer zo snel zijn als ik zou willen. Daarom denk ik dat de tijd rijp is om een of twee dingen te zeggen tegen de persoon die verantwoordelijk is voor mijn huidige toestand.'

Daarop richtte hij zich rechtstreeks tot Vladimir Poetin (die hij, ten onrechte, persoonlijk beweerde te kennen) en vervolgde: 'U slaagt er misschien in mij het zwijgen op te leggen, maar aan dat zwijgen hangt een prijskaartje. U hebt laten zien dat u zo wreed en meedogenloos bent als uw grootste critici beweren. U hebt laten zien dat u geen respect hebt voor het leven, voor vrijheid of welke beschaafde waarden ook. U hebt laten zien dat u uw ambt en het vertrouwen van beschaafde mannen en vrouwen niet waard bent.'

Daaropvolgende onderzoeken van de Britse autoriteiten naar de omstandigheden van Litvinenko's dood, veroorzaakten ernstige diplomatieke geschillen tussen de Britse en Russische regering. Officieus hielden de Britse autoriteiten staande dat ze er honderd procent zeker van waren wie het gif heeft toegediend, waar en hoe. Maar, zo zeiden ze, ze gaven hun bewijsmateriaal niet vrij, om een eventuele toekomstige rechtszaak niet te schaden. De hoofdverdachte in de zaak, een voormalige agent van de Russische Federale Persoonsbeschermingsdienst FSO, Andrej Loegovoj, is nog altijd op vrije voeten in Rusland. De Britse regering putte alle diplomatieke middelen uit om hem te laten uitleveren, maar zonder succes. Loegovoj werd als Doema-afgevaardigde geïnstalleerd, zodat hij voortaan onschendbaarheid genoot, waarop de toenmalige Britse premier Gordon Brown als tegenzet vier Russische diplomatieke vertegenwoordigers het land uit stuurde.

Nader beschouwd is de oorspronkelijke aanklacht dat Loegovoj in de hotelbar polonium in Litvinenko's koffie had gestrooid, absurd. Zoals elke fysicus had kunnen uitleggen aan degenen die dat beweerden, wordt polonium gebruikt als detonator voor atoombommen. Een splijtstof met een enorm destructieve kracht dus. Één gram polonium is niet zomaar een explosief middel: met die hoeveelheid kun je een hele vijandige eenheid van de kaart vegen. Één gram kost bovendien 26 miljoen euro. Zelfs als voormalig FSO-agent Andrej Loegovoj maar één milligram polonium in zijn bezit had gehad, zouden hij en alle andere aanwezigen in de bar van het Millennium Hotel, in de aanpalende vertrekken en zelfs buiten op straat, binnen hoogstens tien dagen gestorven zijn. En als Loegovoj, zoals het onderzoeksrapport suggereert, polonium in zijn koffie had 'gegoten', zou de kop onmiddellijk in scherven uiteengesprongen zijn. De tafel waaraan Litvinenko en Loegovoj (en diens vrouw en kind, die hij had meegebracht naar de ontmoeting) zaten, zou ogenblikkelijk zijn opgebrand, net als de andere tafels in de buurt.

Wellicht zou geen enkele wereldleider groen licht hebben gegeven om Litvinenko te vermoorden. In zijn felle aanvallen op Poetin uitte hij zoveel absurde beschuldigingen dat weinig mensen hem serieus namen. Nog een illustratie daarvan: twee jaar na zijn dood raakte bekend dat hij tijdens een interview met *The Times* had gezegd dat Poetin was doorgelicht door Roman Abramovitsj voordat president Jeltsin had beslist hem als zijn opvolger aan te duiden. De voormalige FSB-agent, die banden had met zowel Boris Berezovski als de Russische maffia, had ook beweerd dat hij bezig was met een onderzoek naar de dood van de bekroonde journaliste Anna Politkovskaja, een vriendin van hem.

Politkovskaja, die in 2006 door New Statesman werd opgenomen in een lijst van 'vijftig helden van onze tijd', bracht de Russische wreedheden tijdens Poetins oorlog in Tsjetsjenië aan het licht en nam de toenmalige president zwaar op de korrel in haar boek *Poetins Rusland*. Als journaliste met verschillende prestigieuze prijzen op haar naam bleef ze erop hameren dat ze geen onderzoeksrechter was, maar iemand die het leven van de gewone burger beschreef voor degenen die het niet met eigen ogen konden zien 'omdat wat op de televisie wordt getoond en in de overgrote meerderheid van de kranten wordt geschreven, afgezwakt is en doordrenkt van ideologie.'

Haar tegenstanders beweerden dat ze meer een sociale activiste was dan een journaliste en dat ze met politieke motieven naar Tsjetsjenië was gegaan: Politkovskaja's anti-Russische artikelen waren erg in trek in het Westen en Tsjetsjenië werd haar politieke stokpaardje. In haar boek *Poetins Rusland*, ook weer voor een voornamelijk westers publiek geschreven, gaf ze tot op zekere hoogte toe dat 'wijzelf verantwoordelijk zijn voor Poetins beleid ... We hebben hem onze angst laten zien, wat zijn aanvechting om ons als vee te behandelen alleen maar versterkt.

De KGB heeft alleen respect voor de sterke. De zwakke wordt verslonden ... Als je als journalist wilt blijven werken, mag je niet vergeten dat ze van je eisen dat je kruipt voor Poetin. Anders wacht je misschien wel de dood, door een kogel, vergif of een vonnis in de rechtbank. Dat is wat onze inlichtingen- en veiligheidsdiensten, Poetins waakhonden, noodzakelijk achten.' Niettemin oefent *Novaja Gazeta*, de krant waarvoor Politkovskaja werkte, in zo goed als elke editie zijn recht uit om Poetin aan te vallen. Hoofdredacteur Dmitri Moeratov bezoekt regelmatig het Kremlin voor een officieel onderhoud met Dmitri Medvedev. Op grotendeels dezelfde manier geeft *Echo Moskvy* een stem aan de meeste kritische journalisten, onder wie Kiseljov, Sjenderovitsj en Latynina, zonder dat de radiozender hoeft te vrezen voor censuur of sluiting. Het moet gezegd dat niemand eraan denkt om *Echo* uit de ether te halen en censuur in te stellen.

Politkovskaja werd uiteindelijk gedood. Op 7 oktober 2006, op Poetins verjaardag, kreeg ze in de lift van haar flat in Moskou twee kogels in het hoofd. Poetins tegenstanders in het buitenland kropen meteen in de pen en insinueerden dat hij en hij alleen rechtstreeks verantwoordelijk was voor de dood van de schrijfster. Mark Ames bood enig tegenwicht in een artikel dat hij schreef voor de Engelstalige Moskouse krant *The Exile* onder de titel 'Waar is Amerika's Politkovskaja?' Hij omschreef de moord als een 'lucratieve gelegenheid om Poetin en Rusland te demoniseren' en ridiculiseerde de 'aanwijzingen' die zovelen hadden 'ontdekt' om Poetin verantwoordelijk te kunnen stellen. 'Waarom hebben wij niemand die zo moedig is als [Politkovskaja], om eens te vertellen hoe we Fallujah in ware Grozny-stijl met de grond gelijk hebben gemaakt,' wilde hij weten, eraan toevoegend: 'Waarom is geen enkele Amerikaan bereid om zijn leven op het spel te zetten, zoals Politkovskaja dat deed in haar zoektocht naar waarheid en menselijkheid?' Voor de volledigheid voegde hij nog toe: 'En wat te denken van alle journalisten die vermoord werden tijdens Jeltsins bewind?'

Vlak na de moord op Politkovskaja publiceerde Reuters een artikel onder de titel 'Uitgesproken tegenstander van Poetin doodgeschoten in Moskou', waarmee het persbureau op zijn minst aan de Russen wilde tonen dat haar dood de nieuwste troef was in de handen van de politieke strategen. Het artikel insinueerde dat Poetin opdracht had gegeven voor de moord. Een aantal belangrijke verslagen gingen nog verder en zinspeelden erop dat Politkovskaja's dood op Poetins verjaardag zijn cadeau was voor zichzelf. Het was niet alleen zijn verjaardag, maar ook de dag voordat hij in Duitsland een belangrijk energiecontract zou gaan tekenen. Het is een belachelijk idee dat hij het bevel zou hebben gegeven voor een moord en die op zijn eigen verjaardag zou laten plegen als hij vlak daarna Angela Merkel moest ontmoeten op een hoogst belangrijke energietop.

Fred Hiatt nam geen blad voor de mond in een artikel in de *Washington Post* waarin hij Poetin zo goed als beschuldigde van moord. Hij schreef: 'Er is geen onderzoek nodig om de hoofdschuldige aan deze moorden aan te wijzen: de sfeer van wreedheid die in Rusland heerst en floreert sinds Poetin er aan de macht is.' Het was een poging als alle andere om Poetin de schuld te geven van de moord op Politkovskaja. Het moet gezegd dat de auteurs van dergelijke artikelen er zoals de meeste russofoben voor hebben gekozen om duidelijke tegenstrijdigheden te negeren.

Politkovskaja was al de dertiende journalist sinds 2000 die in verdachte omstandigheden het leven liet. Bij *Novaja Gazeta*, een van de kranten waarvoor ze op haar 21ste haar provocerende artikelen schreef, sloeg Jelena Kostjoetsjenko, die Politkovskaja verafgoodde, haar ogen op naar het plafond en zei: 'Je komt naar je werk, ziet je collega's en vraagt je af: wie is de volgende?' Het antwoord liet niet lang op zich wachten. Het werd een van haar collega's bij *Novaja Gazeta*, Anastasia Baboerova.

Ruim twee jaar na de moord op Politkovskaja werd een van haar advocaten op klaarlichte dag vermoord na een persconferentie in Moskou, op minder dan een kilometer van de glinsterende gouden koepels van het Kremlin. Stanislav Markelov was niet alleen een mensenrechtenadvocaat, ook hij schreef daarnaast als journalist diepgravende artikelen over Tsjetsjenië. Baboerova, een politiek actieve journaliste die ook voor de belangrijkste Russische liberale krant werkte, probeerde hem te hulp te komen, maar ook zij werd gedood door de gemaskerde schutter, die een pistool met geluiddemper gebruikte om de duidelijk goed voorbereide moorden te plegen. De Russische president Medvedev betuigde zijn deelneming aan haar familie en beval een officieel onderzoek naar de moorden. Twee leden van een groepering nationalistische neo-nazi's, het koppel Nikita Tichonov en Jevgenia Chasis, werden in staat van beschuldiging gesteld. Ze werden veroordeeld nadat een van de twee zou hebben bekend.

Niet lang daarna kwam aan het licht dat Markelov enkele dagen voor zijn dood had gebeld naar ene Visa Koengajev en hem had verteld dat hij met de dood werd bedreigd als hij een internationaal beroep tegen de vervroegde vrijlating van de Russische legerkolonel Joeri Boedanov niet zou laten vallen. Boedanov had tien jaar cel gekregen voor de moord op een Tsjetsjeense vrouw in 2003: die vrouw was Koengajevs dochter Elsa.

Ivan Safronov was niet op slag dood nadat hij vier verdiepingen naar beneden was gevallen uit een raam van zijn flatgebouw in Moskou. Getuigen zeggen dat hij nog probeerde op te krabbelen, maar dan toch ineenzakte en stierf.

Volgens de politie had de dood van de gerespecteerde *Kommersant*-journalist alle kenmerken van zelfmoord, al sloten ze de mogelijkheid niet uit dat hij 'gedwongen' werd om uit het leven te stappen. Maar volgens zijn vrienden was hij niet het type dat zichzelf van het leven berooft. Hij was gelukkig getrouwd en had kinderen, hield van zijn baan en werd overstelpt met werkaanbiedingen. Onderweg naar huis had hij op die fatale dag nog een zak mandarijnen gekocht, die overal verspreid lagen in het trappenhuis van waaruit hij zich naar beneden zou hebben gestort.

In 2007 werd Safronov de twintigste Russische journalist sinds 2000 die in verdachte omstandigheden stierf. De meesten onder hen werden doodgeschoten, neergestoken of vergiftigd, en twee dingen binden hen: op het geval van Markelov en Baboerova na werd nooit iemand voor de moorden veroordeeld, in de meeste gevallen zelfs niet aangehouden, en allemaal hadden ze kritiek geuit op een kapitaalkrachtige figuur; het soort mensen dat geen enkel middel schuwt om zijn vijanden aan te pakken.

'In Rusland,' zei Oleg Panfilov, de voorzitter van het Moskouse Centrum voor Journalistiek in Extreme Situaties (CJES), 'krijg je altijd een reactie als je iets onderzoekt dat het einde zou kunnen betekenen van andermans handel. En vaak is dat moord.'

Safronov, een specialist in militaire zaken, had pijnlijke tekortkomingen in het Russische defensieprogramma blootgelegd. Kort voor zijn dood zou hij gewerkt hebben aan een uiteenzetting over geheime wapenakkoorden tussen Moskou, Iran en Syrië. Een onthulling die, als ze klopte, nog meer schandaal zou hebben veroorzaakt. 'Hij schreef over onderwerpen die een reactie konden uitlokken,' aldus Panfilov.

Volgens Panfilov bestond er een direct verband tussen dergelijke intimidatie en de president: 'Poetin zelf is het probleem. Hij heeft zijn ware gelaat getoond toen Politkovskaja werd vermoord.' Velen vonden dat hij afwijzend en traag reageerde. 'Poetin schept er plezier in journalisten verbaal aan te vallen,' ging Panfilov verder. 'Hij is degene die de omstandigheden bepaalt waarin we werken.'

En zo wordt het lijstje van kritische journalisten die gestorven zijn voor hun beroep, langer. Maar wat denken Poetins intimi over zijn reactie wanneer een zoveelste journalist omkomt en de schuld zo goed als in zijn schoenen wordt geschoven?

'Je moet begrijpen dat hij een mens is,' zei een van zijn vertrouwelingen tijdens een bezoek aan Londen in de Polo Bar van het Westbury Hotel in Mayfair. 'Hij gelooft wel degelijk dat het leven heilig is, maar hijzelf beschermt de levens van de mensen die hij leidt en tegelijk ook dient. Wie overloopt naar 'de andere kant', wordt in zijn ogen een vijand, en daar behoren inderdaad ook journalisten toe die proberen mensen tegen de regering van hun land op te zetten.'

'Neem het geval Litvinenko. Natuurlijk heeft Poetin hem niet laten vergiftigen, maar ik weet ook dat hij geen traan heeft gelaten om zijn dood. Hij zag hem als een Rus die zijn land had verraden. Mensen zoals hij en sommigen van de andere journalisten die u hebt opgesomd, kosten loyale Russen het leven. Wanneer we onze soldaten naar gebieden als Tsjetsjenië en Georgië sturen, sturen we velen een wisse dood tegemoet. Verslaggevers die hen achterna trekken en hen proberen te ontmoedigen door negatieve berichten naar hun thuisland te sturen, plegen zoveel als hoogverraad, en ik weet dat Poetin daar ook zo over denkt.'

'Hoe zou u zich gevoeld hebben, mochten enkele van uw collega's tijdens The Troubles naar Noord-Ierland zijn getrokken om de Ieren op te stoken tegen de Britse soldaten? Volodja acht het inderdaad nodig ervoor te zorgen dat de media geen vijand van de staat kunnen worden, maar hij is geen moordenaar, zo laag zou hij niet vallen.'

'Ik moet u er ook aan herinneren dat veel van de moorden waarnaar u verwijst, door de Russische maffia werden gepleegd, maar door andere journalisten als voorwendsel werden gebruikt om hun dode collega's tot helden uit te roepen en ondertussen zichzelf te lauweren. Journalisten schoppen tegen veel schenen, en niet alleen in het Kremlin.'

Wanneer hij niet op het spreekgestoelte staat, is Poetins reactie op politieke moorden op het randje van ongeïnteresseerd. Een voorbeeld daarvan is zijn antwoord op een vraag die de journaliste Jelena Tregoebova hem stelde over Berezovski's aantijging dat de FSB van plan was hem te vermoorden. Volgens Tregoebova zei hij: 'Ik kan voor mezelf niet uitsluiten dat die mensen Boris Abramovitsj Berezovski hebben bedreigd. Er is immers al een aanslag op zijn leven geweest, en het was eenvoudig voor hem om te geloven dat er nog een gepland werd. Maar persoonlijk denk ik dat die FSB'ers zich met het schandaal [rond Litvinenko] gewoon wilden verzekeren van een toekomstige arbeidsmarkt. Tenslotte werken sommigen onder hen intussen bij Berezovski's eigen lijfwacht. Daarom juist heb ik die hele FSB-afdeling opgedoekt.'

Toen *Time* hem de gelegenheid gaf om zich uit te spreken over de onopgeloste moorden op verschillende journalisten, reageerde Poetin echter helemaal anders: 'Om het u rechtuit te zeggen, zonder dat er enig politiek belang mee gemoeid is, ik ben ook erg bezorgd over deze situatie. Ik zal me niet uitlaten over wat er gebeurt in andere landen waar ook veel journalisten zijn omgekomen, zoals in Irak, waar het er waarschijnlijk nog meer zijn. Dat is het punt niet en ik wil niemand met de vinger wijzen. Laten we het over de situatie in Rusland hebben.'

'Die situatie is niet eenduidig. Eerst en vooral maken Russische journalisten ook deel uit van de Russische maatschappij, die bestaat uit mensen die een beter leven willen en willen genieten van alle voordelen van een moderne beschaving. In een periode waarin kapitaal nog maar pas wordt opgebouwd, is het voor veel mensen, ook voor journalisten, verleidelijk om wat bij te verdienen op de zwarte markt. Zo hebben mensen banden aangeknoopt met zakenlui, soms criminele zakenlui. Ze zijn in de zakenwereld terechtgekomen, waarin ze de belangen van de ene groep zijn beginnen te beschermen tegen die van een andere groep, en zo zijn ze een onderdeel geworden van de strijd om economische successen en rijkdom. In die strijd vallen altijd slachtoffers. Dat is één categorie journalisten. In de andere categorie waar slachtoffers gevallen zijn, zitten journalisten die oprecht ten strijde trekken tegen corruptie.'

'Dat zijn uiteraard bijzonder zware verliezen. Aan die categorie mensen zou de staat de meeste aandacht moeten besteden. Ik sluit niet uit dat we hier al dergelijke verliezen geleden hebben, maar ik beschouw ze als persoonlijke verliezen, omdat zulke mensen ongetwijfeld werken in het belang van Rusland, door Rusland van binnenuit sterker te proberen te maken. En we zullen alles in het werk stellen om die mensen te beschermen en hun veiligheid te garanderen en ervoor te zorgen dat ze hun werk kunnen uitvoeren.'

'Zoals u weet, heeft een onderzoek [naar de moord op Anna Politkovskaja] resultaten opgeleverd, maar zijn er problemen met het bewijsmateriaal. Als u Rusland een beetje kent, zal het ook geen geheim voor u zijn dat Politkovskaja geen belangrijke rol speelde in de Russische politiek. Insinuaties dat ze een gevaar zou hebben gevormd voor de autoriteiten, slaan dan ook nergens op. Ze vormde absoluut geen gevaar. Ik denk dat ze gewoon vermoord is om de autoriteiten te provoceren. Niemand sprak ooit over haar. Slechts een beperkt aantal mensen, je kon ze op je vingers tellen, wist van haar activiteiten af en nu heeft het hele land en de hele wereld het over haar. Ik denk dat het gewoon een bewuste provocatie is: er werd een slachtoffer gekozen en een vrouw werd vermoord, meer was het niet.'

Sommige mensen zullen vinden dat Poetin om de hete brij heen draaide. Zijn vriend, de zakenman met wie ik sprak in het Londense hotel, gaf een bondiger antwoord toen ik de vraag van *Time* aan hem voorlegde: 'Kijk, eigenlijk probeert Volodja er gewoon voor te zorgen dat zijn belangrijke werk, het werk dat hij als zijn missie ziet, niet lijdt onder emotionele betrokkenheid bij die moorden. Net als in andere landen worden er in Moskou vele, vele moorden gepleegd, maar we mogen niet negeren dat de meeste gevallen die u hebt genoemd een gemeenschappelijke noemer hebben: Vladimir Vladimirovitsj Poetin. Wij die hem kennen als mens, los van de politicus, geloven niet dat hij in staat is om de koelbloedige moorden te organiseren waarvan sommigen hem beschuldigd hebben.'

'Maar het zou natuurlijk naïef en dom zijn om over het hoofd te zien dat veel van de slachtoffers inderdaad luizen waren in de pels van de Russische leider – een man die zijn leven wijdt aan de lotsverbetering van zijn land, die de economie probeert te redden en ervoor probeert te zorgen dat Rusland zijn mannetje staat op het wereldtoneel – en dat ze niet toevallig vermoord werden, maar door toedoen van een individu of groep individuen. Zoals ik hem ken, kan ik niet geloven dat Volodja diep vanbinnen geen verdriet heeft om moorden die in zijn naam lijken te zijn gepleegd. Geen enkel normaal mens zou 's nachts slapen als een roos als hij wist dat er een bloedspoor tot aan zijn slaapkamerdeur loopt. Maar Poetin kan het zich niet veroorloven om dergelijke gevoelens te tonen. We hebben het hier over een man die troepen de oorlog moet insturen in de wetenschap dat er onschuldige slachtoffers zullen vallen.'

'De een zijn dood is de ander zijn brood, zo zit onze beschaving jammer genoeg al eeuwen in elkaar, maar neem het van me aan: Vladimir Poetin is niet meer een moordenaar dan bijvoorbeeld Winston Churchill dat was.'

Waar journalisten die Poetins scherpe tong hebben leren kennen hem ook van beschuldigen, je kunt hem niet verwijten dat hij elke verslaggever die op zijn pad komt op zijn kop geeft. Een opmerkelijke uitzondering is Andrej Kolesnikov, een gedreven journalist die twee boeken heeft geschreven over Anatoli Tsjoebajs en als veteraan bij Kommersant tot de Kremlinjournalisten behoort. Kolesnikovs artikelen grenzen vaak aan het satirische en het is algemeen bekend dat hij graag de draak steekt met Poetin, iets wat voor elke andere Kremlinjournalist het ontslag zou betekenen, maar niet voor een van de drie ghostwriters die Poetins 'autobiografie' *Eerste persoon* hebben samengesteld. Vanuit journalistiek oogpunt mag het dan een onbelangrijk detail lijken, maar na een ontmoeting tussen Poetin en de Franse president Jacques Chirac schreef Kolesnikov het volgende:

'Toen de journalisten de onderhandelingskamer verlieten, tastte Vladimir Poetin naar zijn zakdoek, gebruikte die, en toen kon hij zich niet bedwingen en ... bood hem aan Chirac aan. Chirac bedankte beleefd en toonde dat hij [zelf] een zakdoek had.' Een dergelijke vermetelheid zou elke andere journalist op zijn minst een uitbrander van Dmitri Peskov hebben gekost, maar ik weet uit goede bron dat wanneer Kolesnikov zulke details vermeldt, er in het Kremlin geglimlacht wordt.

Kolesnikov, die al voor *Kommersant* schrijft sinds 2000, toen Boris Berezovski de krant nog bezat, ging ooit zo ver dat hij aan Poetin meedeelde niet meer het gevoel te hebben dat hij in een vrij land leefde, al voegde hij daar verzachtend aan toe dat hij ook niet zo bang was als je zou verwachten wanneer je in een dictatuur zou leven. Poetin formuleerde zijn antwoord zorgvuldig: 'Denkt u niet dat dat precies is wat ik wil bereiken? Dat het ene gevoel zou verdwijnen en het andere nog niet zou ontstaan?'

Waarom onderging deze veelgelezen journalist niet hetzelfde lot als zijn voorgangster bij *Kommersant*, Jelena Tregoebova, die het land moest ontvluchten? Voor Kolesnikovs eindredacteur Andrej Vasilijev is het antwoord simpel: 'Poetin houdt erg veel van [wat Kolesnikov schrijft].'

Over zijn doelwit zegt Kolesnikov zelf: 'Hij [Poetin] is erg gesloten op alle vlakken. Gesloten zoals het hem werd aangeleerd bij de KGB, en gesloten zoals iemand op basis van zijn instincten gesloten is. Ik kan niet zeggen dat ik deze man ken. Ik hoorde een keer een opmerking van een documentairemaker die een film draaide over Poetin. Hij zei: 'Als ik Poetin zie, denk ik dat ik weet waaraan hij echt aan het denken is. Ik denk zelfs dat hij denkt aan wat ik er allemaal echt over aan het denken ben.' Die man, die regisseur, die gelooft dat dus echt. Het fleurt zijn hele bestaan op. Hij schakelt een televisietoestel aan en op het scherm ontrolt zich een schouwspel: Poetin zegt iets en de regisseur denkt dat hij hem om raad vraagt. Nou, daarna kun je meteen een afspraak maken met een psychiater. Alles wat ik weet over Poetin, vertel ik. Ik heb niets te verbergen, omdat ik eigenlijk helemaal niet zo veel weet. Op een keer vroeg een trendy magazine me naar Poetin, en toen ik ze alles had verteld, durfden ze het niet te publiceren. Dat verraste me enorm. Ik schrijf elke dag over mensen die ik zie en ik maak me geen zorgen over eventuele problemen. Als ik me zorgen maakte, zou ik waarschijnlijk nog nooit een artikel hebben geschreven.'

EEN SPOOR VAN GELD

'Op de dag dat hij het voor het eerst omdeed, trok hij de mouw van zijn hemd over zijn pols, zodat niemand het kon zien, omdat hij zich een beetje ... tja, gegeneerd voelde. Nu kan het hem geen barst meer schelen,' zegt Vladimir Poetins vriend over diens zestigduizend dollar kostende gouden polshorloge met eeuwigdurende kalender van het luxemerk Patek Phillipe. Toen Poetin in augustus 2009 een eendaags bezoek bracht aan de autonome republiek Toeva, schonk hij het horloge aan de zoon van een schaapherder.

Hij verving het door een Blancpain-horloge van rond de achtduizend dollar, maar zag zich tijdens een bezoek aan een wapenfabriek in Toela genoodzaakt ook daarvan afstand te doen. Viktor Zagajevski, een van de arbeiders, die net een vraag had gesteld over een economisch probleem, riep opeens in een vlaag van overmoed uit: 'Vladimir Vladimirovitsj, geef me een aandenken!' Poetin nam de Blancpain van zijn pols en gaf hem die.

Door al die generositeit dreigt Poetin de politieke evenknie te worden van Elvis Presley, die dure auto's en juwelen placht te kopen voor een arme ziel die hij met een blik vol verlangen naar een etalage zag kijken. Toen Ruslands opperrabbijn Berel Lazar Poetin opzocht in zijn residentie Novo-Ogarjovo om hem te vertellen over het fonds dat hij had opgericht om een Joods museum voor verdraagzaamheid te bouwen, verraste de man die vroeger niet vies was van een grapje over Joden hem door zonder aarzeling te zeggen: 'Goed idee, ik zal een maandsalaris aan uw fonds schenken.' Een genereus gebaar: dat maandsalaris bedroeg meer dan achtduizend pond.

Toen ik het verhaal over Poetins weggegeven horloges hoorde, nam ik weer contact op met onze gemeenschappelijke vriend en vroeg ik hem: 'Vindt Poetin het verdedigbaar dat hij zulke dure horloges kocht terwijl George Bush zwoer bij een Timex van vijftig dollar?' 'Ja, want hij is Vladimir Poetin en de ander is George Bush. Zo eenvoudig is het.' Toen Lord Browne de vraag kreeg of hij dacht dat Poetin tegenwoordig een rijk man is, gaf hij een diplomatiek maar interessant antwoord: 'Wie is dat niet? Zijn gezin alleszins. Maar je weet het eigenlijk nooit, ik denk niet dat iemand weet hoeveel geld hij bezit. Wie kan dat weten ...?'

Hoeveel geld heeft Poetin nu eigenlijk en waar komt het allemaal vandaan? Één man is al een aantal jaren intensief op zoek naar het antwoord op die vragen: Stanislav Belkovski.

Belkovski is een Russische politieke expert met contacten tot in de hoogste echelons van het Kremlin en het Witte Huis, en hij is ervan overtuigd dat de Russische leider op dit moment een van de rijkste mannen ter wereld is, met een fortuin van om en nabij de 40 miljard dollar. Daar moet bij gezegd worden dat maar weinig mensen in Rusland aandacht schenken aan Belkovski's beweringen en dat zijn frequente televisieoptredens in sensatieprogramma's zijn reputatie geen goed doen.

Toen Poetin op 14 februari 2008 tijdens een persconferentie de vraag kreeg of hij, zoals sommige kranten beweerden, de rijkste man van Europa was en zo ja, hoe hij al dat geld had vergaard, zei hij: 'Het is waar. Ik ben de rijkste man van Europa, van de hele wereld zelfs. Ik vergaar emoties. En ik ben rijk in die zin dat het Russische volk mij twee keer het leiderschap heeft toevertrouwd van dit geweldige land. Dat is voor mij mijn grootste rijkdom. Wat de geruchten over mijn financiële rijkdom betreft, daar heb ik hier en daar over gelezen. Het is allemaal prietpraat, de moeite van de discussie niet waard, pure onzin die ze uit hun neus hebben gepeuterd en over hun vellen papier hebben gesmeerd. Zo zie ik het.'

Belkovski beweert in zijn boek (dat stof ligt te vergaren in alle grote boekhandels van Moskou, ondanks beweringen dat zulke werken niet door de censuur heen komen) dat Poetin de facto 37 procent in handen heeft van de aandelen in Soergoetneftegaz, een gas- en oliemaatschappij die de op twee na grootste olieproducent van Rusland is. Die aandelen alleen zouden 20 miljard dollar waard zijn, maar dat is nog niet alles: Belkovski's bronnen beweren dat Poetin ook 4,5 procent van Gazprom bezit en minstens 50 procent van Goenvor. Via deze mysterieuze oliehandelaar met hoofdzetel in Genève, die werd opgericht door Poetins vriend Gennadi Timtsjenko, verkoopt het staatsbedrijf Rosneft 30 tot 40 procent van zijn olie.

'Misschien heeft hij nog aandelen of belangen in andere bedrijven waarvan ik nog niet op de hoogte ben,' zegt de vermetele politieke expert. 'Poetins naam komt natuurlijk in geen enkel aandeelhoudersregister voor. Er bestaat een ontransparant systeem van successieve eigenaars van buitenlandse bedrijven en fondsen dat uiteindelijk zou leiden naar Zug in Zwitserland.'

De liberalen sloegen terug door *Kommersant* een interview toe te staan met Oleg Sjvartsman, een voorheen obscure zakenman die beweerde dat hij in het geheim de financiën regelde van een aantal FSB-agenten. De FSB'ers hadden volgens hem 1,6 miljard dollar staan op verschillende buitenlandse rekeningen, niet slecht voor mannen die gemiddeld minder dan vijftigduizend dollar per jaar verdienen. Sjvartsman verklaarde dat de agenten betrokken waren bij 'fluwelen herprivatiseringen': gedwongen overnames van privébedrijven voor een bedrag dat onder de marktprijs ligt, met de bedoeling om er staatsbedrijven van te maken.

Oleg Sysoejev, eerste plaatsvervangend voorzitter van de raad van bestuur van Alfa Bank, beschreef Sjvartsmans interview in *Kommersant* als 'erg zorgwekkend, vol waarheid en beangstigend'. Hij citeerde Vladimir Poetin: 'Er zijn massa's idioten die in het gevlij willen komen bij Verenigd Rusland, en in dit geval de machthebbers een dienst willen bewijzen.'

Senator Farchad Achmedov, mede-eigenaar van Nortgaz, zei daarentegen dat 'mensen zoals Sjvartsman uit de zakenwereld [zouden] moeten worden gegooid.' Achmedov beloofde aan het Openbaar Ministerie te vragen om 'de omstandigheden van de zaak nader te onderzoeken', want 'als zakenlui zich gedeisd blijven houden, zullen er net zoveel Sjvartsmans opstaan als er sneeuw ligt op de Noordpool.'

Aleksandr Rjavkin, hoofd van de federale politieke raad van de partij Grazjdanskaja Sila[5] zette Oleg Sjvartsman op verzoek van partijleider Michail Barsjtsjevski uit de hoogste raad van de partij. Barsjtsjevski zei in een interview met Kommersant dat ze voordien geen weet hadden van Sjvartsmans 'dubieuze zaakjes'.

---

5   Burgerlijke Macht (noot van de vertaler)

Onze 'gemeenschappelijke vriend' wilde zich niet uitlaten over het onderwerp. Toen ik hem de beweringen van de politieke journalist Belkovski voorlegde, antwoordde hij kort en op een gedempte toon die ik van hem niet gewend was: '[Daar] weet ik niets van af. Als u dat wilt publiceren, ga uw gang. Ik kan niet bevestigen dat deze informatie klopt.'

Het is geen geheim dat zich onder Poetins rijke en machtige intimi ook Gennadi Timtsjenko bevindt, de eigenaar van oliehandelaar Goenvor, en Joeri Kovaltsjoek, die de bank Rossija leidt en er de grootste aandeelhouder van is. Volgens *Forbes* is hij de 53ste rijkste Rus, met een geschat vermogen van 1,9 miljard dollar. Kovaltsjoek en Poetin kennen elkaar al lang, maar Kovaltsjoek, die als een uitzonderlijk sluwe speculant wordt gezien, verdiende zijn eerste miljoenen lang voor Poetin in Moskou arriveerde. In mei 2008 verkreeg Kovaltsjoek het recht om een controlerend aandelenpakket van de krant *Izvestia* over te kopen van Gazprom. Die krant is een van de meest gelezen publicaties in Rusland en wordt als 'de stem van Rusland' beschouwd.

Het siert Kovaltsjoek dat hij zich niet bemoeit met het redactionele beleid van de krant, zodat zijn media-imperium geen 'journalisten met een geweten' kwijtraakt, wat regelmatig voorkwam bij de kranten waarvan Berezovski en Goesinski eigenaar waren.

Toen ik in Genève was, waar Gennadi Timtsjenko woont met zijn vrouw Jelena en hun drie kinderen, weigerde hij me te ontmoeten voor een gesprek over Poetin. Maar in het penthouse van een boven de Londense City uittorend kantoorgebouw vertelde zijn Britse woordvoerder Stuart Leasor me later: 'Ze [Poetin en Timtsjenko] kennen elkaar, ze hebben elkaar in het begin van de jaren negentig ontmoet en zien elkaar af en toe, maar dat ze vrienden zijn, zou ik niet durven zeggen.'

'Timtsjenko heeft in Sint-Petersburg een judoclub[6] gefinancierd waar ook Poetin een connectie mee heeft, maar dat maakt hem nog niet tot Poetins loopjongen. Het doet Goenvor en Volga Investments [Timtsjenko's andere bedrijf] geen kwaad de mensen te laten geloven dat ze vrienden zijn, maar het is vergezocht.'

'Wat Poetins zogezegde betrokkenheid bij Timtsjenko's bedrijf betreft: er deed een grote complottheorie de ronde over wie de mysterieuze derde aandeelhouder van Goenvor was, en de mensen trokken al snel hun conclusies: dat zou Poetin weleens kunnen zijn. Goenvor maakte een ernstige fout door niet te willen praten met de pers (oliehandelaren geven van oudsher enkel informatie als dat echt noodzakelijk is), maar ik kan u vertellen dat die derde partij een Zweedse zakenman was die geen oligarch was (in Rusland ben je een bedelaar als je geen miljardair bent). Hij bezat tien procent van het bedrijf. Het was dus niet Poetin.'

'Goenvor werd er door Joekos van beschuldigd het Russische bedrijf een hak te zetten omdat Joekos' voornaamste activa waren overgenomen door Rosneft en Rosneft net als Goenvor een handelsonderneming heeft in Genève, omwille van de belastingvoordelen. Zo'n handelsonderneming is voor een oliemaatschappij van groot belang. Op een producent afstappen en honderdduizend ton olie van hem kopen is één ding, maar hoe krijg je die olie van de bron naar waar ze moet zijn? Goenvor beschikt over uitstekende faciliteiten en staat op goede voet met de Russische Spoorwegen. Timtsjenko weet hoe hij het spel in Rusland moet spelen.'

---

6   De door Timtsjenko gefinancierde judoclub Javara-Nevain Sint-Petersburg wordt gerund door Poetins goede vriend Arkadi Rotenberg. Poetin is erevoorzitter van de club.

Toen ik Leasor polste over het verontrustende beeld dat mijn diplomatenvriend me van zijn baas had geschetst, antwoordde hij: 'Timtsjenko leidt een vrij normaal leven. Hij is niet zoals die opgeblazen oligarchen met hun staalharde blik [hier noemde hij drie prominente oligarchen] die mensen uit de weg lieten ruimen. Hij heeft geen meute lijfwachten die hem overal volgt. Als hij op vakantie gaat met zijn vrouw en kinderen, verblijft hij in een vrij bescheiden villa, niet in een paleis aan de kust of op een luxejacht, en hij draagt geruite truien van Pringle.'

Poetin wijst de beschuldiging van de hand dat de armen in Rusland armer worden terwijl de mannen die hem omringen rijker worden. 'Als u weet wie en hoe, laat het ons weten, schrijf naar het Ministerie van Buitenlandse Zaken, als u er zo zeker van bent,' zei hij tijdens een interview met *Time*, en hij voegde eraan toe: 'Ik veronderstel dat u weet over wie het gaat, hoe ze het doen en met welke middelen. Ik kan u en iedereen die dit interview hoort, ziet of leest, verzekeren dat we onmiddellijk en binnen de geldende wetten zouden optreden.'

Hoewel het gros van zijn onderdanen wel wist op wie Poetin zinspeelde, heeft officieel nog niemand de regering aangeschreven naar aanleiding van zijn oproep. In elk geval kan Poetin volgens artikel 91 van de Russische Grondwet niet gerechtelijk vervolgd worden: 'Een president van de Russische Federatie die geen gezag meer uitoefent, geniet onschendbaarheid. Hij kan niet ter verantwoording worden geroepen en strafrechtelijk of bestuursrechtelijk aansprakelijk worden gesteld voor feiten die hij heeft gepleegd tijdens de periode dat hij zijn bevoegdheden als president van de Russische Federatie uitoefende, noch kan hij worden aangehouden, gearresteerd, gefouilleerd, ondervraagd of onder persoonlijk toezicht worden gesteld als de voornoemde feiten werden gepleegd terwijl hij zaken afhandelde die verband hielden met de uitoefening van zijn bevoegdheden als president van de Russische Federatie. De onschendbaarheid van een president van de Russische Federatie die zijn bevoegdheden niet langer uitoefent, betreft ook de panden waarin hij woont en werkt, de transport- en communicatiemiddelen die hij gebruikt, de documenten en bagage die hem toebehoren, en zijn correspondentie.'

Over de theorie dat de president een miljardair zou zijn, zegt een vooraanstaand Russisch wetenschapper: 'Als hij dat fabelachtige fortuin écht zou bezitten, zou hij het niet zomaar kunnen uitgeven. Kunt u zich echt voorstellen dat Poetin, de Russische Robin Hood die sowieso voor de rest van zijn leven in het middelpunt van de belangstelling zal staan, zich bij de oligarchen zal voegen? Dat zou hem op de totale minachting van het Russische volk te staan komen, en dat wist hij zeer goed voor hij zijn rol als Robin Hood opnam. Als hij in zijn hart een oligarch was, zou hij het presidentschap allang hebben opgegeven. Hij zou veel meer geld verdienen als hij uit de openbaarheid verdween. Poetin rijdt met Lada's, niet met Bentleys, hij gaat liever vissen in Siberië dan zwemmen aan de Côte d'Azur, en skiën doet hij in Sotsji, niet in Courchevel. Hij is een patriot en een actieheld, de 'charme discret' van de bourgeoisie in het kleinsteedse Zug of Liechtenstein is niets voor hem. Zijn missie is Rusland, Rusland en nog eens Rusland.'

Hoe dan ook kan niemand in twijfel trekken dat Rusland tot bloei is gekomen onder Poetins leiderschap. Terwijl George Bush en Tony Blair zich met Irak bezighielden, besteedde Poetin maar weinig tijd aan wat hij niet relevant vond; in plaats daarvan probeerde hij van Rusland een energiereus te maken. Dankzij zijn inspanningen was de netto-instroom aan buitenlandse investeringen tegen 2007 gestegen tot 20 miljard dollar, terwijl die in 2004 nog maar 1,62 miljard dollar bedroeg. In die periode was de import van Russische olie in Amerika verdubbeld tot 400 000 vaten per dag, en was de behoefte aan de grondstof in Europa gestegen van 12 tot bijna 30 procent.

Maar veel meer nog dan olie had Europa gas nodig uit Rusland: het kocht er bijna 150 miljard kubieke meter van aan, zo'n 40 procent van zijn totale behoefte. Bovendien hebben een aantal toonaangevende analisten opgemerkt dat Rusland de gasmarkt steeds meer onder zijn controle heeft, terwijl Europa zonder gas niet kan overleven. Duitsland alleen kocht 40 miljard kubieke meter; niet verwonderlijk dus dat bondskanselier Merkel er weinig voor voelde Poetin aan te spreken op het Russische militaire optreden in Georgië. Intussen kochten China en in iets mindere mate ook India alles wat Rusland te bieden had: niet alleen olie en gas, maar ook nikkel, koper en steenkool. Over steenkool gesproken: Oekraïne is voor fossiele brandstoffen bijna volledig afhankelijk van Rusland. In die behoefte zouden de NAVO-landen nooit kunnen voorzien, mocht Oekraïne ingaan op hun toenaderingspogingen en zich op die manier Poetins toorn op de hals halen. Meer dan één toonaangevende analist wees erop dat Rusland zijn greep op Europa's 'levensader' aan het verstevigen was. Het economische zelfvertrouwen van het land nam met de dag toe en het Westen was gewaarschuwd dat het een hoge prijs zou betalen als het zou binnendringen in zijn bufferzones.

Poetin had de heropleving van zijn land te danken aan de briljante Aleksej Koedrin, opgeleid aan de Universiteit van Leningrad en een zoveelste telg van burgemeester Sobtsjaks kabinet. Hij was dan ook de enige liberale hervormer die mocht aanblijven na de portefeuillewisseling in 2007, die zelfs 'de denker' German Gref zijn baan kostte.

Koedrin slaagde er echter niet in om Rusland ook op de wereldmarkt te zetten met andere producten dan zijn natuurlijke rijkdommen. Toeristen die in Moskou en Sint-Petersburg typisch Russische producten wilden kopen, kwamen er al snel achter dat de meeste van hun souvenirs in China waren gemaakt.[7]

In september 2011 verliet Koedrin de Russische regering na een aanvaring met Dmitri Medvedev, maar velen denken dat hij zal terugkeren als minister zodra Poetin weer president is.

In december 2009 sloot een van Chodorkovski's advocaten, Robert Amsterdam, zich aan bij degenen die erop gebrand waren te weten te komen wat er gebeurde met Ruslands vermogen. Hij joeg Poetin op stang door met aandrang te vragen: 'Wat is er gebeurd met het grootste, meest transparante en succesvolste oliebedrijf van het land, en wie heeft miljarden opgestreken na de illegale confiscatie?'

De maand daarvoor had Poetin Chodorkovski nog vergeleken met Al Capone, de gangster en moordenaar uit Chicago die van vele misdaden werd beschuldigd maar uiteindelijk tot een gevangenisstraf werd veroordeeld voor

---

[7] Koedrin, Gref en Michail Zoerabov, respectievelijk de ministers van Gezondheid, Economie en Handel, waren alle drie onder vuur komen te liggen vanwege de economische hervormingen die ze probeerden door te voeren. Veel van die hervormingen hadden te maken met het vervangen van gratis voorzieningen zoals gezondheidszorg en openbaar vervoer door geldelijke steun. Dat viel bij veel oudere mensen in slechte aarde omdat de prijzen van het openbaar vervoer sterk aan het stijgen zijn. Overal in Rusland brak protest uit. De president berispte Koedrin op de nationale televisie, en een aantal Doema-afgevaardigden ging voor een korte periode in hongerstaking. Begin februari bracht de Doema een motie van wantrouwen uit tegen Michail Fradkovs kabinet, maar die werd verworpen. Sommige analisten zagen de hele zaak als een poging van andere regeringsleden om een van de drie ministers in diskrediet te brengen of opzij te schuiven. Dat kon echter nooit bewezen worden en zowel Koedrin, Gref als Zoerabov behielden op dat moment hun functie.

belastingontduiking. En toen iemand hem nadien tijdens een opbelprogramma op de televisie vroeg wanneer Chodorkovski zou vrijkomen, viel hij in een emotionele uitbarsting uit zijn rol en verklaarde: 'Jammer genoeg herinnert niemand zich dat ook een van de hoofden van Joekos' veiligheidsdiensten in de gevangenis zit. Denkt u dat hij op eigen initiatief en op eigen risico handelde? Hij had er zelf geen belang bij. Hij was niet de hoofdaandeelhouder van het bedrijf. Het is duidelijk dat hij handelde in het belang van zijn bazen en dat hij hun instructies uitvoerde. En hoe heeft hij gehandeld?' En toen voegde hij er een bezwarende zin aan toe: 'Het is bewezen dat hij minstens vijf moorden heeft gepleegd.'[8] Amsterdam repliceerde prompt:

---

8   Poetin lijkt hier te hebben verwezen naar de moord op de burgemeester van Neftejoegansk [een regio waar een van Joekos' belangrijkste olievelden lag] en vier andere mannen. Maar helaas, zelfs als de tot president opgeklommen KGB-agent daar zeker van is, kan hij het niet bewijzen. Het enige 'bewijs' dat Chodorkovski iets te maken zou hebben met het neerschieten van burgemeester Vladimir Petoechov op Chodorkovski's verjaardag in juni 1998, is de getuigenis van ene Sergej Mavrodi, die beweerde dat Joekos' vicevoorzitter Leonid Nevzlin het hoofd van de veiligheidsdienst van het bedrijf, Aleksej Pitsjoegin, had opgedragen om twee van zijn 'oude maatjes' de moord te laten plegen, en dat hij hem voor die onderneming 200 000 dollar had gegeven, geld dat Chodorkovski's vader Boris hem had betaald.

Mavrodi zegt dat hij die informatie van Pitsjoegin zelf had gekregen toen hij met hem een gevangeniscel deelde. Mavrodi zat daar wegens zijn aandeel in een piramidesysteem waarmee hij zijn landgenoten voor 1,5 miljard dollar had opgelicht. Pitsjoegin moest de gevangenis in nadat hij de moord op Valentina Kornejeva had bekend. De voormalige veelbelovende Joekosmedewerkster moest naar verluidt uit de weg worden geruimd om te vermijden dat ze informatie over het bedrijf zou lekken aan de regering, waarvoor ze werkte sinds ze bij Chodorkovski was weggegaan. Volgens Pitsjoegin moesten dezelfde moordenaars ook Jevgeni Rybin doden, aan wie Joekos nog 100 miljard dollar moest betalen voor de aankoop van een olieveld.

'Los van het feit dat Chodorkovski geen moordenaar is en ook nooit werd aangeklaagd [wegens] betrokkenheid bij dergelijke gewelddaden, is deze redenering belachelijk en misplaatst.'

Zeker niet iedereen stond achter de beschuldigingen van de advocaat. De in Moskou gevestigde gezaghebbende Amerikaanse bankier Eric Kraus beschrijft Amsterdams cliënt als volgt: 'Chodorkovski en zijn luitenanten, de kwaadaardige Nevzlin en Lebedev, waren berucht om hun harteloze wreedheid. Alleen al de privatisering van Apatit was goed voor een middelgroot kerkhof in de Oeral. Rusland mag soms dan wel een wrede plek zijn, maar mensen zoals hij maken het nog erger. Ondanks alle inspanningen van de Russische staat behoudt Joekos/Menatep de controle over de gestolen miljarden die op buitenlandse rekeningen staan geparkeerd (dat is ook de reden waarom de Russische overheid terecht bang is voor Chodorkovski: als deze intelligente, wreedaardige man die bezield is met een missie, die onbeperkt toegang heeft tot de politieke wandelgangen in het Westen en die beschikt over een strijdfonds van miljarden dollars, weer op vrije voeten zou zijn, zou hij oneindig veel meer schade kunnen aanrichten dan Berezovski). Dat geld wordt doorgesluisd via een dicht netwerk van politieke tussenpersonen, pr- en lobbybedrijven (met name APCO, geleid door ene Margery Kraus ... geen familie!), advocatenkantoren zoals dat van Robert Amsterdam (in wezen een zeer adequate politieke publiciteitsagent die zich presenteert als advocaat), die een hele rist westerse publieke figuren op de loonlijst hebben staan.'

---

8   Nevzlin vluchtte in 2003 naar Israël om vervolging te vermijden. Hij werd bij verstek veroordeeld voor moord en er wacht hem een levenslange gevangenisstraf als hij ooit terugkeert naar zijn vaderland.

POETIN

Kort voor Chodorkovski's arrestatie in oktober 2003, had Poetin een van zijn frequente ontmoetingen met Lord Browne van BP gehad. Hij wist dat Browne Chodorkovski had gesproken over investeringen in Joekos, zonder resultaat. Chodorkovski had Browne afgeschrikt toen hij sprak over de mensen die hij in de Doema verkozen wilde krijgen, over hoe hij ervoor kon zorgen dat oliemaatschappijen weinig belastingen moesten betalen en over de invloedrijke mensen die hij in zijn macht had. Poetins commentaar was verhelderend: 'Ik heb me al te vaak door de bagger laten slepen door die kerel,' zei hij.

Bagger? Browne, een typische Engelse gentleman, nam er geen aanstoot aan, maar hij gelooft wel dat zelfs dát een door de tolk gekuiste versie was van Poetins woorden.

POETINS TROTS

'Vladimir is dezelfde persoon gebleven die hij was als kind,' zegt iemand die hem al meer dan twintig jaar kent over Poetins psyche. 'Hij kan een machiavellistische je-weet-wel zijn. Amerika heeft hij nooit vertrouwd, vooral Bush niet, en hij geloofde geen woord van wat Kissinger zei. Clinton? Nou, Vlad vond hem aardig, maar Clinton was een maatje te klein voor hem. Hij gelooft, hij weet dat de Verenigde Staten erop uit waren om het Rusland waar hij zo trots op is met behulp van de oligarchen te plunderen, en dat Alan Greenspan daar een doorwrocht plan voor klaar had. Wat Barack Obama betreft: daar is hij nog niet uit.'

'U moet begrijpen dat Poetin een verantwoordelijk man is. Hij zet niet als eerste de aanval in, hij is een vredelievend man. Maar als de belangen van zijn land geschaad worden, zal hij dat de boosdoener betaald zetten, of dat nu het kleine Georgië is of het machtige Amerika.'

Ook een voormalige diplomaat die met Poetin samenwerkte, nam zijn psyche onder de loep: 'Hij is erg slim, in die zin dat hij geen vijanden maakt, behalve voor de hand liggende zoals

Chodorkovski, waar hij duidelijk geen keuze had. Toen hij de machthebbers uit het oude regime verving, heeft hij die niet in de kou laten staan. Ze hebben altijd een nieuwe functie gekregen, misschien een iets minder belangrijke, maar daar stond waarschijnlijk een hogere beloning tegenover. Hij is iemand die het niet kan verdragen vijanden te hebben, omdat hij weet dat je die niet onder controle hebt en dat je voortdurend op je hoede moet zijn.'

Dat hij niet tegen confrontaties kan, bewijst de manier waarop hij met zijn ministers omgaat. Hij vermijdt vergaderingen, omdat hij maar al te goed weet dat die in een regelrechte veldslag kunnen uitmonden. Achteraf ziet hij iedereen afzonderlijk, luistert naar hun argumenten en geeft de indruk dat hij met elk van hen akkoord gaat. Dan vertrekt hij en volgt de koers die hij altijd al van plan was te volgen.

De Britse diplomaat die ik in Londen sprak, voegde daaraan toe: 'Weet u, er is in het Kremlin eigenlijk helemaal nog niet zoveel veranderd onder Poetin als de mensen denken. Het is nog steeds een erg Byzantijns systeem en het is niet duidelijk wie nu eigenlijk de macht heeft. Ik heb het gevoel dat, als je in een willekeurig ministerie, inclusief dat van president Dmitri Medvedev, met de baas zou willen spreken, je achter elke deur Poetin zou aantreffen. Hij heeft er een vette kluif aan om de verschillende machtscentra in balans te brengen en is in dat opzicht bijzonder intelligent. Hij speelt het telkens weer klaar, maar hij weet dat niemand, en ik herhaal: niemand, met zoveel zorg en aandacht het land probeert te leiden als hij, en dat plaatst hem op een hoger niveau dan al zijn ondergeschikten.'

Een van Poetins oudste vrienden, Sergej Roldoegin, taxeert hem in iets menselijker termen: 'Hij was altijd al erg emotioneel, maar kon die gevoelens gewoon niet uiten. Ik zei hem vaak dat hij absoluut niet in staat was over koetjes en kalfjes te praten, en dat is ook een van de redenen waarom hij geen andere vrienden heeft dan de mensen met wie hij werkt.'

Niettemin voegt Roldoegin toe: 'Volodja heeft een erg sterk karakter. Stel dat ik [toen we nog jong waren] beter kon voetballen dan hij. Dan zou ik toch nog van hem verliezen, eenvoudigweg omdat hij zo vasthoudend is als een pitbull. Hij zou me gewoon afmatten. Ik zou hem de bal drie keer ontfutselen en hij zou de bal drie keer met geweld weer van me afpakken. Hij beleeft alles erg intens en dat manifesteert zich werkelijk in alles.'

Ook over Poetins dorst naar kennis kan Roldoegin boeiend vertellen: 'Vovka en ik gingen na het werk soms naar de Filharmonie, en dan vroeg hij me hoe je op de juiste manier naar een symfonie moet luisteren. Ik probeerde hem de *Vijfde Symfonie* van Sjostakovitsj uit te leggen. Hij kan je daar veel over vertellen, want hij vond het fantastisch toen hij die voor het eerst hoorde en ik uitleg gaf. Dat Katja en Masja op muziekles gingen, kwam door mij.'

'Ik ben er absoluut van overtuigd dat onze docenten er met hun hoogdravende gezwam over muziek volledig naast zitten. De propaganda voor klassieke muziek slaat de bal mis. Ik legde aan Volodja uit wat een normaal mens zou moeten horen en zien. Ik zei: 'Luister, de muziek is begonnen. Dit gaat over het vredige leven: ze bouwen het communisme op. Hoor je dat akkoord: ta-ti, pa-pa? Nu komt het grillige thema eraan. Zie je, daar is het, die koperblazers die beginnen te spelen. Dat thema zal nog aanzwellen. En daar is het vredige thema weer, waarmee alles begon. Nu zullen die twee thema's in conflict komen met elkaar, hier en daar, hier en daar.' Hij vond dat echt geweldig.'

Poetins passie voor muziek (ook al zegt hij dat het Ljoedmila is die hem 'naar de opera meesleurt') is niet het enige trekje van zijn vriend dat Roldoegin zich zo goed herinnert: 'Op een keer, rond Pasen, belde Volodja me om naar een processie te gaan kijken. Hij stond aan het touw als ordehandhaver en vroeg me of ik geen kijkje wilde gaan nemen bij het altaar. Natuurlijk wilde ik dat. Er zat iets jongensachtigs in zijn gebaar: 'niemand mag daar komen, maar wij wel,' [zei hij]. We keken de processie uit en vertrokken naar huis. We stonden aan een bushalte te wachten, toen er wat mensen op ons afkwamen. Geen uitschot, gewoon studenten die gedronken hadden. 'Mag ik een sigaret van je?', vroeg een van hen. Ik zweeg, maar Vovka antwoordde: 'Nee, dat mag je niet.' 'Waarom dat toontje?', vroeg de student. 'Zomaar,' zei Volodja. Ik kon niet geloven wat er toen gebeurde. Ik denk dat een van hen Volodja een duw of een klap gaf. Opeens zag ik iemands sokken voorbijflitsen en de knul vloog ergens tegen de grond. Volodja draaide zich rustig naar me toe en zei: 'Kom, we zijn hier weg.' En we vertrokken. Ik vond het fantastisch, hoe hij die student van zich afwierp! Één enkele beweging en zijn benen hingen in de lucht.'

Roldoegins anekdote illustreert hoe Poetin dankzij zijn meesterschap in oosterse vechttechnieken zijn geringe gestalte wist te overstijgen als iemand hem letterlijk het mes op de keel zette. Toen zijn vriend Silvio Berlusconi in 2009 een gebroken neus, snijwonden en twee gebroken tanden overhield aan een slag in zijn gezicht met een souvenirbeeldje van de Dom van Milaan na een toespraak die hij had gehouden in de stad, belde Poetin hem op en prees hem voor zijn 'stoere reactie' na de aanval. Dmitri Peskov zei dat Poetin tegen de Italiaanse leider had gezegd dat hij 'zich in een extreme situatie als een man had gedragen'.

Een karaktertrek waar sommigen die regelmatig met Poetin in contact komen, het moeilijk mee hebben, is zijn wispelturigheid. Die laat zich nochtans niet makkelijk aflezen uit de beheerste, kalme en berekende houding die hij in het openbaar aanneemt. 'Vladimir kan de ene dag innemend zijn en de volgende dag gemeen, je kunt geen staat maken op zijn stemmingswisselingen,' zegt een vooraanstaande Russische zakenman die meerdere confrontaties met hem had. 'Het is zelden duidelijk waarom hij in zo'n korte tijd zo drastisch omslaat.'

Daartegenover geeft iemand die veel tijd met Poetin heeft doorgebracht, toe: 'Als je doet wat hij van je vraagt, kun je gerust zijn. Doe je dat niet, dan loop je het risico dat je met zijn scherpe tong te maken krijgt of hem zelfs ziet huilen.'

Dat lijkt een vreemde onthulling over iemand die nog maar één keer in het openbaar heeft gehuild, op Anatoli Sobtsjaks begrafenis. Maar volgens Ljoedmila barstte hij in tranen uit en bleef hij uren aan een stuk huilen op vrijdagmiddag 3 september 2004, Zwarte Vrijdag, toen hij te horen kreeg dat zich onder de gijzelaars die tijdens de bezetting van de school in de Noord-Ossetische stad Beslan neergeschoten of verbrand werden, ook vele tientallen kinderen bevonden.

Twee dagen daarvoor was Poetin nog op vakantie in de presidentiële residentie Botsjarov Roetsjej in de heuvels boven Sotchi, zijn thuis weg van thuis. Het was een hete dag en de president was ten volle aan het genieten van het subtropische klimaat dat hem tijdens zijn vakanties daar altijd zoveel deugd doet. Hij had al tijd gevonden voor een zwempartijtje in de Zwarte Zee, in het zicht van het marineschip dat daar altijd op wacht ligt als de hoogstgeplaatste resident van de stad er verblijft.

En toen kwam het verschrikkelijke nieuws. Een gewapende groep van voornamelijk Tsjetsjeense en Ingoesjetische terroristen was binnengevallen in School Nummer 1 in de Kominternstraat in Beslan. Ze hielden zo'n duizend mensen gegijzeld in de sporthal van de school, waar ze onmiddellijk explosieven hadden geplaatst. Er was die dag uitzonderlijk veel volk op de school omdat het de eerste dag van het nieuwe schooljaar was en veel kinderen met hun ouders waren gekomen. Het bloedbad begon precies om 9.30 uur. Tijdens die eerste aanval kwamen zeven mensen om.

Twintig minuten nadat de bezetting was begonnen, keerde Poetin terug naar Moskou. Het was al de tweede keer dat hij zijn vakantie moest onderbreken: tien dagen eerder was hij naar de hoofdstad teruggekeerd toen terroristen een passagiersvliegtuig hadden opgeblazen met negentig doden tot gevolg. Het was duidelijk dat de terroristen de totale oorlog hadden verklaard.

Al snel nadat zijn vliegtuig was geland, toonde Poetin dat het hem menens was, door overleg te plegen met minister van Binnenlandse Zaken Rasjid Noergaliev, procureur-generaal Vladimir Oestinov, FSB-directeur Nikolaj Patroesjev en de commandant van de Russische grenstroepen, generaal Vladimir Pronitsjev. Noergaliev zei later dat Poetin erg kwaad was: 'Ik heb de man nog nooit zo razend gezien. Hij was buiten zichzelf van woede.' Poetin zelf trok dat in twijfel. In mei 2005 zei hij tijdens een interview voor het programma *60 Minutes* tegen de Amerikaan Mike Wallace: 'Ik kan me niet herinneren dat ik in de vijf jaar dat ik president ben van de Russische Federatie, al één keer mijn kalmte heb verloren. Dat zou ik absoluut ontoelaatbaar vinden.'

Het eerste wat Poetin deed, was telefoneren naar Aleksandr Dzasochov, de president van Noord-Ossetië, en hem opdragen het bevel over de operatie tegen de terroristen over te dragen aan de FSB. Zo kon hij de *Spetsnaz* in de strijd werpen, zijn speciale Russische eenheden onder leiding van generaal Tichonov. Vervolgens liet hij de grenzen van Noord-Ossetië afsluiten en verbood hij alle vliegverkeer van en naar de hoofdstad, Vladikavkaz. Daarna verscheen hij niet meer in het openbaar, behalve de volgende ochtend, om tijdens een kort televisieoptreden te verklaren dat hij eerst en vooral de levens van de gijzelaars wilde redden. De twee daaropvolgende dagen verliet Poetin zijn kantoor in het Kremlin enkel om te gaan bidden in de aanpalende kapel. Hij pikte enkele uurtjes slaap mee op een geïmproviseerd bed, maar gaf later toe dat hij zijn dagelijkse training die hem hielp om gefocust te blijven, erg hard had gemist.

Net als bij de gijzelneming in het Doebrovkatheater, eisten de terroristen al bij het begin dat hun mobieltjes niet zouden worden uitgeschakeld. Toen in de sporthal een van de explosieven afging, probeerden de kinderen en leerkrachten te vluchten, maar een aantal werd in de rug geschoten. Op dat moment stormden soldaten van de aniterreureenheid van de *Spetsnaz*, de Alfa-groep, naar binnen om de kinderen te redden. Een van de soldaten was het vierde slachtoffer dat naar buiten werd gedragen: hij was gestorven met een kind in zijn armen, dat hij had proberen te beschermen met zijn eigen lichaam.

In totaal kwamen 334 mensen om, onder wie 186 kinderen. Kinderen die jonger waren dan Poetins eigen dochters.

Shamil Basajev zou later getuigen dat de Tsjetsjenen Beslan hadden uitgekozen omdat de luchthaven daar tijdens de bombardementen op Grozny als uitvalsbasis had gediend voor Russische gevechtsvliegtuigen. Later gaf hij toe dat hij liever een Moskouse school had aangevallen, maar dat een dergelijke operatie zijn budget te boven ging.

Die ochtend om vier uur ging Poetin aan boord van het vliegtuig dat stond te wachten om hem naar Beslan te brengen. Daar aangekomen bezocht hij de ziekenhuizen waar de gewonden werden verzorgd. Het was in het holst van de nacht, maar slechts weinigen van de 35 000 inwoners van

Beslan sliepen. Het was een van de zwaarste dagen van zijn presidentschap: zevenhonderd van zijn landgenoten waren gered, maar honderden anderen waren omgekomen.

Poetin gaf een korte verklaring op de televisie, waarin hij de zwakheid van het bestaande Russische veiligheidssysteem toegaf. 'De zwakken worden getroffen,' zei hij. Aan alles kon je zien dat hij extreem moe en emotioneel was. 'Het is moeilijk om te spreken. Er is een vreselijke tragedie gebeurd in ons land. De voorbije dagen heeft ieder van ons diep geleden en met heel zijn hart gevoeld wat er zich heeft afgespeeld in de Russische stad Beslan ...'

Na een lang onderzoek zag Nikolaj Sjepel, de plaatsvervangend procureur-generaal van Rusland, geen tekortkomingen in de manier waarop de veiligheidsdiensten het gijzeldrama hadden aangepakt: 'Volgens de conclusies van het onderzoek vond de commissie van experts geen overtredingen die de oorzaak zouden kunnen zijn van de dramatische afloop.' Om twijfels daaraan te weerleggen, lanceerde Poetin een parlementair onderzoek in de Doema, onder leiding van Aleksandr Torsjin. Het daaruit volgende rapport maakte gewag van 'een groot aantal blunders en tekortkomingen' bij de lokale autoriteiten.

In de nadagen van het drama ondernam Poetin stappen om zowel zijn eigen macht als die van het Kremlin te verstevigen. Hij ondertekende een wet die de rechtstreekse verkiezing van de regionale gouverneurs verving door een systeem waarbij ze worden voorgedragen door de president van Rusland en worden goed- of afgekeurd door de regionale parlementen. Ook het verkiezingssysteem voor de Doema werd geamendeerd: het meerderheidsstelsel werd afgeschaft. Voorts verstevigde het Kremlin zijn greep op de Russische media, zodat het voor Poetin niet echt als een verrassing kwam toen zijn critici beweerden dat zijn *siloviki*[9] het Beslan-drama als excuus hadden aangewend om meer macht naar zich toe te trekken en het land terug naar het autoritaire verleden te leiden. Volgens de Amerikaanse minister van Buitenlandse Zaken Colin Powell schroefde Rusland een aantal democratische hervormingen terug, en George Bush toonde zich bezorgd dat Poetins verdere centralisering van de macht 'de democratie in Rusland [zou kunnen] ondermijnen', een opmerking die Poetin weghoonde.

Poetin deed de kritiek uit het buitenland af als Koude Oorlogpraat, maar weerstond de verleiding Bush eraan te herinneren dat de macht in de Verenigde Staten gecentraliseerd was in Washington en liet het aan zijn minister van Buitenlandse Zaken Sergej Lavrov over om de Amerikanen erop te wijzen dat Rusland zijn zaakjes prima onder controle had.

Poetin is onmiskenbaar trots op Rusland, een trots die enkel wordt geëvenaard door zijn liefde voor zijn geboortestad, die hij nog vaak Leningrad noemt. Sint-Petersburg, met zijn driehonderd bruggen ook wel bekend als het Venetië van het Noorden, wordt wereldwijd geroemd om zijn cultuur. Poesjkin, Nabokov en Tolstoj schreven er allemaal en Dostojevski koos de stad als setting voor *Misdaad en Straf*. Elk jaar trekken miljoenen toeristen van over de hele wereld naar de tweede stad van Rusland, Poetins thuisstad. Velen onder hen bezoeken het museum de Hermitage, een deel van het Winterpaleis, om er de verbluffende collectie te bezichtigen: drie miljoen kunstwerken daterend uit de steentijd tot de moderne tijd. Er zijn dagen dat het Izaakplein zwart ziet van toeristen die hun camera's richten

---

9   functionarissen die een verleden hebben bij de veiligheidsdiensten of het leger (noot van de vertaler)

op de torens van de Izaakkathedraal, de op drie na hoogste koepelkathedraal ter wereld.

Dat hij naar de top van de macht is opgeklommen, mag dan wel hebben geleid tot radicale veranderingen die deels ten koste zijn gegaan van de vrijheid van meningsuiting en democratie zoals andere naties die kennen, maar je moet Poetin nageven dat hij zijn volk een gevoel van nationale trots heeft bijgebracht, een trots die hijzelf koestert voor zijn geboortestad. Enkele dagen voor hij in juli 2006 de G8-top in Sint-Petersburg zou leiden, kreeg hij het 'vreugdevolle nieuws' dat Sjamil Basajev, de slager van Beslan, door de FSB was geëxecuteerd in het Ingoesjetische dorpje Ekazjevo. Dat was een historisch moment voor Rusland, dat pas in de daaropvolgende jaren werd geëvenaard, toen de Amerikanen Osama Bin Laden gevangennamen en doodden.

Het vreugdevolle nieuws was een opsteker voor Poetin in de aanloop naar het grootste spektakel van zijn presidentschap. Zonder moeite had hij de bedragen overtroffen die zijn gasten aan eerdere topontmoetingen hadden verkwist. Hij had het door Peter de Grote gestichte Konstantijnpaleis in zijn vroegere glorie laten herstellen en had er zelfs voor gezorgd dat het niet zou regenen tijdens zijn parade door Russische gevechtsvliegtuigen in te zetten om de regenwolken te 'breken' voordat ze de stad bereikten.

Voor het geval iemand zou denken dat hij een kniebuiging maakte voor George W. Bush en Tony Blair, verwees Poetin nog voor de top naar Amerika met 'Kameraad Wolf' in zijn jaarlijkse toespraak tot het parlement, en waarschuwde hij de Britse premier dat hij maar beter geen beschuldigingen over corruptie kon uiten, door te laten blijken dat hij op de hoogte was dat Scotland Yard onderzoek deed naar de louche zaakjes van zijn belangrijkste fondsenwerver, Lord Levy.

Het was voor iedereen duidelijk dat Poetin psychisch in vorm was, maar hoe zat het met zijn lichamelijke conditie?

Zowel tijdens zijn eerdere ambtstermijnen als president als toen hij premier was, bleef Poetin een loodzwaar fitnessprogramma volgen om zijn uitzonderlijk hoge energiepeil in stand te houden. Hij loopt langer en zwemt meer kilometers dan veel mensen die maar half zou oud zijn als hij. Een wekker heeft hij niet: hij wordt vanzelf wakker. Hij eet niet veel en enkel wanneer hij honger heeft, en tegenwoordig drinkt hij naar verluidt niets sterkers dan thee, al zal hij vaak een glas wijn in zijn hand houden om gasten die wel drinken op hun gemak te stellen. Hij verlaat Moskou zelden voor de middag, werkt regelmatig tot na middernacht door in zijn kantoor, en gaat nooit slapen voor twee uur 's nachts.

In dat verband vertelt een voormalig Europees ambassadeur in Moskou: 'Op een nacht belde hij me op en stelde hij me voor om 'onmiddellijk' te vertrekken voor een partijtje skiën. Ik zei: 'Vladimir, het is na middernacht.' 'Daarom juist,' antwoordde hij. 'De pistes zullen leeg zijn.'' De ambassadeur ging mee met Poetin, al ging hij niet in op zijn verwoede pogingen om hem op de latten te krijgen.

Het is duidelijk dat Poetin al van jongs af aan moeilijk vrienden maakt en dat je zijn vriendschap makkelijk weer kwijtspeelt. Op politiek vlak kwam zijn vriendschap met Tony Blair onder zware druk te staan toen de Britse premier zich achter Amerika schaarde tijdens de oorlog in Irak. Maar eigenlijk was het om persoonlijke redenen dat Poetin niets meer met Blair te maken wilde hebben. Niemand was zich er beter van bewust dan Poetin dat de Britse premier Rusland had beledigd door zich in 2005 op een evenement van historisch belang door zijn stuntelende vicepremier John Prescott te laten vertegenwoordigen. De feestelijkheden in Moskou op de zestigste verjaardag van de geallieerde overwinning op nazi-Duitsland, de belangrijkste herdenking op de Russische kalender, waren een eerbetoon voor de gesneuvelde Russen. President Bush, president Chirac en bondskanselier Schröder waren allen persoonlijk aanwezig.

Wat Blair had vergooid, werd ingepikt door de nieuwe Franse president, Nicolas Sarkozy, toen hij en Poetin elkaar in juni 2007 naar aanleiding van de G8-top voor het eerst ontmoetten. Veel waarnemers vermoedden echter dat de presidenten hun wederzijdse gelukwensen iets te ver hadden gedreven, toen Sarkozy (een beetje verfomfaaid) te laat arriveerde op een persconferentie met als uitleg dat hij bij Poetin vandaan kwam. Dat hij met een dubbele tong sprak en nerveus begon te lachen toen hij de verbaasde reporters uitnodigde hem vragen te stellen, kwam volgens hem omdat, aangezien hij te laat was, hij de trap met vier treden tegelijk had genomen. 'Ik drink geen druppel alcohol,' aldus Sarkozy.

Het verslag van een Franse journalist die hem niet lang daarna ontmoette in Moskou, is de moeite van het vertellen waard: 'Sarkozy drinkt geen druppel alcohol, er moest dus een andere reden zijn voor zijn opperbeste stemming toen hij ons gisteravond onderhield over zijn etentje met Vladimir Poetin. Sarko bleef maar doorvertellen in die kleine kamer in hotel National, een oud, tot luxehotel omgebouwd sovjethotel tegenover het Kremlin en het Rode Plein. Tijdens de drie uur die ze in Poetins datsja hadden doorgebracht, hadden de twee mannen elkaar gevonden toen ze van gedachten wisselden over de wereld en het herstel van Rusland als grootmacht. Sarko zei: 'We hebben lang, erg lang gepraat. Het was boeiend, erg intiem. Ik voelde een groot verlangen om ideeën uit te wisselen en hem te begrijpen."

'Er verandert iets in Sarko als hij Poetin ontmoet. Na hun eerste onderhoud tijdens de G8-top in juni vorig jaar, gedroeg hij zich als een opgewonden schooljongen, in die mate zelfs dat het filmpje 'dronken Sarko' een Youtube-hit werd. Bij zijn aankomst in Moskou had de Franse president het nog over Poetins 'agressieve houding' rond aardgas uit Rusland en had hij ervoor gewaarschuwd dat hij het onwelwillende Kremlin streng zou aanpakken. De gezellige Frans-Russische onderonsjes van weleer waren voorbij en we zouden eens wat gaan zien, zoals de Fransen zeggen. Maar nu liep hij dus over van bewondering voor de binnenkort aftredende tsaar, en beweerde hij dat Poetin een grote toegeving had gedaan inzake zijn beleid omtrent het Iraanse kernprogramma.'

'Het leek er eens te meer op dat Sarko niet kon geloven dat hij nu een staatsman van wereldformaat was en bij de grote jongens hoorde, *dans la cour des grands*. Poetin, zei hij, had hem toevertrouwd dat hij misschien zou proberen aan de macht te blijven door het jaar daarop, na zijn aftreden als president, premier te worden. Hij had Sarkozy uitgehoord over diens eigen argumenten om de maximale presidentstermijn in Frankrijk te beperken tot twee periodes van vijf jaar. Poetin is de pro's en de contra's van aan de macht blijven aan het afwegen en is daar erg nuchter in, aldus Sarkozy.'

'Sarkozy's loslippigheid is altijd fascinerend om te zien. Hij grapte zelfs dat hij iets gemeen had met Poetin omdat hijzelf vier jaar lang aan het hoofd van de Franse geheime dienst had gestaan, toen hij minister van Binnenlandse Zaken was onder Jacques Chirac. 'U dacht toch niet dat ik een doorsnee president ben?', gekscheerde hij tegen de groep verslaggevers die uit Parijs waren overgevlogen om naar hem te luisteren. Chirac zou nooit zo uit de hoek zijn gekomen. En hij zou ook nooit zo openhartig hebben gesproken na een onderhoud met zijn goede vriend Vladimir. Sarko is totaal anders.'

'Totaal anders', zo komt Poetin misschien ook over op anderen, en als ze ooit hun indrukken zouden uitwisselen, zouden Blair en Sarkozy dat zeker bevestigen. Hij gedraagt zich op een manier die alle aandacht opeist van iedereen die in zijn gezelschap vertoeft. Vladimir Pribylovski, directeur van de politieke denktank Panorama, drukt het als volgt uit: 'In het Westen probeert hij Gorby te zijn. Voor het Oosten gedraagt hij zich als een Stalin. Voor gepensioneerden is hij de vader van de natie. Voor jonge mensen een sportman. En de orthodoxe christenen zien hem in de kerk met een kaars.'

Hoewel hij zijn mening doorgaans verkondigt met een eerlijkheid die aan het onbeleefde grenst, blijft Poetin soms opzettelijk vaag, en zijn de hofhouding die hij om zich heen heeft verzameld, hanteert het oude Russische dorpsprincipe 'ne vynosit sor iz izby', letterlijk vertaald: 'draag je vuilnis je hut niet uit'. Of met andere woorden: 'hang de vuile was niet buiten'.

De laatste jaren heeft Poetin duidelijk zijn best gedaan om zich ook buiten de politieke arena een stoer imago aan te meten. In november 2010 haalde hij op een verlaten weg buiten Sint-Petersburg snelheden van 240 kilometer per uur tijdens een ritje met een Formule 1-wagen van Renault; hij droeg daarbij een helm met patriottische afbeeldingen van de Russische vlag en het Russische wapen, de tweekoppige adelaar. Er waren fotografen voorhanden om de stunt op de gevoelige plaat vast te leggen, net zoals toen hij op walvisjacht ging in de arctische wateren, in een miniatuuronderzeeër tot ruim anderhalve kilometer onder het aardoppervlak dook in het peilloze Bajkalmeer, een straaljager bestuurde, een ritje op een Harley Davidson maakte in het gezelschap van een motorbende, en achter het stuur van een Lada de lange weg naar het *verre oosten* van Rusland aflegde.

Eerder had hij zich al laten filmen met ontbloot bovenlijf, terwijl hij tijdens een van zijn expedities naar Toeva te paard door de onherbergzame Siberische steppe galoppeerde. Met zijn groene camouflagebroek, zijn Indiana Joneshoed en de reflecterende zonnebril die zijn ogen verborg, zag hij er op-en-top als een Hollywoodacteur uit.

In werkelijkheid lijkt Poetin niet wakker te liggen van zijn imago en staat hij niet stil bij de popsterstatus die hij intussen geniet. Zijn aanhangers zeggen dat hij daarboven staat: 'Hij gaat gewoon verder met zijn werk.' Volgens hen is hij een superster aan het politieke firmament, maar schenkt hij daar niet de minste aandacht aan.

POETINS NALATENSCHAP

En zo gebeurde het. Op 24 september 2011, precies zoals de zakenman die met Poetin op intieme voet stond zes jaar eerder in Londen had voorspeld, ging Poetin in op het verzoek van zijn opvolger om opnieuw president van Rusland te worden.

'Het zou een goede zaak zijn, mocht het congres partijvoorzitter Vladimir Poetins kandidatuur voor de presidentsverkiezingen steunen,' zei de toenmalige president, Dmitri Medvedev, op het jaarlijkse congres van de regerende partij Verenigd Rusland. 'Het is een grote eer voor mij,' reageerde Poetin.

Ook Medvedev had daar baat bij, natuurlijk. Hij zou met Poetin van plaats wisselen en premier worden na de presidentsverkiezingen van maart 2012.

Zoals ook al werd voorspeld, zou een grondwetswijziging ervoor zorgen dat Poetins eerste nieuwe termijn in het Kremlin zes jaar zou duren in plaats van vier, en dat hij daarna nog eens zes jaar zou kunnen aanblijven, tot 2024. Niet alles zou van een leien dakje gaan: hij waarschuwde dat hij onpopulaire maatregelen zou moeten nemen om de wereldwijde financiële crisis het hoofd te kunnen bieden. 'De taak van de regering is niet alleen om het volk honing om de mond te smeren: soms moet ze ook bittere medicijnen toedienen.' Maar het zou niet allemaal kommer en kwel zijn: hij zou Rusland leiden tijdens de Winterspelen in Sotsji in 2014 en tijdens de Wereldbeker in 2018.

Maar kan hij het echt in het zadel blijven tot hij 72 is? In het buitenland vinden sommigen dat geen aangenaam vooruitzicht, maar in Rusland zelf geniet hij intussen zoveel respect dat er in de verste verte geen alternatief mogelijk lijkt, laat staan dat de Russen dat zouden willen. In 2007 had Poetin zich tijdens een interview met krantenjournalisten uit de G8-landen uitgesproken voor langere presidentstermijnen in Rusland: 'Een termijn van vijf, zes of zelfs zeven jaar zou volkomen acceptabel zijn.'

Dmitri Medvedev van zijn kant, voelde er nooit veel voor om zijn positie als tijdelijk te beschouwen. Maar realistisch als hij is, wist hij al sinds de dag dat hij president werd, dat hij Poetin nooit zou kunnen overtreffen, hoezeer hij met zijn radicale hervormingsplannen ook zijn eigen stempel wilde drukken op de Russische geschiedenis.

Als het ervan komt, zou Poetin met 20 jaar als president op de teller enkel Stalin moeten laten voorgaan, die 31 jaar lang de leider van Rusland was. Maar ziet hij zichzelf de draad oppakken waar Stalin die had neergelegd? Hoewel hij zich zeker zal willen distantiëren van Stalins ergste uitwassen, heeft Poetin zonder twijfel de handel en wandel bestudeerd van de man die zijn land zo lang als secretaris-generaal van de Communistische Partij had geregeerd. 'Maar vergelijk hem niet met Stalin,' zei onze gemeenschappelijke kennis in een Londens restaurant tijdens een van zijn frequente bezoeken rond Russische aangelegenheden. 'Stalin is de man die de Sovjet-Unie heeft gered, maar hoewel zijn doeleinden gelijkaardig waren aan die van Poetin, gebruikte hij totaal andere methoden om die te bereiken.'

In juni 2007 organiseerde Poetin een congres voor geschiedenisleerkrachten om een handleiding voor leerkrachten uit het voortgezet onderwijs te promoten. *Een moderne geschiedenis van Rusland: 1945 - 2006* portretteert Stalin als een wrede maar succesvolle leider. Tijdens het congres zei Poetin dat de handleiding 'jonge mensen een gevoel van nationale trots [zou] helpen bijbrengen' en dreef hij de visie door dat het menselijk lijden veroorzaakt door Stalins zuiveringen verbleekte bij wat de Verenigde Staten met hun atoombommen in Hiroshima en Nagasaki hadden aangericht. Op een herdenkingsplechtigheid voor de slachtoffers van Stalin zei Poetin dat de Russen 'de herinnering aan de tragedies uit het verleden levendig [moeten] houden, maar tegelijk [moeten] focussen op wat er goed gaat in het land.'

Het gerucht ging dat Poetins interpretatie van Stalins modus operandi in november 2010 een breuk veroorzaakte tussen hem en Dmitri Medvedev. Medvedev drong erop aan dat zijn regering zou erkennen dat Stalin tijdens de Tweede Wereldoorlog persoonlijk het bevel had gegeven aan de NKVD om 22 000 Polen te laten afslachten in de bossen van Katyn. Premier Poetin zou daartegen zijn geweest, maar Medvedev won het pleit en de regering getuigde officieel van haar 'diepe medeleven voor de slachtoffers van deze ongerechtvaardigde repressie in 1940'.

In 2007 liepen bij heel wat westerlingen de rillingen over de rug toen Poetin aankondigde dat hij zijn strategische bommenwerpers van stal zou halen om de in 1992 opgeschorte patrouillevluchten buiten het Russische luchtruim te hervatten. Het officiële antwoord van de Amerikanen op de dreiging van een nieuwe Koude Oorlog was bijna spottend: 'Als de Russen vinden dat ze een paar van die oude vliegtuigen uit de mottenballen moeten halen om ze weer het luchtruim in te sturen, dan doen ze maar,' aldus de woordvoerder van het Amerikaanse Ministerie van Buitenlandse Zaken, Sean McCormack. In Moskou werd die verklaring op gehoon onthaald door Aleksandr Zelin, de bevelhebber van de Russische luchtmacht, die zei dat Amerika in werkelijkheid huiverde toen de patrouilles werden hernomen: de Russische vliegtuigen waren intussen in aanzienlijke mate opgewaardeerd.

Poetin had het nieuws aangekondigd tijdens een top van de Shanghai-samenwerkingsorganisatie SCO, die plaatsvond in het verlengde van Russisch-Chinese militaire oefeningen, de eerste ooit op Russisch grondgebied. De algemene indruk was dat Poetin een anti-NAVO-blok of de Aziatische versie van de OPEC wilde oprichten. Maar toen hij te horen kreeg dat waarnemers uit het Westen in de SCO een militaire organisatie zagen die tegenover de NAVO zou komen te staan, wees hij die insinuatie als een echte advocaat van de hand met de nuchtere mededeling: 'Die vergelijking is zowel qua vorm als qua inhoud ongepast.' Hij liet het over aan het hoofd van zijn generale staf, Joeri Baloejevski, om erover uit te weiden. 'Vergeet de geruchten over een militaire of politieke alliantie in wording of een unie van welke vorm ook, [want] dat zou in tegenspraak zijn met de oprichtingsprincipes van de SCO,' zei deze.

Poetin ging verder op zijn elan van subtiel militair vertoon. Hij bracht een bezoek aan Iran, als eerste Russisch staatshoofd sinds Stalin, die er in 1943 was geweest voor de Conferentie van Teheran. Na een onderhoud met president Mahmoud Ahmadinejad verklaarde Poetin tijdens een persconferentie dat 'al onze [Kaspische] staten het recht hebben om zonder beperkingen een vreedzaam nucleair programma te ontwikkelen.' Pas later bleek dat hij met Ahmadinejad en de leiders van Azerbeidzjan,

Kazachstan en Turkmenistan was overeengekomen dat hun landen onder geen enkele omstandigheden zouden toestaan dat een ander land hun grondgebied zou gebruiken als uitvalsbasis voor agressie of militaire acties tegen een van hen.

Hij voerde de druk op de NAVO op door zijn minister van Defensie Anatoli Serdjoekov op te dragen elf oorlogsschepen, waaronder het vliegdekschip Koeznetsov, naar de Middellandse Zee te sturen voor een eerste oefenmanoeuvre in het gebied sinds het sovjettijdperk. In hun kielzog vlogen 47 vliegtuigen, waaronder strategische bommenwerpers, in wat volgens Serdjoekov een inspanning was om weer op regelmatige basis te gaan patrouilleren op de wereldzeeën.

Met het energiewapen stevig in zijn greep heeft Poetin helemaal geen bommen of geweren nodig om oorlog te kunnen voeren, maar het was duidelijk zijn bedoeling om te laten zien dat Rusland nog altijd zijn mannetje kon staan in het onwaarschijnlijke geval dat een militair optreden ooit nodig mocht zijn. Er werden protestmarsen georganiseerd door een burgercoalitie die zich Een ander Rusland noemde en geleid werd door voormalig wereldkampioen schaken Garri Kasparov en de Nationaal-Bolsjewistische partijleider Eduard Limonov. Tijdens de demonstraties werden meer dan 150 mensen die het politiekordon trachtten te doorbreken, gearresteerd.

Peilingen wezen echter uit dat de protestmarsen weinig weerklank vonden bij het gewone volk. De mars die in mei 2007 tijdens een Russisch-Europese top werd gehouden in Samara, trok zelfs meer journalisten dan deelnemers. Toen hij de vraag kreeg wat hem stoorde aan de marsen, antwoordde Poetin eenvoudig dat dergelijke demonstraties 'andere mensen niet [zouden] mogen verhinderen een normaal leven te leiden'.

Tijdens de mars in zijn thuisstad Sint-Petersburg blokkeerden de demonstranten het verkeer op Nevski Prospekt, tot groot ongenoegen van de chauffeurs op de boulevard. Poetin belde naar zijn goede vriendin, gouverneur Valentina Matvienko, en verzocht haar om de betogers met fluwelen handschoenen aan te pakken, zoals hij dat in Moskou had gedaan. In haar daaropvolgende mededeling klonk ze inderdaad mild: 'Het is belangrijk dat we iedereen de kans geven om kritiek te uiten op de regering,' zei ze, 'maar dat moet op een beschaafde manier gebeuren.'

Uiteindelijk ging Kasparov te ver: hij werd gearresteerd wegens schendingen van de openbare orde toen hij een mars naar het Poesjkinplein leidde. De arrestatie schoot bij veel mensen in het verkeerde keelgat en de president zag zich genoodzaakt te ontkennen dat hij de democratie met de voeten trad. In plaats daarvan beschuldigde hij de oppositie (in dit geval Kasparovs Een ander Rusland) ervan te proberen het land te destabiliseren. Hij had de gebeurtenissen nauwlettend in het oog gehouden, zodat hij erop kon wijzen dat de schaakspelende opposant tijdens zijn arrestatie Engels had gesproken in plaats van Russisch, wat volgens hem betekende dat Kasparov zich tot een westers publiek richtte in plaats van tot zijn eigen volk. Het versterkte zijn bewering dat sommigen van zijn binnenlandse tegenstanders gefinancierd en gesteund werden door buitenlandse vijanden die graag een zwak Rusland zagen.

Tijdens zijn beschuldigingen aan Kasparovs adres viel Poetin even uit zijn rol, toen hij van de gelegenheid gebruikmaakte om George Bush een steek onder water toe te dienen: 'Ik wil niemand beledigen,' bracht hij het debacle van de Amerikaanse presidentsverkiezingen van 2000 in herinnering, 'maar laten we niet vergeten dat de verkiezing van de [toenmalige] president van de Verenigde Staten niet zonder problemen verliep. Uiteindelijk werd toen via de rechtbank beslist wie president werd, en niet via een referendum. In Rusland wordt de president verkozen bij geheime stemming en in de Verenigde Staten door een kiescollege. Voor zover ik me kan herinneren, stemde het kiescollege in het eerste geval voor een president die minder dan de helft van de bevolking achter zich heeft. Is dat geen systematisch probleem in de Amerikaanse kieswetgeving?'

De gebeurtenissen in de straten van Moskou inspireerden Boris Berezovski ertoe vanuit zijn ballingschap in het Verenigd Koninkrijk te verkondigen dat hij plannen smeedde om Poetin met revolutionaire middelen omver te werpen. In een interview met *The Guardian* zei Berezovski dat de leiders van Rusland alleen met geweld konden worden verdreven. Poetins woordvoerder Dmitri Peskov verklaarde dat Berezovski's uitlatingen een misdaad waren en verzocht de Britse autoriteiten zijn status als asielzoeker te herbekijken, waarop de oligarch een toontje lager begon te zingen en zei dat hij achter een 'omwenteling zonder bloedvergieten' stond en dat hij geweld niet steunde.

In een toespraak tijdens een bijeenkomst van Verenigd Rusland in Loezjniki, die door velen als een bewijs werd geïnterpreteerd dat hij voorstander was van een eenpartijstelsel, verklaarde Poetin: 'Zij die oppositie tegen ons voeren, willen niet dat we ons plan realiseren ... Ze willen een zwakke, ziekelijke staat Ze willen een ongeorganiseerde en gedesoriënteerde maatschappij, een verdeelde maatschappij, zodat ze in het geniep hun zaakjes kunnen arrangeren en op onze kosten kunnen teren.' Zijn toespraak kon de gemoederen niet sussen, maar dat was ook de bedoeling niet.

Op 28 januari 2008 gaf Michail Gorbatsjov in een interview met *Interfaks* scherpe kritiek op het Russische kiesstelsel en riep hij op tot 'vergaande hervormingen van een systeem dat president Vladimir V. Poetin en zijn vertrouwelingen binnen het

Kremlin aan de macht houdt'. Het zal Gorbatsjov niet verbaasd hebben dat Poetin na die aanval alle contact met hem verbrak. In zijn thuisland scoorde hij niet met het interview, maar het leverde hem wel enkele twijfelachtige woorden van lof op in de Verenigde Staten. De *Washington Post* merkte in een redactioneel artikel op: 'Het is niet verwonderlijk dat Michail Gorbatsjov, de laatste leider van de Sovjet-Unie, zich geroepen voelde om zijn mening te geven. 'Er is iets fout met onze verkiezingen,' zei hij tegen het *Interfaks*. Maar het ligt niet alleen aan de verkiezingen: het hele systeem dat Gorbatsjov had ontmanteld, wordt tot in de kleinste details heropgebouwd.'

Dergelijke kritiek had weinig effect op de zittende president. Zelfs toen een anti-Poetindemonstratie in Ljoedmila's thuisstad Kaliningrad tienduizend deelnemers lokte, die hem en zijn regering 'oplichters en dieven' noemden en eisten dat er ontslagen vielen, inclusief het zijne, brachten de protesten hem niet van zijn stuk. Poetin trekt zich eigenlijk weinig of niets aan van de acties van dissidenten. Toen hij gevraagd werd naar de betogingen, haalde hij gewoon zijn schouders op en zei: 'Ik heb er geen last van.'

Die herfst vierde het staatshoofd met enkele oude vrienden zijn verjaardag in het toeristische restaurant Tsjechov in Sint-Petersburg. Het verjaardagsfeest werd vereeuwigd op het menu, waarop tegenwoordig ook 'de presidentiële maaltijd' prijkt.

Een van Poetins trouwste aanhangers verzekerde me: 'Hoewel hij met plezier de groeiende uitdagingen van zijn functie aangaat, heb ik de indruk dat hij van sommige aspecten toch genoeg begint te krijgen, schoon genoeg zelfs. Hij is Margaret Thatcher niet. Vladimir houdt wel van een verzetje, en daar begint de rol van mannen als Abramovitsj, Berlusconi en Deripaska, want die gaan uit en amuseren zich. Ze hebben jachten en privévliegtuigen. Ik denk dat hij weleens privébezoekjes brengt aan een bepaalde villa in Spanje, maar hij heeft nu eenmaal ook recht op vrije tijd en hij zou nooit tolereren dat er zoveel publiciteit rond zijn vakanties werd gemaakt als bij Tony Blair het geval was.'

'Ljoedmila Poetina moet zich Silvio Berlusconi's vaak vulgaire gedrag laten welgevallen, maar dat vindt ze een kleine prijs voor de privacy die het gezin van de president geniet wanneer ze hun vakantie doorbrengen in zijn villa op Sardinië. Maar zelfs Berlusconi weet dat hij zich moet gedragen als de vrouw en dochters van zijn vriend te gast zijn. Ljoedmila heeft een groot deel van haar leven aan de opvoeding van haar twee prachtdochters gewijd, al staat ze erop die eer te delen met haar echtgenoot: 'Volodja zegt in zijn autobiografie dat hij in een liefhebbende omgeving is opgegroeid,' aldus Ljoedmila. 'Ik zou daaraan willen toevoegen dat hij een sterke werkethiek heeft meegekregen en dat we die ook aan onze dochters willen bijbrengen. Een kind moet zich goed kunnen bezighouden tijdens zijn of haar vrije tijd. Onze dochters, bijvoorbeeld, krijgen al vioolles sinds ze piepjong waren. Ik was ook bezorgd om hun gezondheid en zorgde ervoor dat ze niet aan al het harde werk onderdoor gingen. We hebben nooit van hen verlangd dat ze hoge resultaten behaalden op school. Kennis is voor mij het belangrijkste.'

In wat een wanhopige poging leek om de wereld te overtuigen, voegde Ljoedmila er nog aan toe hoeveel haar echtgenoot van zijn dochters hield en dat hij hun altijd welterusten ging zeggen, zelfs als hij laat thuis was.

Maar op een ander moment betreurde Ljoedmila dat haar man de meisjes nooit zo actief mee had kunnen opvoeden als ze had gewenst. Ze begreep echter dat hij zijn best deed om van Rusland een democratie te maken en dat hij al zijn tijd en energie spendeerde aan het bijeenhouden van zijn land.

Niettemin voegde Ljoedmila, die zegt dat zij en Vladimir ongeveer een keer per maand samen naar de kerk gaan, daar nog aan toe: 'Voor mij is de president van Rusland eerst en vooral een echtgenoot.'

Poetin was in Peking voor de Olympische spelen toen hij op de avond van 7 augustus 2008 te horen kreeg dat de Georgische president Michail Saakasjvili Zuid-Ossetië was binnengevallen, een van de twee enclaves die zich van zijn land willen afscheiden. Hij had de zuidelijke helft van de enclave ingenomen, tot en met de buitenwijken van de hoofdstad Tschinvali. Poetin had de Russen twee jaar eerder gewaarschuwd dat hij de Georgische regering ervan verdacht de territoriale geschillen met geweld te willen oplossen, en uit protest had hij een aantal bekende Georgische criminelen het land uitgezet, met een zware diplomatieke rel tot gevolg. Maar hij had ook met veel zorg voorbereidingen getroffen voor een gewapend treffen, voor het geval zijn waarschuwing gegrond zou blijken.

Na 36 uur wachten viel Rusland de Georgische indringers aan met al zijn militaire kracht. Terwijl Poetin in Peking vanuit de vipruimte naar de openingsceremonie van de Olympische Spelen zat te kijken, trokken Russische tanks, soldaten en oorlogsvliegtuigen in ijltempo naar het zuiden om er de strijd aan te binden met Saakasjvili's troepen. Volgens de toenmalige Australische premier Kevin Rudd, die in het Vogelneststadion twee rijen hoger zat dan Poetin, werd Poetin op dat moment de mantel uitgeveegd door de persoon die naast hem zat: George W. Bush, niet toevallig de man die Poetin er later de schuld zou van geven dat hij de (weliswaar korte) oorlog was begonnen.

Poetin hield het hoofd koel. Terwijl vóór hem in het hart

van de Chinese hoofdstad de atleten defileerden en naast hem Bush tekeerging, waren Russische vliegtuigen al een militaire basis aan het bombarderen in de buurt van de Georgische hoofdstad Tbilisi.

In plaats van uit Peking terug te keren naar Moskou, vloog Poetin naar Vladikavkaz, de hoofdstad van Noord-Ossetië, dat voor het tsaristische Rusland de traditionele uitvalsbasis was voor campagnes in de Kaukasus, en dat naast Zuid-Ossetië ligt, waar het gewapende conflict zich afspeelde. Daar verklaarde hij: 'Het Georgische optreden is misdadig, het Russische optreden is daarentegen volkomen legitiem. Wat de Georgische autoriteiten in Zuid-Ossetië aanrichten is duidelijk een misdaad. Eerst en vooral een misdaad tegen hun eigen volk.' En terwijl zijn soldaten net over de grens aan het vechten waren, voegde Poetin eraan toe: 'De territoriale integriteit van Georgië heeft een dodelijke slag gekregen, die de staatsstructuur van het land ernstige schade toebrengt. De agressie heeft vele slachtoffers geëist, ook onder gewone burgers, en heeft bijna tot een humanitaire catastrofe geleid. Maar mettertijd zal het Georgische volk de daden van de huidige regering objectief kunnen beoordelen.'

Poetin zou later beweren dat, aangezien hijzelf in China was op het moment dat het bevel werd gegeven, president Medvedev degene was die had beslist om aan te vallen.

Uiteindelijk ging hij terug naar Moskou om een krijgsraad te houden met Medvedev, die het Kremlin de hele crisis lang niet had verlaten. Tienduizend Russische soldaten en hun tanks waren de grens met Georgië overgestoken, bommenwerpers en gevechtsvliegtuigen hadden regelmatig vluchten uitgevoerd en de Russische marine was voor anker gegaan aan de Zwarte Zeekust: dit was niet het werk van de nieuwe Kremlinleider. Zoals Poetins mentor Anatoli Sobtsjak ooit over hem zei: 'Hij is bikkelhard en drijft zijn beslissingen door tot het bittere einde.' In ieder geval hielden de Russische troepen halt nog voor ze Tbilisi bereikt hadden: hun aanwezigheid in het land was genoeg en na twee dagen was alles al voorbij.

In het Witte Huis had Bush intussen verslaggevers opgetrommeld in de Rose Garden. Hij deed een oproep naar Poetin, in wiens ogen hij ooit 'zijn ziel' had gezien, om een onmiddellijk staakt-het-vuren af te kondigen en zijn troepen uit het conflictgebied terug te trekken. 'Rusland is een soeverein buurland binnengevallen en bedreigt een democratische, door het volk verkozen regering. Een dergelijk optreden is in de 21ste eeuw onaanvaardbaar,' aldus Bush.

Inmiddels zwaaiden Poetins vertrouwelingen in Moskou met bewijzen voor zijn theorie dat Amerika de Georgische invasie van de kleine onafhankelijke republiek had georkestreerd. De vicestafchef van het Russische leger, kolonel-generaal Anatoli Nogovitsyn, pronkte met een kleurenkopie van wat volgens hem een Amerikaans paspoort was voor een Texaan met de naam Michael Lee White. Het was gevonden in de kelder van een huis in een Zuid-Ossetisch dorp, tussen spullen die de Georgische aanvallers toebehoorden.

Poetin had eigenlijk niet eens bewijzen nodig. Hij was zeker genoeg van zichzelf om door te zetten, en hij voerde de spanning nog op door op Bush' scherpe uitlatingen te antwoorden dat hij had gehoopt dat de Verenigde Staten Georgië zouden intomen, gezien hun banden met het land, die zo sterk zijn dat de belangrijkste weg naar de luchthaven van Tbilisi zelfs naar George Bush werd vernoemd. 'De Amerikanen hebben het Georgische leger bewapend en getraind,' aldus Poetin. 'Waarom zouden ze jarenlang moeilijke gesprekken voeren en naar compromissen zoeken in etnische conflicten? De zaak is veel sneller beklonken als je een van beide partijen wapens geeft en de tegenpartij laat uitmoorden.' Later voegde hij daaraan toe: 'We hebben gegronde redenen om te vermoeden dat er zich Amerikaanse burgers midden in de oorlogszone bevonden. En als dat zo is, als dat bevestigd wordt, dan is dat zeer ernstig. Zoiets zou erg gevaarlijk zijn.'

Zonder acht te slaan op een staakt-het-vuren dat de Georgische president Michail Saakasjvili had afgekondigd, had Poetin zijn tanks en pantserwagens bevolen om hun weg te vervolgen. Na enkele dagen strijd hadden de Russische soldaten een militaire basis en vier steden ingenomen, terwijl Saakasjvili bleef oproepen tot een spoedvergadering van de VN-Veiligheidsraad.

Na bemiddeling door de Franse EU-voorzitter Sarkozy, sloten de partijen op 12 augustus een voorlopig bestand. Georgië ondertekende het drie dagen later, en Rusland op 16 augustus. Maar de gevechten hielden niet onmiddellijk op en hoewel Rusland na de ondertekening de meeste van zijn troepen uit Georgië terugtrok, bleven er enkele achter om veiligheidszones te creëren en controleposten op te richten, die behouden zouden blijven tot oktober van dat jaar. Op 26 augustus erkende Rusland de onafhankelijkheid van Zuid-Ossetië, maar de Verenigde Staten morden nog steeds dat Georgië grondgebied verloren had.

Drie weken later, terwijl Medvedev zijn best deed om bij de Russische Veiligheidsraad autoritair over te komen tijdens zijn toelichting op de Georgische crisis, ging Poetin naar het Verre Oosten van Rusland, toepasselijk voor het oerwoudachtige gebied uitgedost in gevechtslaarzen en camouflagekledij en vergezeld door een cameraploeg. Tijdens de bizarre expeditie redde de premier het leven van de cameramannen door een verdovende pijl af te schieten op een tijger die hen aanviel. Na afloop toonde Poetin zich dolgelukkig dat de cameralui gered waren en de tijger in leven kon blijven: op zijn doorgaans strakke gezicht verscheen een zeldzame glimlach van triomf.

'Het was tenminste niet zoals bij [Leonid] Brezjnev', zei een persmedewerker van het Kremlin twee dagen later tegen me. 'Die joeg graag op beren en everzwijnen, maar was op het eind zo ziek, dat ze de dieren moesten verdoven en aan de bomen vastbinden zodat hij niet kon missen.'

Poetins goede bui duurde niet lang. Een maand na het conflict, tijdens een drie uur durende lunch voor een aantal vooraanstaande Ruslandwaarnemers onder de gerestaureerde koepel van een voormalig sanatorium in Sotsji, nam hij geen blad voor de mond toen hij de uitgebreide kritiek op Ruslands optreden weerlegde: 'Rusland had geen keuze. Ze [de Georgiërs] vielen Zuid-Ossetië aan met raketten, tanks, zware artillerie en grondtroepen. Wat hadden we moeten doen?' Als zijn land Georgië niet was binnengevallen, zei hij, zou dat voor Rusland zoveel betekend hebben als 'een bloedneus krijgen en het hoofd laten hangen.'

Daarna richtte hij zich tot de pers. 'Wat had u van ons verwacht? Dat we met een katapult zouden reageren? We hebben de agressor een klap in het gezicht gegeven, zoals alle militaire handboeken het voorschrijven.'

Terwijl zijn gasten op hun stukje gerookte eend kauwden en nerveus van hun wijn nipten, stak Poetin een beschuldigende vinger op en verweet hun dat ze stil waren gebleven toen de Georgische invasie was begonnen. En hij was nog niet klaar: hij beschuldigde Bush ervan zich als een 'Romeinse keizer' te gedragen en waarschuwde Polen en Tsjechië dat ze maar beter geen Amerikaanse afweerraketten op hun grondgebied konden laten installeren.

Op dreef geraakt vervolgde hij: 'Als mijn vermoedens worden bevestigd, moeten we rekening houden met de mogelijkheid dat iemand in de Verenigde Staten dit conflict bewust heeft doen ontstaan, met de bedoeling de situatie te laten escaleren en een van de presidentskandidaten een voorsprong te geven in de [komende] verkiezingsstrijd.' Nog later wond hij er geen doekjes meer om en insinueerde hij dat Bush' verbale aanval tegen hem 'bedisseld was in Washington om de Koude Oorlog nieuw leven in te blazen, wat de Republikeinse presidentskandidaat John McCain een stap dichter bij het Witte Huis zou brengen.'

Later onthulde Jean-David Levitte, de belangrijkste diplomatieke adviseur van Nicolas Sarkozy (die toen in Moskou was om over een staakt-het-vuren te onderhandelen), dat op 12 augustus, toen de Russische tanks op niet meer dan dertig kilometer van Tbilisi waren, Poetin tegen de Franse president had gezegd: 'Ik ga Saakasjvili aan zijn ballen ophangen.'

Sarkozy dacht dat hij het verkeerd gehoord had. 'Hem ophangen?', vroeg hij. 'Waarom niet?', antwoordde Poetin. 'De Amerikanen hebben Saddam Hoessein opgehangen.' Sarkozy probeerde hem tot rede te brengen: 'Ja, maar wil je eindigen zoals Bush?' Poetin, die voor één keer eventjes niet wist wat te zeggen, antwoordde: 'Ha, één-nul voor jou.'

De manier waarop Poetin tekeerging versterkte het geloof dat hij in Moskou de touwtjes in handen had en niet Medvedev, die officieel Sarkozy's gastheer was tijdens het onderhoud in het Kremlin. Zijn woordgebruik was in lijn met zijn voorkeur voor platvloerse metaforen. In 1999 had hij nog gezworen dat hij de Tsjetsjeense terroristen overal zou achtervolgen, waar ze zich ook bevonden: 'als we ze op de plee vinden, vergeef me de uitdrukking, dan zullen we ze zelfs daar uit de weg ruimen,' verklaarde hij.

De gebeurtenissen in Georgië zetten de relaties tussen de Russische regering en de Britse ambassadeur in Moskou danig onder druk. In september 2008 sprak Sir Anthony Brenton zoals altijd klare taal: 'Ik denk dat we ons in een gevaarlijke situatie bevinden, want in het Westen zijn de anti-Russische gevoelens toegenomen, en hier in Rusland de anti-westerse. Het risico op de een of andere vorm van politieke confrontatie is reëel. Ik denk dat het erg belangrijk is dat we dergelijke situaties onder controle krijgen ... We hebben ernstige meningsverschillen, niet het minst over Georgië, maar we moeten in staat zijn om die op te lossen met respect voor onze gemeenschappelijke belangen.'

Sir Anthony, een Cambridge-alumnus, die zijn post sinds 2005 bekleedde, was het slachtoffer geworden van flash mobs georkestreerd door de jongerenorganisatie Nasji (ook wel de Jonge Poetinisten genoemd), die zich verzameld hadden buiten aan zijn officiële residentie en hem door heel Moskou achterna hadden gezeten, zelfs tijdens het winkelen: 'Ik vind het zelfs voor Nasji-normen een trieste vertoning, waarmee ze niet alleen mijzelf, maar ook het Verenigd Koninkrijk beledigen. Het was onaangenaam voor mijn gezin. [De Jonge Poetinisten] zaten van 's morgens vroeg tot 's avonds laat aan onze voordeur.'

Maar het waren niet enkel leden van Nasji die de ambassadeur en zijn gezin hadden lastiggevallen. Een bron bij de ambassade die de moed had een koffie met me te gaan drinken in het scherp in de gaten gehouden Sovjetski Hotel, gaf toe: 'De situatie is geëscaleerd: die rel rond hun weigering om Andrej Loegovoj uit te leveren, van wie we zeker zijn dat hij Litvinenko heeft vermoord, de gedwongen sluiting van de kantoren van de British Council, de rel rond BP-TNK en de huidige impasse rond Georgië hebben het leven hier erg onaangenaam gemaakt voor ons Britten. Ze lijken weer te geloven dat we allemaal spionnen zijn. Reken maar dat ze ons weer veel intensiever afluisteren.'

'De situatie is explosief. Ik weet niet hoe Sir Anthony het heeft kunnen uithouden. Wist je dat ze hem op een nacht met hoge snelheid hebben achtervolgd toen hij in zijn Range Rover door de straten van Moskou reed? We vangen al een tijdlang signalen op dat hun Ministerie van Buitenlandse Zaken hem het land uit wil, en als ze Bob Dudley [de CEO van BP-TNK] het land uit gekregen hebben, waarom zouden ze Sir Anthony dan niet kunnen buitenwerken? Zijn vertrek is een kwestie van dagen.'

'Ik denk dat de houding van de Britse regering met betrekking tot de crisis in Georgië de druppel was voor Poetin. Die heeft hem echt op stang gejaagd.'

Het zou verkeerd zijn om uit dit alles te concluderen dat er in heel Rusland anglofobe gevoelens heersen. Integendeel, de Russen hebben veel waardering voor Groot-Brittannië en de Britse cultuur. Na de terroristische aanslagen in Londen op 7 juli 2005, bood het Russische volk zijn deelneming aan aan de Britten. Mensen brachten bloemen naar de Britse ambassade in Moskou en de meeste Russen voelden duidelijk mee met de slachtoffers. Poetin zelf veroordeelde de aanvallen: 'Alle beschaafde landen moeten zich verenigen in de strijd tegen het internationale terrorisme.'

Eind 2008 werd het nog duidelijker dat Poetin geen uitstelgedrag tolereert. Toen raakte Rusland opnieuw verwikkeld in een internationaal conflict, deze keer met Oekraïne, dat zijn gasschulden niet inloste. In maart van dat jaar had hij Gazprom opgedragen om de toevoer naar Oekraïne te verminderen omdat het land zijn rekeningen niet betaalde. Dat had gevolgen voor achttien Europese landen, die melding maakten van massale stroomuitval of onderbrekingen van de toevoer van Russisch gas via Oekraïne.

Zo'n tachtig procent van het Russische gas dat voor de EU bestemd was, liep door pijpleidingen op Oekraïens grondgebied. In ruil voor die service als doorgangsland kreeg Oekraïne 17 miljard kubieke meter gas gratis. Maar zelfs dan had het land nog een rekening te betalen voor de zes tot acht miljard kubieke meter extra die het nodig had om in zijn eigen energiebehoefte te voorzien, en die betaling bleef uit. Poetin beschuldigde de Oekraïeners ervan Russisch gas te stelen door grote hoeveelheden over te tappen van de pijpleidingen, en eiste dat het land zijn schuld zou inlossen door de volledige infrastructuur aan Rusland over te dragen.

Dat Europa de twee landen nadrukkelijk opriep om hun geschillen op te lossen, was een bevestiging van wat de met Poetin bevriende zakenman me vorig jaar had gezegd: Poetin had zoveel zeggenschap over natuurlijke rijkdommen, dat hij een aanzienlijk deel van de wereld op de knieën kon krijgen 'zonder ook maar één granaat of kogel af te vuren'. Dat heeft niets te maken met diplomatie, hij kent gewoon de sterkte van zijn land, die meteen ook zijn eigen sterkte is, en hij schrikt er niet voor terug om beide te gebruiken. Maar Oekraïne had een grote troef in handen: aangezien het machtige Gazprom zo'n groot aandeel van zijn inkomsten haalde uit gas dat over Oekraïens grondgebied naar zijn bestemming werd gepompt, kon Poetin misschien wel druk uitoefenen wanneer Europa het koud begon te krijgen, maar de gaskraan volledig dichtdraaien zou zijn economie meer kosten dan hij zich kon permitteren. Daarom vloog hij in november 2009 naar de badplaats Jalta op de Krim, om er met de Oekraïense premier Joelia Timosjenko een nieuwe overeenkomst te sluiten. Rusland zou de boetes opheffen die het aan zijn buurland had willen opleggen, de transitkosten die Gazprom moest betalen, zouden zestig procent hoger worden, en Timosjenko's land zou voor het eerst een marktconforme prijs betalen voor Russisch gas.

De Oekraïeners hadden deemoedig het hoofd gebogen. Europa slaakte een zucht van verlichting. Poetin had eens te meer laten zien dat een hard optreden meer oplevert dan een goede reputatie.

Midden in de Oekraïense gascrisis kreeg Poetin vragen over een privé-optreden van een Londense band die de succesvolle Zweedse groep Abba covert: had hij daar twintigduizend pond voor betaald of niet? Rod Stephen, de manager van Bjorn Again, zei dat de bandleden naar Moskou waren overgevlogen en vervolgens per bus naar een afgelegen locatie in de buurt van het Valdajmeer waren gevoerd, ruim driehonderd kilometer ten noorden van Moskou, waar ze in een legerkazerne werden ondergebracht. Blijkbaar hoorden ze pas wie ze kwamen entertainen, toen ze zich de volgende avond klaarmaakten om in een piepklein theaterzaaltje op te treden. Aileen McLaughlin (die Abba's beroemde blondine Agnetha Fältskog imiteert) beweerde dat Poetin samen met een vrouw op een met een kanten gordijn afgeschermde sofa zat. Het koppel en zes anderen klapten mee op hun covers van *Waterloo*, *Gimme Gimme Gimme* en *Dancing Queen*. Na het optreden werden ze niet uitgenodigd om kennis te maken met hun kleinste publiek ooit: ze werden meteen naar hun kazerne teruggebracht.

Hoewel het waarschijnlijk niet meer was dan een publiciteitsstunt van de band zelf, moest de woordvoerder van de premier zijn aandacht van de Oekraïense gascrisis afwenden om te ontkennen dat Poetin ook maar in de buurt van een groep Abba-imitatoren was geweest. Het zou de populariteit van de premier bij de jeugd in ieder geval niet veel goed hebben gedaan: Dmitri Medvedev had, al was dat misschien niet zo verstandig, grote moeite gedaan om iedereen te laten weten dat hijzelf fan was van de heavymetalband Deep Purple.

Hoewel Poetin zijn rol misschien met relatief weinig inspanning lijkt te vervullen, was achter de coulissen al die tijd een pr-machine druk in de weer om te proberen de visie van het

Russische volk op hun leider te veranderen. Degenen die die machine moesten aansturen waren echter net zo onvervaren in hun opdracht als Poetin was toen hem het presidentschap te beurt viel. Toen hij nog niet zo lang president was, stuurde een anonieme bron een popnummer naar de Russische radiozenders. Het nummer, zogezegd van de meidengroep Pojoestjsjie Vmeste ('De samen zingenden'), heette *Takogo kak Poetin* ('Ik wil een man zoals Poetin'), en de teneur van de ronduit ordinaire tekst was dat de vriendjes die de meisjes doorgaans hadden 'rommel drinken, te veel vechten en niet goed voor ons zorgen':

> *En nu wil ik een man zoals Poetin, vol kracht*
> *Een man zoals Poetin, die niet drinkt*
> *Een man zoals Poetin, die me geen pijn doet*
> *Een man zoals Poetin, die er niet vandoor gaat*

Het nummer was degelijk - en duur - uitgegeven en werd zo vaak gedraaid dat het aansloeg bij het jonge doelpubliek, maar niemand kon het kopen, want de single kwam in geen enkele winkel te liggen. Andere politici waren jaloers omdat het liedje toonde hoe populair Poetin was, maar het Kremlin wilde er niets mee te maken hebben.

Op een gelijkaardige manier verklaarde een Vladimir Poetinfanclub, die 'Het Kremlin, Rode Plein, Moskou' als adres opgaf, op te komen voor 'een sterk Rusland; een gecentraliseerde regering (omdat Rusland niet kan overleven als een gedecentraliseerde staat), de hereniging met traditionele Slavische en orthodoxe landen zoals Oekraïne en Wit-Rusland, die door clandestiene groepen en westerse machten van Rusland waren ontvreemd' en 'de opsluiting van alle oligarchen die Rusland bestolen hebben'. Op de dag dat hij aftrad als president, postte zijn 'fanclub' een bericht waarin ze hem uitriepen tot 'de man die Rusland weer als een grootmacht de volgende eeuw heeft binnengeleid'.

Het bericht eindigde met: 'Onze groep zal noch van naam, noch van uitgangspunt veranderen. We zullen altijd trouw blijven aan de weg die Poetin heeft gekozen, een weg die niet wordt gedicteerd door liberalisme, socialisme of welk -isme ook, maar enkel gekozen wordt in het belang van Rusland, zonder dat die tegen of juist voor een -isme moet zijn. We wensen hem een goede gezondheid en een lang leven.'

Hoewel hij misschien nooit van het bestaan van de fanclub op de hoogte was, was Poetins jonge, viriele imago een welkome afwisseling na al die jaren met de ziekelijke Jeltsin. Het gaat hier tenslotte over iemand die in een mini-onderzeeër naar de bodem van het Bajkalmeer, het diepste meer ter wereld, was gedoken, in een onderzoekscentrum een zender had bevestigd aan een witte dolfijn (en het dier had aangemaand om 'braaf te zijn' toen het wegzwom), en tijdens president Obama's bezoek aan Moskou de schijnwerpers op zich richtte door zich aan te sluiten bij de Nachtwolven, een motorbende geënt op de Hell's Angels. Volledig in het zwart uitgedost en met een donkere zonnebril op, pochte hij zelfs dat hij op zijn achterwiel had gereden.

In oktober 2010 togen Poetins spindoctors weer aan het werk. Ze overtuigden hem - en ik heb gehoord dat er veel overtuigingskracht aan te pas kwam - om een 'familiefilmpje' te laten maken van hem met zijn vrouw en dochters. Zijn reputatie als goede huisvader had immers een flinke knauw gekregen door de geruchten over zijn voorliefde voor mooie jonge vrouwen, en meer in het bijzonder de bewering dat hij met turnster Alina Kabaeva zou trouwen. Het resultaat was een amateuristisch filmpje van elf minuten dat op de website van de regering kwam. Hij kwam onbeholpen over en keek Ljoedmila zelden in de ogen, maar schonk al zijn aandacht aan hun zwarte labrador Connie. Ljoedmila zag er volgens *The Times* nerveus en oververmoeid uit. Bovendien droeg ze haar trouwring niet. Russische vrouwen die gescheiden of weduwe zijn, dragen hun trouwring links, en mevrouw Poetin was eerder al gezien met een gouden ring aan haar linkerhand, al is het nooit bevestigd dat het haar trouwring was.

De immer voorkomende Peskov verklaarde dat ze 'niet verplicht' was een trouwring te dragen. 'Dat betekent niet dat ze niet getrouwd zijn,' besloot hij tot ieders verrassing, zelfs die van de Poetins zelf.

Hoeveel de twee nu eigenlijk van elkaar houden valt onmogelijk vast te stellen, maar over de ongekende affectie die de Russen koesteren voor hun leider, is er geen twijfel mogelijk. Poetin was als president zo populair geweest, dat het voor iedereen moeilijk zou zijn om in zijn voetsporen te treden. Medvedev werd zijn hele ambstermijn lang geplaagd door insinuaties: de ene keer dat hij Poetins marionet was, de andere keer dat hij en zijn premier voortdurend met elkaar overhoop lagen. Een van degenen die de twee mannen tegen elkaar had willen opzetten om ze in de hand te kunnen houden, was de burgemeester van Moskou, Joeri Loezjkov. Hij maakte duidelijk dat als de tijd daar was om de volgende president voor te dragen, hij Poetin zou steunen, maar zijn oneerbiedige houding tegenover de huidige president kwam hem duur te staan: hij verloor zijn baan. Loezjkov had een artikel geschreven in de officiële regeringskrant *Rossijskaja Gazeta*, waarin hij vraagtekens zette bij Medvedevs beslissing om de aanleg van een autosnelweg tussen Moskou en Sint-Petersburg op te schorten. Iedereen wist dat Poetin voorstander was van het project.

Maar als het het doel was geweest van de burgemeester die verantwoordelijk was voor een budget van meer dan 30 miljard dollar en een stad die instond voor bijna 29 procent van het Russische bruto binnenlands product, om een wig te drijven tussen Poetin en de man die door hem in het Kremlin werd geïnstalleerd, dan was hij daar hopeloos in mislukt. In de vroege ochtend van dinsdag 28 september 2010 kwam een bode Loezjkov in zijn kantoor meedelen dat hij ontslagen was. En als hij had verwacht dat Poetin, met wie hij voortdurend de spot had gedreven toen die president was, hem te hulp zou snellen, dan stond hem een bittere teleurstelling te wachten. Poetin gaf hem het halfhartige compliment 'Tot op een bepaalde hoogte is hij een symbolische figuur geweest voor modern Rusland.', en vervolgde toen: 'Het is duidelijk dat de relaties tussen de burgemeester van Moskou en de president verzuurd waren. De burgemeester is ondergeschikt aan de president, en niet andersom, en er moesten stappen ondernomen worden om die situatie recht te trekken.'

Over Stalins rol in de geschiedenis mochten ze dan van mening verschillen, niemand in Moskou twijfelt eraan dat Poetin en Medvedev het volledig met elkaar eens waren toen ze de machtigste man van de stad, wiens echtgenote een van de drie rijkste Russische vrouwen zou worden, uit het zadel lichtten.

Mijn eerste bezoek aan het kantoor van Dmitri Peskov in het Kremlin werd een groter avontuur dan ik me ooit had durven voorstellen. Het was bar koud op de avond van 1 november 2006, en overal waren oudere Moskovieten, in lange overjassen gehuld en met mutsen van nepbont op hun hoofd, haastig op weg naar huis. In scherp contrast daarmee trokken jongeren in felle outfits naar een groot ondergronds winkelcentrum met winkels van Benetton, Diesel en Top Shop, elektronicazaken die breedbeeldtv's en wasmachines verkochten, cappuccinobars en telecomwinkels, een McDonald's, een Ierse pub en een reisbureau dat reizen naar Spanje, Turkije en Egypte aanbood, landen waar de menu's tegenwoordig ook in het Russisch verkrijgbaar zijn. Het waren allemaal uiterlijke, zichtbare tekenen van Poetins economische succes, want ondertussen was het gemiddelde maandloon op jaarbasis met 13 procent gestegen tot 415 dollar (wat nog altijd laag was, maar wel vier keer zoveel als toen hij president werd) en het consumentenkrediet explosief toegenomen van nul tot 40 miljard dollar. Zelfs een aantal van de olie-, gas- en metaaloligarchen hadden zich gedwongen gezien om als ondernemer hun vleugels uit te slaan en zich voortaan ook op de consumentenmarkt te richten.

Het winkelcentrum achter me lag als een symbool van de verwestersing op slechts een steenworp afstand van de imposante groep gebouwen voor me waar de president zijn hoofdkwartier had.

Met op mijn hoofd de deukhoed die ik van de met Poetin bevriende zakenman te leen had gekregen (ik had de noodzaak van een hoofddeksel in dit barre klimaat onderschat), bereikte ik de enorm hoge en brede treden die naar het Rode Plein leiden tien minuten voor het onderhoud dat de spindoctor van de president had geregeld, maar trof daar een schouder aan schouder geschaarde rij gewapende soldaten die de toegang tot het oudste en bekendste plein van Moskou volledig blokkeerden. Ik deed een poging om een van de soldaten uit te leggen dat ik een afspraak had en hem te verzoeken me door te laten. Maar ik sprak zijn taal niet en hij begreep mijn taal niet. Hij duwde me terug met de arm waarmee hij zijn Kalasjnikov omkneld hield.

Vertwijfeld belde ik naar een Russische vriend van me. Ik legde hem de situatie uit en hij droeg me op mijn mobieltje aan de soldaat te geven, zodat hij hem kon inlichten over het 'belang' van mijn missie. De soldaat nam met tegenzin mijn mobieltje aan en wat het ook was dat mijn vriend tegen hem zei, het werkte, want na een kort gesprek zette de soldaat heel even een stap opzij en gaf me met een neerbuigend knikje te kennen dat ik kon doorlopen.

Rillend van de kou liep ik de trap op, maar toen ik boven was gekomen en door de Opstandingspoort tuurde, zag ik dat het plein voor me, dat op dit uur van de dag normaal gezien nog vol toeristen liep, volledig in duisternis was gehuld. In de verte ontwaarde ik de contouren van de uivormige koepels van de Basiliuskathedraal, die Ivan de Grote in de 16de eeuw had gebouwd. Maar dat was het zowat. Ik liep voorzichtig het plein op. Rechts van me wist ik het mausoleum waar het gebalsemde lichaam van Lenin opgebaard lag, en aan mijn linkerkant zou de Goem zich moeten bevinden. In normale omstandigheden zou dat warenhuis baden in het licht en wemelen van kooplustige nieuwe rijken, maar vanavond was het gehuld in stilte en lagen het elegante stalen skelet en het glazen dak die zo'n verrassend harmonieus geheel vormen met de kerkelijke stijl uit de middeleeuwse bouwperiode, goed verborgen in een griezelige duisternis.

En plotseling veranderde alles. Het Rode Plein lichtte op onder een duizelingwekkend aantal schijnwerpers en de stilte werd doorbroken door het oorverdovende gedreun van marsmuziek. Op dat moment realiseerde ik me dat ik verre van alleen was. Ik werd omringd door honderden soldaten in grijze overjassen, die begonnen te marcheren op die dreigende manier waar Russische soldaten zo goed in zijn.

Nu had ik een probleem: de rij van telkens vier soldaten naast elkaar strekte zich ononderbroken uit rond het hele plein. Ik moest die rij doorkruisen om bij de ingang van het Kremlin voor officiële bezoekers te raken, helemaal in de rechterhoek. Het was een riskante onderneming, maar toen ik een kleine opening zag tussen de marcherende soldaten, waagde ik mijn kans, met succes. Helaas was de beproeving nog niet voorbij. Toen ik de ingang was gepasseerd, wachtte me een buitengewoon strenge veiligheidscontrole: ik werd gefouilleerd, van boven tot onder afgetast, en alles wat van metaal was werd me afgenomen, inclusief mijn broeksriem en jammer genoeg ook mijn dierbare cassetterecorder. Al een geluk dat ik mijn notitieboekje mocht behouden. Zelfs mijn overjas moest achterblijven in een garderobe waar verder geen enkele jas te bespeuren viel, niet bepaald een goed teken. Een zwijgzame bewaker begeleidde me vervolgens naar een lift en bracht me naar een hogere verdieping. Toen de liftdeuren opengingen, was het uitzicht helemaal anders: een brede, prachtig gedecoreerde gewelfde gang die helder verlicht was en te sterk verwarmd. Ik liep in de pas met de zwijgzame bewaker die me haast met militaire tred naar een openstaande deur bracht.

'Meneer 'Utchins,' zei hij tegen Mila, de aantrekkelijke secretaresse die achter het bureau zat. Ze stond op, verwelkomde me met een glimlach en stelde zich voor in vlekkeloos Engels. Beleefd legde ze uit dat haar baas was opgehouden in een vergadering, maar ondanks mijn pogingen om het met haar over Vladimir Poetin te hebben, bracht zij het gesprek op Roman Abramovitsj, wiens biografie ik pas had geschreven, samen met Dominic Midgley. 'Wat is hij voor iemand?', drong ze aan. 'Ik zou zo graag weten wat hij in het Verenigd Koninkrijk doet.' Toen rinkelde de telefoon en sprak ze in haar moedertaal tegen iemand die, naar ik aannam, het komende uur mijn gastheer zou zijn.

Enkele momenten later ging een zijdeur open en daar stond hij, groot, slank en stralend: Dmitri Peskov, de plaatsvervangend woordvoerder van de president van de Russische Federatie. Met zijn ietwat warrige rossige haar en dikke snor zag hij er meer als een vrolijke pas afgestudeerde universiteitsstudent uit (ook al was hij op dat moment al 42 jaar) dan als de man die als buffer fungeert tussen de internationale media en een van de machtigste mannen ter wereld.

Hij nodigde me hartelijk uit om binnen te 'treden', met een gebaar naar het ruime vertrek waar hij zijn kantoor had en dat volgestouwd was met de typische attributen van een man met een rusteloze geest. Aan de ene kant lag een hoge stapel boeken op een tafeltje dat ook gebruikt werd om ingelijste foto's uit te stallen, aan de andere kant was er een gezellige open haard, met links en rechts een armstoel. Ik werd naar een van de stoelen geleid en zelf ging hij in de andere zitten. Wilde ik graag koffie of Georgische thee? Ik koos net als mijn gastheer voor dat laatste en terwijl we erop wachtten, vertelde ik hem over de netelige situatie waarin ik me op het Rode Plein had bevonden. 'O, dat zullen de repetities zijn voor de parade van morgen,' legde hij lachend uit. 'Ik had u moeten waarschuwen.'

En toen werd de thee opgediend, in porseleinen kopjes en met koekjes erbij. Dit is dus de manier om de media voor je te winnen in Poetins Rusland, dacht ik bij mezelf. Zo kon het niet zijn geweest tijdens het bewind van Nikita Chroesjtsjov en Leonid Brezjnev. Of wel?

Terwijl we bij de open haard gebak aten en van onze thee dronken, vroeg ik aan Peskov hoe Vladimir Poetin, de man die was opgegroeid in een krappe kamer met een afbladderend plafond, die op staatsbezoek was geweest in Londen, die een Amerikaanse president had verleid met zijn prachtige blauwe ogen, een Britse premier met zijn goede manieren, de Italiaanse leider met zijn frequente plezierige uitstapjes naar de Riviera, en de Franse president tot het verlenen van het Grootkruis, later graag herinnerd wilde worden?

Peskov haalde zijn schouders op en antwoordde: 'Dat maakt hem niet uit. Hij leeft in het nu. Wat er gebeurt na zijn dood is zijn zorg niet. Zolang hij naar huis kan gaan, op welk uur van de dag ook, zijn kom kasja [een soort granenpap] kan eten met eventueel een kop thee om ze door te spoelen, is hij gelukkig.' Ik legde hem voor wat de zakenman tegen me had gezegd: 'Hij maakt zich soms boos, op de tv kun je het altijd zien wanneer hij boos is.' Peskovs reactie was: 'Ja, hij kan boos worden, maar ik heb hem nog nooit in woede zien ontsteken, hij heeft zichzelf volledig in de hand. Niettemin kunnen kleine dingen hem van zijn stuk brengen. Hij gaat graag naar de kerk maar haat het als daar fotografen zijn die foto's van hem nemen. Dat is begrijpelijk. Sommige situaties vragen privacy, respect.'

Wat Peskov te zeggen had, in het bijzonder zijn advies over zaken van politiek belang die elders in dit boek worden behandeld, klonk hoe dan ook erg geloofwaardig, op één uitzondering na. Toen ik op die bitter koude avond door de sneeuw terug naar mijn hotel ploeterde, bleef één ding dat hij had gezegd, me bezighouden: bedoelde hij dat Poetin echt geen behoefte voelde om iets na te laten dat zijn herinnering levend zou houden, dat hij in het heden leefde? Iemand die zoveel grootsheid te beurt was gevallen, kon toch onmogelijk handelen zonder een scherp oog op de toekomst gericht te houden? Poetins aanhangers zijn ervan overtuigd dat hij eerst en vooral aan de toekomst van Rusland denkt, en dat hij absoluut niet wil weten van een leven van dag tot dag. 'Hij gelooft dat het Rusland van morgen altijd vandaag begint,' beweren ze.

Of bedoelde hij soms dat Poetin niet geïnteresseerd is in persoonlijke roem? Tenslotte was ik intussen op de hoogte gebracht van het bestaan van een stadje op meer dan 1500 kilometer ten oosten van Moskou. Het diep in Siberië gelegen Chanty-Mansiejsk is Poetins verborgen nalatenschap. Het is zijn versie van Poundbury, de modelstad in het Engelse graafschap

Dorset dat prins Charles had opgericht als zijn ideaalbeeld voor de toekomst.

Chanty-Mansiejsk ligt in het hart van Joegra, de rijkste regio van Rusland, die in 58 procent van de Russische olieproductie voorziet. Poetin benoemde zijn goede vriend Aleksandr Filipenko tot gouverneur van de regio en vond een manier om Joegra een aanzienlijk deel van zijn olieinkomsten te laten behouden en het met dat geld zijn inwoners zo comfortabel te maken dat de rest van de bevolking alleen maar jaloers zou kunnen zijn. Als ze er weet van hadden gehad, tenminste. De Russen die ver van steden woonden, in de zogeheten 'donorregio's', moesten altijd meer belastingen betalen dan ze jaarlijks aan budget ontvingen voor sociale voorzieningen, en onder Poetin is die ongelijkheid zeker toegenomen, behalve dan in Joegra.

Ik ondernam een lange reis door het westen van Siberië om Filipenko te interviewen voor dit boek en om Poetins droom met eigen ogen te aanschouwen. Ooit was dit de regio waar de Sovjet-Unie zijn dissidenten en beruchtste misdadigers naartoe stuurde, in de meeste gevallen om er te sterven, hetzij door de bittere winterkoude, hetzij door de verzengende zomerhitte, of door een totaal gebrek aan medische zorg. Dat is intussen veranderd: dankzij de olierijkdommen is er nu overal verwarming en airconditioning, en kon er een ultramodern ziekenhuis worden gebouwd. Het is geen toeval dat de meeste huizen in Chanty-Mansiejsk (waar het misdaadcijfer tegen nul aanschurkt en er bijna niets te merken is van de alcoholproblemen waar het gros van de Russen mee kampt) niet ouder zijn dan het aantal jaren dat Poetin aan de macht is. Zelfs het Russische filmfestival wordt daar georganiseerd, in het meest indrukwekkende bioscoopcomplex dat ten oosten van de hoofdstad te vinden is. Een van de laatste dingen die Poetin deed als president, was de Russisch-Europese top in 2008 niet in Moskou te laten doorgaan (tot groot ongenoegen van burgemeester Joeri Loezjkov), maar in Chanty-Mansiejsk, zodat hij met zijn droomstad kon opscheppen bij de andere wereldleiders.

Misschien ziet hij het eerder als een 'soft' ideaal, maar in ieder geval verdraagt Poetins Siberische project geen publiciteit. Na mijn vertrek kwam ik te weten dat gouverneur Filipenko een telefoontje had gekregen uit Moskou: de minister van Binnenlandse Zaken wilde weten waarom Filipenko me had ontvangen, wat ik hem had gevraagd en wat hij me had verteld. Voor het Kremlin hadden zowel de gouverneur als ikzelf klaarblijkelijk de regels overtreden. Dat werd me enkele dagen later nog duidelijker, toen ik een ongewoon boos telefoontje kreeg van de vriend die Poetin en ik gemeenschappelijk hebben. Hij wilde weleens weten wat ik in godsnaam in Chanty-Mansiejsk te zoeken had gehad.

Tijdens het schrijven van deze biografie kreeg ik heel wat negatiefs te horen over Poetin, en veel daarvan leek op het eerste gezicht gegrond. Maar nu ik jaren aan een stuk elk aspect van zijn publieke en persoonlijke leven heb bestudeerd, kan ik bijna geen andere conclusie trekken dan dat Poetin Rusland van de ondergang heeft gered. Toen hij in 2000 opeens tot president werd gekatapulteerd, was het land er niet alleen slecht aan toe, het was uit elkaar aan het vallen. De ondertekening van de Akkoorden van Chasavjoert had het begin van het einde van Rusland kunnen betekenen, want in de akkoorden werd gestipuleerd dat Tsjetsjenië uit de Russische Federatie kon stappen, en dat zou onvermijdelijk een domino-effect hebben gehad. De misdaadcijfers lagen angstwekkend hoog. Dat drong tot me door toen ik een jonge Moskouse vrouw ontmoette die kort voordat Poetin president was geworden, had gezien hoe een leeftijdsgenote in het hoofd werd geschoten in het flatgebouw waar ze allebei woonden. Niet ver daarvandaan was ze er getuige van geweest hoe een man een chic restaurant verliet en in zijn auto stapte, waarna die ontplofte. Het eerste slachtoffer was een makelaarster in onroerend goed die in de vuurlinie was beland van twee concurrenten in een relatief kleine eigendomskwestie. Wat het tweede slachtoffer had misdaan, wist niemand. Mijn informant woonde niet in een vervallen buitenwijk, maar in een chique woonwijk op tien minuten loopafstand van het Kremlin. Er worden uiteraard nog altijd moorden gepleegd in de straten van Rusland, zoals in alle grote en kleinere steden ter wereld, maar journalisten en schrijvers worden er niet meer geviseerd dan makelaars in onroerend goed of restaurantcliëntèle.

Vergis u niet, toen de Sovjet-Unie op zijn laatste benen liep, heerste er wel degelijk chaos in het grootste land ter wereld. Boris Jeltsin gaf het land zijn vrijheid terug toen hij in 1991 zijn Communistische Partijkaart verscheurde en de eerste president van de Rusische Federatie werd, maar hij was zo'n onbekwame leider dat de chaos alleen nog groter werd. Experts dachten dat het dertig jaar zou duren voor het land er weer bovenop zou komen, maar Poetin had er minder dan tien jaar voor nodig. Daar hing inderdaad een prijskaartje aan. De Russen hebben vandaag minder politieke rechten, maar de meesten lijken die prijs graag te betalen voor het herstel van de openbare orde. Bijna een op de drie burgemeesters van grote en kleinere steden zit momenteel een straf uit voor corruptiegerelateerde misdrijven en andere overtredingen van de wet, en in de olie-industrie worden vijftien keer zoveel belastingen geïnd als vroeger.

De oorlog in Tsjetsjenië werd stopgezet en het aantal terroristische aanslagen is beduidend minder geworden, tot nog slechts een fractie van toen de tweede president van de Russische Federatie zijn functie opnam.

Hoewel hij zelf afkerig staat tegenover gewichtige woorden op zijn graf, zal Poetin misschien nog het meest de geschiedenis ingaan als de man die Rusland zijn nationale trots teruggaf en later, toen hij premier was, de openbaarheid van bestuur invoerde. Tot nog toe is hij minder succesvol geweest in zijn strijd tegen de corruptie, die al generaties lang het openbare leven verziekt, maar daar werkt hij aan: toen een man onlangs zijn beklag deed over wat de gevolgen waren van die corruptie voor het Russische leger, gaf Poetin persoonlijk de opdracht om zijn klacht grondig te onderzoeken. 'Als het laster is, straf hem,' was de boodschap die de verantwoordelijke voor het onderzoek kreeg, 'indien niet, trek dan recht wat volgens hem krom is.'

Rusland is ongetwijfeld veranderd onder Poetin, maar is hijzelf veranderd?

'Zeker wel,' zegt iemand die hem van nabij heeft gevolgd sinds het begin van de jaren 90. 'Hij had altijd al veel zelfvertrouwen, maar tegenwoordig laat hij dat ook zien. Hij amuseert zich, geniet van zijn populariteit, eigenlijk geniet hij gewoon van het leven en ik denk niet dat je dat vroeger van hem zou kunnen hebben gezegd. Niettemin denk ik dat het in zijn genen zit. Hij is een heel bijzondere man, en zou de ontdekking van het DNA gebeurd zijn toen hij nog een kleine jongen was, dan denk ik dat de wetenschappers ons hadden kunnen vertellen wat voor boeiende man hij later zou worden, wat voor een buitengewoon leven hij voor zich had.'

Misschien wordt hij te veel met Jozef Stalin vergeleken. Zoals eerder in dit hoofdstuk al werd aangehaald, heeft Poetin het leven van de man die ooit zijn baan uitoefende grondig bestudeerd. Maar de leider die hem echt inspireert, is Pjotr

Stolypin, die 150 jaar geleden geboren werd. Net als Poetin werd Stolypin premier tijdens een woelige periode in de Russische geschiedenis, waarin het land op politiek en sociaal vlak in staat van beroering was. Terwijl iedereen rond hem tot een revolutie opriep, ijverde Stolypin onder het motto 'jullie willen grote omwentelingen, maar wij willen een Groot Rusland' met succes voor vreedzame hervormingen. En terwijl Stalin het Westen wilde buitensluiten, wil Poetin net als Stolypin dat Rusland een belangrijke rol speelt op het wereldtoneel. Hij tastte diep in zijn eigen buidel om in Moskou een monument voor Stolypin te helpen oprichten, en verzocht vervolgens de leden van zijn regering hetzelfde te doen. Misschien hoopt hij wel dat zijn opvolgers ooit hetzelfde doen voor hem. Wanneer hij opnieuw verkozen wordt als president van de Russische Federatie, zal hij tijd genoeg hebben om te dingen naar de gunst van zijn landgenoten, hoewel hij geen seconde te verliezen heeft als hij de belangrijke opdracht waar Stolypin de aanzet toe had gegeven, wil voltooien. Want het is niet alleen in eigen land dat Poetin zich moet bewijzen. De republikeinse presidentskandidaat Mitt Romney beweert dat Amerika 'een uitzonderlijk land is met een unieke lotsbestemming en rol in deze wereld.' Aangezien Rusland net als Amerika tot de vijf permanente leden van de VN-Veiligheidsraad behoort, verkeert het land evenzeer in een positie om dergelijke uitspraken te doen, en inmiddels laat Poetin een aantal van zijn vroegere isolationistische ideeën misschien wel varen, zoals deze uitspraak uit 2007: 'Ik denk niet dat we onszelf als een soort van missionaris moeten opwerpen ... Ik wens dan ook niet dat ons volk, laat staan onze regering, ten prooi valt aan zendingsdrang.'

We doen er goed aan te denken aan wat Dostojevski zei toen hij die uitdaging bondig samenvatte: 'Het lot van de Rus is pan-Europees en universeel ... Een echte Rus worden, een Rus worden in hart en nieren, kan dan ook alleen betekenen dat je een broeder wordt van alle mensen, een universeel mens zo je wilt'. Als dat ook Poetins lot is, zullen we een nieuw Rusland zien verrijzen, een Rusland dat zich met recht en rede pan-Europees en universeel zal kunnen noemen.

NAWOORD

Toen we dit boek afrondden, maakte in Rusland een lokale versie van de Occupy-beweging furore. De beweging, die vooral opkwam tegen economische en sociale ongelijkheid, ontstond naar aanleiding van vermeende fraude bij de parlementsverkiezingen en uitte zich in de vorm van demonstraties in Moskou en andere Russische steden. De protesten begonnen toen overal in het land officiële rapporten verschenen over onregelmatigheden bij de verkiezingen, gaande van fraude bij de stembusgang tot belemmering van de verkiezingswaarnemers en illegale campagnevoering. Leden van de Rechtvaardig Ruslandpartij, Jabloko en de Communistische Partij maakten melding van kiezers die van het ene naar het andere stemlokaal werden vervoerd om verschillende keren hun stem uit te brengen. De Jablokopartij meldde dat filmmateriaal voor verkiezingswaarnemers werd achtergehouden en dat ze geen toegang kregen tot de stembussen, de verzegeling van de stembussen niet mochten bijwonen en 'zonder enige reden uit de stemlokalen werden gezet'. Ook de LDPR, de Liberaal-Democratische Partij van Rusland, klaagde over verschillende pogingen om 'de verkiezingswaarnemers te hinderen bij hun werk'. Zelfs de regerende partij Verenigd Rusland beweerde dat haar grootste rivaal, de Communistische Partij, illegaal campagne had gevoerd door foldertjes en kranten uit te delen aan de stemlokalen, en dat de kiezers in sommige stemlokalen zouden zijn 'aangespoord' om voor de communisten te stemmen.

'In een perfecte wereld zou elke overtreding er een te veel zijn,' schrijft Anatoli Karlin, een blogger die politieke economie studeert aan de Universiteit van Californië in Berkeley. 'En uit alles wat we erover horen, blijkt dat er vele, vele overtredingen zijn begaan tijdens deze verkiezing: er circuleerden valse stembiljetten, er werden stemmen afgedwongen, kiezers werden naar verschillende stemlokalen gebracht om meerdere keren te stemmen, de hele rataplan. Maar de wereld is niet perfect, en verkiezingen zullen nooit helemaal eerlijk verlopen, zelfs niet in geavanceerde democratieën zoals de Verenigde Staten. Om een voorbeeld te geven: tijdens de Amerikaanse presidentsverkiezingen van 2004 werden op verschillende locaties mensen die geen officiële verblijfplaats hadden, uit de stembureaus geweerd, bleken de stemmachines in Ohio onbetrouwbaar, en bedroeg de opkomst in verschillende districten van Alaska meer dan honderd procent. Maar slechts weinig mensen zouden daaruit besluiten dat Bush' overwinning in se onwettig was, omdat de officiële resultaten uiteindelijk wel de wil van de kiezers weergaven. En waarom zouden de normen strenger moeten zijn voor de Russen?' In werkelijkheid zijn de verkiezingsresultaten op federaal niveau zelfs vrij nauwkeurig: ze komen precies overeen met de peilingen van voor de verkiezingen ...

Dat doet veronderstellen dat het totale aantal vervalste stemmen rond de vijf procent ligt, en bijna zeker minder dan tien procent bedraagt ... Hoe het ook zij, Verenigd Rusland won de verkiezingen, met een verpletterend aantal stemmen zelfs; er werd dus niet fundamenteel tegen de wil van het Russische volk in gegaan. Met haar uitspraak dat de Russische verkiezingen 'vrij noch eerlijk' waren, spreekt Hillary Clinton zelfs de waarnemers van de OVSE (Organisatie voor Veiligheid en Samenwerking in Europa) tegen. Die waren, zoals bij elke verkiezing in Rusland sinds Boris Jeltsins aftreden, erg kritisch, maar erkenden dat de kiezers ondanks talrijke technische mankementen 'gebruik hadden gemaakt van hun recht om te kiezen'.

En wat weerhield de oppositieleden ervan af te zien van hun mandaten? De verkiezingsuitslag zou automatisch worden geannuleerd en er zouden nieuwe verkiezingen moeten komen. Dat ze dat niet deden, bevestigde voor veel mensen dat hun aanspraak op de macht niet ernstig genomen moest worden.

Op 15 december 2011, tijdens een persconferentie die in heel Rusland op de televisie werd uitgezonden, wees Poetin de protesten af als pogingen om 'gekleurde revoluties' te ontketenen, en zei hij dat hij de witte linten die de demonstranten droegen voor condooms had gehouden (uit een campagne tegen aids). Heel wat mensen waren gechoqueerd door die vergelijking, maar misschien had de onthulling dat de website van de beweging al twee maanden voor de betwiste verkiezingen was aangemaakt, Poetins sarcasme tegenover dit nieuwe 'symbool' gevoed en de theorie ondersteund dat het om 'georkestreerde' protesten ging.

Of het nu om een spontaan symbool ging of niet, het witte lint vond geen weerklank omdat de meeste Russen (en zelfs de meeste demonstranten toen) het idee van een 'revolutie' van welke aard ook verwerpen. 'Voor zover ik het begrijp,' citeerde de *BBC* twitteraarster Arina, 'staat het witte lint symbool voor revolutie, of het nu wit is, sneeuwwit of nog een andere kleur heeft. En dat is niet iets wat Rusland nodig heeft.'

Maar als er iets uit de protesten naar voren is gekomen, dan wel de onverwachte vaststelling dat het beeld van de beruchte 'zinloze en ongenadige Russische rebellie' duidelijk verouderd is en een uitgelezen voorbeeld van romantisering en clichédenken. Ook al werd de kritiek van de demonstranten overdreven en 'gebruikt' door sommige oppositieleiders, de protesten zijn tot nu toe op een gematigde, verstandige en beschaafde manier verlopen in vergelijking met de rellen in Londen (waarbij auto's in brand werden gestoken, winkels geplunderd werden, enzovoort) of met wat er in andere Europese landen gaande is. In zekere zin staat Moskou verder van een 'Arabische Lente' dan Londen, niet alleen door zijn machthebbers, maar in de eerste plaats door de Russen zelf, het onderwijs dat ze genieten en hun intelligentsia. Er hangt wel degelijk verandering in de lucht (niet alleen voor Rusland, misschien wel voor de hele wereld), maar bij die verandering zal geen geweld te pas komen, enkel de pen. Een van die pennen zou die van Poetin kunnen zijn, als hij instemt met bepaalde hervormingen (al was het maar de oprichting van een broodnodige openbare televisiezender, een soort Russische *BBC* dus, of de herinvoering van verkiezingen voor de regionale gouverneurs).

Poetin zal zich dus in eigen land evenzeer moeten bewijzen als daarbuiten, want zijn volk is in meerdere opzichten veel veeleisender dan het volk dat voor Obama koos omdat hij verandering beloofde, een belofte die hij nog niet heeft ingelost.

In die zin is, om Poesjkins ironische stelregel te parafraseren, 'wat goed is voor Londen' niet 'te vroeg voor Moskou': 'intelligentsia' is tenslotte een Russisch woord dat net als 'vetsje' (een volksvergadering in het Rusland van de late middeleeuwen) diep in de Russische ziel geworteld zit. De Russische 'protesten' dienen dan ook niet alleen als les en voorbeeld voor de Russische overheid, maar voor de hele wereld, zowel voor politici als voor gewone burgers. Een les in beschaafd demonstreren. Zonder degelijk onderwijs, zonder intelligentsia kan elke democratie verworden tot een ochlocratie waar het gepeupel het voor het zeggen heeft.

Poetin zou zijn intelligentsia dan wel moeten omarmen, zelf moeten zij ook begrijpen dat het veel eenvoudiger is om kritiek te spuien dan om een land te leiden. Wat stelden de demonstranten voor behalve 'nieuwe verkiezingen!'? Dat blijft vooralsnog onduidelijk.

Wat wel duidelijk is, is dat ongeveer 25 procent van de bevolking onder Poetins bewind is gaan behoren tot wat je ruwweg de nieuwe middenklasse kunt noemen: mensen die zich goed kunnen kleden, die toegang hebben tot televisie en internet, vrij naar het buitenland kunnen reizen en geld kunnen uitgeven aan consumptieartikelen en elektronica. Vooral in Moskou en andere grote steden begonnen kleinere ondernemingen en grote winkelcentra te floreren. Overal verschenen bouwkranen en stellingen voor restauraties. Er waren geen voedseltekorten meer, en steeds meer Russen konden zich een auto of zelfs een eigen huis permitteren. Als teken van de 'vooruitgang' kregen grote steden als Moskou, Sint-Petersburg, Jekaterinburg, Nizjni Novgorod en Vladivostok te kampen met monsterachtige verkeersopstoppingen, een fenomeen dat vroeger ondenkbaar was geweest.

Er ontstonden nieuwe vormen van dienstverlening, reclame werd net zo alomtegenwoordig als sovjetpropaganda dat vroeger was geweest, en voor het eerst in de geschiedenis scheerden Russische hightechbedrijven wereldwijd hoge toppen: Kaspersky Lab, het vierde grootste computerbeveiligingsbedrijf ter wereld, ABBYY, dat gespecialiseerd is in optische tekstherkenning, of Aquaphor, de wereldleider in waterfiltering en -zuiveringstechnologieën, en zo zijn er nog veel meer. Deze nieuwe, groeiende klasse van technocraten is tegelijk ook Ruslands verborgen kiezerskorps; ze kiezen voor Poetin door zijn Rusland als thuisbasis te kiezen en het hun dromen toe te vertrouwen.

'Kom maar op, Bandar-logs.' Met die woorden (door het publiek op applaus onthaald) richtte Poetin zich tijdens de eerder vermelde persconferentie tot diegenen onder zijn tegenstanders in wie hij naar eigen zeggen geen energie wil of kan stoppen. 'Ik hield als kind al van Kipling.' Je zou kunnen zeggen dat Poetins verwijzing naar Kiplings apen een grove belediging was (maar net zo goed kun je het positief interpreteren, als een onschuldige hang naar het literaire). Hoe dan ook, wie van ons heeft zich (diep vanbinnen) niet ingebeeld dat hij in Kiplings wereld leefde, toen de geschiedenis nog levend was, om het met Francis Fukuyama's woorden uit *The End of History* te zeggen? Wie van ons heeft niet gedroomd over die grandioze en levendige jungle, die een allegorie was van het politieke en maatschappelijke leven van die tijd, en misschien wel een metafoor was voor het leven zelf? De Russische 'jungle' is een paradox. De straten van Moskou zijn veiliger dan die van Londen, al vind je daar natuurlijk ook Akela's, Kaa's, Baloes en Bandar-logs; allemaal maken ze deel uit van de wonderlijke smeltkroes die Rusland is..

Ik moet aan een ander boek denken: *Time and Again* van Jack Finney. Een moderne New Yorker, die betrokken is bij een geheim project van de regering, keert terug naar het New York van de 19de eeuw en besluit er te blijven. In 1882 is New York een verre van ideale plek, corruptie is er een groot probleem. Maar in die tijd 'kon de ene na de andere slede zich nog een weg banen door de straten tijdens maanverlichte nachten waarin verse sneeuw viel, waarin vreemdelingen elkaar toeriepen, waarin werd gezongen en gelachen. Het leven had nog zin en betekenis voor de mensen; de grote leegte lag nog ver voor hen.'

Je kunt door de tijd reizen of ... je kunt naar Rusland gaan. De Franse bankier en financieel strateeg Eric Kraus, die ook de auteur is van het gerespecteerde maandblad voor Ruslandstrategie *Truth and Beauty (and Russian Finance)*, deed dat vijftien jaar geleden toen hij zijn geboortestad Parijs inruilde voor Moskou, net op tijd om te ontsnappen aan de financiële crisis van 1998. Hij schrijft:

> ' ... De uitdaging voor Rusland is misschien niet zozeer het gebrek aan democratie, maar juist een teveel daaraan. Tijdens de jaren 90 vroeg geen enkele Rus iets anders van de staat dan met rust gelaten te worden. Daar is verandering in gekomen. Nu een nieuwe machtige middenklasse vaste voet krijgt, en de herinnering aan de verschrikkingen van het turbulente verleden vervaagt, houdt de regering haar populariteitscijfers nauwlettend in de gaten en is ze extreem gevoelig voor wat er leeft onder de bevolking. Een welvaartsstaat is in volle opbouw, en hoewel je met Rusland natuurlijk maar nooit weet, is het erg waarschijnlijk dat het land de Europese weg zal inslaan. Op een moment dat het Europese sociale model stilaan dreigt te imploderen, lijkt dat misschien een onaannemelijke keuze.
>
> Maar dat alles is voorlopig nog toekomstmuziek, en op het moment van schrijven is Moskou de enige stad in Europa waar iemand zich nog vrij kan voelen. Om af te sluiten wil ik dan ook het woord richten tot mijn vele Russische vrienden die er voortdurend mee dreigen om te verkassen naar het Europa dat ik vijftien jaar geleden ben ontvlucht, tot wanhoop gedreven door de bureaucratie en

de starheid, de waanzinnige politieke correctheid en de verpletterende fiscale inquisitie: het Westen heeft een grote toekomst ... achter zich. Toe dan, waag het er maar op, ik wens jullie veel succes. Maar ik durf er mijn hoofd om te verwedden dat jullie veel vroeger dan gepland terug zullen komen ...'

Dat nieuwe Rusland, waarnaar zelfs een kosmopoliet heimwee zou hebben, is in het recente verleden doordrongen geraakt van Poetins DNA, en misschien blijft dat ook in de toekomst wel zo, los van wat de politiek nog voor hem in petto heeft ... Wil dat zeggen dat Poetin zichzelf nu al onsterfelijk heeft gemaakt?

Beste Lezer

Allereerst willen we u danken voor de aanschaf van dit boek.

Uitgeverij Glagoslav heet u graag welkom in haar boekwinkel die, naar wij hopen, een bron van kennis en inspiratie voor u zal zijn.

Ons streven is de schoonheid en de diepte van de Slavische wereld te tonen aan ieder die zijn horizon wil verleggen en iets nieuws wil leren over andere culturen en andere mensen. We zijn er zeker van dat we daarin met dit boek geslaagd zijn.

Nu u met ons kennisgemaakt hebt, willen we u ook graag leren kennen. Wij stellen het contact met onze lezers zeer op prijs en horen graag iets van u! U kunt via verschillende wegen uw mening geven over onze boeken en op de hoogte blijven van onze activiteiten:

- Word lid van onze boekenclub op Goodreads, LibraryThing en Shelfari en ontvang speciale aanbiedingen en informatie over onze relatiegeschenken;
- Deel uw mening over onze boeken op de website van, Bol, Ako, Bruna, Amazon, Barnes&Noble, Waterstones en andere boekwinkels;
- Voeg ons toe op Facebook en Twitter en krijg updates over onze publicaties en nieuws over onze auteurs;
- Ten slotte: bezoek onze website www.glagoslav.nl om onze catalogus te bekijken en u te abonneren op onze nieuwsbrief.

Uitgeverij Glagoslav maakt zich op voor het uitbrengen van een nieuwe collectie en heeft een aantal interessante verrassingen voor u in petto. Laat die niet aan u voorbijgaan en houd contact!

Uitgeverij Glagoslav
E-mail: contact@glagoslav.com
www.glagoslav.nl

www.ingramcontent.com/pod-product-compliance
Lightning Source LLC
Chambersburg PA
CBHW071329080526
44587CB00017B/2774